2017年国家司法考试
名师课堂

白斌理论法

白 斌 编著

知识篇

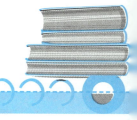

北京理工大学出版社
BEIJING INSTITUTE OF TECHNOLOGY PRESS

版权专有　侵权必究

图书在版编目（CIP）数据

白斌理论法．知识篇／白斌编著．—北京：北京理工大学出版社，2016.12
ISBN 978－7－5682－3500－6

Ⅰ．①白…　Ⅱ．①白…　Ⅲ．①法的理论－中国－资格考试－自学参考资料　Ⅳ．①D920.0

中国版本图书馆 CIP 数据核字（2016）第 304587 号

出版发行／北京理工大学出版社有限责任公司
社　　址／北京市海淀区中关村南大街 5 号
邮　　编／100081
电　　话／（010）68914775（总编室）
　　　　　（010）82562903（教材售后服务热线）
　　　　　（010）68948351（其他图书服务热线）
网　　址／http：//www.bitpress.com.cn
经　　销／全国各地新华书店
印　　刷／北京合众伟业印刷有限公司
开　　本／787 毫米 × 1092 毫米　1/16
印　　张／26.5　　　　　　　　　　　　　　　责任编辑／施胜娟
字　　数／619 千字　　　　　　　　　　　　　文案编辑／施胜娟
版　　次／2016 年 12 月第 1 版　2016 年 12 月第 1 次印刷　　责任校对／周瑞红
定　　价／58.00 元　　　　　　　　　　　　　责任印制／边心超

图书出现印装质量问题，请拨打售后服务热线，本社负责调换

Preface
序　言
（第四版）

本书是本人具有标志性的"理论法学四部曲"中的第一部，是作为《真题篇》、《模拟篇》和《冲刺篇》的奠基石而存在的。

面对市场上司法考试辅导书已然汗牛充栋、泛滥成灾的现状，我的任务并不是在其中再加上一本。我的任务是要揭示，司法考试的学习乃是大学法律人教育的一个必要组成部分；通过司法考试内容的学习，学生可以对我国现行实在法秩序及其法条细节具有清晰的认识和把握，而这分明是成为一名合格法律人的题中应有之义。在这些年从事国家司法考试教学的过程中，我一直希望能有机会编撰一部立基于现行实在法秩序的辅导书，其既能满足考生应对司法考试的需要，又能作为法律爱好者业余学习的简明教材；既要全面，将知识点网罗殆尽，又要重点突出，将命题点的奥秘深度透析。

有缘于和华旭教育的合作，这一愿望得以从2014年开始成为现实，并将在2017年继续延展。我的学生们在2016年国家司法考试第一卷上所取得的喜人成绩，在充分地验证了本书的应试价值的同时，也无形中提升了新一届的考生对于本书的心理期待。而这，对它的作者提出了新的考验。学生们通过艰辛努力通过考试之后，他们的司法考试之路也就结束了。但是，作为老师，不论我如何疲惫，我的道路仍将继续，继续面对新一届的学生。在2016年司法考试结束之后，笔者便开始马不停蹄地在第三版的基础上增删改定，创作本书的第四版。

在本书的写作过程中，笔者延续了"以学生为中心、以实战为主线"的教学理念，一切设计均以方便学生理解记忆、应对考试为出发点。第四版根据法律法规的修订情况和2016年司法考试的考试大纲的变化对知识点进行了增删变易，对学生阅读起来往往不知所云的中国特色社会主义法治理念部分增加了说明和解释力度，进行了相当幅度的总结概括，以方便考生识记。同时，《知识篇》中与相关知识点配套的历年真题因与《真题篇》重复，所以，为节略篇幅，全部删除了。此外，本书还具有如下两个方面的特殊便利：

1. 重点标示：核心命题点均用蓝色标出，特别容易混淆的考点用【注意】标出。凡此种种，请读者在学习过程中务必百倍关注。

2. 糅合法条：根据近几年司法考试重在考查学生对于法条的熟悉程度的特点，同时为了避免既有辅导书将法条与教材割裂的弊端，笔者将相关重点法条分门别类地渗透到相关知识点的介绍当中，能用法条说明的尽量用法条，方便考生识记。

有必要特别感谢许多素未谋面的朋友对于本书的完善所提供的智力贡献和精神支持。正是我的学生们的较真，使作为教师的我不得不认真，从而促成了本书在完美性上更进一步。同样的诚挚请求也呈送给第四版的新的读者朋友：恳请认真细致的诸位，在阅读过程中一旦发现了知识错误或者其他值得完善之点，能够不吝与笔者分享您的智慧，那将是我们成为好朋友的开端。我的新浪微博：@理论法白斌。在阅读和学习本书过程中的任何疑问，也请直接发私信交流。本书的勘误表也将在上述微博及时公布更新。

最后，再次感激华旭教育白首宏校长及其所领导下的专业团队，正是他们对法律职业培训的爱和执着，推动了本书能在2017年考季与大家相遇。

同时希望，我们的努力能在2017年9月决胜之时为你带来快乐。

白斌（竹西君）

2016年11月15日

于中央财经大学法学院

目 录

第一编　中国特色社会主义法治理论

第一章　中国特色社会主义法治建设基本原理 … 3
- 第一节　全面推进依法治国的重大意义 … 3
- 第二节　全面推进依法治国的指导思想和总目标 … 5
- 第三节　全面推进依法治国的基本原则 … 7

第二章　法治工作的基本格局 … 11
- 第一节　完善中国特色社会主义法律体系，加强宪法实施 … 11
- 第二节　深入推进依法行政，加快建设法治政府 … 19
- 第三节　保证公正司法，提高司法公信力 … 28
- 第四节　增强全民法治观念，推进法治社会建设 … 34

第三章　法治工作的重要保障 … 43
- 第一节　加强法治工作队伍建设 … 43
- 第二节　加强和改进党对全面推进依法治国的领导 … 48

第二编　法理学

第一章　法的本体 … 57
- 第一节　法的概念 … 57
- 第二节　法的本质 … 59
- 第三节　法的特征 … 61
- 第四节　法的作用 … 63
- 第五节　法的价值 … 64
- 第六节　法的要素 … 66
- 第七节　法的渊源 … 71

第八节　法律部门与法律体系 ·· 79
　　第九节　法的效力 ·· 81
　　第十节　法律关系 ·· 82
　　第十一节　法律责任 ·· 86
第二章　法的运行 ··· 89
　　第一节　立法 ··· 89
　　第二节　法的实施 ·· 94
　　第三节　法适用的一般原理 ·· 98
　　第四节　法律推理 ·· 100
　　第五节　法律解释 ·· 101
第三章　法与社会 ··· 104
　　第一节　法与社会的一般理论 ·· 104
　　第二节　法与经济 ·· 105
　　第三节　法与科学技术 ··· 106
　　第四节　法与政治 ·· 106
　　第五节　法与宗教 ·· 108
　　第六节　法与人权 ·· 109

第三编　法制史

第一章　法的演进 ··· 113
　　第一节　法的起源 ·· 113
　　第二节　法的发展 ·· 114
　　第三节　法的传统 ·· 116
第二章　中国古代法制史 ·· 118
　　第一节　西周至秦汉、魏晋时期的法制 ······································ 118
　　第二节　唐宋至明清时期的法制 ··· 130
第三章　清末、民国时期的法制 ··· 145
　　第一节　法的现代化 ·· 145
　　第二节　清末改革 ·· 146
　　第三节　民国时期的宪法 ··· 151
第四章　外国法制史 ·· 154
　　第一节　西方两大法系 ··· 154

第二节	罗马法	155
第三节	英美法系	160
第四节	大陆法系	167

第四编　宪法学

第一章　宪法的基本理论 …… 179
- 第一节　宪法的概念 …… 179
- 第二节　宪法的历史发展 …… 184
- 第三节　宪法的基本原则 …… 189
- 第四节　宪法的作用 …… 190
- 第五节　宪法的渊源与宪法典的结构 …… 192
- 第六节　宪法规范 …… 194
- 第七节　宪法效力 …… 195

第二章　国家的基本制度（上） …… 198
- 第一节　人民民主专政制度 …… 198
- 第二节　国家的基本经济制度 …… 199
- 第三节　国家的基本文化制度 …… 203
- 第四节　国家的基本社会制度 …… 205

第三章　国家的基本制度（下） …… 207
- 第一节　人民代表大会制度 …… 207
- 第二节　选举制度 …… 209
- 第三节　国家结构形式 …… 217
- 第四节　民族区域自治制度 …… 219
- 第五节　特别行政区制度 …… 224
- 第六节　基层群众性自治组织 …… 232

第四章　公民的基本权利与义务 …… 238
- 第一节　公民基本权利与义务概述 …… 238
- 第二节　我国公民的基本权利 …… 243
- 第三节　我国公民的基本义务 …… 251

第五章　国家机构 …… 253
- 第一节　国家机构概述 …… 253
- 第二节　全国人民代表大会及其常务委员会 …… 254

　　第三节　中华人民共和国主席 ... 265
　　第四节　国务院 ... 266
　　第五节　中央军事委员会 ... 268
　　第六节　地方各级人民代表大会和地方各级人民政府 ... 269
　　第七节　人民法院与人民检察院 ... 278
　第六章　宪法的实施及其保障 ... 285
　　第一节　宪法实施概述 ... 285
　　第二节　宪法的修改 ... 286
　　第三节　宪法的解释 ... 288
　　第四节　宪法监督 ... 289

第五编　司法制度与法律职业道德

　第一章　概述 ... 297
　　第一节　司法与司法制度的概念 ... 297
　　第二节　法律职业道德的概念和特征 ... 302
　　第三节　法律职业道德的基本原则 ... 304
　第二章　审判制度和法官职业道德 ... 305
　　第一节　审判制度概述 ... 305
　　第二节　审判机关 ... 307
　　第三节　法官 ... 312
　　第四节　法官职业道德 ... 322
　　第五节　法官职业责任 ... 327
　第三章　检察制度和检察官职业道德 ... 335
　　第一节　检察制度概述 ... 335
　　第二节　检察机关和检察官 ... 337
　　第三节　检察官职业道德 ... 342
　　第四节　检察官职业责任 ... 344
　第四章　律师制度与律师职业道德 ... 353
　　第一节　律师制度概述 ... 353
　　第二节　律师 ... 354
　　第三节　律师事务所 ... 368
　　第四节　律师职业道德 ... 377

第五节　律师执业行为规范 ··· 378
　　第六节　律师职业责任 ··· 382
　　第七节　法律援助制度 ··· 383
第五章　公证制度与公证员职业道德 ·· 391
　　第一节　公证制度概述 ··· 391
　　第二节　公证员与公证机构 ··· 393
　　第三节　公证程序与公证效力 ·· 400
　　第四节　公证员职业道德 ·· 409
　　第五节　公证职业责任 ··· 410

中国特色社会主义法治理论

第一编

> 法者,国家所以布大信于天下。
>
> ——【唐】戴胄

第一章

中国特色社会主义法治建设基本原理

第一节 全面推进依法治国的重大意义

我国正处于社会主义初级阶段，全面建成小康社会进入决定性阶段，改革进入攻坚期和深水区，国际形势复杂多变，我们党面对的改革发展稳定任务之重前所未有、矛盾风险挑战之多前所未有，依法治国在党和国家工作全局中的地位更加突出、作用更加重大。面对新形势新任务，我们党要更好统筹国内国际两个大局，更好维护和运用我国发展的重要战略机遇期，更好统筹社会力量、平衡社会利益、调节社会关系、规范社会行为，使我国社会在深刻变革中既生机勃勃又井然有序，实现经济发展、政治清明、文化昌盛、社会公正、生态良好，实现我国和平发展的战略目标，必须更好发挥法治的引领和规范作用。

一、我国法治建设所取得的历史性成就

我们党高度重视法治建设。长期以来，特别是党的十一届三中全会以来，我们党深刻总结我国社会主义法治建设的成功经验和深刻教训，提出为了保障人民民主，必须加强法治，必须使民主制度化、法律化，把依法治国确定为党领导人民治理国家的基本方略，把依法执政确定为党治国理政的基本方式，积极建设社会主义法治，取得历史性成就。目前，中国特色社会主义法律体系已经形成，法治政府建设稳步推进，司法体制不断完善，全社会法治观念明显增强。

我国法治建设所取得的历史性成就	1. 依法治国基本方略和依法执政基本方式已经确立	任何一个国家的执政党都在影响和掌控着本国法治；一个国家的执政党对法治的认识和运用程度，决定着整个国家法治建设的进程和效果；作为执政党的中国共产党已经深切地认识到了法治地位和重要性；
	2. 中国特色社会主义法律体系已经形成	法律体系是法治建设的首要任务和依法治国的根本基础；54宪法的制定为中国特色社会主义法律体系的形成奠定了重要基础；到目前，中国特色社会主义法律体系已经形成，国家建设和社会管理总体实现了有法可依；
	3. 法治政府建设稳步推进	依法行政是依法治国的重要环节，法治政府建设是法治中国建设的重要组成部分；法治政府的制度体系基本形成，行政职能进一步转变；行政权力的运行得到有效规范和监督，政务公开广泛推进；行政机关公务员特别是各级领导干部依法行政的意识和能力明显增强；
	4. 司法体制不断完善	司法体制是法治的重要支撑；改革和完善司法体制始终是社会主义法治建设的核心任务；通过司法改革，我国司法制度不断完善，司法机关职权配置得到优化；司法行为进一步规范；司法活动监督体系不断健全；司法队伍素质不断提高；律师队伍管理不断加强；司法为民的意识已经树立；司法公信力显著提高；
	5. 全社会法治观念明显增强	全民法治观念是法治的重要基础；当前，学法尊法守法用法的社会氛围和办事依法、遇事找法、解决问题用法、化解矛盾靠法的良好法治环境初步形成，这为全面推进依法治国、建设社会主义法治国家奠定了坚实的社会基础。

二、法治建设目前还存在的问题

在我国这样一个历史上重人治、轻法治的国家，建设具有现代意义的法律制度，难度很大；同时，我们又要在推翻旧法统的基础上探索建设崭新的社会主义法治，艰辛程度很高。

必须清醒看到，同党和国家事业发展要求相比，同人民群众期待相比，同推进国家治理体系和治理能力现代化目标相比，法治建设还存在许多不适应、不符合的问题，主要表现为：

- 有的法律法规未能全面反映客观规律和人民意愿，针对性、可操作性不强，立法工作中部门化倾向、争权诿责现象较为突出；
- 有法不依、执法不严、违法不究现象比较严重，执法体制权责脱节、多头执法、选择性执法现象仍然存在，执法司法不规范、不严格、不透明、不文明现象较为突出，群众对执法司法不公和腐败问题反映强烈；
- 部分社会成员尊法信法守法用法、依法维权意识不强，一些国家工作人员特别是领导干部依法办事观念不强、能力不足，知法犯法、以言代法、以权压法、徇私枉法现象依然存在。

这些问题，违背社会主义法治原则，损害人民群众利益，妨碍党和国家事业发展，必须下大气力加以解决。

> **小提示**
>
> 1. 多头执法、选择性执法是不好的，必须反对；
> 2. 依法治国是党领导人民治理国家的基本方略，依法执政是党治国理政的基本方式；
> 3. 中国特色社会主义法律体系已经形成；
> 4. 同党和国家事业发展要求相比，同人民群众期待相比，同推进国家治理体系和治理能力现代化目标相比，法治建设还存在许多不适应、不符合的问题。

真题示例

全面依法治国，需要解决法治建设不适应、不符合推进国家治理体系和治理能力现代化目标的问题。下列有助于解决上述问题的措施是：(2016-1-86)①

A. 增强法律法规的针对性和可操作性，避免立法部门化倾向
B. 改进行政执法体制，消除多头执法、选择性执法现象
C. 大力解决司法不公和司法腐败问题，提高司法公信力
D. 增强社会成员依法维权意识和国家工作人员依法办事观念

第二节 全面推进依法治国的指导思想和总目标

全面推进依法治国，必须首先明确道路问题。坚定不移走中国特色社会主义法治道路，这为全面推进依法治国指明了方向。中国特色社会主义法治道路，是中国特色社会主义道路这条总道路在法治建设领域的具体体现。

中国特色社会主义法治道路的基本内涵（八大要素）	
	1. **制度基础**：中国特色社会主义制度；
	2. **领导核心**：中国共产党；
	3. **指导思想**：马列主义、毛泽东思想、邓小平理论、"三个代表"重要思想、科学发展观、习近平总书记系列重要讲话精神；
	4. **总目标**：建设中国特色社会主义法治体系，建设社会主义法治国家；
	5. **总要求**：坚持党的领导、人民当家作主、依法治国有机统一；
	6. **遵循"五个必须坚持"的基本原则**：必须坚持党的领导、人民主体地位、法律面前人人平等、依法治国和以德治国相结合、从中国实际出发；
	7. **总布局**：全面加强立法、执法、司法、守法和队伍建设、党的领导；坚持依法治国、依法执政、依法行政共同推进，坚持法治国家、法治政府、法治社会一体建设；
	8. **总方向**：实现科学立法、严格执法、公正司法、全民守法，促进国家治理体系和治理能力现代化。

---

① 参考答案：ABCD

一、全面推进依法治国的指导思想

全面推进依法治国,必须贯彻落实党的十八大和十八届三中全会精神:

➢ 高举中国特色社会主义伟大旗帜;
➢ 以马克思列宁主义、毛泽东思想、邓小平理论、"三个代表"重要思想、科学发展观为指导,深入贯彻习近平总书记系列重要讲话精神;
➢ 坚持党的领导、人民当家作主、依法治国有机统一;
➢ 坚定不移走中国特色社会主义法治道路;
➢ 坚决维护宪法法律权威,依法维护人民权益、维护社会公平正义、维护国家安全稳定。

为实现"两个一百年"奋斗目标、实现中华民族伟大复兴的中国梦提供有力法治保障。

二、全面推进依法治国的总目标

全面推进依法治国,总目标是建设中国特色社会主义法治体系,建设社会主义法治国家。这就是,在中国共产党领导下,坚持中国特色社会主义制度,贯彻中国特色社会主义法治理论,形成完备的法律规范体系、高效的法治实施体系、严密的法治监督体系、有力的法治保障体系,形成完善的党内法规体系,坚持依法治国、依法执政、依法行政共同推进,坚持法治国家、法治政府、法治社会一体建设,实现科学立法、严格执法、公正司法、全民守法,促进国家治理体系和治理能力现代化。

(一) 明确了全面推进依法治国的政治方向

1. 党的领导是中国特色社会主义最本质的特征,是社会主义法治最根本的保证;
2. 中国特色社会主义制度是中国特色社会法治体系的根本制度基础,是全面推进依法治国的根本制度保障;
3. 中国特色社会主义法治理论是中国特色社会主义法治体系的理论指导和学理支撑,是全面推进依法治国的行动指南。

(二) 明确了全面推进依法治国的总抓手和工作重点

1. 一个总揽全局、牵引各方的总抓手,就是构建完善的中国特色社会主义法治体系、建设社会主义法治国家。
2. 工作重点:形成完备的法律规范体系、高效的法治实施体系、严密的法治监督体系、有力的法治保障体系,形成完善的党内法规体系。

(1) 法律规范体系	以宪法为核心,也包括市民公约、乡规民约、行业规章、团体章程等社会规范体系。
(2) 法治实施体系	执法、司法、守法等宪法法律实施的体制机制。
(3) 法治监督体系	由党内监督、人大监督、民主监督、行政监督、司法监督、审计监督、社会监督、舆论监督等构成的权力制约与监督体系。

续表

(4) 法治保障体系	包括党领导依法治国的制度和机制、队伍建设和人才保障等。
(5) 党内法规体系	以党章为根本、若干配套党内法规为支撑的党内规章制度体系。

（三）明确了全面推进依法治国的工作布局

1. 坚持依法治国、依法执政、依法行政共同推进；
2. 坚持法治国家、法治政府、法治社会一体建设。

（四）明确了全面推进依法治国的努力方向

实现科学立法、严格执法、公正司法、全民守法，促进国家治理体系和治理能力现代化。

> **小提示**
>
> 1. 坚持党的领导、人民当家作主、依法治国有机统一；
> 2. 两个一百年：在中国共产党成立一百年时全面建成小康社会，这是中国梦的第一个宏伟目标；在中华人民共和国成立一百年时建成社会主义现代化国家，这是中国梦的第二个宏伟目标；
> 3. 全面推进依法治国，总目标是建设中国特色社会主义法治体系，建设社会主义法治国家；
> 4. 中国特色社会主义法治体系包括了完备的法律规范体系、高效的法治实施体系、严密的法治监督体系、有力的法治保障体系，以及完善的党内法规体系。

第三节　全面推进依法治国的基本原则

全面推进依法治国的基本原则	1. 坚持中国共产党的领导；
	2. 坚持人民主体地位；
	3. 坚持法律面前人人平等；
	4. 坚持依法治国和以德治国相结合；
	5. 坚持从中国实际出发。

实现上述总目标，必须坚持以下原则。

一、坚持中国共产党的领导

党的领导是中国特色社会主义最本质的特征，是社会主义法治最根本的保证。

把党的领导贯彻到依法治国全过程和各方面，是我国社会主义法治建设的一条基本经验。

我国宪法确立了中国共产党的领导地位。

坚持党的领导，是社会主义法治的根本要求，是党和国家的根本所在、命脉所在，是全国各族人民的利益所系、幸福所系，是全面推进依法治国的题中应有之义。

党的领导和社会主义法治是一致的，社会主义法治必须坚持党的领导，党的领导必须依靠社会主义法治。只有在党的领导下依法治国、厉行法治，人民当家作主才能充分实现，国家和社会生活法治化才能有序推进。

依法执政，既要求党依据宪法法律治国理政，也要求党依据党内法规管党治党。

1. 三个统一	（1）必须坚持党领导立法、保证执法、支持司法、带头守法，把依法治国基本方略同依法执政基本方式统一起来；
	（2）把党总揽全局、协调各方同人大、政府、政协、审判机关、检察机关依法依章程履行职能、开展工作统一起来；
	（3）把党领导人民制定和实施宪法法律同党坚持在宪法法律范围内活动统一起来；
2. 四个善于	（1）善于使党的主张通过法定程序成为国家意志；
	（2）善于使党组织推荐的人选通过法定程序成为国家政权机关的领导人员；
	（3）善于通过国家政权机关实施党对国家和社会的领导；
	（4）善于运用民主集中制原则维护中央权威、维护全党全国团结统一。

二、坚持人民主体地位

人民是依法治国的主体和力量源泉，人民代表大会制度是保证人民当家作主的根本政治制度。

三个必须	1. 必须坚持法治建设为了人民、依靠人民、造福人民、保护人民，以保障人民根本权益为出发点和落脚点，保证人民依法享有广泛的权利和自由、承担应尽的义务，维护社会公平正义，促进共同富裕。
	2. 必须保证人民在党的领导下，依照法律规定，通过各种途径和形式管理国家事务，管理经济文化事业，管理社会事务。
	3. 必须使人民认识到法律既是保障自身权利的有力武器，也是必须遵守的行为规范，增强全社会学法尊法守法用法意识，使法律为人民所掌握、所遵守、所运用。

三、坚持法律面前人人平等

平等是社会主义法律的基本属性。

任何组织和个人都必须尊重宪法法律权威，都必须在宪法法律范围内活动，都必须依照宪法法律行使权力或权利、履行职责或义务，都不得有超越宪法法律的特权。

必须维护国家法制统一、尊严、权威，切实保证宪法法律有效实施，绝不允许任何人以任何借口任何形式以言代法、以权压法、徇私枉法。

必须以规范和约束公权力为重点，加大监督力度，做到有权必有责、用权受监督、违法必追究，坚决纠正有法不依、执法不严、违法不究行为。

四、坚持依法治国和以德治国相结合

国家和社会治理需要法律和道德共同发挥作用。

1. 必须坚持一手抓法治、一手抓德治，大力弘扬社会主义核心价值观，弘扬中华传统美德，培育社会公德、职业道德、家庭美德、个人品德，既重视发挥法律的规范作用，又重视发挥道德的教化作用；

2. 以法治体现道德理念、强化法律对道德建设的促进作用，以道德滋养法治精神、强化道德对法治文化的支撑作用，实现法律和道德相辅相成、法治和德治相得益彰。

五、坚持从中国实际出发

中国特色社会主义道路、理论体系、制度是全面推进依法治国的根本遵循。

1. 必须从我国基本国情出发，同改革开放不断深化相适应，总结和运用党领导人民实行法治的成功经验，围绕社会主义法治建设重大理论和实践问题，推进法治理论创新，发展符合中国实际、具有中国特色、体现社会发展规律的社会主义法治理论，为依法治国提供理论指导和学理支撑。

2. 汲取中华法律文化精华，借鉴外国法治有益经验，但决不照搬外国法治理念和模式。

小资料

一个国家的法治体系是否有效，关键在于它是否与这个国家的实际情况相适应。中国的问题只能用中国自己的办法来解决。

1. 只有坚持从中国实际出发，才能建成与我国国体、政体相适应的法治体系。中国特色社会主义法治道路、建设中国特色社会主义法治体系，这是与西方资本主义法治道路完全不同的符合中国实际的法治建设之路。

2. 只有坚持从中国实际出发，才能自觉坚持党对法治工作的领导，法治建设才能始终保持正确的政治方向。党对政法工作的领导是我国法治建设的政治优势和重要特征。公检法司等机构必须在政治上同党中央保持高度一致，这是最基本的政治原则，也是最基本的宪法法律原则和司法原则。

3. 只有坚持从中国实际出发，才能自觉坚持为人民服务这一法治工作根本宗旨。使立法、执法、司法为民的理念在政法战线的各个领域得到充分实现，是全面推进依法治国的出发点和落脚点，从思想上解决广大干部"为谁掌权、为谁司法、为谁服务"的问题。

4. 只有坚持从中国实际出发，才能使法治建设自觉服务于构建和谐社会的目标，以和谐的理念、和谐的标准、和谐的方式，最大限度地维护社会稳定，促进法治和谐和社会和谐。

5. 从中国实际出发，推进法治理论创新，发展符合中国实际、具有中国特色、体现社会发展规律的社会主义法治理论，为依法治国提供理论指导和学理支撑。

全面推进依法治国是一个系统工程，是国家治理领域一场广泛而深刻的革命，需要付出长期艰苦努力。全党同志必须更加自觉地坚持依法治国、更加扎实地推进依法治国，努力实现国家各项工作法治化，向着建设法治中国不断前进。

小提示

1. 依法执政，既要求党依据宪法法律治国理政，也要求党依据党内法规管党治党；
2. 法治建设以保障人民根本权益为出发点和落脚点；
3. 法治建设必须以规范和约束公权力为重点；
4. 中国特色社会主义道路、理论体系、制度是全面推进依法治国的根本遵循；
5. 借鉴国外法治有益经验，但决不照搬外国法治理念和模式。

第二章

法治工作的基本格局

第一节 完善中国特色社会主义法律体系，加强宪法实施

完善中国特色社会主义法律体系，加强宪法实施	1. 健全宪法实施和监督制度；
	2. 完善立法体制；
	3. 深入推进科学立法、民主立法；
	4. 加强重点领域立法。

法律是治国之重器，良法是善治之前提。建设中国特色社会主义法治体系，必须坚持立法先行，发挥立法的引领和推动作用，抓住提高立法质量这个关键。

➢ 要恪守以民为本、立法为民理念，贯彻社会主义核心价值观，使每一项立法都符合宪法精神、反映人民意志、得到人民拥护。

➢ 要把公正、公平、公开原则贯穿立法全过程，完善立法体制机制，坚持立改废释并举，增强法律法规的及时性、系统性、针对性、有效性。

一、健全宪法实施和监督制度

宪法是党和人民意志的集中体现，是通过科学民主程序形成的根本法。坚持依法治国首先要坚持依宪治国，坚持依法执政首先要坚持依宪执政。全国各族人民、一切国家机关和武装力量、各政党和各社会团体、各企业事业组织，都必须以宪法为根本的活动准则，并且负有维护宪法尊严、保证宪法实施的职责。一切违反宪法的行为都必须予以追究和纠正。

1. 完善全国人大及其常委会宪法监督制度。

（1）全国人大及其常委会和国家有关监督机关要担负起宪法和法律监督职责，加强对宪法和法律实施情况的监督检查，健全监督机制和程序，坚决纠正违宪违法行为。

（2）地方各级人大及其常委会要依法行使职权，保证宪法和法律在本行政区域内得到遵守和执行。

2. 健全宪法解释程序机制。

3. 建立规范性文件备案审查机制，加强备案审查制度和能力建设，把所有规范性文件纳入备案审查范围，依法撤销和纠正违宪违法的规范性文件，禁止地方制发带有立法性质的文件。

小 资 料

按照我国《立法法》规定，只有拥有立法权的国家机关，才有权制定、颁布相应名称的规范性文件，即"带有立法性质的文件"。据此，除了全国人大及其常委会、国务院外，只有省、自治区、直辖市以及较大的市的人大及其常务委员会、地方政府拥有制定地方性法规、规章的权力。然而，在现实生活中，有的地方、部门往往采取制发"红头文件"的方式替代地方性法规、规章，以此达到"曲线救国"的目的。其实，"红头文件"并没有严格的定义，只是与地方性法规、规章等需要经过严格的法定程序相比，"红头文件"由政府部门、单位自行制定、发布，主题往往是围绕某一项具体工作、某一个具体问题，具有很强的针对性和操作性，对社会公众的影响力也更为广泛。这些没有立法权的单位、机关擅自制发、滥发"红头文件"，不仅损害了我国的法制统一和权威，也给当地法治秩序造成了严重的破坏。从法律意义上来说，这种文件都是违法的。因此，《决定》规定禁止地方制发带有立法性质的文件。

4. 加强宪法宣传教育工作。将每年12月4日定为国家宪法日。在全社会普遍开展宪法教育，弘扬宪法精神。建立宪法宣誓制度，凡经人大及其常委会选举或者决定任命的国家工作人员正式就职时公开向宪法宣誓。

小 资 料

宪法宣誓制度有助于增强国家公职人员的宪法知识和宪法观念、捍卫宪法尊严；同时具有示范效应，在全社会加强宪法宣传教育，传播宪法观念，推动宪法实施。全世界大多数成文宪法国家普遍采用了这一制度，142个有成文宪法的国家中，规定某些公职人员必须宣誓拥护或效忠宪法的有97个。

宪法宣誓的做法源于美国，美国总统就职时必须宣誓"竭尽全力恪守、维护和捍卫合众国宪法"。1919年德国魏玛宪法规定"一切公务人员及国防军人，应对本宪法宣誓"，第一次把宣誓的主体扩大到全体公务人员和军人。宪法宣誓的主体、内容、程序，各国的规定不同。

📝 **增补考点** 宪法宣誓制度：《全国人民代表大会常务委员会关于实行宪法宣誓制度的决定》

1. 宣誓主体

（1）各级人大及县级以上各级人大常委会选举或者决定任命的国家工作人员；

（2）各级政府、法院、检察院任命的国家工作人员。

中央国家机关选任的需要宪法宣誓的人员

1. 全国人大选举或者决定任命的需要宣誓的人员	➢ 国家主席、副主席； ➢ 全国人大常委会委员长、副委员长、秘书长、委员； ➢ 国务院总理、副总理、国务委员、各部部长、各委员会主任、中国人民银行行长、审计长、秘书长；中央军委主席、副主席、委员；最高法院院长，最高检察院检察长； ➢ 全国人大专门委员会主任委员、副主任委员、委员等。	宣誓仪式由全国人民代表大会会议主席团组织。
2. 在全国人大闭会期间，全国人大常委会任命或者决定任命的需要进行宣誓的人员	➢ 全国人大专门委员会个别副主任委员、委员； ➢ 国务院各部部长、委员会主任、中国人民银行行长、审计长、秘书长； ➢ 中央军事委员会副主席、委员； ➢ 全国人大常委会副秘书长； ➢ 全国人大常委会工作委员会主任、副主任、委员； ➢ 全国人大常委会代表资格审查委员会主任委员、副主任委员、委员等。	宣誓仪式由全国人大常委会委员长会议组织。
	• 最高人民法院副院长、审判委员会委员、庭长、副庭长、审判员和军事法院院长；	最高法组织宣誓仪式。
	• 最高人民检察院副检察长、检察委员会委员、检察员和军事检察院检察长；	最高检组织宣誓仪式。
	• 中华人民共和国驻外全权代表。	外交部组织宣誓仪式。
3. 国务院及其各部门、最高法院、最高检察院任命的需要宣誓的人员。		任命机关组织宣誓仪式。

2. 宣誓时间和方式

（1）就职时；

（2）应当公开进行。

3. 宣誓誓词

我宣誓：忠于中华人民共和国宪法，维护宪法权威，履行法定职责，忠于祖国、忠于人民，恪尽职守、廉洁奉公，接受人民监督，为建设富强、民主、文明、和谐的社会主义国家努力奋斗！

4. 宣誓仪式

根据情况，可以采取单独宣誓或者集体宣誓的形式。

（1）单独宣誓时，宣誓人应当左手抚按《宪法》，右手举拳，诵读誓词。

（2）集体宣誓时，由一人领誓，领誓人左手抚按《宪法》，右手举拳，领诵誓词；其他宣誓人整齐排列，右手举拳，跟诵誓词。

 宣誓场所应当庄重、严肃，悬挂中华人民共和国国旗或者国徽。

二、完善立法体制

加强党对立法工作的领导，完善党对立法工作中重大问题决策的程序。凡立法涉及重大体制和重大政策调整的，必须报党中央讨论决定。党中央向全国人大提出宪法修改建议，依照宪法规定的程序进行宪法修改。法律制定和修改的重大问题由全国人大常委会党组向党中央报告。

健全有立法权的人大主导立法工作的体制机制，发挥人大及其常委会在立法工作中的主导作用。建立由全国人大相关专门委员会、全国人大常委会法制工作委员会组织有关部门参与起草综合性、全局性、基础性等重要法律草案制度。增加有法治实践经验的专职常委比例。依法建立健全专门委员会、工作委员会立法专家顾问制度。

> **小资料**
>
> 目前，许多法律草案由政府有关部门起草，部门主导立法的问题普遍存在，要么导致各相关部门因利益冲突而相互扯皮、推诿塞责，使得该立的法迟迟未立；要么由于部门主导而致使部门利益法律化。因此，必须健全人大主导立法工作的体制机制。
>
> 1. 加强党对立法工作的领导，保证立法工作正确的政治方向，推动中央重大决策部署得到落实；
>
> 2. 发挥人大及其常委会在确定立法项目中的主导作用。目前，立法项目多由政府部门提出立法意向，政府常务会议通过，人大常委会审议列入立法计划。在此过程中，一些人大及其常委会开展立法项目调研的主动性、广泛性不够，立法项目论证不深入、不充分；反而一些关系全局、涉及多个部门、综合性的重要法律，往往由于提案机关积极性不高或人大主动性较弱，难以启动。因此，人大及其常委会应通过每届任期的立法规划、年度立法计划，加强对立法工作的通盘考虑和统筹安排；采取有效措施扩大立法项目征集范围，使得立法项目调研更具广度和深度，扩大立法项目论证的参加范围，增强论证效果。
>
> 3. 发挥人大在法律起草和审议中的主导作用。目前，由于某些法律的专业性较强，由有关政府部门起草法律草案确实有一些便利条件，但是，人大介入法律起草不够主动、及时，随机性大，不能在源头上阻止部门利益法律化现象发生。因此，人大必须站在全局的高度，参与其中，主导立法起草活动。建立由全国人大相关专门委员会、全国人大常委会法制工作委员会组织有关部门参与起草综合性、全局性、基础性等重要法律草案制度。

加强和改进政府立法制度建设，完善行政法规、规章制定程序，完善公众参与政府立法机制。重要行政管理法律法规由政府法制机构组织起草。

> **小资料**
>
> 目前，在实践中，行政法规和规章基本由政府有关部门负责起草，交政府法制机构审查，报政府常务会议审议通过，部门主导的倾向比较严重；而行政法规和规章的制定权限和程序，规定比较原则，有待进一步完善。

明确立法权力边界，从体制机制和工作程序上有效防止部门利益和地方保护主义法律化。对部门间争议较大的重要立法事项，由决策机关引入第三方评估，充分听取各方意见，协调决定，不能久拖不决。

加强法律解释工作，及时明确法律规定含义和适用法律依据，对那些相互矛盾的法律现象，应通过加强法律解释工作予以消除。建立健全针对性强、反应及时、便于操作的法律解释常态化工作机制。要全面系统地对既有法律进行清理，消除法律体系中的矛盾。

明确地方立法权限和范围，依法赋予设区的市地方立法权，增强地方性法规的针对性、实用性和可操作性。

> **小资料**
>
> 目前，立法工作中部门化的倾向、争权诿责的现象突出，必须解决。明确立法权力边界，要坚持事权与治权相结合的原则，以划分各层级立法权限、明确人大与政府立法事项范围为重点，完善立法体制机制，充分发挥中央和地方立法的主动性、积极性，适当扩大地方立法权限。坚持依法立法，落实立法事项法定原则。严格授权立法，对立法条件成熟的事项，应适时停止授权，制定或修改相关法律。

三、深入推进科学立法、民主立法

推进科学立法、民主立法，是提高立法质量、有效防止部门利益和地方保护主义法律化的根本途径。

要厘清宪法、法律、行政法规、地方性法规、政府规章各自管辖事项。

有序扩大公民参与立法，建立健全民主开放包容的立法机制，完善立法机关主导，有关部门参加，人民团体、专家学者、企事业单位、人大代表和人民群众共同参与的立法工作机制，使各方面的意见和关切得到充分表达。

推进立法精细化。

完善立法项目征集和论证制度。健全立法机关主导、社会各方有序参与立法的途径和方式。探索委托第三方起草法律法规草案。

加强人大对立法工作的组织协调，健全立法起草、论证、协调、审议机制。

1. 建立健全人大与"一府两院"等有关方面的沟通协调机制、立法规划和立法工作计划督促落实机制；
2. 增加有法治实践经验的专职常委的比例；
3. 建立健全专门委员会、工作委员会立法专家顾问制度，集聚立法人才；
4. 健全由立法权的人大向下级人大征询立法意见机制；
5. 建立基层立法联系点制度，发挥市、县、乡各级人大在立法中的作用。

发挥人大代表在立法中的作用。

1. 完善人大代表议案、建议办理制度，建立健全议案、建议与制定立法规划、立法工作计划和制定修改法律法规的衔接机制；
2. 建立健全常委会组成人员联系本级人大代表制度，密切人大代表同人民群众的联系；
3. 健全法律法规规章起草征求人大代表意见的制度；
4. 更多发挥人大代表参与起草和修改法律作用；
5. 增加人大代表列席常委会会议的人数；
6. 更多吸收人大代表参与立法调研、执法检查活动；
7. 探索人大代表跨级、多层参与立法工作的制度化；
8. 增加人大审议通过法律法规草案的数量；
9. 健全人大代表联络机构，畅通人大代表反映群众立法诉求的渠道。

健全立法机关和社会公众沟通机制，开展立法协商，完善法律草案起草、审议的协调协商机制，充分发挥政协委员、民主党派、工商联、无党派人士、人民团体、社会组织在立法协商中的作用，正确反映和统筹兼顾不同方面群众利益，使法律成为增进人民福祉、社会认同的最大公约数。

探索建立有关国家机关、社会团体、专家学者等对立法中涉及的重大利益调整论证咨询机制。

拓宽公民有序参与立法途径，进一步健全立法座谈会、听证会、论证会制度，健全法律法规规章草案公开征求意见和公众意见采纳情况反馈机制，广泛凝聚社会共识。特别是推动法律草案二次、三次审议稿网上公开征求意见工作常态化，重视网络民意表达，积极回应社会关切，同时加强对网络意见的过滤，防止受到错误的引导。

完善法律草案表决程序，对重要条款可以单独表决。所谓重要条款单独表决，是指由表决者对法律草案中有争议的条款或对整个草案逐条、逐节、逐章地先行表决，然后再就整个草案进行表决的方式，单独表决在先，整体表决在后。对重要条款单独表决，可以使问题更加明确，讨论更加集中，避免因个别条款有争议而久拖不决、难以出台，有利于提高立法质量和效率。

四、加强重点领域立法

依法保障公民权利，加快完善体现权利公平、机会公平、规则公平的法律制度，保障公民人身权、财产权、基本政治权利等各项权利不受侵犯，保障公民经济、文化、社会等各方面权利得到落实，实现公民权利保障法治化。增强全社会尊重和保障人权意识，健全公民权利救济渠道和方式。

社会主义市场经济本质上是法治经济。使市场在资源配置中起决定性作用和更好发挥政府作用，必须以保护产权、维护契约、统一市场、平等交换、公平竞争、有效监管为基本导向，完善社会主义市场经济法律制度。健全以公平为核心原则的产权保护制度，加强对各种所有制经济组织和自然人财产权的保护，清理有违公平的法律法规条款。创新适应公有制多种实现形式的产权保护制度，加强对国有、集体资产所有权、经营权和各类企业法人财产权的保护。国家保护企业以法人财产权依法自主经营、自负盈亏，企业有权拒绝任何组织和个人无法律依据的要求。

加强企业社会责任立法：对生态环境、自然资源的保护与合理利用承担责任；主动承担对社会福利和社会公益事业的责任；尊重消费者权益，维护消费者利益；等等。诚信是企业社会责任的基本内容，要通过加强企业的社会责任立法，牢固树立诚信经营、合作共赢的理念，树立以人为本的价值观。一方面要加强政府监管，倡导和约束企业诚信经营；另一方面要加强社会监督，增强企业履行社会责任的外部推动力。

完善激励创新的产权制度、知识产权保护制度和促进科技成果转化的体制机制。加强市场法律制度建设，编纂民法典，制定和完善发展规划、投资管理、土地管理、能源和矿产资源、农业、财政税收、金融等方面法律法规，促进商品和要素自由流动、公平交易、平等使用。依法加强和改善宏观调控、市场监管，反对垄断，促进合理竞争，维护公平竞争的市场秩序。加强军民融合深度发展法治保障。

制度化、规范化、程序化是社会主义民主政治的根本保障。以保障人民当家作主为核心：

1. 坚持和完善人民代表大会制度。
2. 坚持和完善中国共产党领导的多党合作和政治协商制度、民族区域自治制度以及基层群众自治制度，推进社会主义民主政治法治化。
3. 加强社会主义协商民主制度建设，推进协商民主广泛多层制度化发展，构建程序合理、环节完整的协商民主体系。要明确在立法和重大决策制定、执行过程中，充分运用协商这种民主形式，听取包括民主党派、无党派人士在内的社会各方面的意见建议，使立法和执法等工作更有民意基础。
4. 完善和发展基层民主制度，依法推进基层民主和行业自律，实行自我管理、自我服务、自我教育、自我监督。基层民主制度是社会主义民主制度的重要组成部分，是人民行使民主权利、参与管理国家事务和社会事务的一种形式。要以扩大有序参与、推进信息公开、加强议事协商、强化权力监督为重点，健全基层选举、议事、公开、述职、问责等机制。加强以职工代表大会为基本形式的企事业单位民主管理制度，加强社会组织民主机制建设。
5. 完善国家机构组织法，完善选举制度和工作机制。

加快推进反腐败国家立法，完善惩治和预防腐败体系，形成不敢腐、不能腐、不想腐的有效机制，坚决遏制和预防腐败现象。完善惩治贪污贿赂犯罪法律制度，把贿赂犯罪对象由财物

扩大为财物和其他财产性利益。

建立健全坚持社会主义先进文化前进方向、遵循文化发展规律、有利于激发文化创造活力、保障人民基本文化权益的文化法律制度。制定公共文化服务保障法，促进基本公共文化服务标准化、均等化。制定文化产业促进法，把行之有效的文化经济政策法定化，健全促进社会效益和经济效益有机统一的制度规范。制定国家勋章和国家荣誉称号法，表彰有突出贡献的杰出人士。加强互联网领域立法，完善网络信息服务、网络安全保护、网络社会管理等方面的法律法规，依法规范网络行为。

加快保障和改善民生、推进社会治理体制创新法律制度建设。依法加强和规范公共服务，完善教育、就业、收入分配、社会保障、医疗卫生、食品安全、扶贫、慈善、社会救助和妇女儿童、老年人、残疾人合法权益保护等方面的法律法规。加强社会组织立法，规范和引导各类社会组织健康发展。制定社区矫正法。

贯彻落实总体国家安全观，加快国家安全法治建设，抓紧出台反恐怖等一批急需法律，推进公共安全法治化，构建国家安全法律制度体系。

注意▶ 总体国家安全观，涵盖了外部安全、内部安全；国土安全、国民安全；传统安全、非传统安全；自身安全、共同安全等。

用严格的法律制度保护生态环境，加快建立有效约束开发行为和促进绿色发展、循环发展、低碳发展的生态文明法律制度，强化生产者环境保护的法律责任，大幅度提高违法成本。建立健全自然资源产权法律制度，完善国土空间开发保护方面的法律制度，制定完善生态补偿和土壤、水、大气污染防治及海洋生态环境保护等法律法规，促进生态文明建设。

实现立法和改革决策相衔接，做到重大改革于法有据、立法主动适应改革和经济社会发展需要。必须坚持顶层设计，需要修改法律的，应当先修改法律，做到先立后破，在法治轨道上推进改革，确保实现改革目标任务。实践证明行之有效的，要及时上升为法律。实践条件还不成熟、需要先行先试的，要按照法定程序作出授权。对不适应改革要求的法律法规，要及时修改和废止。

小提示

1. 建设中国特色社会主义法治体系，必须坚持立法先行，发挥立法的引领和推动作用，抓住提高立法质量这个关键；

2. "完善"全国人大及其常委会宪法监督制度，"健全"宪法解释程序机制；

3. 加强备案审查制度和能力建设，把"所有规范性文件"纳入备案审查范围，"禁止"地方制发带有立法性质的文件；

4. 国家宪法日是每年12月4日；

5. 凡立法涉及重大体制和重大政策调整的，必须报党中央讨论决定；

6. 党中央向全国人大提出宪法修改建议；

7. 法律制定和修改的重大问题由全国人大常委会党组向党中央报告；

8. 健全有立法权的人大主导立法工作的体制机制，发挥人大及其常委会在立法工作中的主导作用；

9. 综合性、全局性、基础性等重要法律草案由全国人大相关专门委员会、全国人大常委会法制工作委员会组织有关部门参与起草；重要行政管理法律法规由政府法制机构组织起草；探索委托第三方起草法律法规草案。

10. 对部门间争议较大的重要立法事项，由决策机关引入第三方评估；

11. 建立基层立法联系点制度；开展立法协商；

12. 健全以公平为核心原则的产权保护制度；加强企业社会责任立法；加强军民融合深度发展法治保障；

13. 善和发展基层民主制度，依法推进基层民主和行业自律，实行自我管理、自我服务、自我教育、自我监督；

14. 制定公共文化服务保障法，促进基本公共文化服务标准化、均等化；

15. 强化生产者环境保护的法律责任，大幅度提高违法成本；

16. 实践证明行之有效的，要及时上升为法律。实践条件还不成熟、需要先行先试的，要按照法定程序作出授权。

第二节 深入推进依法行政，加快建设法治政府

深入推进依法行政，加快建设法治政府	1. 依法全面履行政府职能；
	2. 健全依法决策机制；
	3. 深化行政执法体制改革；
	4. 坚持严格规范公正文明执法；
	5. 强化对行政权力的制约和监督；
	6. 全面推进政务公开。

法律的生命力在于实施，法律的权威也在于实施。各级政府必须坚持在党的领导下、在法治轨道上开展工作，创新执法体制，完善执法程序，推进综合执法，严格执法责任，建立权责统一、权威高效的依法行政体制，加快建设职能科学、权责法定、执法严明、公开公正、廉洁

高效、守法诚信的法治政府。

一、依法全面履行政府职能

完善行政组织和行政程序法律制度，推进机构、职能、权限、程序、责任法定化。行政机关要坚持法定职责必须为、法无授权不可为，勇于负责、敢于担当，坚决纠正不作为、乱作为，坚决克服懒政、怠政，坚决惩处失职、渎职。行政机关不得法外设定权力，没有法律法规依据不得作出减损公民、法人和其他组织合法权益或者增加其义务的决定。推行政府权力清单制度，坚决消除权力设租寻租空间。

> 1. 法律规定，在刑事诉讼活动中，公安机关有权查询、冻结存款、汇款、债券、股票、基金份额等财产。但是，公安机关可以扣划犯罪嫌疑人的存款、汇款吗？当然不行，因为法律没有授权。
>
> 2. 对于罪犯在刑罚执行期间具备法定减刑、假释条件的，监狱有权提出减刑、假释的建议，但不是有权做出减刑、假释的决定。同样，对判处死缓的罪犯，如果缓刑期间没有故意犯罪的，两年后有权提出减刑建议，而不是做出减刑决定。
>
> 推进各级政府事权规范化、法律化，完善不同层级政府特别是中央和地方政府事权法律制度，强化中央政府宏观管理、制度设定职责和必要的执法权，强化省级政府统筹推进区域内基本公共服务均等化职责，强化市县政府执行职责。

二、健全依法决策机制

决策是行政权力运行的起点，规范行政决策行为特别是重大行政决策行为，是规范行政权力的重点。把公众参与、专家论证、风险评估、合法性审查、集体讨论决定确定为重大行政决策法定程序，确保决策制度科学、程序正当、过程公开、责任明确。建立行政机关内部重大决策合法性审查机制，未经合法性审查或经审查不合法的，不得提交讨论。

积极推行政府法律顾问制度，建立政府法制机构人员为主体、吸收专家和律师参加的法律顾问队伍，保证法律顾问在制定重大行政决策、推进依法行政中发挥积极作用。

积极推行政府法律顾问制度的必要性

1. 有利于推进法治政府建设。无论是转变政府职能，还是创新社会管理方式，都要求各级政府更加自觉地运用法治思维和法治方式来实现。政府法律顾问不仅可以为政府提供法律咨询、代理行政诉讼等，而且可以为政府重大行政决策、出台规范性文件进行法律方面的研究论证和风险评估。积极推进并加快完善政府法律顾问制度，使其工作覆盖政府的主要行政行为，有利于规范政府行为，不断提升依法行政水平。

2. 有利于提升行政决策水平。通过吸收专家和律师参与法律顾问工作，政府法律顾问可以为各级政府决策提供专业的法律意见和建议，有效降低决策风险和成本，提高决策质量，有利于集中民智、凝聚民力、体现民意。

3. 有利于增强各级行政机关领导干部及工作人员的法治观念。越是重大复杂的行政行为，越要诸种从法律层面思考问题、在法律框架内研究解决办法。通过推行政府法律顾问制度，对政府行为进行法律评估，可以有效预防和减少违法行政行为的发生，有利于培养各级行政机关领导干部及工作人员的法律意识，提高运用法治思维和法治方式深化改革、推动发展、化解矛盾、维护稳定道德能力。

4. 有利于加强法治工作队伍建设。政府法律顾问是我国法治工作队伍的重要组成部分，是推动法治中国建设的重要力量。

建立重大决策终身责任追究制度及责任倒查机制，对决策严重失误或者依法应该及时作出决策但久拖不决造成重大损失、恶劣影响的，严格追究行政首长、负有责任的其他领导人员和相关责任人员的法律责任。

重大决策终身责任追究制度与责任倒查机制

有权必有责，必须明确决策过程中各类主体的责任，方能实现科学决策、减少决策失误，实现决策权和决策责任相统一。

改革开放以来，各级政府对于决策造成重大损失或恶劣影响的事件，都依照有关规定严格追究了责任，但是，也出现了一些新问题：

1. 一些对经济社会发展有重大影响的、涉及重大公共利益或者社会公众切身利益的重大行政决策，从决策的提出、实施到产生效果，往往需要较长的时间周期，决策正确与否、效益如何，在短时间内难以得到验证；

2. 一些当初参与决策的主要领导及相关人员，有的已经退休，有的调离，即使发现问题，责任也难以认定，大都不了了之。

为了强化决策责任，有必要建立重大决策终身责任追究制度与责任倒查机制：

1. 有利于强化权责一致。坚持"谁决策、谁负责"的原则，切实做到有权必有责、用权受监督、违法必追究。一方面要由法律法规赋予经济和社会事务的管理者相当的职责和权力。有法律法规规定的,其必须严格按照法定权限和程序行使权力;没有法律法规规定的,不得作出减损公民、法人和其他组织合法权益或者增加其义务的决定。另一方面,加强对行使职权情况的考核监督,加大责任追究和倒查力度,对不依法履行职责或者违反法定权限和程序实施行政行为的,要依法追究法律责任。

2. 有利于强化依法决策。作出重大决策必须严格遵守法定权限、履行法定程序。一方面要提高运用法治思维和法治方式的能力,在法治轨道上推动各项工作;另一方面要落实决策程序的刚性约束,划好硬杠杠,强化依法决策道德红线意识、程序意识,不做拍脑袋决策、拍胸脯蛮干、拍屁股走人的不负责任的事儿。

3. 有利于强化决策评估。决策执行中发现重大行政决策存在问题的,决策机关应当组织决策评估,充分听取各方面意见。一方面对于社会关注度高的重大行政决策,应当注重吸收人大代表、政协委员、人民团体、基层组织、社会组织、专业机构等参与评估,并可引入社会组织和专业机构开展第三方评估;另一方面,经过评估发现存在问题的,决策机关应采取措施解决好相关问题。对决策拟作重大调整的,应当与利害关系人充分协商并听取有关方面的意见。对需要中止或终止执行的重大决策,应当经过决策机关集体讨论决定。

4. 有利于强化责任追究。决策过程中的各类主体必须同时承担相应的法律责任。一方面,对决策严重失误或者依法应该及时作出决策但久拖不决造成重大损失、恶劣影响的,不论时间过去多久,也不论是否调离,都要严格追究行政首长、负有责任的其他领导人员和相关责任人员的法律责任;另一方面,对决策承办单位或者承担风险评估、合法性审查等相关工作的单位及其工作人员违反决策规定、出现重大失误、造成重大损失的,也要严肃追究违法违纪人员的法律责任;另外,对参与决策的专家、专业机构、社会组织等对重大决策严重失误负有责任的,也要依法追究相关法律责任并记入诚信档案。

三、深化行政执法体制改革

根据不同层级政府的事权和职能,按照减少层次、整合队伍、提高效率的原则,合理配置执法力量。

推进综合执法,大幅减少市县两级政府执法队伍种类,重点在食品药品安全、工商质检、公共卫生、安全生产、文化旅游、资源环境、农林水利、交通运输、城乡建设、海洋渔业等领域内推行综合执法,有条件的领域可以推行跨部门综合执法。

> **小资料**
>
> 设置大量"广覆盖、人盯人、现场执法"的执法队伍来履行行政执法职责,是由现阶段我国国情和行政管理的特点决定的。但是,目前存在如下一些问题:

1. 纵向上省、市、县、乡多层重复设置队伍比较普遍，不同层级政府之间的行政执法职责界限不清，造成多层执法、重复执法。

2. 横向上一些领域执法队伍设置过多过细：

（1）同一领域多头执法，在大部制未能实现的行业领域，各部门单设执法队伍的现象比较普遍，比如在食品安全监管领域，工商、质检、农业、食品药品监管等部门执法队伍并存，职责交叉；

（2）同一部门多机构执法，一部法律往往衍生出一个甚至多个执法队伍类型，有的部门承担着多项法律实施职能，就设置多个执法机构或队伍，如交通运输部，设置了公路运输管理所、轨道交通管理所、交通设施管理所、客运管理所、交通执法大队、货物运输管理所、出租车管理所等多类执法队伍；

（3）同一事项多机构执法。比如，一些省除了文化市场稽查总队外，还设置了广播电视稽查队、城管综合执法监察大队；有的市同时设置了城管行政执法大队和城管综合执法监察大队；有的县分别设置了粮食监督检查中心和粮食流通管理稽查队；等等。

（4）专司行政执法的机构也下设执法队伍，比如，安检部门的主要职责是安全生产的监督管理，又下设了执法机构，造成机构重叠。

为了解决这些问题，《决定》就推进综合执法提出了如下新举措：

1. 大幅度减少市县两级政府执法队伍种类。

据统计，目前市县两级行政执法机构已经超过了8万个，用于执法的编制有135万多名，其中行政编制18万多名，事业编制117万多名。因此在纵向上解决好多层重复设置队伍的问题，必须按照减少层次、整合队伍、提高效率的原则重点推进市县两级的综合执法，推动不同层级政府执法力量的合理配置。

2. 重点在食品药品安全、工商质检、公共卫生、安全生产、文化旅游、资源环境、农林水利、交通运输、城乡建设、海洋渔业等领域内推行综合执法，有条件的领域可以推行跨部门综合执法。

从试点改革的情况看，有的地方将路政、运政、港航、征费稽查等监督处罚职能全部集中，基本解决了交通领域的多层执法、多头执法的问题；有的地方整合市容环境卫生、城市规划、城市绿化、市政公用、环境保护、工商行政、公安交通管理等相关领域的全部或部分执法职能，组建综合执法机构，解决了多家执法的问题；有的地方将海盐渔政检查、渔船渔港监督管理及渔船检验等多支队伍合并为一支队伍，实现了执法队伍和人员的整合。因此，横向上解决一些领域执法队伍设置过多过细的问题，必须明确综合执法的重点，在工作联系密切的领域推进综合执法。

这些新举措将有利于整合规范执法主体，相对集中执法权，加强基层执法力量，提升行政执法效能。

完善市县两级政府行政执法管理，加强统一领导和协调。理顺行政强制执行体制。理顺城管执法体制，加强城市管理综合执法机构建设，提高执法和服务水平。

严格实行行政执法人员持证上岗和资格管理制度，未经执法资格考试合格，不得授予执法资格，不得从事执法活动。严格执行罚缴分离和收支两条线管理制度，严禁收费罚没收入同部门利益直接或者变相挂钩。

健全行政执法和刑事司法衔接机制，完善案件移送标准和程序，建立行政执法机关、公安机关、检察机关、审判机关信息共享、案情通报、案件移送制度，坚决克服有案不移、有案难移、以罚代刑现象，实现行政处罚和刑事处罚无缝对接。

小资料

健全行政执法和刑事司法衔接机制包括如下几个方面：

1. 完善案件移送标准和程序。

（1）随着我国经济社会发展，犯罪形势有了新的变化，一系列新的刑法修正案的出台，增加了一些新的罪名，而这些罪名还没有相应的立案追诉标准；同时，原有的一些立案追诉标准也需要随着形势的发展变化进行相应的调整。

（2）缺乏有关案件的证据要求。目前只有关于行政机关必须向公安机关移送涉嫌犯罪案件的原则规定，缺乏相应的证据要求，造成行政机关与公安机关、检察机关对一些案件认识不一致，影响案件的顺利移送和处理。

（3）案件移送程序需要进一步完善。虽然《行政执法机关移送涉嫌犯罪案件的规定》规定了案件移送的有关程序，但由于行政机关执法中发现的涉嫌犯罪案件涉及面广、种类繁多，上述规定显得比较原则，导致实践中案件移送的随意性大。

针对以上问题，应当完善有关规定：一是针对有关刑事案件的立案追诉标准进行补充、修改和完善，做到协调统一、具体明确；二是针对各类案件的不同特征，进一步明确行政执法部门移送涉嫌犯罪案件的证据要求，最大限度减少分歧，提高案件移送工作效率；三是进一步完善移送程序，规范移送工作。

2. 建立行政执法机关、公、检、法信息共享、案情通报、案件移送制度。信息传递不畅是多年来制约行政执法和刑事司法衔接机制良性运作的一大顽疾。

（1）建立衔接工作信息共享平台，充分利用现有的电子政务网络和信息共享公共基础设施等资源，将行政执法和刑事司法衔接工作信息共享平台建设纳入电子政务建设规划，各有关机关应当在规定时间内，将移送案件、办理移送案件的相关信息录入共享平台，实现执法、司法信息的互联互通。

（2）建立案情通报制度，定期通报行政处罚、案件移送、立案侦查和逮捕、起诉、审判等有关情况；相关行政执法部门之间也要建立健全信息联络机制，为行政执法特别是后续追究刑事责任奠定基础。

(3) 建立案件移送制度，各有关机关应当建立健全案件移送衔接机制，依法移送、接受涉嫌犯罪案件，及时作出处理决定。

(4) 建立行政执法和刑事司法衔接工作联席会议制度，有关单位相互通报查处违法犯罪活动以及衔接工作的情况，研究解决衔接工作中存在的问题。

3. 加强对衔接工作的监督。

(1) 对行政执法机关应当移送涉嫌犯罪案件而不移送，公安机关应当受理而不受理、应当立案而不立案的举报，县级以上地方政府、检察院和监察机关要认真调查处理，并将调查处理结果告知实名举报人。

(2) 对于行政执法人员不移送涉嫌犯罪案件，公安机关工作人员不依法受理、立案，需要追究行政纪律责任的，监察机关应当依法依纪予以处理，涉嫌犯罪的，移送检察机关依法追究刑事责任，坚决克服有案不移、有案难移、以罚代刑现象，实现行政处罚和刑事处罚无缝对接。

四、坚持严格规范公正文明执法

依法惩处各类违法行为，加大关系群众切身利益的重点领域执法力度。完善执法程序，建立执法全过程记录制度。明确具体操作流程，重点规范行政许可、行政处罚、行政强制、行政征收、行政收费、行政检查等执法行为。严格执行重大执法决定法制审核制度。

建立健全行政裁量权基准制度，细化、量化行政裁量标准，规范裁量范围、种类、幅度。加强行政执法信息化建设和信息共享，提高执法效率和规范化水平。

全面落实行政执法责任制，严格确定不同部门及机构、岗位执法人员执法责任和责任追究机制，加强执法监督，坚决排除对执法活动的干预，防止和克服地方和部门保护主义，惩治执法腐败现象。

五、强化对行政权力的制约和监督

加强党内监督、人大监督、民主监督、行政监督、司法监督、审计监督、社会监督、舆论监督制度建设，努力形成科学有效的权力运行制约和监督体系，增强监督合力和实效。

加强对政府内部权力的制约，是强化对行政权力制约的重点。对财政资金分配使用、国有资产监管、政府投资、政府采购、公共资源转让、公共工程建设等权力集中的部门和岗位实行分事行权、分岗设权、分级授权，定期轮岗，强化内部流程控制，防止权力滥用。完善政府内部层级监督和专门监督，改进上级机关对下级机关的监督，建立常态化监督制度。完善纠错问责机制，健全责令公开道歉、停职检查、引咎辞职、责令辞职、罢免等问责方式和程序。

完善审计制度，保障依法独立行使审计监督权。对公共资金、国有资产、国有资源和领导干部履行经济责任情况实行审计全覆盖。强化上级审计机关对下级审计机关的领导。探索省以下地方审计机关人财物统一管理。推进审计职业化建设。

> **小资料**
>
> 　　此种改革对于完善审计制度、加大审计力度、确保审计机关依法充分行使职权具有重要作用。根据审计法规定，地方各级审计机关在本级人民政府行政首长和上一级审计机关的领导下工作，审计业务以上级审计机关领导为主；地方各级审计机关负责人的任免，应当事先征求上一级审计机关的意见。近年来，审计署和省级审计机关不断强化对下级审计机关的领导，组织了政府性债务审计、社会保障资金审计、中央宏观政策落实情况审计等重大项目审计，取得显著成效。但是，目前的管理体制对地方审计机关的人财物实行属地管理和保障，审计机关受到多方面因素的制约，审计监督作用难以发挥。
> 　　人财物统一管理意味着，在现行的双重管理体制之下，强化了上级审计机关的组织领导和业务领导，在审计计划、组织实施、结果报告、队伍建设、经费保障方面统一管理，具有重大意义：
> 　　1. 有利于维护国家经济安全。集中统一领导，有助于上级审计机关把握全面情况，也有利于基层审计机关从宏观和全局层面审视问题、实施审计，及时发现各环节、各领域的风险隐患。
> 　　2. 有利于推进反腐倡廉。地方审计机关人财物由属地保障，在查处腐败过程中很容易受到当地领导和部门的制约、干扰，审计机关再对同地同级别领导干部进行经济责任审计，效果就会大打折扣。统一管理后，可以有效排除地方和部门的不当干预，形成强有力的监督链条，提高查办腐败案件的效率和效果。
> 　　3. 有力保持审计的独立性。人财物集中统一管理，使得基层审计机关的财务、人事等不受当地制约，能有效提升审计队伍专业素质，切断审计机关与被审计单位的经济联系。
> 　　4. 有利于整合审计监督资源。集中统一领导，可以科学地调配审计力量，统一步调、统一行动，发挥监督合力，监督检查中央政策措施落实情况，更好地实现审计监督全覆盖。

六、全面推进政务公开

1. 坚持以公开为常态、不公开为例外原则。人民群众对政府行使权力的内容、程序和过程享有知情权、参与权、表达权和监督权，因此，应当坚持以公开为常态，推进决策公开、执行公开、管理公开、服务公开、结果公开。同时，出于保护国家安全、公共安全、经济安全和社会稳定以及国家秘密、商业秘密、个人隐私的考虑，政府及其部门也可以对公开的范围进行适当限制，但应当严格按照法律法规规定的条件和程序确定。

2. 依据权力清单公开政府权力。

　　按照职权法定的原则，以清权厘权、减权简权、确权制权为目标，对各种行政权力进行全面梳理，明确地方各级政府及其工作部门依法能够行使的职权范围，编制权力目录。对保留的行政权力，按照规范运行和便民高效的原则，完善程序，明确办理期限、承办机构等事项，减少运转环节。及时发布权力清单，各级政府及其工作部门依据权力清单，向社会全面公开政府职能、法律依据、实施主体、职责权限、管理流程、监督方式等事项。重点推进财政预算、公共资源配置、重大建设项目批准和实施、社会公益事业建设等领域的政府信息公开。

3. 依法公开涉及公民、法人或其他组织权利和义务的规范性文件。

在行政管理过程中，各级政府及其工作部门根据工作需要，在法律、法规和规章规定的范围内，将会制发一些涉及公民、法人或其他组织权利和义务的规范性文件。这些文件如果不公布，相对人将无法正确有效地行使权利、承担义务。因此，对于涉及行政相对人权利义务的规范性法律文件，应当按照政府信息公开要求和程序予以公布，未经公布的，不得作为行政管理的依据。公布时，应当符合政府信息公开的主体、方式、时限等要求和程序，确保社会公众可以及时便捷地获知。

4. 推行行政执法公示制度。进一步明确行政执法公示范围，依法公开执法依据、执法程序、执法结果。对涉及社会公共利益、公众普遍关注、需要社会知晓的执法信息，行政机关应主动向社会公开。对不宜向社会公开，但涉及社会特定对象的权利义务，需要特定对象知悉的，应当告知特定对象，或者为其提供查询服务。

5. 推进政务公开信息化，加强互联网政务信息数据服务平台和便民服务平台建设。将服务中心信息化纳入当地电子政务建设总体规划、充分利用现有电子政务资源，逐步实现网上办理审批、缴费、咨询、办证、监督以及联网核查等事项。规范技术标准，推动不同层级服务中心之间实现网络互联互通、信息共享和业务协同。加强政府网站建设，完善门户网站功能，扩大网上办事范围，及时充实和更新信息发布内容。

小提示

1. 推行政府权力清单制度，坚决消除权力设租寻租空间。

2. 推进各级政府事权规范化、法律化，强化中央政府宏观管理、制度设定职责和必要的执法权，强化省级政府统筹推进区域内基本公共服务均等化职责，强化市县政府执行职责。

3. 建立行政机关内部重大决策合法性审查机制，未经合法性审查或经审查不合法的，不得提交讨论。

4. 按照减少层次、整合队伍、提高效率的原则，合理配置执法力量。

5. 推进综合执法，大幅减少市县两级政府执法队伍种类，重点在食品药品安全、工商质检等领域内推行综合执法，有条件的领域可以推行跨部门综合执法。

6. 严格执行罚缴分离和收支两条线管理制度，严禁收费罚没收入同部门利益直接或者变相挂钩。

7. 健全行政执法和刑事司法衔接机制,实现行政处罚和刑事处罚无缝对接。

8. 完善执法程序,建立执法全过程记录制度;建立健全行政裁量权基准制度。

9. 加强对政府内部权力的制约,是强化对行政权力制约的重点。

10. 对公共资金、国有资产、国有资源和领导干部履行经济责任情况实行审计全覆盖;探索省以下地方审计机关人财物统一管理。

第三节 保证公正司法,提高司法公信力

保证公正司法, 提高司法公信力	1. 完善确保依法独立公正行使审判权和检察权的制度;
	2. 优化司法职权配置;
	3. 推进严格司法;
	4. 保障人民群众参与司法;
	5. 加强人权司法保障;
	6. 加强对司法活动的监督。

公正是法治的生命线。司法公正对社会公正具有重要引领作用,司法不公对社会公正具有致命破坏作用。必须完善司法管理体制和司法权力运行机制,规范司法行为,加强对司法活动的监督,努力让人民群众在每一个司法案件中感受到公平正义。

注意 ▶ 司法权是中央事权,司法体制改革事关全局,政治性、政策性很强,必须在中央统一领导下,加强顶层设计,自上而下有序推进,确保司法体制改革的方向、思路和目标符合中央精神。

一、完善确保依法独立公正行使审判权和检察权的制度

各级党政机关和领导干部要支持法院、检察院依法独立公正行使职权。建立领导干部干预司法活动、插手具体案件处理的记录、通报和责任追究制度。任何党政机关和领导干部都不得让司法机关做违反法定职责、有碍司法公正的事情,任何司法机关都不得执行党政机关和领导干部违法干预司法活动的要求。对干预司法机关办案的,给予党纪政纪处分;造成冤假错案或者其他严重后果的,依法追究刑事责任。

注意 ▶ 宪法所确定的法院独立行使审判权、检察院独立行使检察权,是建立在党的领导和人民代表大会统一行使国家权力的基础上的,强调的是对案件依法独立审判,与西方国家的司法独立具有本质的不同。

健全行政机关依法出庭应诉、支持法院受理行政案件、尊重并执行法院生效裁判的制度。

完善惩戒妨碍司法机关依法行使职权、拒不执行生效裁判和决定、藐视法庭权威等违法犯罪行为的法律规定。

建立健全司法人员履行法定职责保护机制。非因法定事由，非经法定程序，不得将法官、检察官调离、辞退或者作出免职、降级等处分。

二、优化司法职权配置

健全公安机关、检察机关、审判机关、司法行政机关各司其职，侦查权、检察权、审判权、执行权相互配合、相互制约的体制机制。

完善司法体制，推动实行审判权和执行权相分离的体制改革试点。一般来说，审判权是司法权力，裁判执行权是具有行政性质的权力。长期以来，生效民事和行政裁判的执行都是由人民法院负责的，法院还依行政机关或当事人申请，依法对部分非诉事项进行强制执行，而"执行难"在一定程度上影响了司法权威。而且，有的案件判决是公正的，但由于被执行人已经丧失了实际履行能力而无法执行，申请执行人往往归咎于法院，对司法公正产生怀疑。在此意义上，审判权和执行权分别由不同机关或部门行使，符合这两种权力不同的属性，有助于维护司法公正和权威。

完善刑罚执行制度，统一刑罚执行体制。目前，我国刑罚执行权由多个机关分别行使：死缓、无期徒刑、有期徒刑由司法行政机关管理的监狱执行；管制、宣告缓刑、假释或者被暂予监外执行的，由司法行政机关的社区矫正机构执行；死刑立即执行、罚金和没收财产的判决，由法院执行；拘役由公安机关执行。刑法执行权过于分散，不利于统一刑法执行标准。

改革司法机关人财物管理体制，探索实行法院、检察院司法行政事务管理权和审判权、检察权相分离。法院、检察院的人财物管理属于司法行政事务。党的十八届三中全会提出了推动省以下地方法院、检察院人财物统一管理的改革措施，《决定》对此进一步深化。

三、完善司法管辖体制：探索建立与行政区划适当分离的司法管辖制度

1. 最高人民法院设立巡回法庭，审理跨行政区域重大行政和民商事案件。这有利于审判机关重心下移、就地解决纠纷、方便当事人诉讼；有利于最高人民法院发挥监督指导全国法院工作职能，集中精力制定司法政策和司法解释、监督指导全国法院审判工作，审理对统一法律适用有重大指导意义的案件。

2. 探索设立跨行政区划的人民法院和人民检察院，办理跨地区案件。按照法院、检察院组织法的规定，我国法院、检察院均按照行政区划设置。但是，随着经济社会发展，地方法院受理的案件中，跨行政区域的当事人越来越多，有的地方部门或领导利用职权和关系插手案件处理，造成相关诉讼出现"主客场"现象，不利于平等保护外地当事人合法权益。为了排除地方保护主义对司法工作的干扰，有必要构建普通案件在行政区划法院审理，特殊案件在跨行政区划法院审理的诉讼格局。这项改革，只要对现有铁路运输法院和检察院略加改造，合理调配、充实人员就可以做到。

3. 完善行政诉讼体制机制，合理调整行政诉讼案件管辖制度，切实解决行政诉讼立案难、审理难、执行难等突出问题。可以考虑适当提高行政诉讼案件的级别管辖、对行政诉讼案件采取异地集中管辖等方式，以有效排除地方政府对行政诉讼案件审理的不当干预。

四、完善司法权力运行机制

1. 改革法院案件受理制度，变立案审查制为立案登记制，对人民法院依法应该受理的案件，做到有案必立、有诉必理，保障当事人诉权，避免有案不立，有效化解群众诉讼难的难题。加大对虚假诉讼、恶意诉讼、无理缠诉行为的惩治力度。

2. 完善刑事诉讼中认罪认罚从宽制度。当前，我国刑事犯罪高发，司法机关办案压力大增，必须实行刑事案件办理的繁简分流、难易分流。2014年6月，全国人大常委会授权最高法、最高检在部分地区开展刑事案件速裁程序试点工作。《决定》更进一步要求在坚守司法公正的前提下，探索在刑事诉讼中对被告人自愿认罪、自愿接受处罚、积极退赃退赔的，及时简化或终止诉讼的程序制度，落实认罪认罚从宽政策，节约司法资源，提高司法效率。

3. 完善审级制度，一审重在解决事实认定和法律适用，二审重在解决事实法律争议、实现二审终审，再审重在解决依法纠错、维护裁判权威。目前，我国法律对一审、二审和再审定位不清、功能交叉，不利于发挥各个审级功能，也影响了司法效率。

4. 推进以审判为中心的诉讼制度改革，确保侦查、审查起诉的案件事实证据经得起法律的检验。全面贯彻证据裁判规则，严格依法收集、固定、保存、审查、运用证据，完善证人、鉴定人出庭制度，保证庭审在查明事实、认定证据、保护诉权、公正裁判中发挥决定性作用。审判是法院审理案件、作出裁判的司法活动，是诉讼的中心环节。法庭是查明事实、认定证据、形成裁判结果的场所。以审判为中心是由司法审判权的判断和裁决性质所决定的，强调司法机关和诉讼参与人的诉讼活动都要围绕庭审进行，没有庭审，就没有裁判。确保侦查、审查起诉的案件事实和证据经得起法庭质证的检验，经得起法律的检验，确保诉讼证据出示在法庭，案件事实查明在法庭，诉辩意见发表在法庭，裁判结果形成在法庭。

5. 探索建立检察机关提起公益诉讼制度。实践中，一些个人、法人、组织违法或者侵权行为侵害国家和社会公共利益，有的行政机关违法行使职权或者不作为造成对国家和社会公共利益侵害或者有侵害危险，由于没有直接利害关系人或者利害关系人不确定，导致无法提起诉讼。由检察机关提起公益诉讼，有利于督促公民、法人、组织依法规范自身行为、履行法律义务，有利于督促行政机关依法履职，维护国家和社会公共利益。

五、推进严格司法

坚持以事实为根据、以法律为准绳，健全事实认定符合客观真相、办案结果符合实体公正、办案过程符合程序公正的法律制度。加强和规范司法解释和案例指导，统一法律适用标准。

加强职务犯罪线索管理，健全受理、分流、查办、信息反馈制度，明确纪检监察和刑事司法办案标准和程序衔接，依法严格查办职务犯罪案件。

六、加强人权司法保障

人权具有普遍性、自然性、历史性、社会性和法律性。随着经济社会法治的发展，人权的内涵越来越丰富，人们实际享有的权利和自由越来越多。在法治国家中，司法权力是维护人权的坚强后盾，司法程序是人们依法、理性维权的基本途径，司法机关是保障人权的责任主体，保障人权是司法机关的重要职责。司法权既具有维护和支持其他公权力依法行使、发展人权的功能，又具有防范和制裁其他公权力恣意行使、侵犯人权的功能。

- 要牢固树立保障人权与严格司法并重的观念。要纠正把保障人权和依法办案对立起来的错误观念，切实改变一些办案人员在强调保障人权后就不会严格依法办案、不想严格依法办案的错误认识和消极态度。
- 要牢固树立保障人权与惩罚犯罪并重的观念。惩罚犯罪的目的是为了保障人权，只有依法惩罚犯罪，使侵犯人权的犯罪分子受到法律制裁，才能有力保护被害人和广大群众的人权。同时，只有在诉讼活动中切实保障人权，才能准确惩罚犯罪，保障有罪的人受到追究、无罪的人免受处罚，从而全面完成刑事诉讼的任务。
- 要牢固树立实体公正与程序公正并重的观念。特别要注意克服重实体公正轻程序公正的惯性思维，既要认识到案件的实体处理不公会对司法公正有致命的破坏作用，还要认识到案件的程序不公对司法公正不仅会有致命的破坏作用，而且必然会侵害当事人的人权。

完善对涉及公民人身、财产权益的行政强制措施实行司法监督制度。检察机关在履行职责中发现行政机关违法行使职权或者不行使职权的行为，应该督促其纠正。

1. 要加大司法机关的监督力度和监督责任，保证司法监督的及时性和有效性；
2. 要扩大司法监督的主体范围，为检察机关监督行政强制措施提供法律依据；
3. 要依法赋予公民对地方或部门行政机关违法设立行政强制措施种类或方式提起行政诉讼的权利，加强法院对行政强制措施适用的监督，维护国家法治统一；
4. 要在坚持事后监督的同时，强化对行政强制措施实施过程中的司法监督，及时纠正违法行政强制措施或防止损害扩大；
5. 要完善相关法律，为受到违法行政强制措施侵害的当事人提供便捷的司法救济或请求国家赔偿途径等。

强化诉讼过程中当事人和其他诉讼参与人的知情权、陈述权、辩护辩论权、申请权、申诉权的制度保障。

1. 要以深化司法公开为抓手，切实保障当事人及其辩护人、代理人等诉讼参与人的知情权；
2. 要切实保障诉讼参与人在诉讼活动中发表诉辩意见和提出主张的权利，可以考虑推广某些办案机关的做法，探索实行在每一个诉讼环节结束前，办案人员都要问诉讼参与人"你还有没有话要说"的制度，直到听到"没有了"的回应后才进入下一个诉讼环节，从而充分保障诉讼参与人的说话权利；
3. 要为诉讼权利受到不当限制或者非法侵犯的当事人提供畅通的救济通道，完善诉权救济机制。

健全落实罪刑法定、疑罪从无、非法证据排除等法律原则的法律制度。

疑罪从无和非法证据排除是我国刑事诉讼法确立的基本规则，要求认定犯罪必须以确实、充分、合法的证据为依据，达不到事实清楚、证据确实充分的，不得对被告人宣告有罪，对非法证据必须依法排除。

完善对限制人身自由司法措施和侦查手段的司法监督，加强对刑讯逼供和非法取证的源头预防，健全冤假错案有效防范、及时纠正机制。

> **小资料**
>
> 要以坚持司法三机关分工负责、相互配合、相互制约原则为基础，从源头上完善司法监督制约机制，要加强检察机关对刑事侦查活动的监督，尤其要发挥审判程序对侦查活动的制约作用，切实解决司法机关在一些案件中只注重配合、不注重制约的问题。
>
> 1. 要通过落实和强化检察机关的监所监督职责，加强监所的规范化管理，发挥律师在侦查活动中的监督作用，健全讯问犯罪嫌疑人、被告人的全程同步录音录像，建立预防刑讯逼供的办案机制；
>
> 2. 要通过大力推进执法、司法行为规范化建设，深化司法公开制度建设，落实非法证据排除制度，以及强化违法取证责任追究制度等，建立预防非法取证的办案机制；
>
> 3. 要通过落实疑罪从无原则，完善错案责任倒查机制和办案责任终身负责机制等，建立预防冤假错案的机制，从根本上、源头上有效防范冤假错案。

切实解决执行难，制定强制执行法，规范查封、扣押、冻结、处理涉案财物的司法程序。加快建立失信被执行人信用监督、威慑和惩戒法律制度。依法保障胜诉当事人及时实现权益。

> 1. 要以从根本上解决执行难为目标，"制定强制执行法，规范查封、扣押、冻结、处理涉案财物的司法程序"，切实防止执行乱和执行软；
>
> 2. "加快建立失信被执行人信用监督、威慑和惩戒法律制度"，对暴力抗拒执行和恶意逃避执行的被执行人，加大曝光和制裁力度，使之不敢抗拒执行、不能抗拒执行司法机关作出的生效法律文书，依法保障胜诉当事人及时实现权益。

落实终审和诉讼终结制度，实行诉访分离，保障当事人依法行使申诉权利。对不服司法机关生效裁判、决定的申诉，逐步实行由律师代理制度。对聘不起律师的申诉人，纳入法律援助范围。

> 1. 要树立保障当事人申诉权利的理念。有关机关和部门对当事人依法进行的申诉行为，不得采取扣押申诉材料、限制申诉人人身自由、扣押申诉人合法财产、拦卡堵截申诉上访活动等非法手段加以限制和阻挠。对当事人合法正当的申诉请求，要认真办理，依法及时解决问题，防止申诉程序空转和申诉权利虚置。

续表

2. 要落实终审和诉讼终结制度。对人民法院依法作出的终审裁判，认定事实和适用法律没有错误的，不得因当事人的无理申诉随意提起再审，坚决维护终审裁判的权威，防止案件终审不终；对因申诉和依照法律规定启动再审程序后作出的生效裁决，没有事实和法律错误的，要依法及时终结诉讼程序，同时做好对当事人的服判息诉工作，不得因当事人无理继续申诉而反复提起再审，防止案件该结不结。

3. 要实行诉访分离制度。依法将涉法涉诉信访和普通信访明确区分，对属于司法机关职责范围的涉诉信访，由司法机关依法办理，依法终结，信访部门不再插手处理；对于不属于涉法涉诉的普通信访，由国家信访部门处理，不得进入司法程序，切实体现司法机关和信访部门分工负责，各司其职，形成合力。

4. 要逐步实行律师代理申诉制度。这是对申诉制度的重要创新，对解决人民群众申诉难，防止一些当事人乱申诉和无理申诉，杜绝别有用心的人利用申诉损害司法权威和司法公信，甚至制造事端或谋取非法利益，具有重要意义。为了保障经济上困难的当事人也能够获得律师代理申诉的权利，《决定》还规定"对聘不起律师的申诉人，纳入法律援助范围"，从而为律师在申诉活动中发挥职能作用和当事人充分行使申诉权利，提供了有效的制度保障。

七、加强对司法活动的监督

1. 健全司法机关内部监督制约机制。明确司法机关内部各层级权限，健全内部监督制约机制。司法机关内部人员不得违反规定干预其他人员正在办理的案件，建立司法机关内部人员过问案件的记录制度和责任追究制度。完善主审法官、合议庭、主任检察官、主办侦查员办案责任制，落实谁办案谁负责。明确各类司法人员工作职责、工作流程、工作标准，实行办案质量终身负责制和错案责任倒查问责制，确保案件处理经得起法律和历史检验。

2. 加强检察机关法律监督。完善检察机关行使监督权的法律制度，加强对刑事诉讼、民事诉讼、行政诉讼的法律监督。

3. 加强人民群众监督和社会监督。坚持人民司法为人民，依靠人民推进公正司法，通过公正司法维护人民权益。在司法调解、司法听证、涉诉信访等司法活动中保障人民群众参与。完善人民陪审员制度，保障公民陪审权利，扩大参审范围，完善随机抽选方式，提高人民陪审制度公信度。逐步实行人民陪审员不再审理法律适用问题，只参与审理事实认定问题。完善人民监督员制度，重点监督检察机关查办职务犯罪的立案、羁押、扣押冻结财物、起诉等环节的执法活动。司法机关在办案过程中要依照有关规定主动发布权威信息，及时回应社会关切。规范媒体对案件的报道，防止舆论影响司法公正。构建开放、动态、透明、便民的阳光司法机制，推进审判公开、检务公开、警务公开、狱务公开，依法及时公开执法司法依据、程序、流程、结果和生效法律文书，杜绝暗箱操作。加强法律文书释法说理，建立生效法律文书统一上网和公开查询制度。

> **注意** ▶ 司法调解是我国的创造，人民法院要正确把握调解与裁判的关系，坚持调判结合，能调则调，当判则判，最大限度实现案结事了。

4. 依法规范司法人员与当事人、律师、特殊关系人、中介组织的接触、交往行为。严禁司法人员私下接触当事人及律师、泄露或者为其打探案情、接受吃请或者收受其财物、为律师介绍代理和辩护业务等违法违纪行为，坚决惩治司法掮客行为，防止利益输送。坚决破除各种潜规则，绝不允许法外开恩，绝不允许办关系案、人情案、金钱案。坚决反对和克服特权思想、衙门作风、霸道作风，坚决反对和惩治粗暴执法、野蛮执法行为。对因违法违纪被开除公职的司法人员、吊销执业证书的律师和公证员，终身禁止从事法律职业，构成犯罪的要依法追究刑事责任。对司法领域的腐败零容忍，坚决清除害群之马。

> **小提示**
>
> 1. 推动实行审判权和执行权相分离的体制改革试点；完善刑罚执行制度，统一刑罚执行体制；探索实行法院、检察院司法行政事务管理权和审判权、检察权相分离。
> 2. 探索建立检察机关提起公益诉讼制度。
> 3. 完善人民陪审员制度，保障公民陪审权利，扩大参审范围，完善随机抽选方式，提高人民陪审制度公信度。逐步实行人民陪审员不再审理法律适用问题，只参与审理事实认定问题。
> 4. 建立生效法律文书统一上网和公开查询制度。
> 5. 诉访分离，是指将信访案件中的"诉"与"访"的信访案件分开处理的程序。

第四节 增强全民法治观念，推进法治社会建设

增强全民法治观念，推进法治社会建设	1. 推动全社会树立法治意识；
	2. 推进多层次多领域依法治理；
	3. 建设完备的法律服务体系；
	4. 健全依法维权和化解纠纷机制。

法律的权威源自人民的内心拥护和真诚信仰。人民权益要靠法律保障，法律权威要靠人民维护。必须弘扬社会主义法治精神，建设社会主义法治文化，增强全社会厉行法治的积极性和主动性，形成守法光荣、违法可耻的社会氛围，使全体人民都成为社会主义法治的忠实崇尚者、自觉遵守者、坚定捍卫者。

> 1. 法律权威不仅来源于宪法和法律的强制力，更来源于宪法和法律在全体社会成员心中的威信和地位。
> 2. 传统社会管理到现代社会治理的转变过程，体现了坚持系统治理、依法治理、综合治理、源头治理的优势和良好效果。

一、推动全社会树立法治意识

法治意识是人们对法律发自内心的认可、崇尚、遵守和服从。如果一个社会绝大多数人都对法律没有信任感,认为靠法律解决不了问题,那就不可能建成法治社会。因此,一定要引导全社会树立法治意识,使人们发自内心地对宪法法律信仰和崇敬,把法律内化为行为准则。

1. 坚持把全民普法和守法作为依法治国的长期基础性工作,深入开展法治宣传教育,注重对法治理念、法治思维和法治信仰的培育,引导全民自觉守法、遇事找法、解决问题靠法。

注意 ▶ 从"法制宣传教育"到"法治宣传教育",内涵发生了深刻变化,既包括对法律体系和法律制度的宣传,也包括对立法、执法、司法、守法等一系列法律实践活动的宣传,更加突出了法治理念和法治精神的培育,更加突出了运用法治思维和法治方式能力的培养。

2. 中组部干部监督局在分析违法犯罪的多名原领导干部反省材料后发现,81.4%的人认为自己犯罪与不懂法有关。坚持把领导干部带头学法、模范守法作为树立法治意识的关键,完善国家工作人员学法用法制度,把宪法法律列入党委(党组)中心组学习内容,列为党校、行政学院、干部学院、社会主义学院必修课。推广领导干部任前法律知识考试制度和公务员法律知识考试等做法,增强领导干部和国家工作人员的法制观念和法律素质。

3. 把法治教育纳入国民教育体系,列入中小学教学大纲,从青少年抓起,在中小学设立法治知识课程,保证在校学生都能得到基本的法律知识教育。制定学校法治教育工作规程,努力在所有课程教学和有关学习活动中渗透法治教育的内容。要建立学校、家庭、社会一体化的青少年法治教育网络,增强青少年法治教育的吸引力、感染力。把法治教育纳入精神文明创建内容,把学法尊法守法用法等情况作为精神文明创建的重要指标,纳入精神文明创建考核评价体系。

4. 创新普法宣传形式,健全普法宣传教育机制,注重宣传实效。进一步树立普及法律知识与培育法治观念并重的理念,树立普法教育与法治实践结合的理念,树立注重实效的理念,探索建立普法宣传教育效果评估标准体系和跟踪反馈机制。开展群众性法治文化活动,健全媒体公益普法制度,推动普法宣传公益广告公共场所、公共区域全覆盖。加强新媒体新技术在普法中的运用,为公众提供更多、更便捷的学法渠道,提高普法实效。

(1)健全普法宣传教育机制:各级党委和政府要加强对普法工作的领导,宣传、文化、教育部门和人民团体要在普法教育中发挥职能作用。

(2)健全普法责任制:实行国家机关"谁执法谁普法"的普法责任制,落实各部门行业及社会各单位的普法责任。建立法官、检察官、行政执法人员、律师等以案释法制度,加大在执法、司法过程中的普法力度,使办案过程成为向群众宣传法律的过程,执法、司法机关要定期编辑、推出各类典型案例,开展以案说法、以案释法活动,发挥典型案例的教育警示作用。

(3)加强普法工作队伍建设:重点抓好司法行政机关普法工作者队伍和各部门行业专职普法工作者队伍建设,配齐配强工作人员,切实提高能力素质;加强普法讲师团建设,选聘优秀法学人才参加讲师团,充分发挥讲师团在普法工作中的骨干作用;加强普法志愿者队伍建设,鼓励和引导司法人员、行政执法工作人员、社会法律从业人员、大专院校法律专业师生加入志愿者队伍，提高普法志愿者的法律素质和工作水平。

5. 加强社会诚信建设

牢固树立有权力就有责任、有权利就有义务观念。

加强社会诚信建设，健全公民和组织守法信用记录，使每一个公民和组织的信用状况公开透明、可查可核。

要完善守法诚信褒奖机制，在确定经济社会发展目标和发展规划、出台经济社会重大政策和重大改革措施时，把守法经营、诚实信用作为重要内容，形成有利于弘扬诚信的良好政策导向和利益机制；在市场监管和公共服务过程中，充分应用信用信息和信用产品，对诚实守信者实行优先办理、简化程序等绿色通道支持激励政策。

完善违法失信行为惩戒机制，实行失信发布制度，建立严重失信黑名单制度和市场推出机制，建立多部门、跨地区失信联合惩戒机制，使尊法守法成为全体人民共同追求和自觉行动。

6. 加强公民道德建设

法律是成文的道德，道德是内心的法律，二者相互依存，具有天然的联系和共同的价值取向。要坚持依法治国和以德治国相结合，把他律和自律结合起来。我国古代德治思想十分丰富，要弘扬中华优秀传统文化，深入挖掘和阐发中华优秀传统文化讲仁爱、重民本、守诚信、崇正义、尚和合、求大同的时代价值，增强法治的道德底蕴。要把道德建设融入法治建设的各个环节，强化规则意识，倡导契约精神，弘扬公序良俗。国无德不兴，人无德不立。一个国家的公民道德素质，一定程度上影响和制约着法治进程。

发挥法治在解决道德领域突出问题中的作用。要根据经济社会发展需要和人民群众的愿望要求，把道德领域的一些突出问题纳入法律调整的范围，加大执法、司法工作力度，弘扬真善美、制裁假丑恶。深入开展道德领域突出问题专项教育和治理，把加强道德教育和依法解决问题、健全制度保障结合起来，让违法行为不仅受到法律制裁，也受到道德谴责，引导人们自觉履行法定义务、社会责任、家庭责任。

二、推进多层次多领域依法治理

我国当代社会呈现出社会层次立体化、社会主体多样化、社会利益差别化、社会矛盾复杂化的新格局，法治成为加强社会管理、实现社会善治的必然选择。

坚持系统治理、依法治理、综合治理、源头治理，提高社会治理法治化水平。

深化基层组织和部门、行业依法治理，支持各类社会主体自我约束、自我管理。基层组织和部门、行业是社会的重要组成单元，在社会治理中具有重要地位。社会治理的重心必须落实到城乡社区，社区服务和管理的能力强了，社会治理的基础也就实了。要推进村委会、居委会依照法律和章程自主管理村（居）事务，使广大基层群众在自我管理、自我服务中增强法治意识和权利义务观念。各级政府部门担负着社会管理的职能，许多部门还有执法权；各行业同经济社会发展和人民群众生产生活密切相关。部门能否切实做到依法行使权力、履行职责，行业能否依法办事、自我管理，对于提高整个社会法治化水平至关重要。因此，要大力推进各政府部门和行业普遍开展依法治理，实现依法治理对部门行业全覆盖，积极推动多层次的地方和区域依法治理，在省市县乡各个层面推进社会治理法治化。

发挥市民公约、乡规民约、行业规章、团体章程等社会规范在社会治理中的积极作用。在社会治理规则体系中，法律法规居于基础性的地位，依法治理主要就是依据法律法规进行社会治理。同时，现代社会纷繁复杂，社会治理规则体系也不是单一的、同质的，而是由不同类别、不同层级、不同效力的社会规范构成的集合体，除了国家法律法规之外，市民公约、乡规民约、行业规章、团体章程等社会规范，对其效力所及的组织和成员个人具有重要的规范、指引和约束作用，也是治理社会公共事务的重要依据和遵循。推动形成多层次、多样化的社会治理规则体系，把那些可以通过社会成员契约合意自我规范或解决的问题交由社会规范或契约解决。同时，要加强对此类社会规范制定和实施情况的审查监督，确保其不违反现行法律法规。

深入开展多层次多形式法治创建活动。我国社会主体数量众多，包括乡镇4万多个，建制村（居）80多万个，登记企事业法人1000余万家。这些基本社会单元的法治化程度，直接决定整个社会的法治化水平。因此，要立足实际、突出特色开展法治创建。根据不同类型社会主体的性质、功能和特点，制定符合实际、特色鲜明的法治创建目标和实施方案，分类指导、务求实效。

1. 对于行政区域，要着眼于法律全面实施，推进区域社会治理的制度化、法治化，规范公共权力行使，保障公民权利；

2. 对于市场主体，要着眼于建立现代企业制度，完善法人治理结构，促进依法经营、重信守诺；

3. 对于村（居）基层组织，要着眼于推进基层民主法治建设，完善村（居）民自治制度和机制，促进民主管理、依法自治；

4. 对于社会组织，要着眼于规范行为、激发活力，完善内部治理机制、强化自律功能。

要探索建立科学完备的法治创建指标体系。根据社会主体的类型和特点，科学确定衡量社会主体法治创建效果的代表性要素，分类研究制定法治创建指标体系和法治创建效果评估体系，对社会主体法治化程度进行量化评估，指导和推动法治创建活动深入发展。

发挥人民团体和社会组织在法治社会建设中的积极作用。建立健全社会组织参与社会事务、维护公共利益、救助困难群众、帮教特殊人群、预防违法犯罪的机制和制度化渠道。支持行业协会商会类社会组织发挥行业自律和专业服务功能。发挥社会组织对其成员的行为导引、规则约束、权益维护作用。加强在华境外非政府组织管理，引导和监督其依法开展活动。

高举民族大团结旗帜，依法妥善处置涉及民族、宗教等因素的社会问题，促进民族关系、宗教关系和谐。

三、建设完备的法律服务体系

推进覆盖城乡居民的公共法律服务体系建设，加强民生领域法律服务。完善法律援助制度，扩大援助范围，健全司法救助体系，保证人民群众在遇到法律问题或者权利受到侵害时获得及时有效法律帮助。

> **小资料**
>
> 1. 我国的法律服务，主要包括律师、公证、调解、基层法律服务、法律援助等。
>
> 2. 律师等法律服务工作者充分发挥自身熟悉法律法规又了解法律实务的特长，为立法工作提供意见建议，促进科学立法；通过担任政府法律顾问和公职律师，为政府运用法律手段管理经济和社会事务提供法律服务，推动依法行政，促进严格执法；通过依法履行辩护代理职责，协助司法机关全面、准确地查明事实，正确适用法律，从实体和程序上维护司法公正；通过具体的执业活动以案释法，传播法治文化，弘扬法治精神，促进全民守法。
>
> 3. 改革开放以来，我国法律服务体系已初步形成，法律服务队伍不断壮大。目前全国共有律师25万多人，公证员1.2万多人，基层法律服务工作者7.1万多人，法律援助机构工作人员1.4万多人。同时，我国的法律服务体系也还存在总量不足、布局不均衡、结构不协调的问题。建设完备的法律服务体系，仍然是全面推进依法治国的一项长期而艰巨的任务。
>
> 4. 要树立质量至上的理念，加大法律服务的规范化、标准化和便利化建设，提供讲诚信、讲品质、有标准、有质量的法律服务。建立健全法律服务标准体系、强化服务全程化监管、建立健全服务质量评价机制等制度，确保服务质量。完善服务便民化措施，普遍设立便民服务窗口、简化受理程序、搭建跨区域协作平台，方便群众获得法律服务和法律援助。
>
> 5. 在刑事诉讼活动中，律师要坚持正确的法治立场，依法公正从事辩护工作，既要保障无罪的人不受刑事追究，保护公民的人身权利、财产权利、民主权利和其他权利；又要协助司法机关准确及时地查明犯罪事实，正确运用法律，惩罚犯罪分子。

发展律师、公证等法律服务业，统筹城乡、区域法律服务资源，发展涉外法律服务业。健全统一司法鉴定管理体制。

1. 要强化法律服务资源均等化，促进服务门类齐全，服务网络实现东中西部、城市与农村广覆盖，工作布局、力量分布科学合理，资源得到有效配置，功能得到充分发挥。

2. 健全法律服务网络。

（1）要有效推动法律服务向基层延伸，大力发展县域律师事务所和公证处，规范发展基层法律服务所，建立健全县乡村一级法律援助服务点，努力实现基层村居法律服务的全覆盖，着力打造一小时（半小时）法律服务圈。
（2）持续加大对中西部特别是国家特困连片地区法律服务的扶持力度，鼓励、支持和引导法律服务机构和优秀法律人才到中西部开展法律服务，加快解决欠发达地区法律服务资源不足问题。
（3）服务中国企业走出去，鼓励有实力的律师事务所走出国门，搭建海外法律服务网络，维护国家经济安全和政治安全。

3. 拓展法律服务领域。

（1）要切实做好与全面深化改革密切相关的法律服务工作，为促进完善我国基本经济制度、健全城乡发展一体化体制机制、建设社会主义民主政治制度、推进文化体制机制创新、推进社会事业改革创新、建立系统完整的生态文明制度体系等提供法律服务。

（2）着力服务经济持续健康发展，扩大公司律师试点，拓展知识产权、金融等新兴民商事业务领域，为市场在资源配置中起决定性作用提供法治保障。

（3）着力服务保障和改善民生，立足国家公共服务体系的重点领域，拓展教育、就业、社会保障、医疗卫生、住房保障、文化体育等领域的法律服务。

（4）着力服务社会和谐稳定，健全完善法律服务人员参与信访、调解、群体性案（事）件处置工作机制。

4. 创新法律服务方式。

（1）要创新传统型服务方式，严格按照法律规定规范代理诉讼和仲裁的执业流程、执业标准和执业行为，积极创新法律顾问和非诉讼的服务方式、服务内容和服务标准。

（2）创新综合性服务方式，有效整合法律服务资源，优化衔接法律服务流程，构建综合性一站式法律服务平台。

（3）创新信息化服务方式，搭建法律服务信息化平台，畅通连接省、市、县、乡四级的法律服务信息化网络，研发适于互联网推广的标准化法律服务和法律援助项目。

四、健全依法维权和化解纠纷机制

强化法律在维护群众权益、化解社会矛盾中的权威地位，引导和支持人们理性表达诉求、依法维护权益，解决好群众最关心最直接最现实的利益问题。

1. 从人民内部和社会一般意义上说，维权是维稳的基础，维稳的实质是维权。对涉及维权的维稳问题，首先要把群众合理合法的利益诉求解决好。

2. 改变那种大闹大解决、小闹小解决、不闹不解决的现象，让合理诉求通过法律程序不闹也能得到解决，让无理要求不仅不能通过闹得到满足，触犯了法律还要承担责任；改变那种"法不责众"的现象，无论是谁，只要违反了法律，都要严格执法，依法予以追究，切实树立和维护法律的权威性和严肃性。

3. 要大力推进以权利公平、机会公平、规则公平为主要内容的社会公平保障体系建设。

4. 确保幼有所学、壮有所为、病有所医、老有所养、住有所居。

5. 建立更加公平可持续的社会保障制度，坚持社会统筹和个人账户相结合的基本养老保险制度，整合城乡居民基本养老保险制度、基本医疗保险制度，推进城乡最低生活保障制度统筹发展，确保老有所养。

构建对维护群众利益具有重大作用的制度体系，建立健全社会矛盾预警机制、利益表达机制、协商沟通机制、救济救助机制，畅通群众利益协调、权益保障法律渠道。把信访纳入法治化轨道，保障合理合法诉求依照法律规定和程序就能得到合理合法的结果。

> 1. 建立健全社会矛盾预警机制。坚持源头治理，标本兼治、重在治本，以网格化管理、社会化服务为方向，大力加强基层建设，健全完善基层党组织、政法综治机构、人民调解组织，发挥其扎根基层、联系群众的优势，第一时间了解群众疾苦，倾听群众呼声，反映群众利益诉求，及时发现和掌握社会矛盾线索，为党委、政府和有关部门决策、管理提供依据。
>
> 2. 建立健全群众利益表达机制和协商沟通机制。建立政府决策听证制度，凡涉及群众切身利益的重大决策，都要通过听证等方式广泛听取群众意见。完善人大代表联系群众机制，通过建立健全代表联络机构、网络平台等形式密切代表同人民群众联系，听取和反映群众诉求。构建程序合理、环节完整的协商民主体系，拓宽国家政权机关、政协组织、党派团体、基层组织、社会组织的协商渠道，充分发挥协商民主在群众利益表达和协商沟通中的独特作用；发展基层民主，推进基层协商制度化，建立健全居民、村民监督机制，维护基层群众利益；健全以职工代表大会为基本形式的企事业单位民主管理制度，维护和保障职工民主权利和利益。要改革完善信访工作制度，深入推进涉法涉诉信访改革，建立涉法涉诉信访依法终结制度，把信访纳入法治化轨道，引导群众依法理性表达诉求，通过法律渠道维护合法权益。
>
> 3. 建立完善社会救济救助机制。完善最低工资、最低生活保障制度，建立正常增长机制，努力防止和消除绝对贫困。健全农村留守儿童、妇女、老年人关爱服务体系，健全残疾人权益保障等制度，帮助解决就业、就医、就学等实际困难，切实改善特殊困难群体生存条件和生活环境。大力发展慈善事业，完善慈善捐减免税制度，支持慈善事业发挥扶贫济困作用。完善法律援助制度，扩大援助范围，健全司法救助体系，努力让经济确有困难的群众打得起官司，让生活陷入困境的当事人能够获得必要的救济帮助。

健全社会矛盾纠纷预防化解机制，完善调解、仲裁、行政裁决、行政复议、诉讼等有机衔接、相互协调的多元化纠纷解决机制。加强行业性、专业性人民调解组织建设，完善人民调解、行政调解、司法调解联动工作体系。完善仲裁制度，提高仲裁公信力。健全行政裁决制度，强化行政机关解决同行政管理活动密切相关的民事纠纷功能。

1. 建立健全社会矛盾纠纷预防机制。开展重大决策社会稳定风险评估。凡是出台涉及人民群众切身利益的重大决策，都要把社会稳定风险评估作为前置程序、刚性门槛，努力使重大决策的过程成为党委政府倾听民意、改善民生、化解民忧的过程，最大限度地预防和减少社会矛盾的发生。要坚持和发展"枫桥经验"，深入开展大下访、大排查、大调处活动，坚持抓早抓小抓苗头、及时就地化解，最大限度地把矛盾解决在基层、解决在萌芽状态，防止矛盾激化升级。

概念说明·枫桥经验：20世纪60年代初，浙江省诸暨市枫桥镇干部群众创造了"发动和依靠群众，坚持矛盾不上交，就地解决"。实现"捕人少，治安好"的"枫桥经验"，为此，1963年毛泽东同志就曾亲笔批示"要各地仿效，经过试点，推广去做"。"枫桥经验"由此成为全国政法战线一个脍炙人口的典型。

2. 充分发挥不同纠纷解决制度的优势。要引导当事人根据矛盾纠纷的性质和类型选择最适当的纠纷解决途径，充分发挥不同纠纷解决制度在化解特定类型矛盾纠纷中的作用。

（1）要坚持人民调解的民间性、自愿性，发挥互谅互让、成本低廉、方便快捷的特色，适应现代社会矛盾纠纷发展的新形势，大力加强行业性、专业性人民调解组织建设，在平等自愿的基础上，努力化解更多的民间基层矛盾纠纷。

续表

（2）要完善仲裁制度，提高仲裁公信力，坚持仲裁中立性、保密性、专业性的特点，着力化解市场经济和涉外经贸领域的民商事纠纷。
（3）要完善行政复议制度，健全行政复议案件审理机制，妥善化解行政机关与相对人之间的争议，纠正违法或者不当行政行为。
（4）要健全行政裁决制度，依法明确行政裁决的适用范围、裁决程序和救济途径，强化行政机关解决同行政管理活动密切相关的民事纠纷功能。
（5）要发挥诉讼作为解决社会矛盾纠纷最后一道防线的功能，健全完善刑事诉讼、民事诉讼和行政诉讼制度，促进司法公正，提高司法效率，树立司法权威，确保实现定分止争、案结事了。

3. 建立完善各种纠纷解决制度有机衔接、相互协调机制，形成社会矛盾纠纷化解网络和工作合力。

（1）进一步完善调诉对接、裁审协调、复议诉讼衔接的机制，确保不同纠纷解决制度既能在各自领域和环节中有效发挥作用，又能够顺畅衔接、相互配合、相互支撑，强化纠纷解决效果。比如，《人民调解法》规定了人民法院对调解协议效力的确认和执行制度，这一制度的有效实施，对于提高人民调解公信力，防止经过调解的纠纷又涌入法院，从而减轻法院案件压力，具有重要作用。
（2）要健全完善人民调解、行政调解、司法调解联动工作体系，建立矛盾纠纷调解衔接配合机制，充分发挥调解这一具有鲜明中国特色的纠纷解决制度的独特作用。
（3）要坚持调处结合、调判结合，能调则调，当处则处，该判则判，依法妥善化解矛盾纠纷，促进社会和谐稳定。

深入推进社会治安综合治理，健全落实领导责任制。完善立体化社会治安防控体系，有效防范化解管控影响社会安定的问题，保障人民生命财产安全。依法严厉打击暴力恐怖、涉黑犯罪、邪教和黄赌毒等违法犯罪活动，绝不允许其形成气候。依法强化危害食品药品安全、影响安全生产、损害生态环境、破坏网络安全等重点问题治理。

1. 要着力构建党政主导、综治协调、部门负责、社会协同、全民参与的立体化社会治安防控体系建设格局，健全以源头防控、动态防控、重点防控、科技防控、网格防控、区域防控和网络防控为主要内容的立体化社会治安防控网。
2. 要深入开展基层平安创建活动，依法强化危害食品药品安全、影响安全生产、损害生态环境、破坏网络安全等重点问题治理，增强人民群众安全感。
3. 要毫不动摇地坚持依法严打方针，依法严厉打击暴力恐怖、涉黑犯罪、邪教和黄赌毒等违法犯罪活动，绝不允许其形成气候。
4. 要贯彻落实宽严相济刑事政策，依法运用好"宽"的一手，最大限度减少社会对抗，努力化消极因素为积极因素。

> 🎯 **小提示**
>
> 1. 实行国家机关"谁执法谁普法"的普法责任制；
> 2. 把法治教育纳入国民教育体系，从青少年抓起，在中小学设立法治知识课程；
> 3. 发挥法治在解决道德领域突出问题中的作用。

第三章

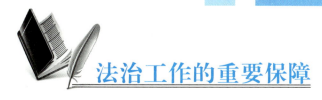

法治工作的重要保障

第一节 加强法治工作队伍建设

加强法治工作队伍建设（忠于党、忠于国家、忠于人民和忠于法律）	1. 建设高素质法治专门队伍；
	2. 加强法律服务队伍建设；
	3. 创新法治人才培养机制。

全面推进依法治国，必须大力提高法治工作队伍思想政治素质、业务工作能力、职业道德水准，着力建设一支忠于党、忠于国家、忠于人民、忠于法律的社会主义法治工作队伍，为加快建设社会主义法治国家提供强有力的组织和人才保障。

注意▶法治工作队伍包括法治专门队伍和社会法律服务队伍，是国家治理队伍的一支重要力量，处于法治实践的最前沿。

一、建设高素质法治专门队伍

把思想政治建设摆在首位，加强理想信念教育，深入开展社会主义核心价值观和社会主义法治理念教育，坚持党的事业、人民利益、宪法法律至上，加强立法队伍、行政执法队伍、司法队伍建设。抓住立法、执法、司法机关各级领导班子建设这个关键，突出政治标准，把善于运用法治思维和法治方式推动工作的人选拔到领导岗位上来。

1. 把思想政治建设摆在首位。立法、执法、司法机关是党领导下的法治专门机关，政治性、政策性、人民性都很强。这种性质决定了立法、执法、司法机关的领导干部在政治思想上必须有更高的标准、更严的要求。

续表

2. 进一步拓宽选人视野，积极推动干部跨部门跨条块交流，尤其要把那些政治上强、熟悉法治工作、领导经验丰富、善于抓班子带队伍的人选拔到政法部门主要领导岗位上来。畅通立法、执法、司法部门干部和人才相互之间以及与其他部门具备条件干部和人才交流渠道，特别是推动立法、执法、司法机关优秀年轻干部到地方、基层一线和艰苦岗位培养锻炼，帮助他们加深对国情社情民意的了解。
3. 做好立法工作，为国家立规矩、为社会定方圆，需要建设一支具备遵循规律、发扬民主、加强协调、凝聚共识能力的立法工作者队伍。
4. 做好执法工作，履行好政府职能、管理好经济社会事务，需要建设一支忠于法律、捍卫法律，严格执法、敢于担当的执法工作者队伍。
5. 保证公正司法，为人们定分止争、化解矛盾，需要建设一支信仰法律、坚守法律、端稳天平、握准法槌，铁面无私、秉公司法的司法工作者队伍。

畅通立法、执法、司法部门干部和人才相互之间以及与其他部门具备条件的干部和人才交流渠道。要推进立法、执法、司法干部和人才相互之间交流。建立健全人大与"一府两院"干部和人才交流机制，积极推动立法、执法、司法系统干部上下交流，注重从基层立法、执法、司法机关和岗位选拔干部。要注重从其他党政部门选拔符合条件的干部和人才到法治部门工作。推动立法、执法、司法机关优秀干部特别是优秀年轻干部到其他党政部门任职、到基层一线和艰苦岗位培养锻炼，帮助他们加深对国情社情民意的了解。重点抓好立法、执法、司法机关各级领导干部的交流，在更大范围、更宽领域选贤任能，积极推动干部跨部门跨条块交流。尤其要把那些政治上强、经历多岗位锻炼、领导经验丰富、善于抓班子带队伍的人选拔到政法部门主要领导岗位上来。进一步健全领导干部交流制度，认真执行新提拔担任法院、检察院、公安机关主要领导的必须异地交流任职的规定。

推进法治专门队伍正规化、专业化、职业化，提高职业素养和专业水平。完善法律职业准入制度，健全国家统一法律职业资格考试制度，建立法律职业人员统一职前培训制度。建立从符合条件的律师、法学专家中招录立法工作者、法官、检察官制度，畅通具备条件的军队转业干部进入法治专门队伍的通道，健全从政法专业毕业生中招录人才的规范便捷机制。加强边疆地区、民族地区法治专门队伍建设。加快建立符合职业特点的法治工作人员管理制度，完善职业保障体系，建立法官、检察官、人民警察专业职务序列及工资制度。

1. 完善法律职业准入制度，从源头上把好法治专门队伍的素质关。健全国家统一法律职业资格考试制度，将司法考试制度改为国家统一法律职业资格考试制度，改革考试内容，将法律职业立场、伦理、技能纳入考试范围。
2. 建立法律职业人员统一职前培训制度，对职前培训实行统一管理，着力提高法律职业人员法律信仰、职业操守和职业技能。
3. 健全从政法专业毕业生中招录人才的规范便捷机制，重点解决专业人才引进难、公安院校毕业生入警难、边远艰苦地区招录门槛高等问题。
4. 探索建立法律职业从业者之间良性流动和开放的人才吸纳机制。建立从符合条件的律师、法学专家中招录立法工作者、法官、检察官制度。畅通具备条件的军队转业干部进入法治专门队伍特别是执法队伍的通道。

续表

> 5. 加快建立符合职业特点的法治工作人员管理制度，探索实行差别化管理模式。完善法治人员职业保障体系，建立法官、检察官、人民警察专业职务序列及工资制度，特别是要重视解决基层法治人员流失的问题，切实增强他们的职业荣誉感和使命感。

建立法官、检察官逐级遴选制度。初任法官、检察官由高级人民法院、省级人民检察院统一招录，一律在基层法院、检察院任职。上级人民法院、人民检察院的法官、检察官一般从下一级人民法院、人民检察院的优秀法官、检察官中遴选。

> 1. 除书记员、司法警察等司法辅助人员外，中级以上人民法院和市级以上人民检察院不再直接从应届毕业生中招录法官、检察官。

> 2. 在充分消化现有在编人员基础上，中级以上人民法院、检察院不再任命助理审判员，今后各级人民法院、检察院招录的法官助理符合转任法官、检察官条件的，应当经过法定选任程序，一律到基层人民法院、检察院任职。

> 3. 上级人民法院、人民检察院的法官、检察官，除可面向社会公开招录符合条件的律师、法学学者和其他法律工作者外，一般从下一级人民法院、人民检察院中经过一定年限职业训练的优秀法官、检察官中遴选。

小贴士

1. 将司法考试制度改革为国家统一法律职业资格考试制度，改革考试内容，将法律职业立场、伦理、技能纳入考试范围；

2. 建立法律职业人员统一职前培训制度，对职前培训实行统一管理，着力提高法律职业人员法律信仰、职业操守和职业技能。

二、加强法律服务队伍建设

加强律师队伍思想政治建设，把拥护中国共产党领导、拥护社会主义法治作为律师从业的基本要求，增强广大律师走中国特色社会主义法治道路的自觉性和坚定性。构建社会律师、公职律师、公司律师等优势互补、结构合理的律师队伍。提高律师队伍业务素质，完善执业保障机制。加强律师事务所管理，发挥律师协会自律作用，规范律师执业行为，监督律师严格遵守职业道德和职业操守，强化准入、退出管理，严格执行违法违规执业惩戒制度。加强律师行业党的建设，扩大党的工作覆盖面，切实发挥律师事务所党组织的政治核心作用。

> 1. 搞好普法和法律服务，引导和帮助公民学法知法、用法守法，需要建设一支以律师为主体的，弘扬法治精神、恪守职业道德、热心服务群众的社会法律服务者队伍。

> 2. 律师应坚决抵制违反我国宪法原则、不符合我国国情的西方政治制度、法律制度、法治理念，坚决抵制、拒绝参与由境内外敌对势力插手挑起的所谓"维权"活动。

续表

3. 采用政府购买和财政补贴相结合的方式，完善律师承担公益性法律服务的经费保障机制。
4. 实行律师从业向宪法和法律宣誓制度，严格执行违法违规执业惩戒制度，严重者要终身退出律师行业。
5. 凡有3名以上正式党员的律师事务所，应当单独建立党支部，不足3名党员的律师事务所，也要通过联所等方式联合建立党支部。

各级党政机关和人民团体普遍设立公职律师，企业可设立公司律师，参与决策论证，提供法律意见，促进依法办事，防范法律风险。明确公职律师、公司律师法律地位及权利义务，理顺公职律师、公司律师管理体制机制。

1. 党依法执政、政府依法行政、企业依法经营，会遇到大量、经常性的法律事务，需要有专门的律师队伍提供法律咨询，承担法律服务，提高决策质量，维护合法权益，防范法律风险。
2. 自2002年司法部开展公职律师、公司律师试点工作以来，全国现有公职律师4600多人，公司律师1700多人，公职律师和公司律师仅占律师队伍的2.5%，远不能适应实践需要。要推动县级以上党政机关、人民团体普遍设立公职律师，引导有条件的企业特别是国有和国有控股企业设立公司律师。

发展公证员、基层法律服务工作者、人民调解员队伍。推动法律服务志愿者队伍建设。建立激励法律服务人才跨区域流动机制，逐步解决基层和欠发达地区法律服务资源不足和高端人才匮乏问题。

三、创新法治人才培养机制

坚持用马克思主义法学思想和中国特色社会主义法治理论全方位占领高校、科研机构法学教育和法学研究阵地，加强法学基础理论研究，形成完善的中国特色社会主义法学理论体系、学科体系、课程体系，组织编写和全面采用国家统一的法律类专业核心教材，纳入司法考试必考范围。坚持立德树人、德育为先导向，推动中国特色社会主义法治理论进教材进课堂进头脑，培养造就熟悉和坚持中国特色社会主义法治体系的法治人才及后备力量。建设通晓国际法律规则、善于处理涉外法律事务的涉外法治人才队伍。

1. 经过30多年的探索实践，我国已经建立了以学位教育为主体、其他教育为补充，学历教育和在职培训进修相互衔接的法治人才培养体系，初步形成了教育部门宏观管理、司法部门行业指导、教育行业协会自律管理、法学院校自主管理"四位一体"的管理体制，既有以法学理论传授为主的法学学术学位教育，又有具备行业特点的法学专业学位教育，还有贯穿于法律职业生涯的继续教育。
2. 高等法学教育坚持专业教育与通识教育并重、大众化教育兼顾精英教育理念。
3. 坚持把思想政治建设摆在创新法治人才培养的首位。思想政治素质是社会主义法治人才第一位的要求，忠于党、忠于国家、忠于人民、忠于法律是社会主义法治人才思想政治素质的具体表现。
4. 精心编写国家统一的法律类专业核心教材，力求全面准确反映中国特色社会主义法治理论最新成果，全面准确反映中国特色社会主义法治建设丰富实践。要采取强有力措施，推动高校全面采用国家统一的法律类专业核心教材，将其列为高校法律类专业考核的重要内容和学生必修的基本教材，确保中国特色社会主义法治理论占领高校法学教育教学阵地。

健全政法部门和法学院校、法学研究机构人员双向交流机制，实施高校和法治工作部门人员互聘计划，重点打造一支政治立场坚定、理论功底深厚、熟悉中国国情的高水平法学家和专家团队，建设高素质学术带头人、骨干教师、专兼职教师队伍。

> 1. 要把建设高素质专家和教师队伍作为创新法治人才培养机制的核心，深入实施教育部会同中央政法委等六部门联合启动的高校与法律实务部门人员互聘"双千计划"，即选聘1000名左右有较高理论水平和丰富实践经验的法律实务部门专家到高校法学院系兼职或挂职任教，承担法学专业课程教学任务，选聘1000名左右高校法学专业骨干教师到法律实务部门兼职或挂职，参与法律实务工作。
>
> 2. 完善法学院校和法学研究机构内部治理结构，在培养单位和法治工作部门人员交流互聘、积极试行"双导师"制等体制机制建设方面走出新路。

小提示

1. 抓住立法、执法、司法机关各级领导班子建设这个关键，突出政治标准，把善于运用法治思维和法治方式推动工作的人选拔到领导岗位上来。

2. 完善法律职业准入制度，健全国家统一法律职业资格考试制度，建立法律职业人员统一职前培训制度。

3. 建立从符合条件的律师、法学专家中招录立法工作者、法官、检察官制度，畅通具备条件的军队转业干部进入法治专门队伍的通道，健全从政法专业毕业生中招录人才的规范便捷机制。

4. 建立法官、检察官、人民警察专业职务序列及工资制度。

5. 建立法官、检察官逐级遴选制度。初任法官、检察官由高级人民法院、省级人民检察院统一招录，一律在基层法院、检察院任职。

6. 建立激励法律服务人才跨区域流动机制，逐步解决基层和欠发达地区法律服务资源不足和高端人才匮乏问题。

7. 坚持用马克思主义法学思想和中国特色社会主义法治理论全方位占领高校、科研机构法学教育和法学研究阵地。

8. 组织编写和全面采用国家统一的法律类专业核心教材，纳入司法考试必考范围。

9. 健全政法部门和法学院校、法学研究机构人员双向交流机制，实施高校和法治工作部门人员互聘计划。

第二节 加强和改进党对全面推进依法治国的领导

加强和改进党对全面推进依法治国的领导	1. 坚持依法执政；
	2. 加强党内法规制度建设；
	3. 提高党员干部法治思维和依法办事能力；
	4. 推进基层治理法治化；
	5. 深入推进依法治军从严治军；
	6. 依法保障一国两制的实践和推进祖国统一；
	7. 加强涉外法律工作。

党的领导是全面推进依法治国、加快建设社会主义法治国家最根本的保证。必须加强和改进党对法治工作的领导，把党的领导贯彻到全面推进依法治国全过程。

一、坚持依法执政

依法执政是依法治国的关键。各级党组织和领导干部要深刻认识到，维护宪法法律权威就是维护党和人民共同意志的权威，捍卫宪法法律尊严就是捍卫党和人民共同意志的尊严，保证宪法法律实施就是保证党和人民共同意志的实现。各级领导干部要对法律怀有敬畏之心，牢记法律红线不可逾越、法律底线不可触碰，带头遵守法律，带头依法办事，不得违法行使权力，更不能以言代法、以权压法、徇私枉法。

> 1. 坚持依法执政，首先要保证宪法法律在党内、在各级党组织和领导干部中的权威和尊严。
> 2. 宪法中明文规定了党的领导地位。
> 3. 引导人民群众通过合法渠道理性表达利益诉求。对少数群众不合理不合法的利益要求，要加强教育引导，坚持依法办事，不能违反法律规定"花钱买平安"。

健全党领导依法治国的制度和工作机制，完善保证党确定依法治国方针政策和决策部署的工作机制和程序。加强对全面推进依法治国统一领导、统一部署、统筹协调。完善党委依法决策机制，发挥政策和法律的各自优势，促进党的政策和国家法律互联互动。党委要定期听取政法机关工作汇报，做促进公正司法、维护法律权威的表率。党政主要负责人要履行推进法治建设第一责任人职责。各级党委要领导和支持工会、共青团、妇联等人民团体和社会组织在依法治国中积极发挥作用。

> 1. 党的政策和国家法律在本质上是一致的，都是党和人民共同意志的反映，都是党领导人民治理国家的重要方式。所不同的是，政策和法律因各自独有的表现形式、作用范围、效力支撑而有着不同的特点和优势。党的政策更具有灵活性、时代性、探索性、指导性等特点，在研判国际国内发展大势、确定国家未来走向的宏观战略，指导最新创造性实践，解决改革发展稳定中不断出现的新矛盾新问题、人民

续表

群众反映强烈的热点难点问题等方面发挥着重要作用。国家法律更具有普遍性、稳定性、反复适用性、国家强制性等特点，在规范公民权利与义务、国家机关权力与责任、定分止争、维护社会稳定和社会公平正义，调整相对成熟、相对稳定的重大社会关系等方面发挥着重要作用。同时，政策和法律又具有紧密的内在联系。党的政策是国家法律的先导和指引，是立法的依据和执法司法的重要指导；国家法律是党的政策的定型化，党的政策成为法律后，实施法律就是贯彻党的意志，依法办事就是执行党的政策。它们相辅相成、相互补充、相得益彰。不能把二者割裂开来，更不能将二者对立起来。
2. 在深化改革的顶层设计方面，在重要领域和关键环节改革试点先行、投石问路方面，在涉及群体广泛、利益关系复杂、牵一发而动全身的深层次改革方面，在前沿改革的探索性实践方面，凡此等等都要注重发挥政策的积极作用。当改革取得的重要成果需要及时巩固、改革积累的成功经验需要普遍推广、改革理顺的利益关系趋于合理稳定需要固化定型，就要及时发挥法律的积极作用。
3. 要注重立法和改革决策相衔接，做到重大改革于法有据、立法主动适应改革和经济社会发展需要。也就是说，谋划重大改革、推进重大改革，要主动把法律因素考虑进来，自觉运用法治方式。实践证明行之有效的，要及时上升为法律；实践条件还不成熟、需要先行先试的，要按照法定程序作出授权；对不适应改革要求的法律法规，要及时修改和废止，确保重大改革在法治轨道上进行。
4. 党政主要负责人要履行推进法治建设第一责任人的职责，不仅自身要带头遵守宪法法律、带头依法办事，而且要抓好领导班子和干部队伍法治素养和能力的培养提高。

人大、政府、政协、审判机关、检察机关的党组织和党员干部要坚决贯彻党的理论和路线方针政策，贯彻党委决策部署。各级人大、政府、政协、审判机关、检察机关的党组织要领导和监督本单位模范遵守宪法法律，坚决查处执法犯法、违法用权等行为。

政法委员会是党委领导政法工作的组织形式，必须长期坚持。各级党委政法委员会要把工作着力点放在把握政治方向、协调各方职能、统筹政法工作、建设政法队伍、督促依法履职、创造公正司法环境上，带头依法办事，保障宪法法律正确统一实施。政法机关党组织要建立健全重大事项向党委报告制度。加强政法机关党的建设，在法治建设中充分发挥党组织政治保障作用和党员先锋模范作用。

注意▶ 政法机关党组织要建立健全重大事项向党委报告制度，政法工作的重大部署、事关社会团结和谐的重大问题、涉及社会政治稳定的重大敏感案件、群众反映突出的执法司法问题等要及时向党委报告，决不能搞先斩后奏、边斩边奏，甚至斩而不奏。

二、加强党内法规制度建设

党内法规既是管党治党的重要依据，也是建设社会主义法治国家的有力保障。党章是最根本的党内法规，全党必须一体严格遵行。完善党内法规制定体制机制，加大党内法规备案审查和解释力度，形成配套完备的党内法规制度体系。注重党内法规同国家法律的衔接和协调，提高党内法规执行力，运用党内法规把党要管党、从严治党落到实处，促进党员、干部带头遵守国家法律法规。

1. 管理好我们党这样一个有着8600多万名党员、430多万个基层党组织的大党，离不开完备的党内法规制度作保障。

2. 我国于 2010 年形成以宪法为统帅的中国特色社会主义法律体系，在中国特色社会主义法律体系的基础上进一步构建中国特色社会主义法治体系，就要求我们除了进一步完善国家各项法律法规外，还要特别注意完善以党章为根本的党内法规制度体系，处理好依法治国和依规治党的关系。
3. 有一种观点认为，党规党纪强调得多，法律法规就会被弱化。事实上，加强党内法规制度建设，不仅不会削弱国家法律的权威，而且有利于国家法律实施，二者相辅相成、相互促进。
4. 党制定党内法规，调整党内关系、规范党内生活，为党组织和党员提供行为遵循；党又领导人民制定宪法和法律，调整社会关系、规范社会秩序，为公民、法人和其他组织提供活动依据。党内法规和国家法律都是党和人民意志的反映，二者在本质上是一致的。
5. 党内法规制度的完备程度是政党发展成熟与否和执政水平高低的一个重要标志。政党发展到高级阶段，都离不开完备的党内规章制度，否则就无法规范党内秩序、严明党的纪律，也就无法实现党的集中统一。
6. 全面提高党的建设科学化水平，必须建立健全以党章为根本、以民主集中制为核心、由一系列相关具体法规制度组成的党内法规制度体系。党章是我们立党、管党、治党的总章程，是最根本的党内法规，在党内具有最高的权威性和最大的约束力。民主集中制是党的根本组织原则，也是党的根本组织制度和领导制度，贯穿于党的组织和活动的各个方面，体现在党的路线方针政策的制定和实施的全过程，是党内法规制度体系的核心。党内各项制度，包括组织制度、领导制度、生活制度、工作制度，实质上都是民主集中制原则在党的建设和党内生活中的具体体现和实际应用。
7. 中央纪律检查委员会是制定党内法规的重要主体之一。
8. 坚持依法治国和依法执政，在治国理政方面的依据是宪法和国家法律，在管党治党方面的依据是党章和党内法规。党的纪律是党内规矩，在党内具有规范性和强制性。
9. 实现党内法规同国家法律的衔接和协调，必须坚持以党章和宪法为基本遵循。保证党内法规体现党章和宪法的精神和要求，保证党内法规制度体系与中国特色社会主义法律体系内在统一，为管党治党提供坚实的依据和保障。要切实做好党内法规特别是党纪的立、改、废、释工作，对于党纪中虽有规定但可以由法律法规进行规范的，尽量通过法律法规来体现；对于法律既没有规定也不适合规定的事项，应由党纪逐步实现全面覆盖；对于同实践要求不相适应的党纪，应及时修订或废止；对于立法法明确规定应由国家法律规定的事项，党内法规不应做出规定；对于那些经过实践检验、应转化为法律的党纪，应及时通过法定程序将其转化为国家法律，逐步形成党的纪律与国家法律的衔接机制。

党的纪律是党内规矩。党规党纪严于国家法律，党的各级组织和广大党员干部不仅要模范遵守国家法律，而且要按照党规党纪以更高标准严格要求自己，坚定理想信念，践行党的宗旨，坚决同违法乱纪行为作斗争。对违反党规党纪的行为必须严肃处理，对苗头性倾向性问题必须抓早抓小，防止小错酿成大错、违纪走向违法。

1. 党纪严于国法，主要表现为党纪对党员的要求比国法对公民的要求标准更高。这是由我们党的先锋队性质决定的。党的各级组织和广大党员干部不仅要模范遵守国家法律，而且要按照党规党纪以更高标准严格要求自己。党的各级组织和党员必须受党的纪律和国家法律双重约束，既要做党的纪律的自觉遵守者，又要做国家法律的模范遵守者，坚决同违法乱纪行为作斗争。
2. 凡是法律已有明确规定的违反法律的行为，也一定是违反党纪的行为。凡是党员和党员领导干部违法犯罪的，必是违纪在前。
3. 发现党员违纪问题，纪检监察机关查清其违纪事实，及时作出党纪处分。如涉嫌违法犯罪，必须移送司法机关依法处理。干扰、妨碍组织审查和进行非组织活动，必须从严从重处理，体现党纪严于国法的要求。

依纪依法反对和克服形式主义、官僚主义、享乐主义和奢靡之风，形成严密的长效机制。完善和严格执行领导干部政治、工作、生活待遇方面各项制度规定，着力整治各种特权行为。深入开展党风廉政建设和反腐败斗争，严格落实党风廉政建设党委主体责任和纪委监督责任，对任何腐败行为和腐败分子，必须依纪依法予以坚决惩处，决不手软。

三、提高党员干部法治思维和依法办事能力

党员干部是全面推进依法治国的重要组织者、推动者、实践者，要自觉提高运用法治思维和法治方式深化改革、推动发展、化解矛盾、维护稳定能力，高级干部尤其要以身作则、以上率下。把法治建设成效作为衡量各级领导班子和领导干部工作实绩重要内容，纳入政绩考核指标体系。把能不能遵守法律、依法办事作为考察干部重要内容，在相同条件下，优先提拔使用法治素养好、依法办事能力强的干部。对特权思想严重、法治观念淡薄的干部要批评教育，不改正的要调离领导岗位。

1. 法治思维是一种规则思维、程序思维，它以严守规则为基本要求，强调法律的底线不能逾越、法律的红线不能触碰，凡事必须在既定的程序及法定权限内运行。
2. 各级领导干部法治观念如何，能不能坚持依法办事，对全社会具有重要的示范作用，对其他社会群体起着形象塑造和榜样引领作用。
3. 必须把提高运用法治思维、法治方式的意识和能力作为推进国家治理体系和治理能力现代化的重要切入点、作为加强党的执政能力建设的基本要求，鲜明地提到全党面前。
4. 造就一支宏大的具有法治素养和法治意志的治国理政干部队伍，既要求广大党员干部由内而外地自觉养成，也需要各级党组织由外而内地持续培育。
5. 光理论学习还不行，还要注重法治实践。各级领导干部在领导和推进依法治国的过程中，一定要扑下身子、躬身实践，凡是想问题、作决策、办事情，第一原则就是按法律办事，有法律规定的，遵循法律规定；没有法律规定的，遵循法治原则、法治原理。
6. 我们党选拔任用干部的标准，从大的方面来说，就是德才兼备。不同的历史时期，对干部德才的具体要求有所不同。在全面建成小康社会、全面深化改革开放、全面推进依法治国的新形势下，按照德才兼备要求和好干部标准全面准确地考核评价干部，当然包含着干部法治思维和依法办事能力的内容。我们要把尊宪守法作为衡量干部德才素质的重要标准，把法治素养和依法办事能力作为提拔使用干部的重要依据。
7. 法治建设的衡量标准既要体现依法治权的内容，也要体现公众参与、民主建设的内容。党规党纪严于国家法律。要把党员干部遵守党章和党规党纪的情况纳入考核评价的内容，促进广大党员干部不仅模范遵守国家法律，而且按照党规党纪以更高标准严格要求自己。党员干部触犯法律规定的，必须依法处理，不能用党内纪律处分代替依法追究责任。
8. 可探索建立对领导班子和领导干部实行述职述廉述法三位一体的考核制度。每年由上级党委对下级党委政府、部门的领导班子和领导干部学法尊法守法用法情况进行全面考评。被考评对象的述法报告内容包括单位及个人学法守法情况、重大事项依法决策情况、依法行政或公正司法情况等。
9. 一方面，要优先选拔使用法治素养好、依法办事能力强、推进法治建设成效明显的干部。另一方面，对那些特权思想严重、法治观念淡薄的干部要批评教育，不能提拔重用。经教育不改的，要调离领导岗位。各级党组织对党员干部遵守宪法和法律要作出具体规定，建立刚性约束机制。

四、推进基层治理法治化

全面推进依法治国,基础在基层,工作重点在基层。发挥基层党组织在全面推进依法治国中的战斗堡垒作用,增强基层干部法治观念、法治为民的意识,提高依法办事能力。加强基层法治机构建设,强化基层法治队伍,建立重心下移、力量下沉的法治工作机制,改善基层基础设施和装备条件,推进法治干部下基层活动。

1. 基层干部直接与人民群众面对面地发生具体行政行为,其能否依法执政、依法办事,直接影响着法律在群众中的威信;

2. 不是基层的一切活动都法律化,只是一切需要和可以由法律来调控的活动和工作,都纳入规范化、法律化的轨道;

3. 要运用法治手段,把问题解决在基层,把矛盾化解在基层;

4. 基层党组织是党的全部工作和战斗力的基础,是落实党的路线方针政策和各项任务的战斗堡垒;

5. 以街道和社区为平台,健全完善党组织和党员联系服务群众的工作体系,推动社区(街道)党员服务中心等服务网络建设,形成开放式、综合性、互联互通的服务体系;

6. 加强基层人民法院、检察室、公安派出所、司法所等派出机构建设,建立农村基层大法治网络,整合县一级公检法司力量,组建县、乡、村三级联动的法治网络;

7. 在边远乡村设立便民诉讼站、诉讼联系点并选聘诉讼联络员,在人口相对集中的地方设置巡回审判点,大力推行巡回收案、办案,最大限度服务群众;

8. 完善基层治理体系,在县乡村建立综治工作机构,实行干部联村维稳制度,加快推进农村社区网格化管理,完善村干部议事制度;

9. 加快形成以社区党组织为核心、社区自治组织为主体、各类社区中介组织充分发挥作用的新型社区组织结构;

10. 要把源头治理、动态管理、应急处置结合起来,完善矛盾纠纷排查、预警、化解、处置机制,变事后处置为事前预防,变治标管理为治本管理,努力掌握预防化解社会矛盾主动权;

11. 建立健全重大决策社会风险评估机制,努力在改革发展中解决矛盾,促进经济社会发展;

12. 继续强化人民调解中心,按照"统一受理、集中梳理、归口管理、依法办理、限期处理"的原则,发挥和强化人民调解中心组织听证对话、社会舆情研判、稳定风险评估、指导重大纠纷排查调处等综合功能;

13. 开展好法治干部下基层活动是推进基层治理法治化的有效途径。要积极引导、推荐优秀法治干部到基层挂职、任职或驻地服务;

14. 扎实推进信访接待下基层,有效利用"信访接待日"等形式,做好干部带案下访、专题接访、重点约访等工作。

五、深入推进依法治军从严治军

党对军队绝对领导是依法治军的核心和根本要求。紧紧围绕党在新形势下的强军目标,着眼全面加强军队革命化现代化正规化建设,创新发展依法治军理论和实践,构建完善的中国特色军事法治体系,提高国防和军队建设法治化水平。

坚持在法治轨道上积极稳妥推进国防和军队改革，深化军队领导指挥体制、力量结构、政策制度等方面改革，加快完善和发展中国特色社会主义军事制度。

健全适应现代军队建设和作战要求的军事法规制度体系，严格规范军事法规制度的制定权限和程序，将所有军事规范性文件纳入审查范围，完善审查制度，增强军事法规制度科学性、针对性、适用性。

坚持从严治军铁律，加大军事法规执行力度，明确执法责任，完善执法制度，健全执法监督机制，严格责任追究，推动依法治军落到实处。

健全军事法制工作体制，建立完善领导机关法制工作机构。改革军事司法体制机制，完善统一领导的军事审判、检察制度，维护国防利益，保障军人合法权益，防范打击违法犯罪。建立军事法律顾问制度，在各级领导机关设立军事法律顾问，完善重大决策和军事行动法律咨询保障制度。改革军队纪检监察体制。

强化官兵法治理念和法治素养，把法律知识学习纳入军队院校教育体系、干部理论学习和部队教育训练体系，列为军队院校学员必修课和部队官兵必学必训内容。完善军事法律人才培养机制。加强军事法治理论研究。

六、依法保障"一国两制"实践和推进祖国统一

坚持宪法的最高法律地位和最高法律效力，全面准确贯彻"一国两制"、"港人治港"、"澳人治澳"、高度自治的方针，严格依照宪法和基本法办事，完善与基本法实施相关的制度和机制，依法行使中央权力，依法保障高度自治，支持特别行政区行政长官和政府依法施政，保障内地与香港、澳门经贸关系发展和各领域交流合作，防范和反对外部势力干预港澳事务，保持香港、澳门长期繁荣稳定。

运用法治方式巩固和深化两岸关系和平发展，完善涉台法律法规，依法规范和保障两岸人民关系、推进两岸交流合作。运用法律手段捍卫一个中国原则、反对"台独"，增进维护一个中国框架的共同认知，推进祖国和平统一。

依法保护港澳同胞、台湾同胞权益。加强内地同香港和澳门、大陆同台湾的执法司法协作，共同打击跨境违法犯罪活动。

七、加强涉外法律工作

适应对外开放不断深化，完善涉外法律法规体系，促进构建开放型经济新体制。积极参与国际规则制定，推动依法处理涉外经济、社会事务，增强我国在国际法律事务中的话语权和影响力，运用法律手段维护我国主权、安全、发展利益。强化涉外法律服务，维护我国公民、法人在海外及外国公民、法人在我国的正当权益，依法维护海外侨胞权益。深化司法领域国际合作，完善我国司法协助体制，扩大国际司法协助覆盖面。加强反腐败国际合作，加大海外追赃追逃、遣返引渡力度。积极参与执法安全国际合作，共同打击暴力恐怖势力、民族分裂势力、宗教极端势力和贩毒走私、跨国有组织犯罪。

> **小提示**
>
> 1. 政法委员会是党委领导政法工作的组织形式,必须长期坚持。
>
> 2. 政法机关党组织要建立健全重大事项向党委报告制度。
>
> 3. 党内法规既是管党治党的重要依据,也是建设社会主义法治国家的有力保障;党章是最根本的党内法规。
>
> 4. 法律是对一般公民的要求,党内法规是对全体党员的要求,而且很多地方比法律的要求更严格;可以说,党规党纪严于国家法律,但不能说高于国家法律;要注重党内法规同国家法律的衔接和协调,形成二者相辅相成、相互促进、相互保障的格局。
>
> 5. 把法治建设成效作为衡量各级领导班子和领导干部工作实绩重要内容,纳入政绩考核指标体系。
>
> 6. 强化基层法治队伍,建立重心下移、力量下沉的法治工作机制。

第二编 法理学

第一章

法的本体

第一节 法的概念

一、法的概念的重要性

历史上，不同的法学家基于各自研究视角的不同提出了各种各样的法的概念。在法律实务中，法律人所持的法的概念的立场不同，对同一个案件所做的法律决定就不同，而且法律人在一定的时间压力下必须要做决定。这样，法律人在处理一些案件、获得法律决定的过程中就必须进行立场选择。如果法律人没有自己的立场，"将很容易在无意识当中成为权力所有者的工具，成为权力者的法政策目标，甚至罪恶的法政策的工具"。

二、法的概念的争议

围绕着法的概念的争论的中心问题是关于法与道德之间的关系问题，即不符合道德的立法是不是法的问题。根据对此关系的不同认定，我们大致可以概括出两种"法的概念"：实证主义和非实证主义或自然法的法的概念。

（一）实证主义的法的概念

1. 法与道德分离，严格区分"法律实际上是什么"和"法律应当是什么"，认为二者之间不存在概念上的必然联系；

2. 以两个因素定义法的概念：权威性制定和社会实效。以社会实效为首要定义要素的代表是法社会学和法现实主义；以权威性制定为首要定义要素的代表是分析主义法学，如奥斯丁、哈特、凯尔森等。

📖 **名言**：慎子："法虽不善，犹愈于无法。"——《慎子·威德》

（二）非实证主义的法的概念

1. 法与道德相互联结；在定义法的概念时，道德因素被包括在内；
2. 以内容的正确性作为法的概念的一个必要的定义要素：传统自然法理论以内容的正确性作为法概念的唯一要素；现代的超越自然法与实证主义之争的所谓第三条道路的那些理论，如阿列克西主张以内容的正确性、权威性制定与社会实效同时作为定义要素。

💡 **注意**▶非实证主义的法的概念并不必然排除社会实效性要素和权威性制定要素。

📝 **增补内容**☞拉德布鲁赫公式

1. 所有的实在法都应当体现法的安定性，不能够随意否定其效力。
2. 除了法的安定性之外，实在法还应当体现合目的性和正义。
3. 从正义角度看，若实在法违反正义达到不能容忍的程度，它就失去了其之所以为法的"法性"，甚至可以看作是非法的法律。

——出自拉德布鲁赫《法律的不法与超法律的法》一文

三、法与道德的关系在法思想史上的三个理论争点

（一）是否存在本质上的联系：法在本质上是否包含道德的问题

西方法学界存在两种观点："恶法非法"（自然法学派）与"恶法亦法"（分析实证主义法学派）。

（二）内容上的联系：内容上的联系是否应有限度以及限度何在的问题

一般来说，近代以前的法在内容上与道德的重合程度极高，有时甚至浑然一体。如中国古代法就具有浓厚的伦理法特征。这与古代法学家相应观点的支撑不可分，古代法学家大多倾向于尽可能将道德义务转化为法律义务，使法确认和体现尽可能多甚至全部的道德内容，以保证社会思想的纯洁性。

近现代法在确认和体现道德时大多注意二者重合的限度，倾向于只将最低限度的道德要求转化为法律义务，注意明确法与道德的调整界限。这与近现代法学家的基本立场不无关系，他们大多倾向于将法律标准与道德标准相对分离，"法律是最低限度的道德"几成通说。

💡 **注意**▶法律不是一种封闭的体系。

（三）功能上的联系：社会调整以何者为主的问题

法经历了在社会调控中从次要地位上升到首要地位的发展过程。

一般来说，古代法学家更多强调道德在社会调控中的首要或主要地位，对法的强调也更多在其惩治功能上。而对借助法明确权利义务以实现对社会生活的全面调整则往往心存疑虑，甚至希望通过推行"德治"来去除刑罚，如中国历史上的"德主刑辅"。

近现代后，法学家们一般都倾向于强调法律调整的突出作用，法治国成为普遍的政治主张；

第一，分工和交换的普遍化、常态化使得人们总要和抽象的他人交往，交易信用不再建立在熟悉基础上，而是建立在契约基础上。法因其肯定性、普遍性、严格的程序性和较强的操作性，更能胜任这种复杂利益关系的调整。第二，与市场经济相伴的是利益分化的加剧和价值冲突的普遍化、常态化，利益表达和价值衡平与选择是缺乏程序机制的道德难以胜任的。第三，作为现代生活理念和目标的民主政治是多数人同意的政治，亦即程序性政治，具有高度规范化、制度化和程序化特征的法不得不居于优越地位。

四、法与道德的区别

项目	法	道德
生成方式	建构性：人为形成的	非建构性：自然演进生成
规范内容	同时关注权利和义务	只强调义务
行为标准	确定性：有特定表现形式，具体明确，可操作性强	模糊性：无特定具体的表现形式，笼统、原则，标准模糊，易生歧义
存在形态	一元性：法以一元化的形态存在，具有统一性和普适性	多元性：道德评价是个体化的、主观的，因此导致道德的多元、多层次性
调整方式	侧重外在行为	关注内在动机
运作机制	程序性：提供制度性协商和对话的机制	非程序性：不存在以交涉为本质的程序
强制方式	外在强制：有组织的国家强制	内在强制：主要凭靠内在良知认同和责难
解决方式	可诉性	不具有可诉性

例证：《合同法》规定，自然人之间的借款合同对支付利息没有约定或者约定不明确的，视为不支付利息。从本质上看，支付利息或不支付利息本身并不重要，也很难说不支付利息比支付利息更加符合道德。对于法律而言，重要的是需要作出决定，把这件事确定下来，以指引未来人们的行为。

注意 法律思维区别于道德思维，就某一特定事件而言，法律人不应单凭公平、正义作论断，也不能仅就伦理道德作考量，而是必须依据法律进行思考、判断。即，任何主张均应有规范基础。质言之，法律人的主要工作就是为自己的主张寻找规范基础并提供论证。按照美国著名法学家 L. 富勒教授的观点，就是在规则的范围内"尽力而为"。

第二节 法的本质

一、法的本质

马克思主义关于法的本质的理论是建立在其区分现象与本质的哲学基础之上。法的本质存在于国家意志、阶级意志和社会存在、社会物质条件之间的对立统一关系之中。

（一）法的正式性（官方性、国家性）

1. 形成：国家按照一定权限和程序制定（从无到有）或认可（从不是到是）；

2. 实施：由正式的权力机制——国家强制力保证实施；

3. 借助于正式的表现形式予以公布：正式的官方文件加以确定。

总之，法与国家权力关系密切，法律直接形成于国家权力，是国家意志的体现。

注意▶ 法一般以官方文件的形式公布，但人类早期社会曾经经历过一定的神秘法时期。

（二）法的阶级性

1. 法体现的国家意志，表面上具有一定的公共性、中立性，但实际上主要体现的是统治阶级的整体意志；

2. 通过国家意志表现出来的统治阶级意志也就具有高度的统一性（通过高度统一的法律形式获得集中的体现，并随着法律的实施，将全社会成员的行为纳入统治阶级所能接受的范围）和极大的权威性（以国家权力为后盾，违法行为受到有组织的强力的制裁）；

3. 统治阶级总是把自己的共同意志和根本利益通过法律加以确认，守法乃是对本阶级最大利益的维护。

注意▶

1. 一国的法只是在整体上是统治阶级意志的体现，并非所有法都具有阶级性，也并不是所有法都只体现统治阶级的意志。

2. 法所反映的统治阶级的意志，是统治阶级的整体意志和共同意志，而不是其内部各派别、各成员意志的简单相加。

（三）法的物质制约性

法的内容<u>最终</u>由一定社会物质生活条件的决定。生产力决定生产关系，生产关系是经济关系的中心，经济关系是社会关系的核心，法是社会关系的反映。可见，生产力的变化最终导致法的变化。

注意▶ 马克思曾言："立法者不是在创造法律，而是在表述法律。"这只是在前述意义框架下才可以理解，即立法者只是将社会生活中客观存在的包括生产关系、阶级关系、亲属关系等在内的各种社会关系以及相应的社会规范、社会需要上升为国家的法律，并运用国家权威加以保护。

二、"国法"及其外延

（一）国法即"国家的法律"，指特定国家现行有效的法。任何特定国家的法律人在其工作过程中都必须以"国法"作为处理法律问题的出发点和前提。

注意▶ "国法"并非"国家法"，后者是指调整与国家有关的事务的公法，如宪法、行政法等；而前者则不仅包括公法，也包括私法、社会法等。

（二）国法的外延

1. 国家专门机关（立法机关）制定的法（成文法）；
2. 法院或法官在判决中创制的规则（判例法）；
3. 国家通过一定的方式认可的习惯法（不成文法）；
4. 其他执行国法职能的法（如教会法）。

第三节 法的特征

一、法是调整人的行为的一种社会规范

1. 法是社会规范（人与人相处的准则），不同于技术规范（调整人与自然的关系）和自然法则（自然现象之间的联系）；

注意▶

1. 社会规范是维系人们之间交往行为的基本准则，进而也是维系社会本身存在的制度和价值。所以，社会规范既具有社会性又具有个人性。
2. 社会规范是调整人与人之间的社会关系的，违反社会规范会招致来自社会的惩罚，而不是自然的惩罚。
3. 自然现象的存在与人的思维和行动无关，因此自然法则不具有文化的意蕴。而社会规范则是无数思维着的理性的个人行动的结果。从这个意义上说，社会规范是一种文化现象。

2. 法是诸多社会规范之一，以公共权力为后盾、具有特殊强制性，是调整行为。

注意▶

1. 习惯、道德、宗教、政策等社会规范则建立在人们的信仰或确信的基础上，大体上通过社会舆论、传统的力量、社团内部的组织力或人们的内心发生作用。因此，它们不仅是人的行为的准则，而且也是人的意识、观念的基础。
2. 马克思曾经指出："直到目前为止，还没有一部法典、一所法庭是为思想方式而存在的。对于内心的思想，既没有法典，也没有法庭。"这句话强调的就是：法只能针对行为，而不能针对思想。但是法不针对思想，并不等于它毫不关注行为人的主观心理状态。
3. 法针对的是社会关系之中的行为（关系行为、涉他行为或交互行为），而非纯粹个人意义上的个体行为（自涉行为）。

二、法是由公共权力机构制定或认可的具有特定形式的社会规范

1. 社会规范大体上可以分为两类：一类是在长期的社会演变过程中自发形成的，如道德、习俗、礼仪等；另一类社会规范则主要是人为形成的，如宗教规范、政治规范（政策等）、职业

规范（纪律等）。

2. 法律有习惯法和成文法之分，前者的内容是自发形成的，后者是人为的、自觉创制的。

3. 与其他人为形成的社会规范不同，法律形成于公共权力机构（建立在一定的"合法性"基础上的政权），具有普遍的公共性。

三、法是具有普遍性的社会规范

法的普遍有效性是指在国家权力所及范围内，具有普遍的约束力；调整对象具有不特定性和反复适用性。

四、法是以权利义务为内容的社会规范

法是通过设定以权利义务为内容的行为模式的方式，指引人的行为，将人的行为纳入统一的秩序之中，以调节社会关系。

1. 承认人们谋求自身利益的正当性，区别于主要强调义务的道德规范、宗教规范。

2. 法律以权利义务为内容，意味着一定条件具备时，人们可以从事或不从事某种行为，必须做或必须不做某件事。而自然法则则不是人们的选择问题，一定的条件具备，必然出现一定的结果。

五、法是以国家强制力为后盾，通过法律程序保证实现的社会规范

规范都具有保证自己实现的力量。没有保证手段的社会规范是不存在的。不同的社会规范，其强制措施的方式、范围、程度、性质是不同的；

1. 法律强制是一种国家强制，是以军队、宪兵、警察、法官、监狱等国家暴力为后盾的强制。

注意▶ 强制力等同于约束力。但是，强制力不等于暴力，因为强制力需要具备正当性的基础。

2. 一般而言，法是最具有外在强制性的社会规范，而且这种暴力是一种合法的暴力。所谓"合法的"一般意味着是"有根据的"，而且，也意味着国家权力必须合法行使，包括符合实体法以及程序法两个方面的要求；

3. 程序性：法律的制定和实施都必须遵守法律程序，法律职业者必须在程序范围内思考、处理和解决问题。

注意▶ 违反法律程序也应当承担相应的法律后果，比如，在刑事诉讼活动中，第二审人民法院发现第一审人民法院的审理有违反公开审判的规定、违反回避制度、剥夺或者限制了当事人的法定诉讼权利、审判组织的组成不合法以及其他违反法律规定的诉讼程序，可能影响公正审判的违法情形的，应当裁定撤销原判，发回原审人民法院重新审判；严禁通过非法的途径或手段收集证据，凡经查证确实属于采用刑讯逼供或者威胁、引诱、欺骗等非法的方法取得

的证人证言、被害人陈述、被告人供述等，应予排除，不能作为定案的根据。

六、法是可诉的规范体系，具有可诉性

1. 诉是指制度化的争议解决机制，包括诉讼和仲裁；

2. 法的可诉性是指法律具有被任何人（包括公民和法人）在法律规定的机构（尤其是法院和仲裁机构）中通过争议解决程序（特别是诉讼程序）加以运用以维护自身权利的可能性。

注意▶ 只是一种理论上的可能性，并非必然，要受到诉讼法的限制。

第四节 法的作用

根据法在社会生活中发挥作用的形式和内容，法的作用可以分为规范作用与社会作用：

一、规范作用（针对单个人）

（一）指引作用

指引作用是指法对本人的行为具有引导作用。在这里，行为的主体是每个人自己。

1. 对人的行为的指引有两种形式：

（1）个别性指引：通过一个具体的指示形成对具体的人的具体情况的指引；

（2）规范性指引：通过一般的规则对同类的人或行为的指引。

注意▶ 就建立和维护稳定的社会关系和社会秩序而言，规范性指引具有更大的意义。

2. 从立法技术上看，法律对人的行为的指引通常采用两种方式：

（1）确定的指引：通过设置法律义务，要求人们作出或抑制一定行为，使社会成员明确自己必须从事或不得从事的行为界限。

（2）不确定的指引（选择的指引）：通过宣告法律权利，给人们一定的选择范围。

（二）评价作用

法律作为一种行为标准，具有判断、衡量他人行为合法与否的评判作用。这里行为的对象是他人。在现代社会，法律已经成为评价人的行为的基本标准。

（三）教育作用

通过法的实施对一般人的行为产生有益的影响，包括示警作用和示范作用。

（四）预测作用

预测作用是指凭借法律的存在，可以预先估计到人们相互之间会如何行为。法的预测作用的对象是人们相互之间的行为，包括公民之间、社会组织之间、国家、企事业单位之间以及它们相互之间的行为的预测。

（五）强制作用

法可以通过制裁违法犯罪行为来强制人们遵守法律。这里强制作用的对象是违法者的行为，

方法是对违法者加以处分、处罚或制裁。

二、社会作用（针对整个社会）

（一）政治职能：通常说的阶级统治的职能。

（二）社会职能：执行社会公共事务的职能。

三、法的局限性：批评"法律万能论"

法律不是万能的，原因在于：

1. 法律以社会为基础，不可能超出社会发展需要创造或"改变"社会；

2. 法只是社会规范之一，必然受到其他社会规范以及社会条件和环境的制约；

3. 法规范和调整社会关系的范围和深度有限，有些社会关系，如人们的情感关系、友谊关系，不宜由法律来调整，法律不应涉足其间；

4. 法律自身条件的制约，如语言表达力的局限。

第五节 法的价值

一、概述

价值体现着主客体之间的一种关系。法的价值是指法律对于人来说拥有那些值得重视的性质、作用（法的正面意义），法的价值既包括对实然法的认识，也包括对应然法的追求。也就是说，法的价值的研究不能以现行的实在法为限，它还必须采用价值分析、价值判断的方法，来追寻什么样的法律才是最符合人的需要的这一问题。

二、事实判断和价值判断

由事实和价值的二分法所决定，一切判断均可被区分为事实判断和价值判断。

1. 事实判断：在法学上，乃是对于客观存在的法律原则、规则、制度等所进行的客观分析与判断。

2. 价值判断：就某一特定的客体对特定的主体有无价值、有何价值、价值有多大所做的判断。

3. 二者的区别：

区别标准	事实判断	价值判断
（1）判断的取向	以现存的法律制度作为判断的取向，因其为了得出关于法律制度和实践的真实情况，所以其结论不以人的意志为转移。	以主体为取向尺度，随着主体的不同而呈现出相应差异。

续表

区别标准	事实判断	价值判断
（2）判断的维度	目的在于达到对现实法律的客观认识，因而无论是认识过程还是认识结果，都应尽可能地排除自己的情绪、情感和态度等主观性因素对于认识的介入，尽可能地做到"情感中立"或"价值中立"。	明显带有个人的印记，具有很强的主观性。
（3）判断的方法	一种描述性判断，其任务主要在于客观地确定现实法律制度的本来面目，是典型的"实然"判断。	一种规范性判断的方式，关注法律应当是怎样的，什么样的法律才符合人性和社会的最终理想。
（4）判断的真伪	真伪主要在于其与客体的真实情况是否符合。	真伪取决于主、客体之间价值关系的契合程度。

三、法的价值的种类

（一）秩序

1. 法律的根本而首要的任务是确保统治秩序的建立，统治者正是通过法的制定和实施来维持秩序的；

2. 制定和实施法律的活动本身应当有序，国家机关及其工作人员应当严格依法办事；

3. 秩序是法的其他价值的基础，自由、平等、效率等也需要以秩序为基础，所以秩序是法的基础价值；但是秩序本身要受到自由、正义的制约，必须合乎人性、符合常理。

注意▶相对来说，秩序主要关系到社会生活的形式方面，而难以涉及社会生活的实质方面。

（二）自由

自由是法律最本质的价值，也是法律最高的价值目标。自由是衡量国家的法律是不是"真正的法律"的评价标准：法必须体现自由，保障自由。自由是评价法律进步与否的标准，体现了人性最深刻的需要。

法学名言：

1. 马克思：法典就是人民自由的圣经。
2. 洛克：哪里没有法律，哪里就没有自由。

（三）正义

从实质内容而言，正义又体现为平等、公正等具体形态，正义是法的基本标准和评价体系，可以成为衡量法律是"良法"抑或"恶法"的标准，正义也极大地推动了法律的进化。

四、价值冲突的解决原则

法的各种价值之间是存在冲突的，秩序和正义之间有矛盾，正义和自由也往往出现冲突；

程序公正与实体公正也是矛盾的，比如辛普森案。因此，问题的关键不是各种价值之间是否存在矛盾，而是出现了矛盾之后，如何妥善地处理。

1. 价值位阶原则（价值排序原则）

这是指在不同位阶的法的价值发生冲突时，在先的价值优于在后的价值：基本价值（自由高于正义高于秩序）高于非基本价值（效率与利益等）。

注意 ▶ 刑事诉讼法的任务既有惩罚犯罪，又有保障人权，两者并重，但是在二者冲突的情况下，首先应当选择保障人权，这就体现了价值位阶原则。

2. 个案平衡原则

这是指在处于同一位阶上的法的价值之间发生冲突时，必须综合考虑主体之间的特定情形、需求和利益，以使得个案的解决能够适当兼顾双方的利益。

注意 ▶ 不以"公共利益"作为绝对高于"个人利益"的价值标准来看待，而是结合案件的具体情形来寻找两者之间的平衡点。

3. 比例原则

为保护较为优越的价值而必须损害其他价值时，此种损害不得超过实现此目的所必要的限度。

第六节 法的要素

法律是由法律规范组成的，法律规范被区分法律规则与法律原则。法律权利与法律义务是由法律规范规定或指示的。

一、法律规则

法律规则是采取一定的结构形式具体规定权利、义务及相应后果的行为规范。

（一）法律规则的逻辑结构

任何法律规则均由假定条件、行为模式和法律后果三个部分构成，三者在逻辑上缺一不可，但在具体条文中都可以省略。

1. 假定条件：法律规则中有关适用该规则的条件和情况的部分，即法律规则在什么时间、空间、对什么人适用以及在什么情境下对人的行为有约束力的问题。

2. 行为模式：法律规则中规定人们如何具体行为之方式或范型的部分，可以分为三种：

（1）可为模式："可以如何行为"的模式；

（2）应为模式："应当或必须如何行为"的模式；

（3）勿为模式："禁止或不得如何行为"的模式。

其中，可为模式亦可称为权利行为模式；应为模式和勿为模式又可称为义务行为模式。

3. 法律后果：法律规则中规定人们在作出符合或不符合行为模式的要求时应承担相应的结

果的部分，是法律规则对人们具有法律意义的行为的态度，可以分为两种：

（1）合法后果（肯定性的后果）：表现为法律规则对人行为的保护、许可和鼓励；

（2）违法后果：（否定性的后果）：表现为法律规则对人们不按照行为模式的要求行为而施加的制裁、不予保护、撤销、停止、要求恢复、补偿等。

（二）法律规则与语言

1. 区分法律规则与表达规则的语句：法律规则通过特定的语句来表达，具有语言的依赖性；但用以解决具体争议时，适用的不是语句本身，而是语句所表达的意义。

注意▶因为语言的意义具有歧义性和模糊性，所以需要解释，而法律解释的实质就是揭示法律条文的字词所表达的意义。只要有解释，就会有价值判断。正因如此，法律的意义才是开放的，而不是封闭的。

2. 法律规则往往通过规范语句的方式表达。而根据所运用的道义助动词的不同，规范语句又可以分为命令句和允许句，前者使用了"必须"、"应该"、"禁止"等，允许句使用的是"可以"这类道义助动词。

注意▶并非所有法律规则都是以规范语句的形式表达，而是可以用陈述句或陈述语气来表达，但该陈述句必须能够被改写为一个规范语句，比如"公民以他的户籍所在地的居住地为住所。"

（三）法律规则与法律条文

1. 规范性法文件大都以条文为基本构成单位，法律条文分为规范性条文和非规范性条文：

（1）规范性条文：直接表述法律规范（法律规则和法律原则）的条文；

（2）非规范性条文：不直接规定法律规范，而规定某些法律技术内容（术语界定、公布机关和时间、生效日期等）；

2. 法律规范是法律条文的内容，条文是规范的表现形式；

3. 法律规则与法律条文并非一一对应，具体情形包括：一个完整的规则由数个法律条文来表述；一条规则的内容分别由不同规范性法律文件的法律条文来表述；一个条文表述不同的法律规则或其要素；一个条文仅规定法律规则的某个要素或若干要素。

（四）规则的分类

1. 授权性规则和义务性规则：按照规则的内容规定不同划分

（1）授权性规则：规定人们有权做一定行为或不做一定行为的规则，即规定人们的"可为模式"的规则。

（2）义务性规则：在内容上规定人们的法律义务，即有关人们应当作出或不作出某种行为的规则，包括两种：

①命令性规则：规定人们的积极义务，即人们必须或应当作出某种行为的规则；

②禁止性规则：规定人们的消极义务（不作为义务），即禁止人们作出一定行为的规则。

（3）权义复合规则：兼具授予权利、设定义务两种性质的法律规则。权义复合规则大多是有关国家机关组织和活动的规则。这类规则的特点是，一方面主体有权按照法律规则的规定做出一定行为，另一方面做出这些行为又是他们不可推卸的责任。否则将承担相应的法律责任。

2. 确定性规则、委任性规则和准用性规则：按照规则内容的确定性程度不同划分

（1）确定性规则：内容本已明确肯定，无须再援引或参照其他规则来确定其内容的法律规则。在法律条文中规定的绝大多数法律规则属于此种规则。

（2）委任性规则：内容尚未确定，而只规定某种概括性指示，由相应国家机关通过相应途径或程序加以确定的法律规则。

（3）准用性规则：内容本身没有规定人们具体的行为模式，而是可以援引或参照其他相应内容规定的规则。在具体法条中用语不一，有的用"准用"、"参照"，也有用"比照"、"依……的规定"的情况。

3. 强行性规则和任意性规则：按照规则对人们行为规定和限定的范围或程度不同划分

（1）强行性规则：内容规定具有强制性质，不允许人们随便加以更改的法律规则。如义务性规则、职权性规则。

（2）任意性规则：规定在一定范围内，允许人们自行选择或协商确定为与不为、为的方式以及法律关系中的权利义务内容的法律规则。

> **注意**
>
> 1. 在权利性规则中，有些属于任意性规则。其内容大都是国家赋予人们某种意志表达力更大的权利和自由，或者说法律规则一般只对人们的权利（可以做什么或不做什么）作原则性的规定，当事人个人自行确定或选择自己权利和自由的内容或方式。
>
> 2. 任意性规则在民商法、婚姻法等私法法律部门中比较常见。但有的公法法律部门中也有任意性规则，如刑法中的"告诉才处理"的法律规则。刑法规定公诉的犯罪规范都是强行性规则，被告人和被害人没有权利自行达成协议"私了"。

二、法律原则

法律原则是为法律规则提供某种基础或本源的综合性的、指导性的价值准则或规范，体现着法律的基本规律，有着深厚的法律理论基础和丰富的思想内涵，是法律诉讼、法律程序和法律裁决的确认规范。法律原则既可以由法律条文明确表述，也可以体现在法律的指导思想、目的、任务、具体制度和程序当中。

（一）原则的种类

1. 公理性原则和政策性原则：按照法律原则产生的基础不同划分

（1）公理性原则：由法律原理（法理）构成的原则，是由法律上之事理推导出来的，在国际范围内具有较大的普适性，例如法律平等原则、诚实信用原则、等价有偿原则、无罪推定原则、罪刑法定原则等。

（2）政策性原则：一个国家或民族出于一定的政策考量而制定的一些原则，具有针对性、民族性和时代性：如我国宪法中规定的"依法治国，建设社会主义法治国家"的原则，"国家

实行社会主义市场经济"的原则，婚姻法中"实行计划生育"的原则，等等。

2. 基本原则和具体原则：按照法律原则对人的行为及其条件之覆盖面的宽窄和适用范围大小划分

（1）基本法律原则是整个法律体系或某一法律部门所适用的、体现法的基本价值的原则，如宪法所规定的各项原则。

（2）具体法律原则是在基本原则指导下适用于某一法律部门中特定情形的原则，如英美契约法中的要约原则和承诺原则、错误原则等。

3. 实体性原则和程序性原则：按照法律原则涉及的内容和问题不同

（1）实体性原则是直接指涉及实体法问题（实体性权利和义务等）的原则。

（2）程序性原则是直接指涉程序法（诉讼法）问题的原则。

说明➡诉讼法中的辩论原则、"一事不再理"原则、非法证据排除原则、无罪推定原则、公开审判和两审终审原则等属于程序性原则；刑法中的罪刑法定原则、罪责刑相适应原则，民法中的自愿原则、公平原则、诚实信用原则、公序良俗原则等都是实体性原则。

（二）原则与规则的区别

项目	内容	适用范围	适用方式
法律规则	明确具体，着眼于主体行为及各种条件（情况）的共性；其明确具体的目的是削弱或防止法律适用上的"自由裁量"。	只适用于某一类型的行为。	以"全有或全无的方式"或涵摄的方式应用于个案：如果条件被该案件事实所满足，那么法律后果就被确定地适用该案件；如果条件没有被满足或者由于与另一个规则相冲突而被排除，那么，该规则对裁决不起任何作用。
法律原则	1. 着眼点不仅限于行为及条件的共性，而且关注它们的个别性。2. 要求比较笼统模糊，假定条件和法律后果都不明确，在适用时具有较大的余地供法官选择和灵活应用。	具有宏观的指导性，适用于某一类行为、某一法律部门甚至全部法律体系，适用范围宽广。	以衡量的方式应用于个案；根据原则的分量以及个案的情景判断作用范围；相互冲突的原则可以共存（同时有效）。

（三）法律原则的适用条件

1. 法律原则的优点和缺陷

法律原则可以克服法律规则的僵硬性缺陷，弥补法律漏洞，保证个案正义，在一定程度上缓解了规范与事实之间的缝隙，从而能够使法律更好地与社会相协调一致。但由于其内涵高度抽象，外延宽泛，所以当被直接作为裁判案件的标准发挥作用时，就会赋予法官较大的自由裁量权，从而不能完全保证法律的确定性和可预测性。

2. 法律原则适用的条件

为了将其不确定性减小在一定程度之内，需要对其适用设定严格的条件：

（1）穷尽法律规则，才得适用法律原则。在有具体的法律规则可供适用时，不得直接适用法律原则。因为法律规则是法律中最具有硬度的部分，能最大限度地实现法律的确定性和可预测性，有助于保持法律的安定性和权威性，避免司法者滥用自由裁量权，保证法治的最起码的要求得到实现。

（2）除非为了实现个案正义，否则不能舍弃法律规则而直接适用法律原则。如果某个法律规则的适用没有产生极端的人们不可容忍的不正义的裁判结果，法官就不得轻易舍弃法律规则而直接适用法律原则。因为在法的安定性和合目的性之间，法律首先要保证的是法的安定性。

（3）没有更强理由，不得径行适用法律原则。

三、权利与义务

权利和义务是一切法律规范、法律部门甚至整个法律体系的核心内容。法的运行和操作的整个过程和机制（如立法、执法、司法、守法、法律监督等），都是围绕权利和义务这两个核心内容和要素而展开的。

1. 法律权利是国家通过法律规定对法律关系主体可以自主决定作出某种行为的许可和保障手段。其特点包括：受国家的认可和保障；一定程度的自主性；与利益是紧密相连；权利总是与义务人的义务相关联，离开了义务，权利就不能得到保障。

2. 义务具有强制履行的性质，义务人对于义务的内容不可随意转让或违反。根据行为的内容，义务可以分为作为义务（积极义务）和不作为义务（消极义务）。

3. 权利义务的分类

所处的法典不同	基本权利义务	宪法所规定
	普通权利义务	宪法以外的普通法律所规定
相对应主体的范围	绝对权利义务（对世权利和义务）	对应于不特定的法律主体
	相对权利义务（对人权利和义务）	对应于特定的法律主体
权利义务主体的性质	个人权利义务	公民个人（自然人）所享有
	集体权利义务	集体（法人、其他组织）所享有
	国家权利义务	国家在国际法和国内法上所享有

注意▶人格权、身份权（亲权等）、所有权、知识产权均属于绝对权。

4. 权利义务的关系

（1）结构上，紧密联系、不可分割。权利和义务都不可能孤立地存在和发展，它们的存在和发展都必须以另一方的存在和发展为条件。

注意▶马克思：没有无义务的权利，也没有无权利的义务。

（2）数量上，总量相等。

（3）产生和发展上，经历了从浑然一体（原始社会）到分裂对立（剥削阶级法律制度）再到相对一致（社会主义法律制度）的过程。

（4）价值上，代表不同的法律精神，在历史上受重视程度不同，在不同国家地位有主次之分。

注意▶并不是在所有时代权利都是第一性的、义务总是第二性的。一般而言，在等级特权社会（如奴隶社会和封建社会），法律制度往往强调以义务为本位，权利处于次要的地位。而在民主法治社会，法律制度较为重视对个人权利的保护。此时，权利是第一性的，义务是第二性的，义务设定的目的是为了保障权利的实现。

第七节 法的渊源

所谓法的渊源，就是指特定法律共同体所承认的具有法的约束力或具有法律说服力并能够作为法律人的法律决定之大前提的规范或准则来源的那些资料，如制定法、判例、习惯、法理等。由于社会制度、国家管理形式和结构形式、历史阶段、法律文化等的不同，法的渊源的种类和范围也不同。

一、法的渊源的分类

1. 正式渊源：具有明文规定的法律效力，并可直接作为法律人的法律推理的大前提之规范来源的资料。如宪法、法律、法规等，主要是制定法。对于正式渊源，法律人必须予以考虑。

2. 非正式渊源：不具有明文规定的法效力，但具有法律说服力并能够构成法律推理的大前提的准则来源的资料，如正义标准、理性原则、政策、道德信念、乡规民约、社会思潮、习惯、社团规章、外国法、权威著作等。

二、当代中国法的正式渊源

（一）宪法
1. 宪法是最根本的法渊源，地位和效力最高。
2. 在中国，全国人大监督宪法的实施，全国人大常委会解释并监督宪法的实施。

（二）法律
此处的法律是指狭义的法律，即全国人大及其常委会制定的规范性文件（以法律、决议、决定、规定和办法等为名者，均属于法律类渊源）。

1. 基本法律和非基本法律
（1）全国人大有权制定刑事、民事、国家机构的和其他的基本法律（主要包括：民事法律、刑事法律、诉讼法、组织法、立法法、选举法、民族区域自治法、有关特别行政区的立法）。

（2）全国人大常委会制定和修改非基本法律，在全国人大闭会期间，有权对基本法律进行部分补充和修改，但是不得同该法律的基本原则相抵触。

2. 法律通过后，由国家主席签署主席令加以公布；签署公布后，应及时在全国人民代表大会常务委员会公报、中国人大网和在全国范围内发行的报纸上刊登。在常务委员会公报上刊登的法律文本为标准文本。

3. 法律保留的范围。

《立法法》

第八条　下列事项只能制定法律：国家主权的事项；各级人民代表大会、人民政府、人民法院和人民检察院的产生、组织和职权；民族区域自治制度、特别行政区制度、基层群众自治制度；犯罪和刑罚；对公民政治权利的剥夺、限制人身自由的强制措施和处罚；税种的设立、税率的确定和税收征收管理等税收基本制度；对非国有财产的征收、征用；民事基本制度；基本经济制度以及财政、海关、金融和外贸的基本制度；诉讼和仲裁制度；必须由全国人民代表大会及其常务委员会制定法律的其他事项。

第九条　本法第八条规定的事项尚未制定法律的，全国人民代表大会及其常务委员会有权作出决定，授权国务院可以根据实际需要，对其中的部分事项先制定行政法规，但是有关犯罪和刑罚、对公民政治权利的剥夺和限制人身自由的强制措施和处罚、司法制度等事项除外。

（三）行政法规

1. 行政法规乃是由最高国家行政机关即国务院制定的规范性文件，一般以条例、规定和办法为名，但以决定、命令为名者，也属于法的渊源。

2. 地位和效力次于宪法和法律，因此不得同宪法和法律相抵触；一旦抵触，全国人大常委会有权撤销。

3. 规定的内容：

（1）为执行法律的规定需要制定行政法规的事项；

（2）宪法第八十九条规定的国务院行政管理职权的事项。

应当由全国人大及其常委会制定法律的事项，国务院根据全国人大及其常委会的授权决定先制定的行政法规，经过实践检验，制定法律的条件成熟时，国务院应当及时提请全国人民代表大会及其常务委员会制定法律。

4. 行政法规的立法计划与落实

（1）国务院法制机构应当根据国家总体工作部署拟订国务院年度立法计划，报国务院审批。

（2）国务院年度立法计划中的法律项目应当与全国人大常委会的立法规划和年度立法计划相衔接。

（3）国务院法制机构应当及时跟踪了解国务院各部门落实立法计划的情况，加强组织协调和督促指导。

（4）国务院有关部门认为需要制定行政法规的，应当向国务院报请立项。

5. 行政法规的起草

(1) 行政法规由国务院有关部门或者国务院法制机构具体负责起草，重要行政管理的法律、行政法规草案由国务院法制机构组织起草。

(2) 行政法规在起草过程中，应当广泛听取有关机关、组织、人大代表和社会公众的意见。听取意见可以采取座谈会、论证会、听证会等多种形式。

(3) 行政法规草案应当向社会公布，征求意见，但是经国务院决定不公布的除外。

6. 对于草案的审查

(1) 国务院法制机构是审查主体：行政法规起草工作完成后，起草单位应当将草案及其说明、各方面对草案主要问题的不同意见和其他有关资料送国务院法制机构进行审查。

(2) 国务院法制机构应当向国务院提出审查报告和草案修改稿，审查报告应当对草案主要问题作出说明。

7. 行政法规的公布和刊登

(1) 行政法规由总理签署国务院令公布。有关国防建设的行政法规，可以由国务院总理、中央军事委员会主席共同签署国务院、中央军事委员会令公布。

(2) 行政法规签署公布后，应及时在国务院公报（标准文本）和中国政府法制信息网以及在全国范围内发行的报纸上刊登。

（四）地方性法规、民族自治法规和经济特区的规范性文件

1. 地方性法规

(1) 制定主体。

①省级人大及其常委会。 ②自治州、设区的市的人大及其常委会：一般可以针对城乡建设与管理、环境保护、历史文化保护等方面的事项；法律另有特殊规定的，从其规定；较大的市已经制定的地方性法规涉及上述事项范围之外的，继续有效。

特别注意·新增考点▶▶

1. 除较大的市外，其他设区的市、自治州开始制定地方性法规的具体步骤和时间，由省、自治区的人大常委会综合考虑各种因素确定，并报全国人大常委会和国务院备案；相应地方政府规章的制定时间，与此同步。

2. 《立法法》所有关于设区的市的规定，都适用于广东省东莞市和中山市、甘肃省嘉峪关市、海南省三沙市。

(2) 可规定的内容。

①为执行法律、行政法规的规定，需要根据本行政区域的实际情况作具体规定的事项； ②属于地方性事务需要制定地方性法规的事项。

注意▶除法律保留事项外，其他事项国家尚未制定法律或者行政法规的，省市两级可

以根据本地方的具体情况和实际需要，先制定地方性法规。在国家制定的法律或者行政法规生效后，地方性法规同法律或者行政法规相抵触的规定无效，制定机关应当及时予以修改或者废止。

特别注意·新增考点▶▶ 制定地方性法规，对上位法已经明确规定的内容，一般不作重复性规定。

特别注意▶▶ 规定本行政区域特别重大事项的地方性法规，应当由人大通过。

（3）地方性法规一般采用"条例"、"规则"、"规定"、"办法"等名称。

（4）报请批准和合法性审查

①设区的市、自治州的地方性法规须报省、自治区的人大常委会批准后施行。	
②省、自治区的人大常委会对报请批准的地方性法规，应当对其合法性进行审查	a. 同宪法、法律、行政法规和本省、自治区的地方性法规不抵触的，应当在四个月内予以批准。
	b. 发现其同本省、自治区的人民政府的规章相抵触的，应当作出处理决定。

《立法法》

第七十三条 地方性法规可以就下列事项作出规定：

（一）为执行法律、行政法规的规定，需要根据本行政区域的实际情况作具体规定的事项；

（二）属于地方性事务需要制定地方性法规的事项。

除本法第八条规定的事项外，其他事项国家尚未制定法律或者行政法规的，省、自治区、直辖市和设区的市、自治州根据本地方的具体情况和实际需要，可以先制定地方性法规。在国家制定的法律或者行政法规生效后，地方性法规同法律或者行政法规相抵触的规定无效，制定机关应当及时予以修改或者废止。

设区的市、自治州根据本条第一款、第二款制定地方性法规，限于本法第七十二条第二款规定的事项。

制定地方性法规，对上位法已经明确规定的内容，一般不作重复性规定。

2. 民族自治法规（自治条例和单行条例）

说明➡ 自治条例是一种综合性法规，内容比较广泛。单行条例是有关某一方面事务的规范性文件，一般采用"条例"、"规定"、"变通规定"、"变通办法"等名称。

（1）制定主体：民族自治地方的人大制定（没有常委会）；

（2）依照当地民族的特点，可以对法律和行政法规的规定作出变通规定，但不得违背法律或者行政法规的基本原则，不得对宪法和民族区域自治法的规定以及其他有关法律、行政法规专门就民族自治地方所作的规定作出变通规定；

注意 ▶ 民族自治法规有三种内容不能变通：1. 宪法和民族区域自治法的规定；2. 法律或行政法规的基本原则；3. 有关法律、行政法规专门就民族自治地方所作的规定。

（3）事前审查：自治区的自治法规，报全国人大常委会批准后生效；自治州和自治县的自治法规，报省级人大常委会批准后生效。

（4）民族自治法规只在本自治区域内生效。自治条例和单行条例依法对法律、行政法规、地方性法规作变通规定的，在本自治地方适用自治条例和单行条例的规定。

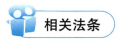

《宪法》

第一百一十六条 民族自治地方的人民代表大会有权依照当地民族的政治、经济和文化的特点，制定自治条例和单行条例。自治区的自治条例和单行条例，报全国人民代表大会常务委员会批准后生效。自治州、自治县的自治条例和单行条例，报省或者自治区的人民代表大会常务委员会批准后生效，并报全国人民代表大会常务委员会备案。

3. 经济特区法规

（1）制定主体：经济特区所在地的省、市的人大及其常委会；

（2）根据全国人大及其常委会的授权决定制定；

（3）在经济特区范围内实施；经济特区法规根据授权对法律、行政法规、地方性法规作变通规定的，在本经济特区适用经济特区法规的规定；

（4）与上一位阶的规范性文件规定不同，并不当然无效。

（五）特别行政区的法律

（六）国际条约和国际惯例

1. 条约生效后，根据"条约必须遵守"的国际惯例，对缔约国的国家机关、团体和公民就具有法律上的约束力，因而国际条约也是当代中国法的渊源之一；

2. 《缔结条约程序法》：国务院同外国缔结条约和协定，全国人大常委会决定同外国缔结的条约和重要协定的批准和废除；

3. 国际惯例是国际条约的补充，包括以国际法院等各种国际裁决机构的判例所体现或确认的国际法规则、国际交往中形成的共同遵守的不成文的习惯；

4. 《民法通则》第142条：我国缔结或者参加的国际条约同民事法律有不同规定的，适用国际条约的规定，但我国声明保留的条款除外。我国法律和我国缔结或者参加的国际条约没有规定的，可以适用国际惯例。

（七）立法解释

法律解释权属于全国人民代表大会常务委员会。

1. 需要由全国人大常委会进行立法解释的情况：

（1）法律的规定需要进一步明确具体含义的；

（2）法律制定后出现新的情况，需要明确适用法律依据的。

2. 立法解释程序的启动：要求解释

国务院、中央军事委员会、最高人民法院、最高人民检察院和全国人民代表大会各专门委员会以及省、自治区、直辖市的人民代表大会常务委员会可以向全国人大常委会提出法律解释要求。

3. 解释草案的拟定：常务委员会工作机构研究拟订法律解释草案，由委员长会议决定列入常务委员会会议议程。

4. 解释草案的审议：法律解释草案经常务委员会会议审议，由法律委员会根据常务委员会组成人员的审议意见进行审议、修改，提出法律解释草案表决稿。

5. 解释案的通过和公布：法律解释草案表决稿由常务委员会全体组成人员的过半数通过，由常务委员会发布公告予以公布。

6. 立法解释的效力：全国人大常委会的法律解释同法律具有同等效力。

（八）司法解释

在我国司法解释也是正式渊源。

1. 最高人民法院、最高人民检察院作出的属于审判、检察工作中具体应用法律的解释，应当主要针对具体的法律条文，并符合立法的目的、原则和原意。

特别提醒▶▶ 在"法律的规定需要进一步明确具体含义"或者"法律制定后出现新的情况，需要明确适用法律依据"两种情况下，应当向全国人大常委会提出法律解释的要求或者提出制定、修改有关法律的议案。

2. 最高人民法院、最高人民检察院作出的属于审判、检察工作中具体应用法律的解释，应当自公布之日起三十日内报全国人民代表大会常务委员会备案。

3. 最高人民法院、最高人民检察院以外的审判机关和检察机关，不得作出具体应用法律的解释。

注意▶ 地方法院出台的内部规定不是正式渊源。

特别注意▶▶ 行政规章不属于正式渊源。

相关法条

《行政诉讼法》

第六十三条 人民法院审理行政案件，以法律和行政法规、地方性法规为依据。地方性法规适用于本行政区域内发生的行政案件。

人民法院审理民族自治地方的行政案件，并以该民族自治地方的自治条例和单行条例为依据。

人民法院审理行政案件，参照规章。

1. 部委规章

（1）制定主体：国务院各部、各委员会、中国人民银行、审计署和具有行政管理职能的直属机构，可以根据法律和国务院的行政法规、决定和命令，在本部门的权限范围内，制定规章；

涉及两个以上部门职权的，应提请国务院制定行政法规或由有关部门联合制定规章。

（2）规定的事项：部门规章规定的事项应当属于执行法律或者国务院的行政法规、决定、命令的事项。没有法律或者国务院的行政法规、决定、命令的依据，部门规章不得设定减损公民、法人和其他组织权利或者增加其义务的规范，不得增加本部门的权力或者减少本部门的法定职责。

（3）部门规章应当经部务会议或者委员会会议决定。

（4）部门规章由部门首长签署命令予以公布。签署公布后，及时在国务院公报（标准文本）或者部门公报（标准文本）和中国政府法制信息网以及在全国范围内发行的报纸上刊载。

2. 地方政府规章

（1）制定主体：由省级政府、设区的市、自治州的政府根据法律和行政法规和本省、自治区、直辖市的地方性法规，制定规章。

（2）规定的事项：

①为执行法律、行政法规、地方性法规的规定需要制定规章的事项。

②属于本行政区域的具体行政管理事项。

注意 ▶ 没有法律、行政法规、地方性法规的依据，地方政府规章不得设定减损公民、法人和其他组织权利或者增加其义务的规范。

特别注意 ▶▶

1. 设区的市、自治州的人民政府制定的规章，限于城乡建设与管理、环境保护、历史文化保护等方面的事项。已经制定的地方政府规章，涉及上述事项范围以外的，继续有效。

2. 应当制定地方性法规但条件尚不成熟的，因行政管理迫切需要，可以先制定地方政府规章。规章实施满两年需要继续实施规章所规定的行政措施的，应当提请本级人大及其常委会制定地方性法规。

（3）地方政府规章应当经政府常务会议或者全体会议决定。

（4）地方政府规章由省长、自治区主席、市长或者自治州州长签署命令予以公布。签署公布后，及时在本级人民政府公报（标准文本）和中国政府法制信息网以及在本行政区域范围内发行的报纸上刊载。

三、正式渊源的效力原则

（一）**影响因素**：制定主体、适用范围、制定时间；

（二）**不同位阶的冲突原则**：宪法至上、法律高于法规、法规高于规章、行政法规高于地方性法规；

```
              宪法
            法律
          行政法规
       部门规章——省级地方性法规
    部门规章——省级政府规章——地级市
              的地方性法规
   部门规章——地级市的政府规章
```

注意▶ 部门规章与地方的规范性法文件的效力相当。

1. 部门规章之间、部门规章与地方政府规章之间对同一事项的规定不一致时，由国务院裁决。

2. 地方性法规与部门规章之间对同一事项的规定不一致，不能确定如何适用时，由国务院提出意见，国务院认为应当适用地方性法规的，应当决定在该地方适用地方性法规的规定；认为应当适用部门规章的，应当提请全国人民代表大会常务委员会裁决。

注意▶ 根据授权制定的法规与法律规定不一致，不能确定如何适用时，由全国人大常委会裁决。

(三) 同一位阶的冲突原则：全国性法律优先、特别法优先、新法（后法）优先、实体法优先、国际法优先、省级政府规章优先于地级市的政府规章

注意▶ 同一机关制定的新的一般规定与旧的特别规定不一致时，由制定机关裁决：均是法律的，由全国人大常委会裁决；都是行政法规的，国务院裁决。

四、当代中国法的非正式渊源

当正式法源完全不能为法律推理提供大前提，或者其意义模棱两可、不确定，或者其适用会与公平正义的基本要求、强制性的要求和占支配地位的要求发生冲突之时，为了给法律问题提供一个合理的法律决定，法律人就需要诉诸非正式渊源。

这是由"禁止拒绝裁判"原则所决定的。所谓"禁止拒绝裁判"的原则，是指法官有义务在法律不存在相应明文规定的情况下，对属于其管辖范围的待决案件进行裁决，而不能以法律没有明文规定为由拒绝进行裁判。质言之，在出现法律漏洞的时候，法官无法寻找正式法律渊源作为判决直接的合法性基础，就必须利用自身所掌握的法律知识，将判决理由与法律秩序及原则的要求联系起来，发现非正式法律渊源，为判决结果寻找间接的合法性基础。

注意▶ 习惯、判例和政策这三项是最主要的非正式渊源，但并非全部。

(一) 习惯

特定共同体的人们在长久的生产生活实践中自然而然地形成，民众一直遵守并反复适用；

是该共同体的人们事实上的共同情感和要求的体现，也是他们的共同理性的体现。

（二）判例

判例在英美法系属于正式渊源；在大陆法系，其重要性已被大家所承认。

1. 最高人民法院的裁判文书，由于具有最高的司法效力，因而对各级人民法院的审判工作具有重要的指导作用，同时还可以为法律、法规的制定和修改提供参考，也是法律专家和学者开展法律教学和研究的宝贵素材。

2. 重要性：判例可以弥补制定法的不足；至少为将来的法官运用该制定法解决具体案件提供了思路、经验和指导；在一定程度上消除了语言的模糊性和歧义性，可以减轻法官的工作负担。

（三）政策

党的政策对法的制定和实施具有指导作用。

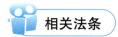

《民法通则》

第六条　民事活动必须遵守法律，法律没有规定的，应当遵守国家政策。

第八节　法律部门与法律体系

一、法律部门

（一）法律部门的含义

法律部门，也称部门法，是根据一定标准和原则所划定的调整同一类社会关系的法律规范的总称。

1. 由于社会关系复杂交错，彼此联系，因此法律部门之间往往很难截然分开。事实上，有的社会关系需要由几个法律部门来调整。

2. 法律部门离不开成文的规范性法律文件，但是单一的规范性法律文件不能包括一个完整的法律部门。同时，大多数规范性法律文件并非各自包含一个法律部门的规范，可能还包含属于其他法律部门的规范。

（二）划分法律部门的标准

主要标准是法律所调整的不同社会关系，即调整对象；其次是法律调整方法。

（三）公法、私法和社会法

1. 公法与私法的划分，是大陆法系国家的一项基本分类。最早是由古罗马法学家乌尔比安提出来的。到目前为止，大陆法系的法学理论中并没有形成普遍可接受的单一的公法与私法的区分标准。现在公认的公法部门包括了宪法和行政法等，私法包括了民法和商法等。

2. 随着社会的发展，因为存在既非国家利益，又非私人利益的独立的社会利益，"法律社会化"现象的出现，又形成了一种新的法律即社会法，如社会保障法等。公法、社会法与私法在调整对象、调整方式、法的本位、价值目标等方面存在不同。

注意▶私法也需要兼顾公共利益。

二、法律体系

1. 法律体系也称为部门法体系，指一国的全部现行法律规范，按照一定的标准和原则，划分为不同的法律部门而形成的内部和谐一致、有机联系的整体，反映了法的统一性和系统性。

2. **法律体系的功能**：法律人有义务为特定的主张寻找规范基础。但一国的法律法令浩如烟海，可不能捧着法规大全一页一页地去翻查。而法律人正是借由法律体系获得指引，进而寻获特定案件、特定主张可资适用的法律规范基础。

注意▶

1. 法律体系的构成基础是法律部门。
2. 法律体系是由一国国内法构成的体系，不包括完整意义上的国际法，即国际公法。
3. 构成法律体系的法只是一国现行有效的法，不包括历史上废止的已经不再有效的法律，也不包括尚待制定、还没有生效的法律；

三、当代中国法律体系

新中国成立以来，特别是改革开放30多年来，在党的正确领导下，经过各方面共同的不懈努力，立法工作取得了举世瞩目的巨大成就。

1. 一个立足于国情和实际，适应改革开放和社会主义现代化建设需要，集中体现党和人民意志的，以宪法为统帅，以宪法相关法、民法商法等多个法律部门的法律为主干，由法律、行政法规、地方性法规等多个层次的法律规范构成的中国特色的社会主义法律体系已经形成，国家经济建设、政治建设、文化建设、社会建设以及生态文明建设的各个方面实现了有法可依。

2. 当代中国的法律体系，部门齐全、层次分明、结构协调、体例科学：

（1）七个法律部门：宪法及宪法相关法，民法商法，行政法，经济法，社会法，刑法，诉讼与非诉讼程序法。

（2）三个层次：法律；行政法规；地方性法规、自治条例和单行条例。

注意▶宪法相关法主要包括规定如下内容的法律：国家机构的产生、组织和职权，如《常委会监督法》；民族区域自治制度；特别行政区制度；基层群众性自治制度；国家安全；国家标志等。

第九节 法的效力

狭义的法的效力，即法的约束力，指规范性法文件的生效范围或适用范围，即法律对什么人、什么事、在什么地方和什么时间有约束力。

注意 ▶ 广义的法的效力包括规范性法律文件的效力和非规范性法律文件的效力。非规范性文件是指不具有普遍约束力的判决书、裁定书、逮捕证、许可证、合同等文件，它们是适用法律的结果而不是法律本身。

一、法效力的根据

十分复杂，一般包括法律本身、道德、社会等。

二、法的效力范围

（一）对人效力

1. 属人主义：法律只适用于本国公民，不论其身在何处；
2. 属地主义：法律适用于本国管辖区域内的所有人，不论是否本国公民；
3. 保护主义：以维护本国利益作为是否适用本国法的依据，只要侵害了本国国家和公民的利益，均适用本国法律加以追究；
4. 属地为主，与属人、保护相结合：近代以来多数国家采用，我国也是如此。

（二）对事效力：法所调整的社会关系

（三）空间效力

1. 一般适用于一国主权范围所及的全部领域，包括领土、领水及其底土和领空，特殊情况下还包括驻外使馆、在外船舶及飞机。
2. 中央机关制定的法在全国范围内有效，地方机关制定的地方性法规、地方政府规章、自治条例和单行条例、经济特区法规在本地方有效。

（四）时间效力：生效、失效及溯及力的问题

1. 法的生效时间

（1）自公布之日起生效；
（2）由该法规定具体生效时间；
（3）公布后符合一定条件时生效。

2. 法的失效时间

（1）明示失效：在新法或其他法律文件中明文规定废止旧法；
（2）默示失效：在适用法律中，出现新法与旧法冲突时，适用新法而使旧法事实上被废止。

3. 法的溯及力

法的溯及力，也称法溯及既往的效力，是指法对其生效以前的事件和行为是否适用。如果适用，就具有溯及力；如果不适用，就没有溯及力。

法是否具有溯及力，不同法律规范之间的情况是不同的：

（1）就有关侵权、违约的法律和刑事法律而言，一般以法律不溯及既往为原则。但是，法律不溯及既往并非绝对，目前各国采用的通例是"从旧兼从轻"的原则，即新法原则上不溯及既往，但是新法不认为犯罪或者处刑较轻的，适用新法。这个原则又称为"有利原则"。

（2）在某些有关民事权利的法律中，法律有溯及力。

第十节 法律关系

法律关系是在法律规范调整社会关系的过程中所形成的人们之间的权利义务关系。

一、法律关系的性质和特征

（一）法律关系是根据法律规范建立的一种社会关系，具有合法性：

1. 法律规范是法律关系产生的前提；

2. 法律关系不同于法律规范调整或保护的社会关系本身；

3. 法律关系是法律规范的实现状态，是法律规范的内容在现实生活中得到具体贯彻的成果。

（二）法律关系是体现意志性的特种关系，主要体现国家意志，有时也体现特定法律主体的意志。

（三）法律关系是一种权利义务关系：以权利义务为内容。法律权利和义务的内容是法律关系区别于其他社会关系的重要标志。

二、法律关系的种类

（一）调整性法律关系和保护性法律关系

1. 调整性法律关系：基于合法行为而产生，执行法的调整职能，实现的是法律规范（规则）的行为规则（指示）的内容，不需要适用法律制裁。

2. 保护性法律关系：因违法行为而产生的旨在恢复被破坏的权利和秩序的法律关系，执行法的保护职能，所实现的是法律规范（规则）的保护规则（否定性法律后果）的内容，是法实现的非正常形式。

（二）纵向（隶属）法律关系和横向（平权）法律关系

1. 纵向（隶属）法律关系：法律主体地位不平等，存在权力服从关系，权利义务具有强制性，不得随意转让和放弃；

2. 横向（平权）法律关系：平等主体之间，权利义务具有一定程度的任意性。

> 📝 **注意**

1. 亲权关系属于纵向（隶属）法律关系，因为法律承认了子女对父母教导的服从义务。

2. 劳动合同双方属于隶属关系，雇员作为雇主的成员，须遵守雇主的规章制度，双方之间存在领导与被领导、管理与被管理的关系；劳务合同双方属于平权法律关系，双方法律地位平等，一方无须成为另一方的成员。

（三）单向（单务）法律关系、双向（双边）法律关系和多向（多边）法律关系

1. **单向（单务）法律关系**：一方主体仅享有权利，另一方只履行义务。是法律关系体系中最基本的构成要素。其实，一切法律关系均可分解为单向的权利义务关系。

2. **双向（双边）法律关系**：法律关系主体双方互享权利、互担义务。

3. **多向（多边）法律关系**：存在多方法律关系主体。

（四）第一性法律关系（主法律关系）和第二性法律关系（从法律关系）

1. **第一性法律关系（主法律关系）**：能独立存在、居于支配地位的法律关系；

2. **第二性法律关系（从法律关系）**：居于从属地位的法律关系。

> 📝 **注意** ▶ 一切相关的法律关系均有主次之分，例如，在调整性和保护性法律关系中，调整性法律关系是第一性法律关系（主法律关系），保护性法律关系是第二性法律关系（从法律关系）；在实体和程序法律关系中，实体法律关系是第一性法律关系（主法律关系），程序法律关系是第二性法律关系（从法律关系），等等。

三、法律关系主体

法律关系主体是法律关系的参加者，即在法律关系中一定权利的享有者和一定义务的承担者。

（一）主体的种类

1. **公民（自然人）**：也包括居住在中国境内或在境内活动的外国公民和无国籍人。

2. **国家**。

3. **法人**：包括国家机关、企事业组织、各政党和社会团体。

4. **其他组织**：个体工商户、农村承包经营户、个人合伙、分公司等。

> 📝 **注意**

1. 银行的分支机构是其他组织，并非法人。

2. "法人"包括公法人（参与宪法关系、行政法律关系、刑事法律关系的各机关、组织）和私法人（参与民事或商事法律关系的机关、组织）。中国的国家机关和组织，可以是公法人，也可以是私法人，依其所参与的法律关系的性质而定。

3. 国家可以作为一个整体成为法律关系主体。例如，国家作为主权者是国际公法关系的主体，可以成为外贸关系中的债权人或债务人。在国内法上，国家可以直接以自己的名义参与国内的法律关系（如发行国库券），但在多数情况下则由国家机关或授权的组织作为代表参加法律关系。

（二）权利能力和行为能力

1. **权利能力**：享有权利履行义务的法律资格。

(1) 公民的权利能力

①一般权利能力：这是任何人取得公民资格的基本条件，不能被任意剥夺或解除；

②特殊权利能力：公民在特定条件下具有的法律资格，只授予某些特定的法律主体。

注意▶国家机关及其工作人员行使职权的资格、政治权利能力、劳动权利能力等，是特殊权利能力。

(2) 法人的权利能力自其成立时产生，解体时消灭。法人权利能力范围不尽相同，由其成立的宗旨和业务范围确定。

2. 行为能力：主体能够通过自己的行为享有权利履行义务的能力，包括权利行为能力、义务行为能力和责任行为能力。

(1) 公民行为能力的判断标准：

①能否认识自己行为的性质、意义和后果；

②能否控制自己的行为并对自己的行为负责。

注意▶

1. 公民是否达到一定年龄、神智是否正常，就成为公民享有行为能力的标志。

2. 对于自然人，有行为能力必然有权利能力，但有权利能力不一定有行为能力。

项目	民法	刑法
完全行为能力	(1) 18周岁以上； (2) 16周岁以上不满18周岁的公民，以自己的劳动收入为主要生活来源的。	16周岁以上。
限制行为能力	(1) 10周岁以上18周岁以下； (2) 不能完全辨认自己行为的精神病人。	(1) 已满14周岁不满16周岁的人； (2) 尚未完全丧失辨认或者控制自己行为能力的精神病人。
无行为能力	(1) 不满10周岁； (2) 不能辨认自己行为的精神病人。	(1) 不满14周岁； (2) 不能辨认或者不能控制自己行为的精神病人。

(2) 法人的行为能力和权利能力同时产生、同时消灭，行为能力的范围和权利能力是一致的，都是有限的，由其成立宗旨和业务范围所决定。

四、法律关系内容

1. 法律关系的内容主要指法律关系主体之间的法律权利和法律义务，此外还可能包括风险的负担、法律约束等。

2. 三大特性：实有性，属于现实性领域；主体的特定性；效力的个别性，仅对特定主体有效。

注意▶作为法律关系内容的权利义务区别于作为法律规范内容的权利义务，后者具有应有性,属于可能性领域;主体的不特定性;效力的一般性、普遍性。

五、法律关系客体的种类

法律关系客体是指法律关系主体之间权利义务所指向的对象。

(一) 物

作为法律关系客体的物,不仅具有物理属性,也具有法律属性。只有得到法律认可、为人类所认识和控制、具有独立性,且具有经济价值的物才可能作为法律关系的客体。

注意▶ 不得进入国内商品流通领域,成为私人法律关系客体的物:人类公共之物或国家专有之物(如空气、水流、海洋);文物;军事设施、武器(枪支弹药等);危害人类之物(如毒品、假药、淫秽书籍等)。

(二) 人身(有机体)

人身不仅是人作为法律关系主体的承载者,而且在一定范围内成为法律关系的客体:

1. 活人的整个身体不能成为法律上的物,不得作为物权、债权和继承权的客体,不得转让和买卖。人身体的某个部分只有自然地脱离人身时才能成为物;

2. 权利人不得对自己的人身进行违法或有伤风化的活动,不得滥用或自践自己的人身和人格;

3. 严禁对他人人身非法强行行使权利。

(三) 精神产品

精神产品是通过一定的载体记录下来并流传的思维成果,其价值在于载体中所承载的精神内容,属于非物质财富。西方学者称之为"无体(形)物",我国法学界常称为"智力成果"或"无体财产"。

(四) 行为结果

作为法律关系的客体的行为结果,是指义务人完成其行为所产生的能够满足权利人利益要求的结果(物化和非物化结果)。

注意▶ 同一法律关系中可能存在多个客体。如买卖法律关系的客体不仅包括"货物",而且也包括"货款"。

六、法律关系的产生、变更和消灭

(一) 法律关系产生、变更和消灭的条件

1. 法律规范:提供产生、变更、消灭的法律依据;

2. 法律事实:法律规范所规定的、能够引起法律关系产生、变更和消灭的客观情况或现象,包括法律事件和法律行为。

注意▶ 好意施惠关系不属于民事法律事实,不能在当事人之间产生合同法律关系。因为好意施惠行为一方面是无偿的,另一方面双方也没有受约束的表示意思和效果意思。

> **注意** ▶ 订婚不是民事法律事实，不具有法律效力。

（二）法律事件

法律事件是法律规范规定的，不以当事人的意志为转移而引起法律关系产生、变更和消灭的客观事实，又可以分为社会事件（如革命、战争等）和自然事件（如生老病死、自然灾害等）。

（三）法律行为是指在人的意志支配下的身体活动。

> **注意** ▶

1. 同一个法律事实可以引起多种法律关系的产生、变更和消灭。如工伤致死，不仅可以导致劳动关系、婚姻关系的消灭，而且也导致劳动保险合同关系、继承关系的产生。

2. 也可能是多个法律事实引起一个法律关系的产生、变更和消灭。如房屋的买卖，除了双方当事人签订买卖协议外，还须向房管部门办理登记过户手续方有效力，相互之间的关系也才能够成立。在法学上，我们常把两个以上的法律事实所构成的一个相关的整体，称为"事实构成"。

第十一节 法律责任

一、法律责任的概念

法律责任是指行为人由于违法行为、违约行为或者由于法律规定而应承受的某种不利的法律后果。

1. 引起法律责任的三种原因：违法行为、违约行为或者基于法律的规定，但最终依据是法律，而不是道德或其他社会规范；其承担由国家强制力保证。

> **注意** ▶ 国家强制力只是在必要时，在责任人不主动履行其法律责任时才会使用。

2. 法律责任与权力：责任的认定、归结和实现离不开国家权力；责任规定了权力行使的界限以及越权的后果。

3. 法律责任与权利义务：责任规范着权利的界限，并以否定性后果防止权利行使不当或滥用；在权利受到妨害之时，责任也是救济权利的依据；以否定性的法律后果保证权利义务顺利实现。

二、法律责任的竞合

责任的竞合是由某种法律事实所导致的多种法律责任产生并且相互之间冲突的现象。这种竞合既可能发生在同一法律部门内部，如民法上侵权责任和违约责任的竞合，也可发生在不同的法律部门之间，如民事责任、行政责任和刑事责任等之间的竞合。

（一）法律责任的竞合的特点：

1. 数个责任的主体为同一法律主体；

2. 责任主体实施了一个行为；

3. 一个行为符合多个法律责任构成要件；

4. 多个法律责任之间相互冲突：既不能吸收，也无法共存。

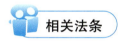如果数个法律责任可以被其中之一所吸收，如某犯罪行为的刑事责任吸收了其行政责任；或可以并存，如某犯罪行为的刑事责任与附带民事赔偿责任被同时追究，则不存在责任竞合的问题。

（二）产生竞合的原因：不同的法律规范从不同角度对社会关系加以调整。

（三）竞合的处理

1. 不同法律部门间法律责任的竞合，一般来说，应按重者处之。如果已经追究相对较轻者，再追究重者的时候应适当考虑折抵。

2. 在实践中，出现最多的民法上违约责任和侵权责任竞合，各国规定不同，我国赋予受害人选择权。

相关法条

《合同法》

第一百二十二条 因当事人一方的违约行为，侵害对方人身、财产权益的，受损害方有权选择依照本法要求其承担违约责任或者依照其他法律要求其承担侵权责任。

三、法律责任的归结：归责

归责是指特定国家机关或国家授权的机关对行为人法律责任进行判断和确认。

在我国，归责原则可以概括为"合法、公正、有效、合理"八个字，具体包括：

1. 责任法定原则：法律责任在法律规范中预先规定，当出现违法行为或法定事由时，按照事先规定的责任性质、范围和方式追究法律责任。

2. 公正原则：有责即追；责罚相当；合理地区别对待；程序正当；一律平等。

3. 效益原则：在追究责任时，应当进行成本收益分析，讲求法律责任的效益。

4. 合理性原则：在设定及归结法律责任时应考虑各当事人的心智与情感因素，使法律责任的承担符合社会伦理和公序良俗。

5. 责任自负原则：现代法的一般原则，体现了现代法的进步。其主要含义包括：

（1）违法行为人应该对自己的违法行为负责。即，在一般情况下，法律责任的主体只能是做出了会导致法律责任行为的行为人本人。

（2）不能让没有违法行为的人承担法律责任，即反对株连或变相株连。

（3）要保证责任人受到法律追究，无责任人受到法律保护，即不枉不纵，公平合理。

当然，在某种特殊情况下，为了维护法律尊严、社会风险的分担，也允许责任自负原则的例外。

四、法律责任的免除（免责）

由于出现法定条件，法律责任被部分或全部地免除。在我国，免责形式包括：

1. **时效免责**：责任经过一定期限后而免除。

例证：刑事犯罪的追诉期限：（1）法定最高刑不满5年的，经过5年；（2）法定最高刑为5年以上不满10年的，经过10年；（3）法定最高刑为10年以上的，经过15年；（4）法定最高刑为无期徒刑、死刑的，经过20年；如果20年以后认为必须追诉的，须报请最高检核准。

2. **不诉免责**：如果受害人或有关当事人不向法院起诉要求追求行为人的责任，则责任实际免除。

例证：刑法中告诉才处理的案件主要有四类：侮辱、诽谤案；暴力干涉婚姻自由案；虐待案；侵占案。其中只有侵占案属于绝对的自诉案件；其他三种如情节严重，则为公诉案件。此四类案件一旦没有告诉，或者撤回告诉即免责。

3. **协议免责**：受害人和加害人在法律允许的范围内协商同意、免除责任。

注意 ▶ 在不诉和协议免责这两种场合，责任人应当向或主要应当向受害人承担责任，法律将追究责任的决定权交给受害人和有关当事人。

4. **自首、立功免责**：对那些违法之后主动认罪或有立功表现的人，免除其部分或全部法律责任。

5. **因履行不能而免责**：在财产责任中，在责任人确实没有能力履行或没有能力全部履行的情况下，有关国家机关免除或部分免除其责任。

注意 ▶ 免责的前提是有责任的存在。正当防卫、紧急避险、不可抗力、无责任能力是没有责任，不属于免责。类似的情形还有离婚。离婚成立的前提是婚姻的有效存在。倘若当事人对无效婚姻起诉离婚，法院受理之后，确属无效婚姻的，应当告知当事人，并依法作出宣告婚姻无效的判决。因为欠缺有效婚姻的存在，所以法院不能撤销，也不能调解；宣告婚姻无效的判决作出之后，当事人也不能上诉。

五、法律制裁

1. 法律制裁是指由特定国家机关对违法者依其法律责任而实施的强制性惩罚措施。

2. 法律制裁可以分为刑事制裁（法院、检察院）、民事制裁（法院）、行政制裁（行政机关）、违宪制裁（全国人大及其常委会）。

第二章

法的运行

第一节 立法

一、立法的定义

(一) 立法泛指一定的国家机关依照法定职权和程序,制定、修改、废止法律和其他规范性法律文件及认可法律的活动,是对社会资源、社会利益进行第一次分配的活动。狭义上的立法是国家立法权意义上的概念,仅指享有国家立法权的国家机关的立法活动,即国家的最高权力机关及其常设机关依法制定、修改和废止宪法和法律的活动。

(二) 立法的特点:

1. 以国家的名义进行;
2. 一项国家职能活动,目的是为了实现国家和社会生活的有效调控;
3. 是以一定的客观经济关系为基础的人们的主观意志活动,并且受其他社会因素的影响;
4. 结果:产生具有规范性、国家强制性的普遍行为规则;
5. 过程:依照法定职权和程序进行;
6. 是对有限的社会资源进行制度性的分配,是对社会资源的第一次分配,反映了社会的利益倾向性。

二、立法体制

立法体制包括立法权限的划分、立法机关的设置、立法权的行使等各方面的制度,主要是立法权限的划分。

> **注意** ▶ 立法权是国家权力体系中最重要的、核心的权力。

类别	主体	调整对象	在立法体系中的地位
国家立法权	全国人大及其常委会	基本的、全局性的社会关系	居于基础和主导地位的最高立法权
地方立法权	有权的地方人大及其常委会；特别行政区的立法会	地方性的社会关系	
行政立法权	国家行政机关	包括中央行政立法权和地方行政立法权	源于宪法，低于国家立法权，具有独立地位
民族立法权	民族自治地方的人大	包括自治条例和单行条例	属于自治权范畴
授权立法权 委任立法权	立法机关授权的特定国家机关	在一定期限和范围内调整特定社会关系	附属立法权

> **注意** ▶
>
> 1. 国务院行使的立法权既可能是行政立法权，也可能是授权立法权。
> 2. 我国的立法体制是一元性的立法体制（只有一个立法体系），但又是多层次的。

三、立法原则

（一）确定立法原则要考虑的关系：

1. 需要与可能：立法的阶段性，立法具体条件的配套；

2. 历史、现实与未来：立法的超前问题，立法的继承问题；

3. 客观与主观：人的能力问题，客观认识把握与主观表达；

4. 整体与部分：各个利益集团的平衡，法律自身的统一性、和谐性；

5. 专家与社会：专家意见与社会要求，"精英"与一般民众的认识差距；

6. 国情与全球化：本国的国情与他国发展的历程，人类发展的趋同问题。

（二）中国立法的原则：法治、民主与科学。

1. 合宪性和合法性原则：立法应当遵循宪法的基本原则，以宪法为依据；依照法定的权限和程序，从国家整体利益出发，维护社会主义法制的统一和尊严。

2. 实事求是、从实际出发的原则：立法应当从实际出发，适应经济社会发展和全面深化改革的要求，科学合理地规定公民、法人和其他组织的权利与义务、国家机关的权力与责任。

3. 民主立法原则：立法应当体现人民的意志，发扬社会主义民主，坚持立法公开，保障人民通过多种途径参与立法活动。

4. 原则性与灵活性相结合原则：立法中要恰当处理各种关系，注意各方面的平衡，应高度重视立法技术、方法，提高立法的质量。

5. **明确性、可行性原则**：法律规范应当明确、具体，具有针对性和可执行性。

四、立法程序：全国人大及其常委会的立法程序

（一）法律议案的提出

1. **法律议案不同于法律草案**：前者内容一般比较原则、概括，可以只提立法主旨和理由，也可附法律草案；后者内容比较具体、系统和完整。

2. **提案权主体**

（1）向全国人大提案（9个主体）：全国人大主席团、全国人大常委会、国务院、中央军事委员会、最高人民法院、最高人民检察院、全国人民代表大会各专门委员会、一个代表团或者三十名以上的代表联名。

《立法法》

第十四条　全国人民代表大会主席团可以向全国人民代表大会提出法律案，由全国人民代表大会会议审议。

全国人民代表大会常务委员会、国务院、中央军事委员会、最高人民法院、最高人民检察院、全国人民代表大会各专门委员会，可以向全国人民代表大会提出法律案，由主席团决定列入会议议程。

第十五条　一个代表团或者三十名以上的代表联名，可以向全国人民代表大会提出法律案，由主席团决定是否列入会议议程，或者先交有关的专门委员会审议、提出是否列入会议议程的意见，再决定是否列入会议议程。

专门委员会审议的时候，可以邀请提案人列席会议，发表意见。

（2）向全国人大常委会（7个主体）：全国人大常委会委员长会议、国务院、中央军事委员会、最高人民法院、最高人民检察院、全国人民代表大会各专门委员会、常务委员会组成人员十人以上联名。

《立法法》

第二十六条　委员长会议可以向常务委员会提出法律案，由常务委员会会议审议。

国务院、中央军事委员会、最高人民法院、最高人民检察院、全国人民代表大会各专门委员会，可以向常务委员会提出法律案，由委员长会议决定列入常务委员会会议议程，或者先交有关的专门委员会审议、提出报告，再决定列入常务委员会会议议程。如果委员长会议认为法律案有重大问题需要进一步研究，可以建议提案人修改完善后再向常务委员会提出。

第二十七条　常务委员会组成人员十人以上联名，可以向常务委员会提出法律案，由委员长会议决定是否列入常务委员会会议议程，或者先交有关的专门委员会审议、提出是否列入会议议程的意见，再决定是否列入常务委员会会议议程。不列入常务委员会会议议程的，应当向

常务委员会会议报告或者向提案人说明。

专门委员会审议的时候,可以邀请提案人列席会议,发表意见。

(二)法律案的审议:针对已经列入议事日程的法律案

1. 全国人大的审议:主席团主持

(1)审议形式:各代表团审议、专门委员会审议、各代表团团长会议审议、法律委员会统一审议。

 全国人大不采用全体会议的方式对法律案进行审议。

小贴士

全国人大如何审议法律案?

全国人大审议法律案,首先由全体会议听取提案人对法律草案的说明;接下来交由各代表团进行分组审议。各位代表会就立法的必要性和可行性、法律草案与宪法和现行法律的协调程度、对重要问题的解决方案是否科学合理、立法技术运用是否得当、法律语言表述是否准确科学和规范等进行审议讨论。代表审议法律草案是立法过程中的一个十分重要的环节。

在代表团审议之后,往往就由全国人大法律委员会根据代表的审议意见,对法律草案统一进行审议,将代表的审议意见研究吸收到法律条文中。

(2)审议结果:

①因撤回而终止审议:交付表决前,提案人要求撤回并说明理由,经主席团同意,并向大会报告,终止审议。

②授权常委会处理:在审议中发现重大问题,经主席团提出,大会全体会议决定,可以授权常委会进一步审议,作出决定,并向大会下次会议报告;也可授权常委会进一步审议,提出修改方案,提请人大下次会议审议决定。

③交付表决:法律案经各代表团的审议意见进行修改,提出法律草案表决稿,由主席团提请大会全体会议表决。

2. 全国人大常委会的审议:委员长会议主持

(1)审议形式:分组会议审议、联组会议审议、全体会议审议、专门委员会审议、法律委员会统一审议。

 三读程序:列入常委会会议议程的法律案一般应当经过三次常委会会议审议后再交付表决,除非该议案各方意见比较一致,两次审议即可;或者该议案是部分修改的法律案,各方意见比较一致,也可一次审议即付表决。

（2）审议结果：

①交付表决；

②暂不交付表决：三读之后仍有重大问题需要进一步研究的，委员长会议提出，经联组会议或全体会议同意，可暂不交付表决，而是交法律委员会和有关专门委员会进一步审议；

③因撤回而终止审议；

④因搁置审议或暂不交付表决经过两年而终止审议。

（三）法律案的表决和通过

1. 表决方式：公开表决与秘密表决（无记名）。

2. 表决结果：通过（全体代表或组成人员过半数）、不通过（未达法定多数）。

注意 ▶ "过半数"和"1/2以上多数"不同，后者包括了1/2。但基于立法少数服从多数的民主性要求，必须过了1/2才能称得上是多数，所以法律的通过都必须要求过半数。

（四）法律的公布

公布是立法程序中的最后一个步骤，它是法律生效的前提。

1. 国家主席根据全国人大及其常委会的决定，公布法律。

2. 公布刊物：全国人大常委会公报（刊登的法律文本为标准文本），中国人大网以及在全国范围内发行的报纸。

全国人大常委会立法程序

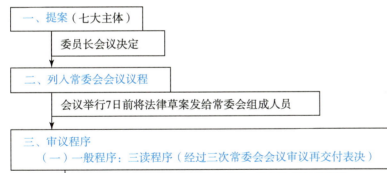

四、审议过程	（1）由有关专委会进行审议，提出审议意见，印发常委会会议。审议时，可以邀请其他专委员的成员列席会议，发表意见。
1. 专门委员会审议（以全体会议的形式）	（2）法律案由法律委员会进行统一审议，提出修改情况的汇报或者审议结果报告和法律草案修改稿，对重要的不同意见应在报告中予以说明。未采纳有关专委会的重要意见，应当向其反馈。
	（3）专委会之间对草案的重要问题意见不一致的，应报告委员长会议。

2. 听取各方面意见
（1）列入议程的法律案，法律委员会、有关的专门委员会和常委会工作机构应当以座谈会、论证会、听证会等多种形式听取各方面的意见。
（2）常委会工作机构应将法律草案发送有关机关、组织和专家征求意见，将意见整理后送法律委员会和有关的专门委员会，并根据需要，印发常委会会议。
（3）列入议程的重要的法律案，经委员长会议决定，可以将法律草案公布，征求意见。各机关、组织和公民提出的意见送常务委员会工作机构。

3. 中断审议的情形
（1）撤回提案：在交付表决前，提案人要求撤回的，应当说明理由，经委员长会议同意，并向常务委员会报告，对该法律案的审议即行终止。
（2）暂不交付表决：法律案经三读后，仍有重大问题需要进一步研究的，由委员长会议提出，经联组会议或者全体会议同意，可以暂不付表决，交法律委员会和有关的专门委员会进一步审议。
（3）终止审议：因各方面对制定该法律的必要性、可行性等重大问题存在较大意见分歧搁置审议满两年的，或者因暂不付表决经过两年没有再次列入常务委员会会议议程审议的，由委员长会议向常务委员会报告，该法律案终止审议。

五、表决
草案修改稿经常委会会议审议，由法律委员会根据常委会组成人员的审议意见进行修改，提出表决稿，由委员长会议提请常委会全体会议表决，由全体组成人员的过半数通过。

六、公布
常务委员会通过的法律由国家主席签署主席令予以公布。

第二节 法的实施

法的实施是指法在社会生活中被人们实际施行，是处于应然状态的"书本上的法律"进入到实然状态的"行动中的法律"。法的实施方式包括法的遵守、法的执行和法的适用三种。

一、执法

狭义的执法指行政，即行政机关贯彻执行立法机关制定的法律和其他规范性法文件的活动。

（一）执法的特点

1. 以国家的名义对社会进行全面管理的活动，具有国家权威性；

2. 执法的主体，是国家行政机关及其公职人员；

3. 具有国家强制性；

4. 具有主动性和单方面性：执法既是职权，也是职责；因此，行政机关在进行社会管理时，应当以积极的行为主动执行法律、履行职责，而不一定需要行政相对人的请求和同意。

（二）执法的原则

1. 依法行政的原则：行政机关必须根据法定权限、法定程序和法治精神进行管理，越权无效，是最基本的原则；

2. 讲求效能的原则：在依法行政的前提下，讲究效率，主动有效地行使其职权，以取得最大的行政执法效益；

3. 公平合理的原则：执法时应当权衡多方面的利益因素和情境因素，在严格执行规则的前提下做到公平、公正、合理、适度，避免由于滥用自由裁量权而形成执法轻重不一、标准失范的结果。

二、司法

司法，又称法的适用，是指国家司法机关根据法定职权和程序，具体应用法律处理案件的专门活动。

（一）司法的特点

1. 国家权威性：法院、检察院及其工作人员；

▶注意▶ 在我国，司法权包括审判权和检察权，人民法院和人民检察院是代表国家行使司法权的专门机关。

2. 国家强制性：以国家强制力为后盾；

3. 严格的程序性和合法性；

4. 必须有表明法的适用结果的法律文书，如判决书、裁定书和决定书等。

（二）司法与执法的区别

区别点	执法	司法
主体	行政机关及其公职人员	司法机关及其公职人员
内容	以国家的名义对社会进行全面管理，内容比司法广泛	司法裁判涉及法律问题的纠纷和争议，对有关案件进行处理，具有个案性。所以，司法权是一种判断权。
程序性要求	程序性要求没有司法严格和细致	有严格的程序性规定
主动性	较强的主动性，积极主动实施法律	被动性，一般不能主动实施法律，不告不理

（三）司法的原则

1. 司法公正：法的精神的内在要求，是司法机关自身存在的合法性基础；公正是司法的生命；

2. 公民在法律面前一律平等：法律统一适用；反对歧视，反对特权；

3. 以事实为依据，以法律为准绳；

4. 司法机关依法独立行使职权：司法权的专属性、行使职权的独立性，不受任何行政机关、社会团体和个人的干涉。

> **注意** ▶ 贯彻司法机关依法独立行使职权的原则，需要解决好的几个问题：第一，正确处理司法机关与党组织的关系；第二，在全社会进行有关树立、维护司法机关权威，尊重、服从司法机关决定的法制教育；第三，积极推进司法改革，从制度上保证司法独立。

三、守法

（一）概念：守法是指公民、社会组织和国家机关以法律为自己的行为准则，依照法律行使权利、履行义务的活动。

（二）守法的构成：

1. 守法的主体：一切主体（所有自然人和组织）。

2. 守法的范围，是一切法律渊源，包括宪法、法律、行政法规、地方性法规和行政规章等。

3. 守法的内容：守法不仅包括消极被动的守法（不违法），还包括根据授权性法律规范积极主动地去行使自己的权利、实施法律；既包括履行义务，也包括行使权利。

四、法律监督

（一）法律监督的含义与构成

1. 法律监督有广义与狭义两种理解。前者是指由所有国家机关、社会组织和公民对各种法律活动的合法性所进行的监督。后者是指由特定国家机关依进行的监督。

2. 五个要素：

（1）主体：谁监督；

> **注意** ▶ 我国的监督主体具有广泛性和多元性；

（2）客体：监督谁；

> **注意** ▶ 在我国，所有国家机关、政党、社会团体、社会组织、大众传媒和公民既是监督的主体，也是监督的客体。

（3）内容：监督什么（所有与监督客体行为的合法性有关的问题）；

（4）权力与权利：监督主体监视、察看、约束、制约、控制、检查和督促客体的权力与权利；

（5）监督规则：实体规则与程序规则。

（二）法律监督体系

1. 国家法律监督体系：

（1）包括国家权力机关、行政机关和司法机关的监督。

（2）有明确的权限和范围，且有法定的程序，以国家名义进行的，具有国家强制力和法的效力，是我国法律监督体系的核心。

2. 社会法律监督体系：

（1）包括中国共产党的监督、社会组织的监督、公民的监督、法律职业群体的监督和新闻舆论的监督等。

（2）这种监督具有广泛性和人民性，因此具有重要的意义。

五、法治理论

（一）法治与法制

法制一般指法律和制度的总称，而法治指依据法律的治理。二者的根本区别在于法对国家权力的限制与制约不同。法治的核心是权利保障与权力制约（控权），而法制的最终目的是建立符合统治阶级的法律秩序。

1. 法治一词明确了法律在社会生活中的最高权威性。

2. 法治一词显示了法律介入社会生活的广泛性；法制主要强调法律和制度及其实施；

3. 法治一词蕴涵了法律调整社会生活的正当性，与专制相对立，又与民主相联系，维护公民自由，符合社会生活理性化的要求；法制强调秩序价值，但不一定建立在正当性价值之上。

（二）法治与人治

1. 人治指统治者的个人意志高于国家法律，国家的兴衰存亡，取决于领导者个人的能力和素质。人治不可能实现国家的长治久安。

2. 法治是众人所同意的法律之治，是与民主相联系的。

3. 社会主义法治是指一切国家机关、各政党、武装力量、各社会团体、各企事业单位和全体公民都必须在宪法和法律的范围内活动，不允许任何人、任何组织凌驾于法律之上。在所有对人的行为有约束力的社会规范中，法律具有最高的权威。

4. 在监督的问题上，法治意味着强化法的监督，淡化人的监督。

（三）法治国家

1. 法治国家或法治国是一个德语中最先使用的概念。现代意义上的法治国家，是德国资产阶级宪政运动的产物，其基本含义是国家权力，特别是行政权力必须依法行使，所以，法治国家有时又称法治政府。

2. 法治国家条件和标准：

（1）通过法律保障人权，限制公共权力的滥用；

（2）良法的治理；

（3）通过宪法确立分权与权力制约的国家权力关系；

（4）赋予广泛的公民权利；

（5）确立普遍的司法原则，司法独立等。

3. 社会主义法治国家的基本标志

社会主义法治国家的制度条件和思想条件必须同时具备，应加强制度的构建和创新，一定的法治观念必须最终落实到具体的制度上。

制度条件	1. 必须有完备的法律和系统的法律体系。
	2. 必须具有相对平衡和相互制约的符合社会主义制度需要的权力运行机制。
	3. 必须有一个独立的、具有极大权威的司法系统和一支高素质的司法队伍。
	4. 必须有健全的律师制度：能够保证律师在工作（包括调查取证、出庭辩护）中受到尊重，使律师成为维护法律的重要力量。
思想条件	1. 法律至上 法律在社会规范中具有最高权威，所有的社会规范都必须符合法律的精神。
	2. 权利平等 全社会范围内人们的平等，承认所有社会成员法律地位平等。既包括法律实施中的平等，也包括立法中的平等。
	3. 权力制约 所有以国家强制力保证实现的公共权力，在其运行的同时，必须受到其他公共权力的制约。不受制约的权力必然被滥用，必然导致腐败。
	4. 权利本位 在国家权力和人民权利的关系中人民权利是决定性的、根本的；在法律权利与法律义务之间，权利是决定性的，起主导作用的。国家权力之所以必须是有限的，就在于它来源于人民。

第三节 法适用的一般原理

一、法适用的目标

法律人适用法律最直接的目标是获得一个合理的法律决定。在法治社会，所谓合理的法律决定就是指具有可预测性（形式法治的要求）和正当性（实质法治的要求）的法律决定。

1. 可预测性：尽可能地避免武断和恣意。要求裁判者将法律决定建立在既存的一般性法律规范的基础上，并按照一定的方法——推理规则和解释方法——适用法律规范。

2. 正当性：按照实质价值或某些道德考量，法律决定是正当的或正确的。法律人乃是通过运用一些普遍承认的法学方法，来达到决定与实质价值或道德的一致性。

注意 ▶ 这里的实质价值或道德是有一定范围的或受到限制的，主要是指特定法治国家或宪政国家的宪法规定的一些该国家的公民都承认的、法律和公共权力应该保障与促进的实质价值，例如我国宪法规定了人权、自由和平等。

3. 可预测性和正当性的关系：二者存在紧张关系，实现了可预测性的法律决定可能与特定国家的法秩序所承认的实质价值或道德相背离，而具有正当性的法律决定却可能违背可预测性。这种紧张关系是形式法治和实质法治之间紧张关系的一种体现。但从整体法治来看，必然要求裁判者在二者之间寻找最佳的协调。但对特定时间段内的特定国家的法律人来说，可预测性具有初始的优先性。

二、法适用的步骤

法律适用，也叫涵摄（subsumption），指将特定事实（S），置于法律规范的要件（T）之下，以获致一定的结论（R）的一种思维过程。以涵摄为核心的法律适用过程实际上是逻辑上的三段论推理。涵摄的逻辑结构，可以表示如下：

T → R（具备 T 的要件时，即适用 R 的法律效果）

S = T（特定的案件事实符合 T 的要件）

S → R（特定案件事实 S 适用 T 得到法律效果 R）

（一）整体来说，法的适用过程在形式上是逻辑三段论推理过程，即大前提、小前提和结论。

（二）具体而言，则是首先查明和确认案件事实，作为小前提；其次选择和确定与案件事实相符合的法律规范，作为大前提；最后以整个法律体系的目的为标准，从两个前提中推导出法律决定。

1. 三个步骤并非各自独立、严格区分的单个行为，而是可以相互转换。法律人查明和确认案件事实的过程就不是一个纯粹的事实归结过程，而是一个在法律规范与事实之间的循环过程，即目光在规范与事实之间来回穿梭：必须把生活事实转化为"法律事实"；

2. 选择法律规范必须以该国整个的法律体系为基础，从中选择一个与确定的案件事实相切合的法律规范；

3. 通过法律解释，弥合一般与个别之间的缝隙，解决规范与事实之间的紧张关系。所以，法律解释对于法律适用来说并不是可有可无的，而是必要的，是法律适用的基础；

4. 法律解释都受到解释学循环规律和前理解的影响和制约。

概念说明：

1. 解释学循环：整体只有通过理解部分才能得到理解、对部分的理解又只能通过对整体的理解。

2. 前理解：就是相对于某种理解以前的理解，或者是在具体的理解开始之前已有的某种观点、看法或信息，它主要表现为成见或偏见，受到历史、传统与语言等的影响。对法学而言，前理解包括一国的法律传统、法律文化、法学职业训练、职业经验、法律语言的学习、对于整个现行法的掌握等形成的知识。

三、法律证成

（一）法律适用的过程，无论是寻找大前提还是确定小前提，都是用来向法律决定提供支持程度不同的理由，所以，它也就是一个法律证成的过程。所谓"证成"，便是给一个决定提供充足理由的活动或过程。

（二）从法律证成的角度看，法律决定的合理性取决于两个方面：

1. 推导法律决定所依赖的推理前提是合理的、正当的：外部证成是对推理前提的证立；

2. 推理规则本身是可靠的：内部征成涉及从前提到结论之间的推论是否有效。

注意▶ 法律决定是按照一定的规则从前提中推导出来的。内部证成只保证结论从前提中逻辑地推导出来，但对前提的正当性没有保障；外部证成保证内部证成的前提正当。

（三）内部证成和外部证成的关系

1. 外部证成和内部证成都是一个三段论的过程：外部证成把一个新的三段论附加在证据链条中，这个新的三段论是用来支持内部证成的前提的；

2. 外部证成的新的三段论本身也要符合逻辑推理的规则，因此也必然涉及内部证成。

3. 内部证成不仅包括通常所谓的法律规范、案件事实与法律决定之间的推理规则，也包括确立前提本身所要遵循的推理规则。

第四节 法律推理

法律推理就是指法律人在从一定的前提推导出法律决定的过程中所必须遵循的推论规则。

一、法律推理的特点

1. 以法律以及法学中的理由为基础，具有独特的法律原理与解释方法。
2. 要受现行法律的约束，而正式渊源和非正式渊源都可以成为推理的理由。
3. 法律推理是一种为行为规范或特定行为正确与否的判断寻找正当理由的过程，不同于为了发现真相或真理的自然科学研究中的推理。

二、法律推理的种类

演绎推理	归纳推理	类比推理	设证推理
从一般到个别	从个别到一般	从个别到个别	逆推
经典方法是三段论。 S→P R→S R→P 如果前提为真，结论必定为真。	如果前提为真，结论比较可能为真（或然性） 推论规则： 1. 被考察对象的数量要尽可能多； 2. 被考察对象的范围要尽可能广； 3. 被考察对象之间的差异要尽可能地大。	根据两个事物在某些属性上的相似性，推出他们在另一些属性上的相似性： A (a, b, c, d) B (a, b, c) B (d) 1. 确认哪些是重要案情； 2. 类比推论的可接受性与被分析情况的数量成正比； 3. 可接受性依赖于正相似与负相似的数量。	从所有能解释结论的假设中优先选择一种： 1. 推论人必须形成一些假定背景以及相关的感性事实，即具有待解释的现象所属领域的知识； 2. 推论人尽可能将待解释现象的理论上所有可能的原因寻找出来； 3. 推论人尽可能使推论结论与待解释现象之间的关系是一种单一的因果关系。

注意 ▶ 设证推理效力很弱，但它在法律适用的过程中是不可放弃的。法律人在其工作过程中必然会运用到设证推理。

第五节　法律解释

法律解释是指特定主体对法律规定之意义的说明与阐述。

一、法律解释的特点

1. 解释的对象是法律文本及其附随情况（制定时的背景）；
2. 与具体案件密切相关：确定某一法律规定对于某一特定案件事实是否有意义；
3. 具有价值取向性：存在价值判断和价值抉择；
4. 受解释学循环的制约。

二、法律解释的种类

（1）正式解释（法定解释、有权解释）：由特定的国家机关、官员或其他有解释权的人对法律做出的具有法律拘束力的解释，具体分为：立法解释、司法解释和行政解释。

（2）非正式解释（学理解释、无权解释、任意解释）：由学者或其他个人及组织对法律规定所做的不具有法律拘束力的解释，不被作为执行法律的依据。

注意 ▶ 在我国，行政执法人员或者处理具体案件的法官、检察官在日常执法、司法过程中所作的解释属于非正式解释。

三、法律解释的方法

法律解释的方法是法律人在进行法律解释时所必须遵循的特定法律共同体所公认的规则和原则。这些规则和原则不是特定国家的法律所规定，而是约定俗成的。

1. 文义解释 （语法、文法、文理、语义学解释）	（1）证成对象：语言的使用方式或规则的有效性； （2）特点：将解释的焦点集中在语言上，而不顾及根据语言解释出的结果是否公正、合理。
2. 立法者目的解释 （主观目的解释）	（1）主观目的是立法者当时立法的意图； （2）证成对象：立法者的目的或意图； （3）证成：以一定的立法资料为根据。
3. 历史解释	（1）依据正在讨论的法律问题的历史事实对某个法律规定进行解释； （2）证成对象：历史事实及其与现实情形的差异，过去实施的解决方案导致的后果不符合社会道德标准。
4. 比较解释	利用外国的立法例和判例学说对某个法律规定进行解释。

续表

5. 体系解释 （逻辑、系统解释）	（1）将被解释的法律条文放在整部法律中乃至整个法律体系中，联系此法条与其他法条的相互关系来解释法律； （2）证成对象：无矛盾。
6. 客观目的解释	客观目的是法律自身的目的，即内在于法律的目的。

概念说明：

1. 对于合宪性解释，存在两种理解。一种是指对普通法律作合乎宪法的解释，以保证宪法和法律之间的一致性。另一种是指对普通法律的解释必须符合或者不抵触宪法的原则和精神，一旦抵触就无效。

2. 扩大解释是指法律条文的字面含义显然比立法原意为窄时，作出比字面含义为广的解释。缩小解释是指法律条文的字面含义显然比立法原意更宽时，作出比字面含义为窄的解释。可见，缩小解释或扩大解释都是针对法律条文的字面含义而言的。倘若缩小法律概念的字面含义的范围，使其限定于或接近于法律概念的核心意义或中心地带，即称为限制解释或缩小解释。倘若扩大法律概念字面的含义范围，使其扩及法律概念意义范围的边缘地带，则称为扩大解释或扩张解释。

四、法律解释方法的位阶

1. 文义解释和立法者目的解释使解释者严格受制于制定法，保证法的确定性和可预测性；历史解释和比较解释容许解释者参酌历史的经验和国外的经验；体系解释有助于某国法秩序避免矛盾，保障法律适用的一致性；客观目的解释使法律决定与特定社会的伦理与道德要求一致，保证其正当性；

注意▶各种解释方法分别指出了在法律解释中需要考虑的不同因素，这些因素的重要性的不同认定会导致解释结论的不同，最终导致法律适用的不确定性，故而需确立解释方法的位阶关系。

2. 现今大部分法学家都认可的位阶关系：

文义（语义学）解释→体系解释→立法者目的解释→历史解释→比较解释→客观目的解释。

注意▶法律解释方法的顺序并非绝对的、固定的，而是初步的、相对的，即这种优先性关系是可以被推翻的。但是，法律人在推翻上述位阶所确定的各种方法之间的优先性关系时，必须要充分地予以论证，即只有存在更强的理由的情况下，法律人才可以推翻这些优先性关系。

五、当代中国的法律解释体制

（一）一元：解释宪法和法律的权力属于全国人大常委会

1. 解释法律的情形：

（1）法律的规定需要进一步明确具体含义的；

（2）法律制定后出现新情况，需要明确适用法律依据的。

2. 要求解释：（六个主体）：国务院、中央军事委员会、最高人民法院、最高人民检察院、全国人大各专门委员会和各省、自治区、直辖市的人民代表大会常务委员会。

3. 法律解释草案表决稿由常委会全体组成人员过半数通过，由常委会发布公告予以公布，该法律解释与法律具有同等效力。

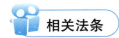

《立法法》

第四十五条　法律解释权属于全国人民代表大会常务委员会。

法律有以下情况之一的，由全国人民代表大会常务委员会解释：

（一）法律的规定需要进一步明确具体含义的；

（二）法律制定后出现新的情况，需要明确适用法律依据的。

第四十六条　国务院、中央军事委员会、最高人民法院、最高人民检察院和全国人民代表大会各专门委员会以及省、自治区、直辖市的人民代表大会常务委员会可以向全国人民代表大会常务委员会提出法律解释要求。

第四十七条　常务委员会工作机构研究拟订法律解释草案，由委员长会议决定列入常务委员会会议议程。

第四十八条　法律解释草案经常务委员会会议审议，由法律委员会根据常务委员会组成人员的审议意见进行审议、修改，提出法律解释草案表决稿。

第四十九条　法律解释草案表决稿由常务委员会全体组成人员的过半数通过，由常务委员会发布公告予以公布。

第五十条　全国人民代表大会常务委员会的法律解释同法律具有同等效力。

（二）多级：除全国人大常委会的法律解释外，还存在着其他类型的法定法律解释

1. 司法解释：

（1）凡属于法院审判工作中具体应用法律法令的问题，由最高院解释。

（2）凡属于检察院检察工作中具体应用法律法令的问题，由最高检解释。

注意▶

1. 最高法、最高检作出的属于审判、检察工作中具体应用法律的解释，应当自公布之日起三十日内报全国人民代表大会常务委员会备案。

2. 如果两高解释有原则性分歧，报请全国人大常委会解释或决定。

3. 如果专门委员会认为司法解释抵触法律，而两高又不予修改或废止，有两种办法：①提出要求两高修改废止的议案；②提出由全国人大常委会作出解释的议案。

2. 不属于审判和检察工作中的其他应用法律的问题，由国务院及主管部门进行解释。

3. 凡属于地方性法规条文本身需要进一步明确界限或作补充规定的，由制定法规的省级人大常委会进行解释或作出规定；凡属于地方性法规如何具体应用的问题，由省级政府主管部门进行解释。

第三章

法与社会

第一节 法与社会的一般理论

一、法与社会的一般关系

法之理在法外。认识法律，必先认识社会；掌握了社会的存在机理，才能了解法律的结构及其运行的规律。

（一）法以社会为基础

1. 法是社会的产物。社会性质决定法律性质，社会物质生活条件最终决定着法律的本质。

2. 新的法律不可能产生于旧的社会基础之上，旧的法律也不可能长期在新的社会基础上生存和延续。

3. 国家以社会为基础，国家权力以社会力量为基础。国家法以社会法为基础，"纸上的法"以"活法"为基础。

总之，法律的性质与功能决定于社会，而且法律变迁与社会发展的进程基本一致。

名言：马克思："社会不是以法律为基础，那是法学家的幻想。相反，法律应该以社会为基础。法律应该是社会共同的，由一定的物质生产方式所产生的利益需要的表现，而不是单个人的恣意横行。"

（二）法对社会的调整

1. 法通过调和社会各种冲突的利益，确立和维护社会秩序。在法律、道德和宗教三大社会调整手段中，自16世纪成为首要工具。

2. 通过法律对社会机体的疾病进行治疗。

3. 为了有效地通过法律控制社会，还必须使法律与其他的资源分配系统（宗教、道德、政策等）进行配合。

二、法与和谐社会

（一）和谐是"和而不同"，是在差异性的基础上的结合、统一、共存。和谐社会是理性、人本、人与社会、人与自然关系协调、和谐发展的社会。

注意 ▶ 坚持四位一体：经济建设、政治建设、文化建设和社会建设。

（二）社会主义和谐社会的特征：（1）民主法治；（2）公平正义；（3）充满活力；（4）诚信友爱；（5）安定有序；（6）人与自然和谐相处。

（三）法治建设与和谐社会构建具有内在的高度统一性，因此构建和谐社会：

1. 必须建立理性的法律制度：在以人为本的科学发展观的指导下。

2. 必须确立实质法治：实质法治是指整个社会、一切人都服从和遵守体现社会正义的理性法律的统治。

注意 ▶ 理性、社会正义和法律统治三者的有机联系，构成新世纪新阶段科学的法治精神内涵。

3. 必须创新法律对社会的调整机制。

第二节 法与经济

一、法作为上层建筑的一部分，是由经济基础决定的

1. 法的起源、本质、作用和发展变化，都要受到社会经济基础的制约。但是，不能因此就认为法律不受其他因素的影响，或与其他社会现象无关。

2. 法在任何时候都不得不服从经济条件，并且从来不能向经济条件发号施令，它只是表明和记载经济关系的要求而已。

二、法对于经济基础具有能动的反作用，并且通过生产关系反作用于生产力

1. 确认经济关系；

2. 规范经济行为；

3. 维护经济秩序；

4. 服务经济活动。

第三节 法与科学技术

一、科技进步对法的影响

1. 科技对立法的影响
（1）科技发展对一些传统法律领域提出了新问题，要求其发展要不断深化；
（2）科技法也日趋成为一个独立的法律部门。

2. 科技对司法的影响
司法过程的三个主要环节——事实认定、法律适用和法律推理，越来越深刻地受到了现代科学技术的影响。

3. 科技对法律思想的影响
（1）人们的法律意识常常受到科技发展的影响和启迪；
（2）科技促进了人们法律观念的更新，出现了一些新的法律思想、法学理论。

二、法对科技进步的作用

1. 法律管理科技活动，确立国家科技事业的地位以及国际科技竞争与合作的准则；
2. 法律促进科技经济一体化、科技成果商品化；
3. 法律抑制和预防科技活动所引发的各种社会问题。

第四节 法与政治

一、法与政治的一般关系

1. 政治对法的作用
（1）由于政治在上层建筑中居主导地位，因而总体上法的产生和实现往往与一定的政治活动相关，反映和服务于一定的政治。政治制度决定法律制度，有什么样的政治制度，就意味着必须实行与之相适应的法律制度；政治关系的发展变化在一定程度或意义上影响法的发展变化。

（2）法的相对独立性：法在形式、程序和技术上的特有属性，使法在反映一定的政治要求时必须同时满足法自身特有属性的要求。

注意 ▶ 并非每一具体的法律都有相应的政治内容，都反映某种政治要求。同时，法的相对独立性不只是对经济基础的，也表现在对上层建筑诸因素的关系中。

2. 法对政治的作用。

特别在近现代，法律在多大程度上离不开政治，政治也便在多大程度上离不开法。

（1）法与政治体制：政治体制指政治权力的结构形式和运行方式；在分权型权力结构中，权力的配置和行使皆须以法为依据。

（2）法与政治功能：政治的基本功能是把不同的利益交融和冲突集中上升为政治关系，对社会资源和社会价值进行权威性分配和整合。法这种分配以规范、程序和技术性形式固定下来，使之具有形式上共同认同的性质，并因此具有形式上的正统性。

（3）法与政治角色的行为：法对于国家机构、政治组织、利益集团等政治角色行为和活动进行程序性和规范性控制。

（4）法与政治运行和发展：政治运行的规范化、政治生活的民主化和政治体系的完善化都需要法的介入。

二、法与政策

法与政策在内容和实质方面存在联系，包括阶级本质、经济基础、指导思想、基本原则和社会目标等根本方面具有共同性，但二者在意志属性、规范形式、实施方式、调整范围、稳定性程序化程度等方面则具有明显差别。

项目	法	政党政策
意志属性	由特定国家机关依法定职权和程序制定或认可，体现国家意志，具有普遍约束力，向全社会公开。	领导机关依党章规定的权限和程序制定，体现全党的意志，实施范围限于党的组织和成员，允许有不对社会公开的内容存在。
规范形式	表现为规范性法律文件或国家认可的其他渊源形式，以规则为主，具有严格的逻辑结构，权利义务的规定具体、明确。	政党政策表现为决议、宣言、决定、声明、通知等，更多具有纲领性、原则性和方向性。
实施方式	实施与国家强制相关，且是有组织、专门化和程序化的实施机制。	以党的纪律保障实施，其实施与国家强制无关，除非它已转化为法律。
调整范围	倾向于只调整可能且必须以法定权利义务来界定的，具有交涉性和可诉性的社会关系和行为领域。	调整的社会关系和领域比法律为广，对党的组织和党的成员的要求也比法的要求为高。
稳定性、程序化程度	较高的稳定性，任何变动都需遵循严格、固定且专业性很强的修改程序。	可根据形势变化作出较为迅速的反应和调整，其程序性约束不如法律严格和专门化。

三、法与国家

（一）在最一般的意义上，法与国家权力构成相互依存、相互支撑的关系，法与国家权力也存在紧张或冲突关系。

1. 法表述和确认国家权力，以赋予国家权力合法性的形式强化和维护国家权力；

2. 国家义务的实现、个体权利的保护、社会整合以及法的创设和实施等都需要权力。

（二）法与国家权力也存在紧张或冲突关系。

1. 法是对权力的约束和限制。权力具有扩张性，存在凌驾于法乃至摆脱法的倾向。

2. 近现代法治的实质和精义在于控权，即对权力在形式和实质上的合法性的强调，包括权力制约权力、权利制约权力和法律的制约。法律的制约是一种权限、程序和责任的制约。

第五节 法与宗教

一、宗教对法的影响

（一）推动立法

部分宗教教义被法律吸收，成为立法的基本精神。

（二）影响司法程序

1. 在宗教作为国教与政教合一的地方，宗教法庭直接掌握部分司法权。

2. 在诉讼审判方式上，宗教宣誓有助于简化审判程序。

3. 宗教宣扬的公正、诚实、容忍、爱心等对司法也有影响。

4. 宗教容忍有助于减少诉讼。

（三）宗教信仰有助于提高人们守法的自觉性

宗教还可能给法律蒙上神秘的、超自然的面纱，增加法律的威慑力。

> 注意▶宗教对法律也有消极的影响。由于宗教信仰产生的激情，会导致过分的狂热，某些宗教甚至妨碍司法公正的实现。

二、法对宗教的影响

（一）在政教合一的国家里，影响是双向的：

1. 法律可以作为国教的工具和卫护者；

2. 法又可以作为异教的迫害力量。

（二）在近现代政教分离的国家里，法对各种宗教之争持中立态度，法保障宗教信仰自由。法在观念、体系、甚至概念、术语等方面，客观上都对宗教产生了重大影响，权利观念被引入宗教法规；宗教法典不断地系统化、规范化。

（三）现代法律对宗教的影响，主要表现为法对本国宗教政策的规定，核心的问题就是宗教信仰自由的法律化问题。

> 注意▶
>
> 1. 宗教自由问题最早出现在宪法性文件上，是1776年美国弗吉尼亚州的权利宣言。
>
> 2. 宗教信仰自由已经成为当今世界各国宗教政策的主流。

（四）中国现行的宗教政策

1. 全面正确地贯彻宗教信仰自由政策；
2. 依法加强宗教事务的管理；
3. 积极引导宗教与社会主义建设事业相结合。

当然，我国法律在规定宗教信仰自由、保障公民宗教信仰自由权利的同时，又强调宗教活动的合法性。

第六节 法与人权

一、人权的概念

所谓人权，是指每个人作为人应该享有或者享有的权利。

1. 人权既可以作为道德权利而存在也可以作为法律权利而存在。但在根本上，是一种道德权利；
2. 为了保障人权的实现，必须被法律化，但是，实际上并不是所有的人权都被法律化了；
3. 人权在本原上具有历史性；

人权存在和发展的内因是人的自然属性，外因是社会的经济、文化状况。人权不是天赋的，也不是理性的产物，而是历史产生的，最终是由一定的物质生活条件所决定的。它的具体内容和范围总是随着历史发展、社会进步而不断丰富和扩展的。正由于此，不同时代对人权的取舍、理解和使用都会有差异。

> 注意 ▶ "权利永远不能超出社会的经济结构以及由经济结构所制约的文化发展。"

二、法与人权的一般关系

1. 人权可以作为判断法律善恶的标准。

（1）人权指出了立法和执法所应坚持的最低的人道主义标准和要求；

（2）人权可以诊断现实社会生活中法律侵权的症结，从而提出相应的法律救济的标准和途径；

（3）人权有利于实现法律的有效性，促进法律的自我完善。

2. 法是人权的体现和保障。

（1）法对人权的保障具有的优势：首先，其设定了人权保护的一般标准，从而避免了其他保护（如政策）手段的随机性和相互冲突的现象；其次，人权的法律保护以国家强制力为后盾，因而具有国家强制性、权威性和普遍有效性。

（2）人权往往通过法律权利的形式具体化。

注意 ▶ 并非人权的所有内容都由法律规定,都成为公民权,但法律权利无疑是人权的首要的和基本的内容,可以说大部分人权都反映在法律权利上。至于哪些人权能转化为法律权利,得到法的保护,取决于以下因素:一是一国经济和文化的法制状况;二是某个国家的民族传统和基本国情。

第三编 法制史

第一章

法的演进

第一节 法的起源

一、法的产生

马克思主义认为,法不是从来就有的,也不是永恒存在的,而是人类社会发展到一定历史阶段才出现的社会现象;法是随着生产力的发展、社会经济的发展、私有制和阶级的产生、国家出现而产生的,经历了一个长期的渐进的过程。

(一) 法产生的主要标志

1. 特殊公共权力系统即国家的产生;
2. 权利和义务观念的形成:原始社会依习惯行事,无所谓权利和义务;现在,社会成员之间却形成了权利和义务观念,出现了权利和义务的分离,产生了私有观念。
3. 法律诉讼和司法的出现:标志着公力救济代替了私力救济,文明的诉讼程序取代了野蛮的暴力复仇。

(二) 法与原始社会规范的主要区别

1. 产生的方式:法由国家制定或认可;后者是在长期共同生产生活过程中自发形成的。
2. 反映的利益意志:法反映统治阶级的利益和意志;后者是社会全体成员的利益和意志。
3. 保证实施的力量:法以国家强制力保证实施;后者依靠社会舆论、传统和氏族部落领袖的威信保证实施。

4. 适用范围：法适用于国家主权所及的地域内的所有居民；后者只适用于同血缘的本氏族部落成员。

二、法产生的一般规律

1. 经历了从个别调整到规范性调整、一般规范性调整到法的调整的发展过程；

术语说明 ▶▶ 个别调整，即针对具体人、具体行为所进行的只适用一次的调整；规范性调整，即统一的、反复适用的调整。

2. 经历了从习惯到习惯法、再由习惯法到制定法的发展过程。

注意 ▶ 最早的制定法，主要是习惯法的整理和记载，还有个别立法文件和最主要的判决的记载。

3. 经历了法与宗教规范、道德规范的浑然一体到法与宗教规范、道德规范的分化、法的相对独立的发展过程。

第二节　法的发展

一、法的历史类型

（一）法的历史类型是按照法所据以产生和赖以存在的经济基础的性质和体现的阶级意志的不同，对人类社会的法所作的分类。凡是建立在相同经济基础之上、反映相同阶级意志的法，就属于同一历史类型。

（二）法发展的一般规律：马克思主义法学认为，与人类进入阶级社会后的社会形态划分相一致，人类社会存在四种历史类型的法，即奴隶制法、封建制法、资本主义法和社会主义法。

注意 ▶ 在人类社会发展过程中，并非每一个国家、民族的法都一定经过这四种历史类型。

1. 奴隶制法是人类历史上最早出现的法律，也是私有制类型最早的法律。

2. 封建制法是经奴隶制法之后出现的又一种私有制类型的法律。

3. 资本主义法

（1）在封建社会中后期，逐步出现了带有资本主义因素的法，主要有：商法的兴起（最为典型的是海商法）；罗马法复兴；资本原始积累的法律的出现；宪法性法律的开始制定。

（2）资本主义法的基本特点：

①维护以剥削雇佣劳动为基础的资本主义私有制，确立了"私有财产神圣不可侵犯"、"契约自由"、"过错责任"等原则；

②维护资产阶级专政和代议制政府，规定资产阶级民主制、政党制、代议制等法律制度；

③维护资产阶级自由、平等和人权，确立法律面前人人平等原则，保障资产阶级法治。

（3）资本主义法的发展主要表现为从自由竞争时期到垄断时期的变化。垄断资本主义时期法的发展表现为：

①法律基本原则的变化，私有制财产神圣不可侵犯原则、契约自由原则等有不少限制的内容；

②法与政府、社会的关系上，政府不仅仅只是"看守人"、"守夜人"，国家、政府通过法律来干预经济；同时，出现了法的社会化趋向；

③法的运行方面的变化，如委托立法、授权立法的出现，行政机关权力日益扩大；准法院组织的出现；

④两大法系逐步靠拢，国际立法增多，出现了像欧盟法律那样的超国家组织的法律。

4. 社会主义法：是以工人阶级为领导的广大人民共同意志和根本利益的体现，是维护社会秩序、推动社会进步的工具。

二、法的继承

（一）法的继承是不同历史类型的法律制度之间的延续和继受，一般表现为旧法对新法的影响和新法对旧法的承接和继受。

注意▶ 法的阶级性并不排斥法的继承性，社会主义法可以而且必然要借鉴资本主义法和其他类型的法。

（二）法的继承的根据和理由：

1. 社会生活条件的历史延续性决定了法的继承性；

2. 法的相对独立性决定了法的发展过程的延续性和继承性；

3. 法作为人类文明成果决定了法的继承的必要性：在法的历史发展过程中，各个不同的法所形成的法律形式、术语、概念、典籍、著作等成为人类共同的文化成果，并作为文化遗产一代一代相传下来；

4. 法的发展的历史事实验证了法的继承性，如法国资产阶级以奴隶制时代的罗马法为基础制定的《法国民法典》。

三、法的移植

（一）法的移植是指在鉴别、认同、调适、整合的基础上，引进、吸收、采纳、摄取、同化外国法，使之成为本国法律体系的有机组成部分，为本国所用。

注意▶

1. 法的继承体现时间上的先后关系，法的移植则反映一个国家对同时代其他国家法律制度的吸收和借鉴。

2. 法的移植的范围除了外国的法律外，还包括国际法律和惯例。

（二）法的移植的必然性和必要性：

1. 社会发展和法的发展的不平衡性；

2. 市场经济的客观规律和根本特征；

3. 法的移植是法治现代化和社会现代化的必然需要；

4. 法的移植是对外开放的应有内容。

（三）法的移植的类型：

1. 同等发展水平的国家间相互学习；

2. 落后学先进；

3. 区域性法律统一运动；

4. 世界性法律统一运动或法律全球化。

（四）法的移植的注意事项：

1. 避免不加选择地盲目移植；

2. 要选择优秀的、适合本国国情和需要的法律进行移植；

3. 要注意国外法与本国法之间的同构性和兼容性：法的移植以供体和受体之间存在着共同性，即受同一规律的支配，互不排斥，可互相吸纳为前提；

4. 注意法律体系的系统性；

5. 要有适当的超前性。

第三节 法的传统

一、法的传统的概念

法的传统是指世代相传、辗转相承的有关法的观念、制度的总和。

▶注意▶

1. 从总体上看，法律文化研究的主要成果之一就是揭示法与传统的错综复杂的关系。

2. 传统之于法，就不仅具有经验意义上的历史价值，而且也可能构成现实法律制度的组成部分。

二、中国古代法的传统

以道德理想主义为基础，基本特征便是强调宗法等级名分。具体表现为：

1. 秩序的规范基础：礼法结合、以礼为主；

2. 秩序价值基础：等级有序、家族本位；

3. 规范的适用：恭行天理、执法原情；

4. 法律体系的内部结构：民刑不分、重刑轻民；

5. 秩序的形成方式：无讼是求。

三、现代中国法律文化的渊源

1. 马克思主义的法思想和社会主义各国法制建设的经验；

2. 西方法律制度和法律思想；

3. 中国古代法的传统。

四、法律意识

法律意识是指人们对于法律现象的思想、观念、知识和心理的总称。

1. 法律意识可以使一个国家的法律传统得以延续。一个国家的法律制度可以经常随着国家制度和政权结构的变化而变化，但是人们的法律意识却相对比较稳定，具有一定的连续性。

2. 法律意识相对独立于法律制度：可能先于法律制度而存在，也可能滞后于法律制度的发展。

3. 法律意识本身在结构上可以分为两个层次：

（1）法律心理：表面直观的感性认识和情绪，是法律意识的初级形式和阶段。

（2）法律思想体系：法律意识的高级阶段，以理性化、知识化、体系化为特征；是人们对法律现象进行理性认识的产物，也是人们对法律现象的自觉的反映形式。

第二章

中国古代法制史

第一节 西周至秦汉、魏晋时期的法制

一、西周时期

（一）西周的"以德配天，明德慎罚"思想

1. "天"仍是夏商以来神权政治学说中一直尊奉的"上天"，但周初统治者认为，"上天"只把统治人间的"天命"交给那些有"德"者；一旦统治者"失德"，也就会失去上天的庇护，新的有德者即可以取而代之。因此，作为君临天下的统治者应该"以德配天"，即能够使自己的德行符合上天的要求。"德"的要求主要包括三个基本方面：敬天、敬祖、保民。也就是要求统治者恭行天命，尊崇天帝与祖宗的教诲，爱护天下的百姓，做有德有道之君。

2. 在"以德配天"基本政治观之下，具体提出了"明德慎罚"的法律主张，要求统治者首先要用"德教"即道德教化的办法来治理国家，在适用法律、实施刑罚时应该宽缓、谨慎，而不应一味用严刑峻法来迫使臣民服从。"明德慎罚"的具体要求可以归纳为"实施德教，用刑宽缓"。其中"实施德教"是前提，是第一位的，其具体内容，逐渐归纳成内容广博的"礼治"，即要求君臣上下父子兄弟都按既有的"礼"的秩序去生活，从而达到一种和谐安定的境界。

3. "以德配天，明德慎罚"的主张代表了西周初期统治者的基本政治观和治国方针。这种主张的提出，解决了武王伐纣的正当性问题，也为西周社会的发展确定了基本的方向。在这种观念指导下，形成了西周时期各种具体法律制度以"礼"、"刑"结合为结构的宏观法制特色，被后世奉为政治法律制度理想的原则与标本。汉代中期以后，这一思想被儒家发挥成"德主刑辅，礼刑并用"的基本策略，从而为以"礼律结合"为特征的中国传统法制奠定了理论基础。

（二）出礼入刑的礼刑关系

1. 礼的内容与性质

（1）礼是中国古代社会长期存在的、维护血缘宗法关系和宗法等级制度的一系列精神原则以及言行规范的总称，是对社会生活起着调整作用的习惯法，其起源于原始社会祭祀鬼神时所举行的仪式。

> **概念说明**：所谓"宗法制"，是指以血缘关系为纽带的社会关系结构。

（2）古代的礼的两层含义

①抽象的精神原则	"亲亲"	在家族范围内，按自己身份行事，"亲亲父为首"，以父家长为中心。
	"尊尊"	在社会范围内，尊敬一切应该尊敬的人，"尊尊君为首"，一切臣民都应以君主为中心。
②具体的礼仪形式	"五礼"	• 吉（祭祀之礼） • 凶（丧葬之礼） • 军（行兵仗之礼） • 宾（迎宾待客之礼） • 嘉（冠婚之礼）

（3）西周时期的礼已具备法的性质。首先，其完全具有法的三个基本特性，即规范性、国家意志性和强制性。其次，对社会生活各个方面都有着实际的调整作用。

2. "礼"与"刑"的关系

（1）"出礼入刑"。"礼"正面、积极规范人们的言行，而"刑"则对一切违背礼的行为进行处罚。其关系正如《汉书·陈宠传》所说的"礼之所去，刑之所取，失礼则入刑，相为表里"，两者共同构成西周法律的完整体系。质言之，如有人超出礼节规定和有悖于道义的行为，就会受到刑罚的制裁。

> **注意**▶先秦时期的五刑通常指：墨、劓、剕（刖）、宫、大辟五种残人肢体的肉刑。

（2）礼不下庶人，刑不上大夫。前者强调礼有等级差别，禁止任何越礼的行为；后者强调贵族官僚在适用刑罚上的特权，公开维护平民百姓与贵族官僚之间的不平等，强调官僚贵族的法律特权。

（三）契约法

1. 买卖契约：称为"质剂"	质：买卖奴隶、牛马所使用的较长的契券	契约写在简牍上，一分为二，双方各执一份；都由官府制作，并由"质人"专门管理。
	剂：买卖兵器、珍异之物所使用的较短的契券	

2. 借贷契约：称为"傅别"	傅：是把债的标的和双方权利义务等写在契券上；
	别：在简札中间写字，然后一分为二，双方各执一半，札上的字为半文。

（四）婚姻继承制度

1. 婚姻缔结三大原则

（1）一夫一妻	男子可以有妾（媵嫁制度）有婢，但妻只能有一个，这是婚姻制度的基本要求。正妻所生子女为嫡系，其他皆为庶出。
（2）同姓不婚	①男女同姓，其生不蕃
	②附远厚别：通过联姻加强与异姓贵族的联系，巩固家族与宗法制度。
（3）父母之命	没有"父母之命，媒妁之言"则不合法，称为"淫奔"。

2. "六礼"：婚姻成立的必要条件

（1）纳采	男家请媒人向女方提亲；
（2）问名	女方答应议婚后男家请媒人问女子名字、生辰等，并卜于祖庙以定凶吉；
（3）纳吉	卜得吉兆后即与女家订婚；
（4）纳征	男方送聘礼至女家，故又称纳币；
（5）请期	男方携礼至女家商定婚期；
（6）亲迎	婚期之日男方迎女子至家。婚礼始告完成，婚姻最终成立。

3. 婚姻关系的解除

（1）七出（七去）	不顺父母、无子、淫、妒、恶疾、多言、盗窃；
（2）三不去	有所娶而无所归、与更三年丧、前贫贱后富贵。

4. 嫡长子继承制

立嫡以长不以贤，立子以贵不以长	①王位的继承人必须是妻所生长子，不论贤愚；
	②如妻无子，则不得不立贵妾之子，不论长幼；
	③主要是政治身份的继承，土地、财产的继承是其次。

（五）司法机关

中央	周天子	最高裁判者；
	大司寇	负责实施法律法令，辅佐周王行使司法权；
	小司寇	辅佐大司寇审理具体案件；
	专门的司法属吏	
基层	士师、乡士、遂士等	负责处理具体司法事宜。

（六）西周的诉讼制度

狱讼	1. 民事案件称为"讼"	审理民事案件称为"听讼"；
	2. 刑事案件称为"狱"	审理刑事案件叫做"断狱"；
五听	判案时通过观察当事人的外在表现等，来判断其陈述真伪的五种方式，说明西周时已注意到犯罪心理问题并将其运用到审判实践中。	• 辞听：听当事人的陈述，理屈则言语错乱； • 色听：观察当事人的表情，如理亏就会面红耳赤； • 气听：听当事人陈述时的呼吸，如无理就会紧张得喘息； • 耳听：审查当事人听觉反应，如无理就会紧张得听不清话； • 目听：观察当事人的眼睛，无理就会失神。
三刺	一刺群臣 再刺官吏 三刺国人	凡遇重大疑难案件，应先交群臣讨论，群臣不能决断时，再交官吏们讨论，还不能决断的，交给所有国人商讨决定。"三刺"制度说明西周对司法判案的慎重，是"明德慎罚"思想在司法实践中的体现。

二、春秋、战国时期

（一）公布成文法的活动

春秋时期，郑国执政子产针对上古时期刑不预设、临事议制的法制传统，于公元前536年，"铸刑书于鼎，以为国之常法"，向社会公布，成为中国历史上第一次公布成文法的活动。此后，晋国赵鞅也于公元前513年"铸刑鼎"，公之于众，这是中国历史上第二次公布成文法的活动。

注意 ▶ 公布成文法的活动乃是新兴地主阶级的重大胜利，否定了"刑不可知、则威不可测"的传统，明确了法律公开原则。

（二）《法经》

《法经》是中国历史上第一部比较系统的成文法典。战国时期魏文侯的相李悝在总结春秋以来各国成文法的基础上制定的，在中国立法史上具有重要历史地位。

1. 法经的内容

（1）《盗法》	《盗法》是涉及公私财产受到侵犯的法律；《贼法》是有关危及政权稳定和人身安全的法律，李悝认为"王者之政，莫急于盗贼"，所以将此两篇列为法典之首。	
（2）《贼法》		
（3）《网法》	又称《囚法》，是关于囚禁和审判罪犯的规定；	网、捕二篇多属于诉讼法的范围。
（4）《捕法》	关于追捕盗贼及其他犯罪者的规定；	
（5）《杂法》	《杂法》是关于"盗贼"以外的其他犯罪与刑罚的规定，主要规定了六禁：淫、狡、城、嬉、徒、金禁。	
（6）《具法》	《具法》是关于定罪量刑中从轻从重法律原则的规定，起着"具其加减"的作用，相当于近代刑法典中的总则部分。	

2. 《法经》的基本特征

（1）维护封建专制政权，保护地主的私有财产和奴隶制残余，充分反映了新兴地主阶级的意志与利益；

（2）贯彻了法家"轻罪重刑"的理论。

3. 《法经》历史地位

（1）是战国时期政治变革的重要成果，是战国时期封建立法的典型代表和全面总结。	
（2）其体例和内容，为后世封建成文法典的进一步完善奠定了重要的基础。	①从体例上看，《法经》六篇为秦汉直接继承，成为秦汉律的主要篇目，魏晋以后在此基础上进一步发展，最终形成了以《名例》为统率，以各篇为分则的完善的法典体例。
	②在内容上，《法经》六篇的主要内容大都为后世封建法典继承与发展。

（三）商鞅变法

商鞅把自己的主张与秦国富国强兵的要求结合起来，在秦孝公的支持下，先后两次实施变法。

1. 主要内容	（1）改法为律，扩充法律内容：强调法律规范的普遍性，具有"范天下不一而归于一"的功能。
	（2）运用法律手段推行富国强兵措施，富国强兵是变法的终极目的：分户令、军爵律。
	（3）剥夺旧贵族的特权：①废除世卿世禄，按军功授爵：除国君的嫡系以外的宗室贵族，没有军功即取消爵禄和贵族身份；②取消分封制，实行郡县制，剥夺旧贵族对地方政权的垄断，强化中央对地方的全面控制。
	（4）全面贯彻法家"以法治国"和"明法重刑"的主张：①以法治国，要求全体臣民特别是官吏要学法、明法；百姓学习法律者，应以吏为师；②贯彻重刑原则，加大量刑幅度，轻罪重刑；③强调法律的严肃性，不赦不有，凡有罪者皆应受罚；④鼓励臣民相互告发奸谋，"告奸者与斩敌首同赏"；⑤广泛实行连坐制度，如邻伍连坐，以十家为什，五家为伍，什伍之间相互有告奸、举盗的责任，若什伍之中有作奸犯法者，相互负连带责任；此外，还实行军事连坐、职务连坐、家庭连坐等。
2. 历史意义	一次极为深刻的社会变革，秦国的法制得以迅速发展完善，秦国也在商鞅变法之后迅速强盛，最终统一六国，建立了历史上第一个中央集权的帝制王朝。

概念说明·分户令：在古代，家庭是服兵役、纳税的基本单位。为增加国家赋税、扩大兵源，商鞅颁布"分户令"，规定："一家有二男而不分家者，其赋税加倍"；"禁止父子兄弟同居"；奖励单婚家庭。

三、秦代法制

（一）罪名

秦代法律所规定的罪名极为繁多，且尚无系统分类，更未形成较为科学的罪名体系。

1. 危害皇权罪	谋反；泄露机密（皇帝行踪、住所、言语）；偶语诗书、以古非今；诽谤、妖言；诅咒、妄言；非所宜言；投书（投寄匿名信）；不行君令等。	
2. 侵犯财产和人身罪	侵犯财产方面的罪名主要是"盗"	盗窃列为重罪，按盗窃数额量刑；还有共盗、群盗之分： （1）共盗指五人以上共同盗窃； （2）群盗则是指聚众反抗统治秩序，属于危害皇权的重大政治犯罪。
	侵犯人身方面的罪名主要是贼杀、伤人	所谓贼，是指杀死、伤害他人，以及在未发生变故的正常情况下杀人、伤人； 此外，斗伤、斗杀于秦代亦属于侵犯人身罪。
3. 渎职罪	（1）官吏失职造成经济损失的犯罪；	
	（2）军职罪；	
	（3）有关司法官吏渎职的犯罪	①"见知不举"罪："有敢偶语诗、书者，弃市。以古非今者，族。吏见知不举者，与同罪。"
		②"不直"罪：罪应重而故意轻判，应轻而故意重判；
		③"纵囚"罪：应当论罪而故意不论罪，以及设法减轻案情，故意使案犯达不到定罪标准，从而判其无罪；
		④"失刑"罪：因过失而量刑不当。 注意▶若系故意，则构成"不直"罪。
4. 妨害社会管理秩序罪	（1）违令卖酒罪； （2）"逋事"与"乏徭"等逃避徭役罪； （3）逃避赋税罪。	
5. 破坏婚姻家庭秩序罪	（1）破坏婚姻关系：包括夫殴妻、夫通奸、妻私逃等。	
	（2）破坏家庭秩序：包括擅杀子、子不孝、子女控告父母、卑幼殴尊长、乱伦等。	

（二）刑罚

秦代的刑罚种类繁多，大致包括八大类：前五类相当于现代的主刑，后三类相当于现代的附加刑。但秦朝尚未形成完整的刑罚体系，且刑罚极为残酷，一切都呈现出过渡时期的特征。

1. 笞刑	以竹、木板责打犯人背部的轻刑，针对轻微犯罪而设，也有的是作为减刑后的刑罚。	
2. 徒刑	自由刑和劳役刑的结合	①城旦舂：男犯筑城，女犯舂米，实际从事的劳役并不限于此；
		②鬼薪、白粲：男犯为祠祀鬼神伐薪，女犯为祠祀择米，实际劳役不止于此；
		③隶臣妾：将罪犯及其家属罚为官奴婢，男为隶臣，女为隶妾，其刑轻于鬼薪白粲；
		④司寇：即伺寇，意为伺察寇盗，其刑轻于隶臣妾；
		⑤候：发往边地充当斥候，是秦代徒刑的最轻等级。
3. 流放刑	包括迁刑和谪刑，都是将犯人迁往边远地区的刑罚，其中谪刑适用于犯罪的官吏，但两者都比后世的流刑要轻。	

续表

4. 肉刑	即黥（或墨）、劓、刖（或斩趾）、宫四种残害肢体的刑罚，多与城旦舂等较重的徒刑结合使用。
5. 死刑	①弃市，即所谓杀之于市，与众弃之；②戮，即先对犯人使用痛苦难堪的羞辱刑，然后斩杀；③磔，即裂其肢体而杀之；④腰斩；⑤车裂；⑥枭首，即处死后悬其首级于木上；⑦族刑，通常称为夷三族或灭三族；⑧具五刑，即《汉书·刑法志》所说："当夷三族者，皆先黥、劓、斩左右趾，笞杀之，枭其首，菹其骨肉于市。其诽谤詈诅者，又先断舌，故谓之具五刑。"
6. 羞辱刑	秦时经常使用"髡"、"耐"等耻辱刑作为徒刑的附加刑，其中"髡"是指剃光犯人的头发和胡须；此外，死刑中的"戮"刑也含有羞辱之意。
7. 经济刑（赀赎刑）	对轻微罪适用的强制缴纳一定财物的刑罚主要是"赀"："赀"是独立刑种，包括三种：一是纯属罚金性质的"赀甲"、"赀盾"；二是"赀戍"即发往边地做戍卒；三是"赀徭"，即罚服劳役。 赎刑不是独立刑种，而是一种允许已被判刑的犯人用缴纳一定金钱或服一定劳役来赎免刑罚的办法。适用范围非常广泛。
8. 株连刑	主要是族刑和"收"：收，亦称收孥、籍家，就是在对犯人判处某种刑罚时，还同时将其妻子、儿女等家属没收为官奴婢。

（三）秦代刑罚适用原则

1. 刑事责任能力的规定	凡属未成年犯罪，不负刑事责任或减轻刑事处罚；以身高判定是否成年：以大约六尺五寸为标准。
2. 区分故意（端）与过失（不端）	故意诬告者，实行反坐；主观上没有故意的，按告不审从轻处理。
3. 盗窃按赃值定罪	对于侵犯财产的盗窃罪，依据不同数目分为三等赃值（110钱、220钱、660钱），分别定罪。
4. 共犯罪与集团犯罪加重处罚	在处罚侵犯财产罪上共犯罪较个体犯罪处罚从重，集团犯罪（5人以上）较一般犯罪处罚从重。
5. 累犯加重原则	本身已犯罪，再犯诬告他人罪，加重处罚。
6. 教唆犯罪加重处罚	教唆未成年人犯罪者加重处罚：教唆未满15岁的人抢劫杀人，虽分赃仅为十文钱，教唆者也要处以碎尸刑。
7. 自首减轻处罚的原则	凡携带所借公物外逃，主动自首者，不以盗窃论处，而以逃亡论处；若犯罪后能主动消除犯罪后果，可以减免处罚。
8. 诬告反坐原则	故意捏造事实与罪名诬告他人即构成诬告罪，诬告者实行反坐原则，即以被诬告人所受的处罚，反过来制裁诬告者。

（四）司法制度

1. 皇帝	最高审判权
2. 廷尉	中央司法机关的长官，审理全国案件
3. 御史大夫与监察御史	对全国进行法律监督

（五）秦代的诉讼制度

公室告	贼杀伤、盗他人等可以向官方提出控告，官府也应受理；
非公室告	"子盗父母，父母擅杀、刑、髡子及奴妾"，"子告父母，臣妾告主"等引起的诉讼，官府不受理。

四、汉代法制

（一）汉代文帝、景帝废肉刑

1. 背景：总结秦亡教训；汉文帝时鉴于当时继续沿用黥、劓、斩左右趾等肉刑，不利于政权的稳固，开始考虑改革肉刑。

2. 导火线：缇萦救父

【原文】 汉文帝四年中，人上书言意受赂，以刑罪传西之长安。意有五女，随而泣。意怒，骂曰："生子不生男，缓急无可使者。"于是少女缇萦伤父之言，乃随父西之长安。上书曰："妾父为吏，齐中称其廉平，今坐法当刑。妾切痛死者不可复身，而刑者不可复续，虽欲改过自新，其道莫由，终不可得。妾愿入身为官婢，以赎父刑罪。"书闻，上悲其意。此岁亦除肉刑法。

3. 刑制改革的内容

汉文帝	（1）黥刑改为髡钳城旦舂（去发颈部系铁圈服苦役五年）； （2）劓刑改为笞三百； （3）斩左趾改为笞五百； （4）斩右趾改为弃市死刑。	评价：具有重要意义，但也有由轻改重的现象，因而班固称其为"外有轻刑之名，内实杀之"。
汉景帝	（1）笞三百改为笞二百； （2）笞五百改为笞三百； （3）颁布《箠令》，规定笞杖尺寸，以竹板制成，削平竹节，以及行刑不得换人等，使得刑制改革向前迈了一大步。	

注意 ▶ 崔浩《汉律序》："文帝废肉刑，而宫不易。"

（二）汉律的儒家化

1."上请"与"恤刑"	（1）上请：通过请示皇帝给有罪贵族官僚某些优待。东汉时"上请"适用面越来越宽，遂成为官僚贵族的一项普遍特权，从徒刑二年到死刑都可以适用。
	（2）恤刑：以"为政以仁"相标榜，贯彻儒家矜老恤幼的思想。年80岁以上的老人，8岁以下的幼童，以及怀孕未产的妇女、老师、侏儒等，在有罪监禁期间，给予不戴刑具的优待。老人、幼童及连坐妇女，除犯大逆不道诏书指明追捕的犯罪外，一律不再拘捕监禁。

续表

2. 亲亲得相首匿	（1）汉宣帝时期确立，主张亲属间首谋藏匿一般犯罪，可以不负刑事责任。 （2）对卑幼亲属首匿尊长亲属的犯罪行为，不追究刑事责任。尊长亲属首匿卑幼亲属，罪应处死的，可上请皇帝宽贷。 （3）来源于儒家"父为子隐，子为父隐，直在其中"的理论，一直影响后世封建立法。

（三）司法制度：汉承秦制

1. 廷尉	中央司法长官
2. 郡守	地方行政长官也是当地司法长官，负责全郡案件审理
3. 县令	兼理本县司法，负责全县审判工作
4. 乡里组织	设在基层，负责本地治安与调解工作

（四）法律监督制度

西汉	1. 御史大夫	负责法律监督
	2. 司隶校尉（武帝以后设立）	监督中央百官与京师地方司法官吏
	3. 刺史（武帝以后设立）	专司各地行政与法律监督之职
东汉	御史中丞	负责法律监督

（五）诉讼制度

1.《春秋》决狱

（1）《春秋》决狱乃是法律儒家化在司法领域的反映，特点是依据儒家经典《春秋》著作中提倡的精神原则审判案件，而不仅仅依据汉律审案。

（2）《春秋》决狱的内容

①强调审断时应重视行为人在案情中的主观动机，在着重考察动机的同时，还要依据事实，分别首犯、从犯和已遂、未遂。董仲舒在《春秋繁露》中的解说："春秋之听狱也，必本其事而原其志；志邪者不待成，首恶者罪特重，本直者其论轻。"

②实行"论心定罪"原则：如犯罪人主观动机符合儒家"忠"、"孝"精神，即使其行为构成社会危害，也可以减免刑事处罚；相反，犯罪人主观动机严重违背儒家倡导的精神，即使没有造成严重危害后果，也要认定犯罪给予严惩。

《盐铁：刑德》："春秋之治狱，论心定罪。志善而违于法者免，志恶而合于法者诛。"

经典事例：汉代上洛有盗墓者，虽救活墓主，但仍以其"意恶"，诏"论笞三百，不齿终身"。

（3）客观评价：对传统的司法和审判是一种积极的补充，但是，如果专以主观动机"心"、"志"的"善恶"判断有罪无罪或罪行轻重，在某种程度上为司法擅断提供了依据。

2. 秋冬行刑（针对死刑）

(1) 根据"天人感应"理论，规定春、夏不得执行死刑。

(2) 除谋反、大逆等"决不待时"者外，一般死刑犯须在秋天霜降以后、冬至以前执行。因为这时"天地始肃"，杀气已至，便可"申严百刑"，以示所谓"顺天行诛"。

(3) 对后世有着深远影响，唐律规定"立春后不决死刑"，明清律中的"秋审"制度亦溯源于此。

五、魏晋南北朝法制

（一）主要法典

1.《魏律》

鉴于汉代律令繁杂，魏明帝下诏改定刑制，作新律18篇，后人称为《魏律》或《曹魏律》。

(1) 将《法经》中的"具律"改为"刑名"置于律首。	
(2) "八议"入律	以《周礼》"八辟"为依据，正式规定"八议"制度，对特权人物犯罪实行减免处罚： 议亲；议故；议贤；议能；议功；议贵；议勤；议宾。
(3) 进一步调整法典的结构和内容，使中国传统法典在系统和科学上进了一大步。	

经典事案：东晋成帝时，庐陵太守羊聃性情粗暴，依仗景献皇后是他的祖姑，为非作歹。只要惹他不高兴，极小的事，他也会肆意刑死。因为怀疑郡人简良等为贼，"杀二百余人，诛及婴孩，所凭锁复百余"，"有司奏聃罪当死"。但因为其是皇亲国戚，属于八议的"议亲"之列，最终竟免于死刑。

2.《晋律》颁行与张杜注律

(1) 西晋泰始三年，晋武帝诏颁《晋律》，又称《泰始律》，对汉魏法律继续改革，精简法律条文，形成20篇602条的格局。

(2)《晋律》在刑名后增加法例律，丰富了刑法总则的内容。同时对刑法分则部分重新编排，向着"刑宽"、"禁简"的方向迈了一大步。

(3)《晋律》与《北齐律》中相继确立"准五服制罪"的制度。服制是中国封建社会以丧服为标志，区分亲属的范围和等级的制度。按服制依亲属远近关系分为五等：斩衰、齐衰、大功、小功、缌麻。服制不但确定继承与赡养等权利义务关系，同时也是亲属相犯时确定刑罚轻重的依据。如斩衰亲服制最高，尊长犯卑幼减免处罚，卑幼犯尊长加重处罚。缌麻亲服制最疏，尊长犯卑幼处罚相对从重，卑幼犯尊长处罚相对从轻。依五服制罪成为封建法律制度的重要内容，影响广泛，直到明清。

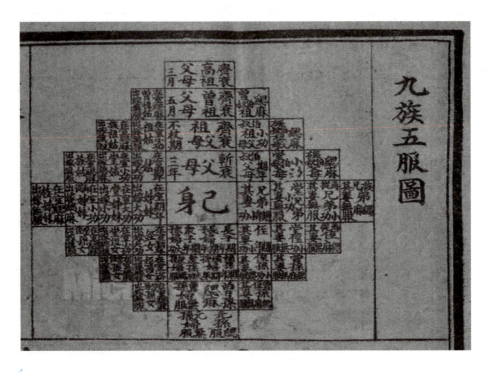

> **特别说明**：凡"服"所不及者，在礼制和律例上就不认为属于"直系血亲"。

				高祖　高祖母 齐衰三月				
			族曾祖姑 出家缌麻 出嫁无服	曾祖　曾祖母 齐衰五月	族曾祖父母 缌麻			
		族祖姑 在室缌麻 出嫁无服	从祖祖姑 在家小功 出嫁缌麻	祖父　祖母 齐衰不杖期	伯叔祖父母 小功	族伯叔祖父母 缌麻		
	族姑 在室缌麻 出嫁无服	堂姑 在室小功 出嫁缌麻	姑 在室期年 出嫁大功	父母 斩衰三年	伯叔父母 期年	堂伯叔父母 小功	族伯叔父母 缌麻	
族姊妹 在室缌麻 出嫁无服	再从姊妹 在室小功 出嫁缌麻	堂姊妹 在家大功 出嫁小功	姊妹 在室期年 出嫁大功	己身	兄弟期年 兄弟妇小功	堂兄弟小功 堂兄弟妇 缌麻	再从兄弟小功 再从兄弟妇 缌麻	族兄弟 缌麻 族兄弟妇无服
	再从侄女 在室小功 出嫁无服	堂侄女 在室小功 出嫁缌麻	侄女 在室期年 出嫁大功	众子期年 众子妇 大功	长子期年 长子妇 期年	侄期年 侄妇大功	堂侄小功 堂侄妇缌麻	再从侄缌麻 再从侄妇 无服
		堂侄孙女 在室缌麻 出嫁无服	侄孙女 在室小功 出嫁缌麻	众孙大功 众孙妇 缌麻	嫡孙期年 嫡孙妇 小功	侄孙小功 侄孙妇缌麻	堂侄孙缌麻 堂侄孙妇 无服	
			侄曾孙女 在室缌麻 出嫁无服	曾孙妇 无服	曾孙 缌麻	增侄孙缌麻 曾侄孙妇 无服		
				玄孙妇 无服	玄孙 缌麻			

同宗发族九族五服图

(4) 律学家张斐、杜预为之作注，总结了历代刑法理论与刑事立法经验，经晋武帝批准颁行，与《晋律》具有同等法律效力。故《晋律》及该注解亦称"张杜律"。

（5）法律监督制度

①御史台	主监察，权能极广，受命于皇帝，有权纠举一切不法案件
②治书侍御史	纠举审判官吏的不法行为

3.《北魏律》

（1）北魏统治者吸收汉晋立法成果，采诸家法典之长，经过综合比较，"取精用宏"，修成《北魏律》20篇，成当时著名的法典。

（2）"官当"是封建社会允许官吏以官职爵位折抵徒罪的特权制度。它正式出现在《北魏律》与《陈律》中，《北魏律·法例篇》规定每一爵级抵当徒罪2年。南朝《陈律》规定更细，凡以官抵折徒刑，同赎刑结合使用。如官吏犯罪应判4～5年徒刑，许当徒2年，其余年限服劳役。若判处3年徒刑，准许以官当徒2年，剩余1年可以赎罪。这表明当时封建特权法有进一步发展。

4.《北齐律》

（1）历经十余年，修成当时最有水准的法典《北齐律》，共12篇，其将刑名与法例律合为名例律一篇，充实了刑法总则；精炼了刑法分则，使其成为11篇，即禁卫、户婚、擅兴、违制、诈伪、斗讼、贼盗、捕断、毁损、厩牧、杂律。

（2）首次规定"重罪十条"，置于律首，作为严厉打击的对象，分别为：反逆（造反）；大逆（毁坏皇帝宗庙、山陵与宫殿）；叛（叛变）；降（投降）；恶逆（殴打谋杀尊亲属）；不道（凶残杀人）；不敬（盗用皇室器物及对皇帝不尊重）；不孝（不侍奉父母，不按礼制服丧）；不义（杀本府长官与授业老师）；内乱（亲属间的乱伦行为）。《北齐律》规定："其犯此十者，不在八议论赎之限。"

（3）《北齐律》在中国封建法律史上起着承先启后的作用，对封建后世的立法影响深远。

（4）北齐的司法制度

①正式设置大理寺，以大理寺卿、少卿为正副长官	增强中央司法机关的审判职能，为后世王朝健全这一机构奠定重要基础。
②进一步提高尚书台的地位，其中的"三公曹"与"二千石曹"执掌司法审判，同时掌囚帐	为隋唐时期刑部尚书执掌审判复核提供了前提。

（二）法律形式的变化

这一时期法律形式发生了较大的变化，形成了律、令、科、比、格、式相互为用的立法格局。

1. 科	起着补充与变通律、令的作用
2. 比	比附或类推,比照典型判例或相近律文处理法律无明文规定的同类案件
3. 格	与令相同,起着补充律的作用,均带有刑事法律的性质,不同于隋唐时期的格
4. 式	公文程式

(三) 法律内容的发展变化

这时期法律内容的发展变化主要受儒家思想影响而成,主要表现在礼法结合的进一步发展。在汉代中期以后的法律儒家化的基础上,更广泛、更直接地把儒家的伦理规范上升为法律规范,使礼、法更大程度上实现融合。

1. 八议入律;

2. 官当制度确立;

3. 重罪十条的产生;

4. 刑罚制度改革:

(1) 规定绞、斩等死刑制度	
(2) 规定流刑,作为死刑的一种宽贷措施	北周时规定流刑分五等,每等以500里为基数,同时还要施加鞭刑。
(3) 规定鞭刑与杖刑	北魏时期开始改革以往五刑制度,增加鞭刑与杖刑,后北齐、北周相继采用。
(4) 废除宫刑制度	北朝与南朝相继宣布废除,结束了使用宫刑的历史。

5. "准五服制罪"的确立

6. 死刑复奏制度:奏请皇帝批准执行死刑判决的制度。北魏太武帝时正式确立这一制度,为唐代的死刑三复奏打下了基础。

第二节 唐宋至明清时期的法制

一、唐律与中华法系

(一) 基本法典

1. 《武德律》

◆ 唐高祖李渊于武德四年命裴寂等以《开皇律》为准,撰定律令,于武德七年奏上

◆ 这是唐代首部法典。共12篇500条。

2. 《贞观律》

◆ 唐太宗于贞观元年命长孙无忌、房玄龄等人在《武德律》基础上，参照隋《开皇律》更加厘改，制定新的法典，至贞观十一年始告完成《贞观律》的修订，仍为12篇500条。

◆ 较大的修改：增设加役流，缩小连坐处死的范围，确定了五刑、十恶、八议以及类推等原则与制度。

◆ 基本上确定了唐律的主要内容和风格，对后来的《永徽律》及其他法典有很深的影响。

3. 《唐律疏议》——礼律统一的法典

（1）高宗永徽年间，长孙无忌等在《贞观律》基础上修订而成了《永徽律》。

（2）但鉴于当时中央、地方在审判中对法律条文理解不一，每年科举考试中明法科考试也无统一的权威标准的情况，唐高宗在永徽三年又下令召集律学通才和一些重要臣僚对《永徽律》进行逐条逐句的解释，继承了汉晋以来，特别是晋代张斐、杜预注释律文的已有成果，历时1年，撰《律疏》30卷，与《永徽律》合编，后经高宗批准，将疏议分附于律文之后颁行。计分12篇，共30卷，称为《永徽律疏》。因为疏文皆以"议曰"二字始，所以到元代之后，又被称为《唐律疏议》。

说明➡《唐律疏议》的12篇篇目分别是：名例律（适用刑罚的各种罪名和定罪量刑的通例，相对于近代刑法的总则）、卫禁（警卫宫殿和关津）、职制（官员的违法犯罪）、户婚（户口、婚姻和赋役）、厩库（牲畜管理、仓库管理和官物出纳）、擅兴（军队征调、指挥、出征；军需供给、兴造工程）、贼盗（强盗和窃盗等）、斗讼（斗殴、诉讼）、诈伪（欺诈、伪造）、杂律（其他犯罪活动，如和奸、强奸）、捕亡（追捕逃亡）、断狱（刑事审判）。

（3）由于疏议对全篇律文所做权威性的统一法律解释，给实际司法审判带来便利，以至于《旧唐书·刑法志》说当时的"断狱者，皆引疏分析之"。

（4）评价：《唐律疏议》总结了汉魏晋以来的经验，不仅对主要的法律原则和制度做了精确的解释与说明，而且尽可能引用儒家经典作为律文的理论根据，标志着中国古代立法达到了最高水平，全面体现了中国古代法律制度的水平、风格和基本特征，成为中华法系的代表性法典，对后世及周边国家产生了极为深远的影响；也成为中国历史上迄今保存下来的最完整、最早、最具有社会影响的古代成文法典。

（二）十恶

所谓"十恶"，是隋唐以后历代法律中规定的严重危害统治阶级根本利益的、常赦不原的十种最严重犯罪，渊源于北齐律的"重罪十条"。

1. 隋《开皇律》在"重罪十条"的基础上加以损益，确定了十恶制度。唐律承袭此制，将这些犯罪集中规定在名例律之首，并在分则各篇中对这些犯罪相应规定了最严厉的刑罚。

2. 凡犯十恶者，不适用八议、自首等规定，且为常赦所不原，此即俗语所谓"十恶不赦"的渊源。这些特别规定充分体现了唐律的本质和重点在于维护皇权、特权、传统的伦理纲常及伦理关系。

(1) 谋反：谋危社稷，即谋害皇帝、危害国家的行为；

(2) 谋大逆："谓谋毁宗庙、山陵及宫阙"，即图谋破坏国家宗庙、皇帝陵寝以及宫殿的行为；

(3) 谋叛："谓谋背国从伪"，即叛国投敌的行为；

(4) 恶逆："谓殴及谋杀祖父母、父母，杀伯叔父母、姑、兄姊、外祖父母、夫、夫之祖父母、父母"，即殴打或谋杀祖父母、父母等尊亲属的行为；

(5) 不道："谓杀一家非死罪三人，支解人，造畜蛊毒、厌魅"，即杀一家非死罪三人、肢解人以及用巫术害人的行为；

(6) 大不敬：盗窃皇帝祭祀物品或皇帝御用物、伪造或盗窃皇帝印玺、调配御药误违原方、御膳误犯食禁以及指斥皇帝、无人臣之礼等损害皇帝尊严的行为；

(7) 不孝：控告、咒骂祖父母、父母；未经祖父母、父母同意私立门户、分异财产；对祖父母、父母供养有缺；为父母尊长服丧不如礼等不孝行为；

(8) 不睦："谓谋杀缌麻以上亲，殴告夫及夫大功以上尊长、小功尊属"，即谋杀五服（缌麻）以内亲属，殴打或控告丈夫及大功以上尊长等行为；

(9) 不义："谓杀本属府主、刺史、县令、见受业师。吏、卒杀本部五品以上官长；及闻夫丧，匿不举哀，若作乐，释服从吉及改嫁"，即杀害本管上司、授业师及夫丧违礼的行为；

(10) 内乱："谓奸小功以上亲、父祖妾及与和者"，即强奸小功以上亲属或与其通奸等乱伦行为。

（三）唐代的六杀

1."谋杀"	预谋（准备）杀人；
2."故杀"	情急杀人时已有杀人的意念；
3."斗杀"	在斗殴中出于激愤失手将人杀死；
4."误杀"	由于种种原因错置了杀人对象；
5."过失杀"	出于过失杀人；
6."戏杀"	"以力共戏"而导致杀人；
依犯人主观意图区分为"六杀"理论的出现，反映了唐律对传统杀人罪理论的发展与完善。	

（四）六赃（六种非法获取公私财物的犯罪）

1."受财枉法"	官吏收受财物导致枉法裁判的行为，赃满15匹处绞。
2."受财不枉法"	指官吏收受财物但没有枉法裁判的行为，赃满30匹处加役流。"事后受财"即"诸有事先不许财，事过之后而受财者，事若枉，准枉法论；事不枉者，以受所监临财物论"。
3."受所监临"	指官吏利用职权非法收受所辖范围内百姓或下属财物的行为。
	官吏出差，不得在所到之处接受礼物、主动索取或强要财物。
	监临主守官盗取自己所监临财物或被监临人财物的，加重处罚。
	不得向被监临人借用财物、私自役使下属人员或利用职权经商谋利。
	还规定官吏应约束其家人不得接受被监临人的财物。

续表

4. "强盗"	以暴力获取公私财物的行为,处罚较普通盗窃更重。	
5. "窃盗"	以隐蔽的手段将公私财物据为己有的行为,区分是否得财。	
6. "坐赃"	官吏或常人非因职权之便非法收受财物的行为。官吏因事接受他人财物构成"坐赃";禁止监临主守官在辖区内役使百姓,借贷财物。	
★ 六赃的分类与诸多具体惩罚收受贿赂行为的规定,特别是对官员集体受贿行为的分别论处、对行贿人的处罚、对介绍行贿人的严惩等规范,至今仍不失其借鉴意义。这些规范和按赃值定罪的原则为后世立法所继承,在明清律典中均有《六赃图》的配附。		

(五)保辜制度

◆ 伤人罪的后果并非立即显露,要求加害方在一定期限内对被害方伤情变化负责的特别制度。

◆ "手足殴伤人限十日,以他物殴伤人者二十日,以刃及汤火伤人者三十日,折跌肢体及破骨者五十日。"在限定的时间内受伤者死去,伤人者承担杀人的刑责;限外死去或者限内以他故死亡者,伤人者只承担伤人的刑事责任。

◆ 唐代确定保辜期限,用以判明伤人者的刑事责任,尽管不够科学,但较之以往却是一个进步。

(六)五刑与刑罚原则

1. 唐律承用隋《开皇律》所确立的五刑,但具体规格稍有不同。

(1) 笞刑	最轻刑,分五等:由笞 10 到 50,每等加 10;
(2) 杖刑	分五等:由杖 60 到 100,每等加 10;
(3) 徒刑	分五等:由一年到三年,每等加半年;
(4) 流刑	分三等:由 2000 里到 3000 里,每等加 500,皆劳役一年;另外有加役流,流三千里,劳役三年,作为死刑的宽贷措施;
(5) 死刑	分斩、绞二等。

2. 区分公、私罪的原则

(1) 公罪指"缘公事致罪而无私曲者",即执行公务中,由于公务上的关系造成某些失误或差错,而不是为了追求私利的犯罪。		公罪从轻,私罪从重;适用官当时,也要区分公罪和私罪,犯公罪者可以多当 1 年徒刑。 目的在于保护各级官吏执行公务、行使职权的积极性,提高国家的统治效能;同时,防止某些官吏假公济私,以权谋私,保证法制的统一。
(2) 私罪包括两种	①一种是指"不缘公事私自犯者",即所犯之罪与公事无关,如盗窃、强奸等。	
	②另一种是指"虽缘公事,意涉阿曲",即利用职权,徇私枉法,虽因公事,也以私论处。	

3. 自首原则

(1) 严格区分自首与自新	自首:犯罪未被举发而能到官府交代罪行的。
	自新:犯罪被揭发或被官府查知逃亡后,再投案者。自新是被迫的,与自首性质不同。对自新采取减轻刑事处罚的原则。

续表

(2) 对于谋反等重罪或造成严重危害后果无法挽回的犯罪，**不适用自首**；凡"于人损伤，于物不可备偿"，"越渡关及奸，并私习天文者，并不在自首之列"，因为这些犯罪的后果已不能挽回。	
(3) 自首者可以免罪，但为防止犯罪行为人非法获财，还要求自首者必须按法律规定如数偿还赃物。	
(4)"自首不实"与"自首不尽"	A. 自首不彻底的叫"自首不实"。
	B. 对犯罪情节交代不彻底的叫"自首不尽"。
"自首不实及自首不尽者"，各依"不实不尽之罪罪之。至死者，听减一等"，至于如实交代的部分，不再追究。	
(5) 此外，唐律规定，轻罪已发，能首重罪，免其重罪；审问他罪而能自首余罪的，免其余罪。	
唐律全面系统地发展了传统刑法的自首原则，这些内容影响到后世。	

4. 类推原则

◆ "诸断罪而无正条，其应出罪者，则举重以明轻；其应入罪者，则举轻以明重。"
◆ 唐代类推原则的完善反映了当时立法技术的发达。

5. 化外人原则

"诸化外人，同类自相犯者，各依本俗法；异类相犯者，以法律论。"	(1) 具有相同国籍外国人间发生的诉讼，依其本国法处理（属人主义）。
	(2) 不同国籍的外国人之间或与中国人之间发生诉讼的，依唐律处理（属地主义）。

（七）唐律的特点与中华法系

1. 礼法合一	承袭和发展了以往礼法并用的统治方法，使得法律统治"一准乎礼"，真正实现了礼与法的统一。把封建伦理道德的精神力量与政权法律统治力量紧密糅合在一起，法的强制力加强了礼的束缚作用，礼的约束力增强了法的威慑力量，从而构筑了严密的统治法网。 ◆ 唐太宗："失礼之禁，著在刑书。"
2. 科条简要、宽简适中	以往秦汉法律，向以繁杂著称。西汉武帝以后，因一事立一法，导致律令杂乱。唐朝沿袭隋制，实行精简、宽平的原则，定律12篇502条，并为后世所继承。
3. 立法技术完善	在立法技术上表现出高超的水平，承袭前代成果，语言精确，结构严谨。
4. 中国传统法典的楷模与中华法系形成的标志	(1) 在中国法制史上具有继往开来、承前启后的重要地位。唐朝承袭秦汉立法成果，吸收汉晋律学成就，使唐律表现出高度的成熟性，对宋元明清产生了深刻影响。 (2) 唐律超越国界，对亚洲诸国产生了重大影响，在世界法制史上也占有重要地位，比如朝鲜《高丽律》、日本《大宝律令》、越南《刑书》。

（八）唐代司法机关

1. **唐袭隋制，皇帝以下设置大理寺、刑部、御史台三大司法机构。**

大理寺	以正卿和少卿为正副长官，行使中央司法审判权，审理中央百官与京师徒刑以上案件。
	凡属流徒案件的判决，须送刑部复核；死刑案件必须奏请皇帝批准。
	对刑部移送的死刑与疑难案件具有重审权。
刑部	以尚书、侍郎为正副长官，下设刑部、都官、比部和司门等四司。
	有权参与重大案件的审理，对中央、地方上报的案件具有复核权；有权受理在押犯申诉案件。
御史台	中央监察机构，以御史大夫和御史中丞为正副长官，下设台、殿、察三院。
	代表皇帝监督中央和地方各级官吏，是皇帝的耳目之司。
	有权监督大理寺、刑部的审判工作；同时参与疑难案件的审判；受理行政诉讼案件。
	下设机构 — 台院：御史台的基本组成部分，设侍御史若干人，执掌纠弹中央百官，参与大理寺的审判和审理皇帝交付的重大案件。由于侍御史在诸御史中的地位最高，职权最重，因此一般均由皇帝直接指派，或由宰相与御史大夫商定，由吏部选任。
	殿院：设殿中侍御史若干人，执掌纠察百官在宫殿中违反朝仪的失礼行为，并巡视京城及其他朝会、郊祀等，以维护皇帝的神圣尊严为其主要职责。
	察院：设监察御史若干人，执掌纠察州县地方官吏的违法行为。以"道"为监察区，全国共分为十道（后增为十五道）。每道设一名监察御史，称为巡按使，品级虽低，但权力极大，是皇帝监督地方的耳目。

2. 慎刑制度

（1）三司推事	重大案件	由刑部侍郎、御史中丞、大理寺卿组成临时最高法庭审理。
		有时地方发生重案，不便解往中央，则派大理寺评事、刑部员外郎、监察御史为"三司使"，前往审理。
（2）都堂集议制	重大死刑案件	皇帝下令"中书、门下四品以上及尚书九卿议之"，以示慎刑。

3. 地方司法机关

地方司法仍由行政长官兼理，但其在进行司法审判时，均设佐史协助处理。州一级设法曹参军或司法参军，县一级设司法佐、史等。县以下乡官、里正对犯罪案件具有纠举责任，对轻微犯罪与民事案件具有调解处理的权力，结果须呈报上级。

（九）唐代诉讼制度

1. 刑讯制度

（1）刑讯条件

①在拷讯之前，必须先审核口供的真实性；然后反复查验证据。
②证据确凿，仍狡辩否认的，经主审官与参审官共同决定，可以刑讯。
③未依法定程序拷讯的，承审官要负刑事责任。
④对那些人赃俱获，经拷讯仍拒不认罪的，也可"据状断之"，即根据证据定罪。

（2）刑讯方法

①必须使用符合标准规格的常行杖，以杖外他法拷打甚至造成罪囚死亡者，承审官要负刑事责任。
②拷囚不得超过三次，每次应间隔20天，总数不得超过200，杖罪以下不得超过所犯之数。
③若刑讯数满，仍不招供的，被拷者取保释放；应当反拷告状之人，以查明有无诬告等情形，同时规定了反拷的限制。

（3）禁止刑讯的情况

①具有特权身份的人，如应议、请、减之人。	"不合拷讯，皆据众证定罪"，即必须有3人以上证实其犯罪事实，才能定罪。
②老幼废疾之人：年70岁以上15岁以下、一肢废、腰脊折、痴哑、侏儒等。	

2. 回避制度

《唐六典》第一次以法典的形式，肯定了法官的回避制度："鞫狱，官与被鞫人有亲属仇嫌者，皆听更之"。

二、两宋的法律

（一）立法状况

1.《宋刑统》

（1）宋太祖建隆四年，在窦仪等人的奏请下，开始修订宋朝新的法典。完成后，太祖诏"付大理寺刻板摹印，颁行天下"，成为历史上第一部刊印颁行的法典，其全称《宋建隆重详定刑统》。	
（2）编纂体例可追溯至唐宣宗时颁行的《大中刑律统类》。	
（3）在具体编纂上，仍以传统的刑律为主，同时将有关敕、令、格、式和朝廷禁令、州县常科等条文，都分类编附于后，使其成为一部具有统括性和综合性的法典。	
（4）与《唐律疏议》相比的特点	◆ 篇目、内容大体相同。
	◆ 在12篇的502条中又分为213门，将性质相同或相近的律条及有关的敕、令、格、式、起请等条文作为一门。
	◆ 收录了五代时通行的部分敕、令、格、式，形成一种律令合编的法典结构。
	◆ 删去《唐律疏议》每篇前的历史渊源部分，因避讳对个别字也有改动，如将"大不敬"的"敬"字改为"恭"等。

2. 编敕

（1）敕在南北朝以后成为皇帝诏令的一种。宋代的敕是指皇帝对特定的人或事所做的命令，效力往往高于律，成为断案的依据。依宋代成法，皇帝的这种临时命令须经过中书省"制论"和门下省"封驳"，才被赋予通行全国的"敕"的法律效力。

续表

(3) 特点	①宋仁宗前基本是"敕律并行"，编敕一般依律的体例分类，但独立于《宋刑统》之外。
	②宋神宗时，敕的地位提高，达到以敕破律、代律的地步。
	③敕主要是关于犯罪与刑罚方面的规定。

(2) 编敕是将一个个单行的敕令整理成册，上升为一般法律形式的立法过程，是宋代一项重要和频繁的立法活动。神宗时还设有专门编敕的机构"编敕所"。从太祖时《建隆编敕》始，大凡新皇登极或改元，均要进行编敕。

📖 **经典表述**：宋神宗："律不足以周事情，凡律所不载者，一断以敕。"可见，在宋代刑事审判中，编敕的法律效力最高。

（二）宋代刑罚的变化

1. 折杖法

(1) 太祖建隆四年颁行"折杖法"：除死刑外，其他笞、杖、徒、流四刑均折换成臀杖和脊杖。
(2) 折杖法使"流罪得免远徙，徒罪得免役年，笞杖得减决数"，有助于缓和社会矛盾。
(3) 但对反逆、强盗等重罪不予适用，具体执行当中也存在流弊。

2. 配役

(1) 渊源于隋唐的流配刑，推行折杖法之后，原有的流刑实际上便称为配役。为补死刑和折杖后的诸刑刑差太大，遂增加配役刑的种类和一些附加刑，使配役刑成为一种非常复杂的刑名。
(2) 配役多为刺配：刺是刺字，即古代黥刑的复活；配指流刑的配役，刺配是对罪行严重的流刑罪犯的处罚。刺配源于后晋天福年间的刺面之法，宋初刺配并不常行，《宋刑统》也无此规定。
(3) 仁宗以后，刺配之刑滥用，渐成常制；对后世刑罚制度影响极坏，是刑罚制度上的倒退。

3. 凌迟

(1) 凌迟始于五代时的西辽，是一种碎而割之、使被刑者极端痛苦、慢慢致人死亡的一种酷刑。
(2) 仁宗时使用凌迟刑，神宗熙宁以后成为常刑。至南宋《庆元条法事类》中成为法定死刑的一种。

（三）契约

1. 债的发生上，强调双方的"合意"性，对强行签约违背当事人意愿的，要"重坤典宪"；同时维护家长的财产支配权。	
2. 三种买卖契约都须书面订立，取得官府承认，才合法有效。	(1) 绝卖为一般买卖。
	(2) 活卖为附条件的买卖，当所附条件完成，买卖才算最终成立。
	(3) 赊卖是采取类似商业信用或预付方式，而后收取出卖物的价金。
3. 租赁契约	(1) 对房宅的租赁称为"租"、"赁"或"借"。
	(2) 对人畜车马的租赁称为庸、雇。

续表

4. 租佃契约	（1）地主与佃农签订租佃土地契约中，必须明定纳租与纳税的条款。
	（2）地主同时要向国家缴纳田赋。
	（3）佃农过期不交地租，地主可向官府投诉，由官府代索。
5. 典卖契约	又称"活卖"，即通过让渡物的使用权收取部分利益而保留回赎权的一种交易方式。过期无力回赎，方成绝卖。
6. 借贷契约，宋袭唐制，区分借与贷。	（1）借指使用借贷，而贷则指消费借贷。
	（2）把不付息的使用借贷称为负债，把付息的消费借贷称为出举。
	（3）规定出举者不得超过规定实行高利贷盘剥。"（出举）不得迴利为本"

（四）婚姻法规

1. 结婚年龄："男年十五，女年十三以上，并听婚嫁。"违犯成婚年龄的，不准婚嫁。
2. 禁止五服以内亲属结婚，但对姑舅两姨兄弟姐妹结婚并不禁止。
3. 诸州县官人在任之日，不得共部下百姓交婚；但订婚在前，任官居后，及三辅内官门阀相当情愿者，并不在禁限。
4. 离婚方面，仍实行唐制"七出"与"三不去"制度，但也有少许变通。夫外出三年不归，六年不通问，准妻改嫁或离婚；但是"妻擅走者徒三年，因而改嫁者流三千里，妾各减一等"，如果夫亡，妻"不守志"者，"若改嫁，其现在的部曲、奴婢、田宅不得费用"，从而严格维护家族财产不得转移的固有传统。

（五）继承制度（比较灵活）

1. 除沿袭以往遗产兄弟均分制外，还允许在室女享受部分财产继承权；

2. 同时承认遗腹子与亲生子享有同样的继承权；

3. 南宋户绝财产继承：

（1）凡"夫亡而妻在"，立继从妻，称"立继"；

（2）凡"夫妻俱亡"，立继从其尊长亲属，称为"命继"；

（3）继子与绝户之女均享有继承权：

①只有在室女的，其享有 3/4 财产继承权，继子享有 1/4；

②只有出嫁女的，出嫁女 1/3，继子 1/3，官府 1/3。

（六）司法制度

宋沿唐制，在中央设置大理寺、刑部、御史台，分掌中央司法审判职权。

1. 刑部	（1）负责大理寺详断的全国死刑已决案件的复核及官员叙复、昭雪等事。
	（2）神宗后，分设左右曹，左曹负责死刑案件复核，右曹负责官吏犯罪案件的审核。其职能有所扩大，处理有关刑法、狱讼、奏谳、赦宥、叙复等事。
2. 地方司法机关	（1）仍实行司法与行政合一之制。
	（2）但从太宗时起加强地方司法监督，在州县之上，设立提点刑狱司，作为中央在地方各路的司法派出机构，定期巡视州县，监督审判，详录囚徒。凡地方官吏审判违法：轻者，可以立即处断；重者，上报皇帝裁决。

（七）诉讼制度

1. 翻异别勘制度	人犯否认口供称"翻异"；事关重大案情的，由另一法官或别一司法机关重审，称"别勘"。
2. 证据勘验制度	两宋注重证据，原被告均有举证责任。重视现场勘验，南宋地方司法机构制有专门的"检验格目"，并产生了《洗冤集录》等世界最早的法医学著作。

三、元代的四等人

元代法律的主要特点之一即是以法律维护民族间的不平等。举凡科举任官、定罪量刑上都优待蒙色，歧视汉南。元初，依据不同民族将民众的社会地位划分为四等：

1. 蒙古人：社会政治地位最优越；
2. 色目人（西夏、回回）；
3. 汉人；
4. 南人（原南宋地区的民众）：地位最低。

四、明代的法律

（一）明代立法

1.《大明律》

（1）明太祖编修颁行，共计7篇30卷460条。它改变传统刑律格局，更为名例、吏、户、礼、兵、刑、工七篇格局，用以适应其强化中央集权的需要；其律文简于唐律，精神严于宋律，成为终明之世通行不改的基本法典。

（2）从初创到定型，历时30多年，表明统治者对立法的积极和慎重态度。

2.《明大诰》

（1）为防止"法外遗奸"，太祖将其亲自审理的案例整理汇编，加上因案而发的"训导"，作为训诫臣民的特别法令颁行天下，具有与《大明律》相同的法律效力。		
（2）特点	①对律中原有的罪名，一般都加重处罚，集中体现了朱元璋"重典治世"的思想。	
	②滥用法外之刑：族诛、枭首、断手、斩趾等酷刑。	
	③重典治吏：大多数条文专为惩治贪官污吏而定，以强化统治效能。	
（3）是中国法制史上空前普及的法规，每户一册，也列入科举考试的内容。		
（4）太祖死后，大诰被束之高阁，不具法律效力。		

3. 《大明会典》

（1）英宗时开始编修，孝宗弘治十五年初步编成，但未及颁行。后经三朝重加校刊增补。
（2）基本仿照《唐六典》，以六部官制为纲，分述其职权和事例。仍属行政法典，起着调整国家行政法律关系的作用。

（二）明刑弼教的立法思想

1. "明刑弼教"，最早见于《尚书·大禹谟》："明于五刑，以弼五教"。"弼"乃辅佐之义。

2. 宋以前论及"明刑弼教"多将其附于"德主刑辅"之后，其着眼点是"大德小刑"和"先教后刑"。

3. 宋代以后，在处理德刑关系上有突破：朱熹提高了礼刑关系中刑的地位，认为礼法二者对治国同等重要，刑与德的关系不再是"德主刑辅"中的"从属"关系，德对刑不再有制约作用，而只是刑罚的目的，刑罚也不必拘泥于"先教后刑"的框框，而可以"先刑后教"。

4. 这一变通意味着中国传统法制指导原则沿着德主刑辅——礼法结合——明刑弼教的发展轨道，进入了一个新的阶段。德主刑辅本意是注重道德教化限制苛刑，所以往往同轻刑主张相联系。而经朱熹阐发、朱元璋身体力行的"明刑弼教"思想，则完全是借"弼教"之口实，为推行重典治国政策提供思想理论依据。

（三）刑法原则

从重从新与重其所重、轻其所轻的原则	刑罚从重从新	
	重其所重轻其所轻	对于贼盗及有关钱粮等事，明律较唐律处刑为重，不分情节，一律处以重刑，且扩大株连范围。
		为了突出"重其所重"的原则，对于"典礼及风俗教化"等一般性犯罪，处罚轻于唐律。

（四）罪名和刑罚

1. 奸党罪	明太祖洪武年间始创，用以惩办官吏结党危害皇权统治的犯罪。该罪无确定内容，实际是为皇帝任意杀戮功臣宿将提供合法依据。
2. 充军刑	在流刑外增加充军刑，强迫犯人到边远地区服苦役，并有本人终身充军与子孙永远充军的区分。

（五）明代的司法机关

改变了隋唐以降的大理寺、刑部、御史台体系，中央司法机构为刑部、大理寺、都察院，称"三法司"。对重大疑难案件由三法司共同会审，称为"三司会审"。

1. 刑部	增设十三清吏司，分掌各省刑民案件，加强对地方司法控制。
2. 大理寺	掌复核驳正，发现有"情词不明或失出入者"，驳回刑部改判，并再行复核。如此三改不当者，奏请皇帝裁决。

续表

3. 都察院	掌纠察，主要是纠察百司，会审及审理官吏犯罪案件，设十三道监察御史。	（1）复核或审理直隶、各省及京师职官犯罪案件；
		（2）复核或审理直隶、各省及京师斩绞监候案件；
		（3）奉旨监察御史巡按直隶、各省地方，对职官犯罪奏闻皇帝裁决，民人案件或亲审，或交两司审理，"大事奏裁，小事立断"。
4. 地方司法机关	（1）分为省、府（直隶州）、县三级。	
	（2）沿宋制，省设提刑按察司，掌刑名按劾之事，有权判处徒刑及以下案件，徒刑以上案件须报送中央刑部批准执行。	
	（3）府、县两级仍实行知府、知州、知县实行行政司法合一体制，越诉受重惩。	
	（4）在各州县及乡设立"申明亭"，张贴榜文，申明教化，由民间德高望重的耆老受理当地民间纠纷，加以调处解决，维护社会秩序。	

（六）管辖制度：军事审判程序的健全与管辖制度完善。

1. 明朝在交叉案件的管辖上，继承了唐律"以轻就重，以少就多，以后就先"的原则，同时又规定："若词讼原告、被论在两处州县者，听原告就被论官司告理归结"，反映出明朝实行被告原则，减少推诿的立法意图。		
2. 军民分诉分辖制	（1）凡军官、军人有犯，"与民不相干者"，一律"从本管军职衙门自行追问"。	
	（2）在外军民词讼有涉"叛逆机密重事"者，允许镇守总兵参将等守备等官受理。	
	（3）若军案与民相干者，由管军衙门与当地官府"一体约问"。	

（七）廷杖

◆ 由皇帝下令，司礼监监刑，锦衣卫施刑，在朝堂之上杖责大臣的制度。

◆ 朱元璋在位期间曾用，其后被广泛运用。明武宗正德初年，宦官刘瑾"始去衣"杖责大臣。嘉靖年间因群臣谏争"大礼案"，被杖责的大臣多达134人，死者竟有16人。

◆ 皇帝法外用刑，加深了统治集团内部矛盾，对法制实施造成恶劣影响。

（八）厂卫：特务司法机关

◆ 明代司法的一大特点，又是一大弊政。

◆ "厂"是直属皇帝的特务机关。"卫"是指皇帝亲军十二卫中的"锦衣卫"，下设镇抚司，由皇帝任命亲信"提督"厂卫，多由宦官充当。

◆ 太祖始令锦衣卫负责刑狱与缉察逮捕。锦衣卫下设南、北镇抚司，其北镇抚司"专理诏狱"，按旨行事，并设法庭监狱。太祖后期曾加禁止。

◆ 成祖时"恐外官徇情"，设宦官特务机构"东厂"，专司"缉访谋逆，大奸恶"，其权超过锦衣卫。

◆ 宪宗时又为了监督厂、卫而设"西厂"。

◆ 至武宗为监督东西厂，又设"内行厂"。

续表

◆ 到明后期，厂卫特务多达十余万，严重地干扰了司法工作。	奉旨行事，厂卫作出的裁决，三法司无权更改，有时还得执行。
	非法逮捕行刑，不受法律约束。

（九）明代的会审制度

会审制度是慎刑思想的反映，但却导致多方干预司法，以致皇帝家奴也插手司法，最终结果是司法更加冤滥，法律制度与实际执法日益脱节，加速了王朝整个政体的腐朽。

1. 九卿会审 又称"圆审"	由六部尚书及通政使司的通政使、都察院左都御使、大理寺卿九人会审。
	针对的案件：皇帝交付的案件或已判决但因囚犯仍翻供不服之案。
2. 朝审	每年霜降之后，三法司会同公侯、伯爵，在吏部尚书（或户部尚书）主持下会审重案囚犯。
	始于英宗天顺三年（公元1459年）。
	清代秋审、朝审皆渊源于此。
3. 大审	司礼监（宦官二十四衙之首）一员在堂居中而坐，尚书各官列居左右，从此"九卿抑于内官之下"，会同三法司在大理寺审囚徒。
	始于宪宗成化十七年（公元1481年）。
	每五年辄大审。

五、清代的法制（近代以前）

（一）清代的立法

1. 《大清律例》

（1）乾隆年间修订颁行。
（2）结构、形式、体例、篇目与《大明律》基本相同，共7篇。
（3）自乾隆五年颁律以后律文部分基本定型，极少修订，后世只是不断增修后面的"附例"。
（4）中国历史上最后一部传统成文法典，是中国传统法典的集大成者。
（5）制定时充分考虑了清代政治实践和政治特色，在具体制度上对前代法律有所改进。

2. 例

清代最重要的法律形式之一就是例。例是统称，可分为条例、则例、事例、成例等名目。例能够顺应形势发展需要"因时酌定"，是律典的补充。

（1）条例一般而言是专指刑事单行法规，由刑部或其他行政部门就一些相似的案例先提出一项立法建议，经皇帝批准后成为一项事例，指导类似案件的审理判决。然后，经"五年一小修，十年一大修"的条例纂修活动，由律例馆编入《大清律例》，附于某一律条之后，或单独编为某方面的刑事单行法规。

续表

（2）则例指某一行政部门或某项专门事务方面的单行法规汇编。它是针对政府各部门的职责、办事规程而制定的基本规则。"则例"作为清代重要法律形式之一，对于国家行政管理起着重要作用。
（3）事例指皇帝就某项事务发布的"上谕"或经皇帝批准的政府部门提出的建议。事例一般不自动具有永久的、普遍的效力，但可以作为处理该事务的指导原则。
（4）成例，也称"定例"，指经过整理编订的事例，是一项单行法规。成例是一种统称，包括条例及行政方面的单行法规。

3.《大清会典》

（1）清廷仿效《明会典》编定《清会典》，记述各朝主要国家机关的职掌、事例、活动规则与有关制度。
（2）计有康熙、雍正、乾隆、嘉庆、光绪五部会典，合称"五朝会典"，统称《大清会典》。
（3）《清会典》的编纂一直遵循"以典为纲，以则例为目"的原则，典、例分别编辑遂成固定体例。"会典"所载，一般为国家基本体制，少变动，一般在增修"则例"中完成具体变更。

（二）刑法原则及罪名、刑罚

1. 在刑法原则方面，延续了明代刑罚的"重其所重，轻其所轻"原则。

2. 罪名与刑罚

（1）扩大和加重对"十恶"中"谋反"、"谋大逆"等侵犯皇权的犯罪的惩罚：

①凡谋反大逆案中只要参与共谋，即不分首从一律凌迟处死；

②其父子、祖孙、兄弟及同居之人（不论同姓异姓）、伯叔父、兄弟之子（不限户籍之同异），年16岁以上者（不论笃疾、废疾）皆斩；

③15岁以下者及犯人之母女妻妾、姊妹及子之妻妾，"皆给付功臣之家为奴，财产入官"。

（2）"文字狱"

①清律中没有相关的直接条款；

②所有"文字狱"均按谋反大逆定罪，从而导致因文字获罪者罪名最重，多被处极刑并株连最广，以此镇压具有反对皇帝专制制度和反抗民族压迫的社会思潮。

（三）清代司法机关

清承明制，中央司法机构仍为刑部、大理寺、都察院，称"三法司"。对重大疑难案件由三法司共同会审，称为"三司会审"。

1. 刑部	（1）清朝中央的主审机关，为六部之一，执掌全国"法律刑名"事务，下设十七清吏司分掌京师和各省审判事务，还设有追捕逃人的督捕司、办理秋审的秋审处、专掌律例修订的修订法律馆。	
	（2）是清朝最重要的司法机构，在处理全国法律事务方面一直起主导作用。	审理中央百官犯罪；
		审核地方上报的重案（死刑应交大理寺复核）；
		审理发生在京师的笞杖刑以上案件；
		处理地方上诉案及秋审事宜；
		主持司法行政与律例修订事宜。

续表

2. 大理寺	主要职责是复核死刑案件，平反冤狱，同时参与秋审、热审等会审，如发现刑部定罪量刑有误，可提出封驳。	
3. 都察院	全国最高监察机关，负责督察百官风纪、纠弹不法，同时负有监督刑部、大理寺之责。如刑部、大理寺发生严重错误，可提出纠弹，亦可参与重大案件会审。	
4. 地方司法机关：分州县、府、省按察司、总督（及巡抚）四级。	（1）州或县为第一审级，有权决定笞杖刑，徒以上案件上报。	有关田土、户婚、斗殴诸般"细故"，均由州县自理；
		命盗重案，州县初审后，应将人犯并案卷一并解赴上级机关审理。
	（2）府为第二审级，负责复审州县上报的刑事案件，提出拟罪意见，上报省按察司。	
	（3）省按察司为第三审级，负责复审各地方上报之徒刑以上案件，并审理军流、死刑案的人犯，对于"审供无异"者，上报督抚，如发现有疑漏，则可驳回重审，或改发本省其他州县、府更审。	
	（4）总督（或巡抚）为第四审级，有权批复徒刑案件，复核军流案件，如无异议，定案并谘报刑部；对死刑案则须复审，并上报中央。	

（四）清代会审制度

在明代会审制度的基础上，清代进一步完善了重案会审制度，形成了秋审、朝审、热审等比较规范的会审体制，是慎刑思想的反映。

1. 秋审	最重要的死刑复审制度，因在每年秋天8月举行而得名。
	审理对象：全国上报的斩、绞监候案件。
	在天安门金水桥西由九卿、詹事、科道以及军机大臣、内阁大学士等重要官员会同审理。
	秋审被看成是"国家大典"，统治者较为重视，专门制定《秋审条款》。
2. 朝审	工作内容：刑部判决的重案以及京师附近斩、绞监候案件进行的复审。
	审判组织、方式与秋审大体相同，于每年霜降后十日举行。
3. 热审	于每年小满后十日至立秋前一日，对发生在京师的笞杖刑案件进行重审。
	由大理寺官员会同各道御史及刑部承办司共同进行，快速决放在监笞杖刑案犯。

4. 经过秋审或朝审之案件的处理

（1）情实：指罪情属实、罪名恰当者，奏请执行死刑；
（2）缓决：案情虽属实，但危害性不大者，可减为流三千里，或发烟瘴极边充军，或再押监候；
（3）可矜：案情属实，但有可矜或可疑之处，可免于死刑，一般减为徒、流刑罚；
（4）留养承嗣：案情属实、罪名恰当，但有亲老丁单情形，合乎申请留养条件者，按留养奏请皇帝裁决。

第三章

清末、民国时期的法制

第一节 法的现代化

法的现代化是指与现代化的需要相适应的、法的现代性因素不断增加的过程。法的现代化本身就是现代社会中人的一种生存方式和价值标准。

一、法的现代化的类型

根据法的现代化的动力来源，法的现代化过程大体上可以分为内发型法的现代化和外源型法的现代化。

（一）内发型法的现代化

1. 由特定社会自身力量产生的法的内部创新。
2. 一个自发的、自下而上的、缓慢的、渐进变革的过程。

（二）外源型法的现代化

1. 在外部环境影响下，社会受外力冲击，引起思想、政治、经济领域的变革，最终导致法律文化领域的革新。
2. 外来因素是最初的推动力，其特点在于：①被动性；②依附性（服务于政治、经济变革）；③反复性（传统的本土文化与现代的外来文化之间矛盾比较尖锐）。

注意▶对于外源型法的现代化国家来说，外来法律资源与本土法律传统文化的关系始终是法的现代化能否成功的一个关键。

二、当代中国法治现代化的历史进程与特点

1. 以收回领事裁判权为契机，清政府下诏，派沈家本、伍廷芳主持修律，中国法的现代化在制度层面上正式启动了。

2. 从起因看，明显属于外源型法的现代化，但有自身的特点：

（1）由被动接受到主动选择；

（2）由模仿民法法系到建立中国特色的社会主义法律制度。

注意▶ 我国总体上仍然倾向于民法法系，但吸收了普通法系的一些经验，如审判程序等。

（3）法的现代化的启动形式是立法主导型，法制建设具有浓厚的"工具"性和"功利"性。

注意▶ 这种法的现代化的启动方式，能够迅速实现变法的意图，但是由于法律的社会基础不稳定，以至于容易形成国家与社会之间的紧张关系，其作用就比较有限。

（4）法律制度变革在前，法律观念更新在后，思想领域斗争激烈。

第二节 清末改革

一、清末"预备立宪"

所谓"清末修律"，乃是指清朝统治者迫于压力，于20世纪初十年间，逐渐对原有的法律制度进行不同程度的修改与变革的活动。

（一）主要特点

1. 在立法指导思想上，自始至终贯穿"仿效外国资本主义法律形式，固守中国封建法制传统"的方针（变法修律的基本宗旨）。

2. 在内容上，皇权专制主义传统与西方资本主义法学最新成果的混合。

3. 在法典编纂形式上，改变了传统的"诸法合体"形式，分别制定宪法、刑法、民法、商法、诉讼法、法院组织等方面的法典或法规，形成了近代法律体系的雏形。

4. 以保持皇权专制为前提，不能反映人民群众的要求和愿望，也没有真正的民主形式。

（二）主要影响

1. 标志着延续几千年的中华法系开始解体："诸法合体"形式被抛弃；中华法系"依伦理而轻重其刑"的特点也受到极大的冲击。中国传统法制开始转变成形式和内容上都有显著特点的半殖民地半封建法制。

续表

2. 为中国法律的近代化奠定了初步基础。
3. 在一定程度上引进和传播了西方近现代的法律学说和法律制度，是中国历史上第一次全面系统地向国内介绍和传播西方法律学说和资本主义法律制度。
4. 客观上有助于推动中国资本主义经济的发展和教育制度的近代化。

（三）"预备立宪"的主要活动

1. 1900年以后清王朝实行"新政"。
2. 1905年清廷提出"仿行宪政"，派遣五大臣出洋考察各国宪政。同年，仿照日本"明治维新"设立专门机构的先例，设立"宪政编查馆"，专门从事宪政准备工作。
3. 1906年8月，五大臣回国，向慈禧上奏密折，指出立宪最重要的三大好处："一曰皇位永固；二曰外患渐轻；三曰内乱可弭。"
4. 1906年9月1日以光绪皇帝的名义颁《预备立宪上谕》，以"大权统于朝廷，庶政公诸舆论"为立宪根本原则。随后进行官制改革，宣布仿照资产阶级国家"三权分立"原则"更定官制"，使司法与行政分离，一改几千年来司法行政合一的体制。
5. 1908年8月27日公布了"预备立宪"计划——《钦定逐年筹备事宜清单》：确定1908年至1916年，以九年为"预备立宪"期限。制定实施刑律、民律、商律、刑诉律、民诉律等法典。宣布从1917年始行宪政。
6. 1909年各省设立谘议局，1910年成立资政院。
7. 1911年11月匆匆发布《重大信条十九条》，无力挽回颓势，"预备立宪"即告破产。

（四）《钦定宪法大纲》

1. 宪政编查馆编订，于1908年8月颁布，是中国近代史上第一个宪法性文件。
2. 共23条，分正文"君上大权"和附录"臣民权利义务"两部分：第一部分14条规定了君主在立法、行政、司法、统军等方面的绝对权力，限制议会权力；第二部分规定了臣民的诸项权利义务，并加以种种限制。
3. 特点：皇帝专权，人民无权。
4. 实质：给皇权专制制度披上"宪法"的外衣，以法律的形式确认君主的绝对权力。

（五）"十九信条"

1. 全称《宪法重大信条十九条》，清朝政府最后一部宪法性文件。
2. 公布背景：1911年辛亥革命爆发后，为度过危机，命令资政院迅速起草宪法，仅用3天时间即拟定，并于11月3日公布。
3. 内容：形式上缩小了皇帝的权力，相对扩大了议会和总理的权力，但仍强调皇权至上，且对人民权利只字未提，更暴露其虚伪性。

（五）谘议局与资政院

1. 谘议局	（1）**性质**：地方咨询机关。筹建于1907年，1908年7月颁布《谘议局章程》及《谘议局议员选举章程》，1909年开始在各省设立。
	（2）**实质**：各省督抚严格控制下的附属机构。
	（3）**宗旨、权限**：以"指陈通省利病、筹计地方治安"为宗旨，权限包括讨论本省兴革事宜、决算预算、选举资政院议员、申复资政院或本省督抚的咨询等。
2. 资政院	（1）中央咨询机构。筹建始于1907年，1908年以后陆续完成《资政院院章》，1910年正式设立。
	（2）**性质**：承旨办事的御用机构，与近现代社会的国家议会有根本性的不同。
	（3）**内容**：可以"议决"国家年度预决算、税法与公债，以及其余奉"特旨"交议事项等。但一切决议须报请皇帝定夺，皇帝还有权谕令资政院停会或解散及指定钦选议员。

二、清末修律的其他内容

（一）《大清现行刑律》

1. 在《大清律例》的基础上稍加修改，作为《大清新刑律》完成前的过渡性法典，于1910年5月15日颁行。
2. 与《大清律例》相比，有如下变化：改律名为"刑律"；取消了六律总目，将法典各条按性质分隶30门；对纯属民事性质的条款不再科刑；废除了一些残酷的刑罚手段，如凌迟；增加了一些新罪名，如妨害国交罪等。
3. 在表现形式和内容上都不能说是一部近代意义的专门刑法典。

（二）《大清新刑律》

1. 1911年1月25日公布，是中国历史上第一部近代意义上的专门刑法典，但仍保持着维护专制制度和封建伦理的传统。
2. 起草工作始于1906年，由于引发了礼教派的攻击和争议，至1911年1月才正式公布，但并未真正施行。
3. 分总则和分则两篇，后附《暂行章程》5条。
4. 主要内容和发展变化：抛弃了旧律诸法合体的编纂形式，以罪名和刑罚等专属刑法范畴的条文作为法典的唯一内容；在体例上抛弃了旧律的结构形式，将法典分为总则和分则；确立了新刑罚制度，规定刑罚分主刑、从刑；采用了一些近代西方资产阶级的刑法原则和刑法制度，如罪刑法定原则和缓刑制度。

（三）商事立法

1. 第一阶段（1903—1907）	主要由新设立的商部负责。
	1904年奏准颁行《钦定大清商律》，包括《商人通例》9条和《公司律》131条，是清朝第一部商律。
	陆续颁布有关商务和奖励实业的法规、章程：《公司注册试办章程》、《商标注册试办章程》、《破产律》等。

	续表
2. 第二阶段 （1907—1911）	主要商事法典改由修订法律馆主持起草，单行法规仍由各有关机关拟订，经宪政编查馆和资政院审议后请旨颁行。
	《大清商律草案》、《改订大清商律草案》、《交易行律草案》、《保险规则草案》、《破产律草案》等，均未正式颁行。
	公布单行商事法规：《银行则例》、《银行注册章程》、《大小轮船公司注册章程》等。

（四）《大清民律草案》

1. 沈家本、伍廷芳、俞廉三等人主持的修订法律馆着力进行的工作，自1907年即正式着手，一方面聘请时为法律学堂教习的日本法学家松冈正义等外国法律专家参与起草工作；另一方面则派员赴全国各省进行民事习惯的调查。1910年12月编纂完成全部草案条文稿。

2. 共分总则、债权、物权、亲属、继承五编，1569条。其中，总则、债权、物权三编由松冈正义等人仿德国、日民法典的体例和内容草拟而成，吸收了大量的西方资产阶级民法的理论、制度和原则。而亲属、继承两编则由修订法律馆会同保守的礼学馆起草，其制度、风格带有浓厚的封建色彩，保留了许多封建法律的精神。

3. 修订法律大臣俞廉三在"奏进民律前三编草案折"中表示："此次编辑之旨，约分四端：（1）注重世界最普通之法则。（2）原本后出最精密之法理。（3）求最适于中国民情之法则。（4）期于改进上最有利益之法则。"很显然，修订民律的基本思路，仍然没有超出"中学为体、西学为用"的思想格局。

4. 这部民律草案并未正式颁布与施行。

【一招制敌】 只要是草案，就没有颁行。

（五）其他法典

1. 《大清刑事诉讼律草案》与《大清民事诉讼律草案》

沈家本等人在《大清刑事民事诉讼法》遭否决后起草了两部诉讼法草案，于1910年底完成，且均系仿德国诉讼法而成，后未及颁行。

2. 《大理院编制法》

为配合官制改革于1906年制定的关于大理院和京师审判组织的单行法规。

3. 《各级审判厅试办章程》

1907年颁行的关于审级、管辖、审判制度等诉讼体制和规则的一部过渡性法典。

4. 《法院编制法》

1910年清廷仿效日本制定的关于法院组织的法规，实行四级三审制，吸收了审判公开等原则，规定了刑事案件公诉制度、证据、保释、回避制度，但并未真正实施。

三、清末司法体制的变化

清政府对旧的诉讼体制和审判制度进行了一系列改革，但也仅流于形式。

（一）司法机关的变化

1. 改刑部为法部，掌管全国司法行政事务；
2. 改大理寺为大理院，为全国最高审判机关；
3. 实行审检合署。

（二）四级三审制

1. 确立一系列近代意义上的诉讼制度，实行四级三审制；
2. 规定了刑事案件公诉制度、证据、保释制度；
3. 审判制度上实行公开、回避等制度；
4. 初步规定了法官及检察官考试任用制度；
5. 改良监狱及狱政管理制度。

（三）领事裁判权：一种司法特权

1. 凡在中国享有领事裁判权的国家，其在中国的侨民不受中国法律管辖，只由该国的领事或设在中国的司法机构依其本国法律裁判。	
2. 确立于1843年《中英五口通商章程及税则》及随后签订的《虎门条约》，并在其后签订的一系列不平等条约中得以扩充。	
3. 内容：依被告主义原则管辖；享有领事裁判权国家的侨民之间的诉讼由所属国审理；不同国家的侨民之间的争讼适用被告主义原则；享有领事裁判权国家的侨民与非享有领事裁判权国家的侨民之间的争讼，前者是被告则适用被告主义原则，后者是被告则由中国法院管辖。	
4. 审理机构	（1）一审由各国在华领事法院或法庭审理；
	（2）二审上诉案件由各国建立的上诉法院审理；
	（3）终审案件，由本国最高审判机关受理。
5. 后果	严重破坏了中国的司法主权；成为外国侵略者进行各种犯罪的护身符和镇压中国人民革命运动的工具。

（四）观审制度

1. 外国人是原告的案件，其所属国领事官员也有权前往观审，如认为审判、判决有不妥之处，可以提出新证据等。
2. 是原有领事裁判权的扩充，是对中国司法主权的粗暴践踏。

（五）会审公廨

1. 1864年清廷与英、美、法三国驻上海领事协议在租界内设立的特殊审判机关。
2. 凡涉及外国人案件，必须有领事官员参加会审；凡中国人与外国人间诉讼案，由本国领事裁判或陪审，甚至租界内纯属中国人之间的诉讼也由外国领事观审并操纵判决。
3. 它的确立，是外国在华领事裁判权的扩充和延伸。

第三节 民国时期的宪法

一、《中华民国临时约法》

（一）中华民国南京临时政府于1912年公布的一部重要的宪法文件，是中国历史上最初、也是唯一一部资产阶级民主共和国性质的宪法性文件。

经典论述：毛泽东："从清末的'十九信条'起，到民国元年的《中华民国临时约法》，到北洋军阀政府的几个宪法和宪法草案，到蒋介石反动政府的《中华民国训政时期约法》，一直到蒋介石的伪宪法，这里面有积极的，也有消极的。比如民国元年的《中华民国临时约法》，在那个时期是一个比较好的东西；当然，是不完全的、有缺点的，是资产阶级性的，但它带有革命性、民主性。这个约法很简单，据说起草时也很仓促，从起草到通过只有一个月。其余的几个宪法和宪法草案，整个说来都是反动的。"

（二）具有中华民国临时宪法的性质，体现了资产阶级的意志，代表了资产阶级的利益，具有革命性、民主性。

1. 它是辛亥革命的直接产物，它以民权主义学说（孙中山国家学说的核心）为指导思想。民权主义的基本内容是推翻帝制，建立民国，实现资产阶级专政的民主共和制。
2. 确定了资产阶级民主共和国的国家制度。规定了国家的资产阶级共和国性质，肯定了辛亥革命的积极成果。
3. 肯定了资产阶级民主共和国的政治体制和组织原则。虽肯定和确立了三权分立的原则，但为了限制袁世凯的权力，在国家政权体制上，改总统制为责任内阁制。规定临时大总统、副总统和国务院行使行政权力，参议院是立法机关，法院是司法机关，并规定了其他相应的组织与制度。
4. 体现了资产阶级宪法中一般民主自由原则，规定人民享有人身、财产、居住、信教等自由和选举、被选举、考试、请愿、诉讼等权利。反映了辛亥革命的积极成果，表现了资产阶级革命派标榜的民主精神。
5. 确认了保护私有财产的原则，这清楚表明《临时约法》的资产阶级性质，客观上有利于资本主义的发展。

（三）主要特点：从各方面设定条款，对袁世凯加以限制和防范

1. 国家政权体制上，改总统制为责任内阁制。
2. 权力关系规定上，扩大参议院的权力以抗衡袁世凯。参议院除拥有立法权外，还有对总统决定重大事件的同意权和对总统、副总统的弹劾权。临时大总统对参议院议决事项咨院复议时，如有2/3参议员仍坚持原议，大总统须公布施行。
3. 规定特别修改程序以制约袁世凯。约法的增修修改，须由参议院议员2/3以上或临时大总统之提议，经参议员4/5以上之出席，出席议员3/4以上之通过方可进行，以防止袁擅自修改变更约法。

（四）意义

它肯定了辛亥革命的成果，彻底否定了中国数千年来的封建君主专制制度，肯定了资产阶级民主共和制度和资产阶级民主自由原则，在全国人民面前树立起民主共和的形象；所反映的资产阶级的愿望和意志在当时是符合社会发展趋势的，一定程度上反映了广大人民的民主要求。

二、《天坛宪草》

《天坛宪草》即《中华民国宪法（草案）》，1913年完成，因在天坛起草而得名，北洋政府时期第一部宪法草案。

- ◆ 采用资产阶级三权分立的宪法原则，确认民主共和制度。
- ◆ 体现了国民党通过制宪限制袁世凯权力的意图，如肯定了责任内阁制、规定国会对总统行使重大权力的牵制权、限制总统任期。后袁解散国会，遂使"天坛宪草"成废纸。

三、《袁记约法》

1. 民国北京政府于1914年公布的《中华民国约法》，因受袁世凯一手操纵而得名。	
2. 与《临时约法》的根本差异	（1）以根本法的形式彻底否定了《临时约法》确立的民主共和制度，代之以个人独裁； （2）用总统独裁否定了责任内阁制； （3）用有名无实的立法院取消了国会制； （4）为限制、否定《临时约法》规定的人民基本权利提供了宪法根据。
3. 它是对《临时约法》的反动，是军阀专制全面确立的标志。	

四、《贿选宪法》

1. 北洋政府1923年公布的《中华民国宪法》，是中国近代史上首部正式颁行的宪法。	
2. 特点	（1）企图用漂亮的辞藻和虚伪的民主形式掩盖军阀专制的本质； （2）为平衡各派大小军阀的关系，巩固中央大权，专门规定"国权"和"地方制度"。

五、南京国民政府的立法特点

南京国民政府立法非常频繁，数量繁多，体系庞杂。从客观上看，其法律制度的"双重性"特征极为明显。

1. 法律内容是继受法与固有法的混合：一面大量采引西方近代以来的学说与制度，以大陆法系法律制度为蓝本，并采英美法系的一些内容；另一面，继续延续中国传统法律制度的一些特性。

续表

2. 立法层次上，普通法与特别法并存，且特别法优于普通法，数量亦多。国民党在法律的制定与适用上采用"双重标准"，即一面用基本的普通法作为"常态"法律，规范普通、正常的法律关系；另一面又制定大量针对特定对象、在特定时空适用的特别法，加强镇压危害统治的行为。
3. 立法与司法层面的"双重性"：立法与司法的脱节。

六、中华民国宪法 1947

（一）1946年12月25日通过，定于1947年公布施行。共14章175条，依次是总则、人民之权利义务、国民大会、总统、行政、立法、司法、考试、监察、中央与地方之权限、地方制度、选举、罢免、创制、复决、基本国策和宪法之施行及修改。

（二）基本精神与《训政时期约法》和"五五宪草"一脉相承。但碍于政协通过的"宪法修改原则"12条的重大影响，即实行国会制、内阁制、省自治、司法独立、保护人民权利等，不得不在具体条文上有所变动。

（三）内容特点

1. 表面上的"民有、民治、民享"和实际上的个人独裁。
2. 政权体制不伦不类：既非国会制、内阁制，又非总统制，实际上是用不完全责任内阁制与实质的总统制的矛盾条文，掩盖总统即蒋介石的个人专制统治的本质。
3. 罗列人民各项民主自由权利，比以往任何宪法性文件都充分。但依据宪法第23条颁布的《维持社会秩序临时办法》、《戒严法》、《紧急治罪法》等，把宪法抽象的民主自由条款加以具体切实的否定。
4. 以"平均地权"、"节制资本"之名，行保护地主剥削、加强官僚垄断经济之实。

第四章

外国法制史

第一节 西方两大法系

法系是比较法学上的基本概念,具体指根据法的历史传统和外部特征的不同,对法所做的分类。据此,凡属于同一历史传统,并具有相同外部特征的法构成一个法系。

世界五大法系包括:大陆法系、英美法系、伊斯兰法系、中华法系和印度法系,其中印度法系和中华法系都已经解体,现存的共三大法系,最有影响的是民法法系和普通法法系。

一、民法法系,又称大陆法系,是由古罗马法,特别是19世纪初法国民法典,为传统产生和发展起来的法律的总称。

二、普通法系,又称英美法系、判例法系,是以英国中世纪的法律,特别是以普通法为基础和传统产生和发展起来的法律的总称。

注意▶美国的路易斯安那州、加拿大的魁北克省属于民法法系。印度、巴基斯坦、澳大利亚等属于普通法系。

三、两大法系的对比

法律	类别	民法法系	普通法系
	相同点	经济基础、阶级本质、都重视法治	
区别	法律思维方式	演绎型思维	归纳思维,注重类比推理
	法的渊源	正式渊源只是制定法	判例法、制定法都是正式渊源
	法律的分类	分类的基础是公法与私法的划分	普通法和衡平法是基本分类
	诉讼程序	与教会法程序接近,属于纠问制	对抗制诉讼程序
	法典编纂	主要发展阶段都有代表性法典,大规模法典编纂活动	总体上不倾向于系统的法典编纂,尽管历史上也有大规模立法

> 注意▶ 两大法系在法院体系、法律概念、法律适用技术及法律观念等方面也存在许多差别。

第二节 罗马法

所谓罗马法，一般泛指罗马奴隶制国家法律的总称，既包括自罗马国家产生至西罗马帝国灭亡时期的法律，也包括公元6世纪中叶以前东罗马帝国的法律。

> 注意▶ 不是全部东罗马帝国的法律都属于罗马法的范畴。

一、罗马法的产生

1. 公元前6世纪中叶，塞尔维乌斯·图利乌斯进行改革，废除了原来以血缘关系为基础的氏族部落，以地域关系来划分居民，并按照财产的多少将居民划分为五个等级。
2. 改革标志着氏族制度彻底瓦解，奴隶制国家正式产生，罗马从此步入共和国时期。
3. 罗马法随着奴隶制国家最终形成而产生。共和国早期的法律渊源主要是习惯法。

二、《十二表法》的制定

随着经济的不断发展，阶级矛盾逐步加剧，平民和贵族之间冲突不断。平民反对贵族垄断立法与司法权，反对贵族随意地解释习惯法，所以意图通过颁布成文法来抑制贵族的权力，这就是《十二表法》制定的背景。

1. 元老院于公元前451年制定法律十表公布于罗马广场；次年，又制定法律两表，作为对前者的补充。
2. 其特点为诸法合体、私法为主，前三表大多是程序法规定，可见程序法优于实体法。某些规定虽反映了平民的要求，但主要目的在于严格维护奴隶主阶级的利益及其统治秩序，保护奴隶主贵族的私有财产权和人身安全不受侵犯。
3. 罗马国家第一部成文法，总结了前一阶段的习惯法，为罗马法的继续发展奠定了基础；罗马法发展史上的一个重要里程碑，被认为是罗马法的主要渊源。

三、罗马法的发展

（一）市民法和万民法两个体系的形成

1. 市民法	（1）共和国前期形成，仅适用于罗马市民。
	（2）主要内容：行政管理、诉讼程序、财产、婚姻家庭和继承等方面的规范。
	（3）渊源包括罗马议会制定的法律（如《十二表法》）、元老院的决议、裁判官的告示以及罗马法学家对法律的解释等。

续表

2. 万民法	（1）共和国后期由外事裁判官在司法活动中逐步创制的法律，适用于罗马市民与外来人以及外来人与外来人之间的关系；
	（2）基本内容主要是关于所有权和债权方面的规范。
市民法和万民法不是截然对立的，而是互为补充的。自212年卡拉卡拉皇帝颁布《安东尼努斯敕令》，赋予罗马帝国境内所有自由民以市民权之后，市民法与万民法逐渐统一。	

（二）法学家活动的加强

1. 公元前1世纪，罗马进入帝国时期。在帝国前期，法学家活动十分活跃，许多法学家被皇帝授予法律解答权，其解答成为法律的重要渊源。
2. 法学学派主要有普罗库尔学派和萨比努斯学派。
3. 最著名的五大法学家：盖尤斯、伯比尼安、保罗、乌尔比安、莫迪斯蒂努斯。他们的法学著作和法律解释具有同等法律效力。
4. 法学家的活动和作用：解答法律；参与诉讼；著书立说；编纂法典；参加立法活动。

（三）《国法大全》（Codex of Justinian）的编纂

查士丁尼皇帝为重建和振兴罗马帝国，成立了法典编纂委员会，进行法典编纂工作。从公元528～534年，先后完成了三部法律法规汇编。

1. 《查士丁尼法典》，将历代罗马皇帝敕令进行整理、审订和取舍而成。
2. 《查士丁尼法学总论》，又译《法学阶梯》，以盖尤斯《法学阶梯》为基础加以改编而成。是阐述罗马法原理的法律简明教本，官方指定的"私法"教科书，具有法律效力。
3. 《查士丁尼学说汇纂》，又译《法学汇编》，是一部法学著作的汇编，将历代罗马著名法学家的学说著作和法律解答分门别类地汇集、整理，进行摘录，凡收入的内容，均具有法律效力。
4. 公元565年，法学家汇集了查士丁尼在位时所颁敕令168条，称为《查士丁尼新律》。
以上四部法典汇编，至公元12世纪统称为《国法大全》或《民法大全》，其问世标志着罗马法已发展到最发达、最完备阶段。

三、罗马法的渊源

1. 习惯法	公元前450年以前，罗马国家法律的基本渊源为习惯法。
2. "立法机构"制定的法律	共和国时期的主要立法机关是民众大会、百人团议会与平民会议，它们制定的法律是共和国时期最重要的法律。
3. 元老院决议	元老院是共和国时期最高国家政权机关，并享有一定的立法职能，议会通过的法律需经其批准方能生效。
	帝国时期，元老院被皇帝所控制，其本身所通过的决议具有法律效力。
4. 长官的告示	高级行政长官和最高裁判官发布的告示具有法律效力。
5. 皇帝敕令	主要包括：敕谕、敕裁、敕示、敕答。
6. 具有法律解答权的法学家的解答与著述。	

四、罗马法的分类

1. 法律所调整的对象	(1) 公法：包括宗教祭祀活动和国家机关组织与活动的规范。
	(2) 私法：包括所有权、债权、婚姻家庭与继承等方面的规范。
2. 法律的表现形式	(1) 成文法：所有以书面形式发布并具有法律效力的规范。
	(2) 不成文法：统治阶级所认可的习惯法。
3. 法的适用范围	(1) 自然法：适用宇宙间的一切生物。
	(2) 市民法：仅适用于罗马市民的法律。
	(3) 万民法：调整外来人之间以及外来人与罗马市民之间关系的法律。
4. 立法方式不同	(1) 市民法
	(2) 长官法：由罗马高级官吏发布的告示、命令等所构成的法律，内容多为私法。其主要靠裁判官的司法实践活动形成。
5. 按照权利主体、客体和私权保护为内容	(1) 人法：规定人格与身份的法律。
	(2) 物法：涉及财产关系的法律。
	(3) 诉讼法：规定私权保护的方法。

五、罗马私法的基本内容

（一）人法

1. 自然人

自然人包括生物学上的人（包括奴隶在内）和法律上的人。法律上的人是指享有权利并承担义务的主体；奴隶不是主体，被视为权利客体。

权利能力	(1) 人格，即享有权利、履行义务的资格，由自由权、市民权和家庭权三种身份权构成。只有同时具备上述三种身份权的人，才能在法律上享有完全的权利能力。
	(2) "人格减等"：上述三种身份权全部或部分丧失，人格即发生变化。
行为能力	只有年满25岁、有法律人格的成年男子才有完全的行为能力。

概念说明：自由权是最基本的私权，是自由实现自己意志的权利，据此区分出自由人和奴隶。市民权是罗马公民享有的特权，据此区分出罗马市民、拉丁人和外国人。家庭权，又称家长权，是指对内领导和支配全体家庭成员、对外代表全家进行各种民事行为的权利。

2. 法人

罗马法上没有明确的法人概念和术语，但已有初步的法人制度。

（1）法人的成立的三个条件	①具有物质基础；
	②社团要达到最低法定人数（3人以上）；财团须拥有一定数额的财产，数额多少没有严格规定；
	③经过元老院的批准或皇帝的特许。
（2）法人的种类	①社团法人：以自然人的集合为成立的基础，如宗教团体；
	②财团法人：以财产为其成立的基础，如基金会。

3. 婚姻家庭法

（1）实行一夫一妻的家长制家庭制度。古罗马所称的家或家族是指在家父权下所支配的一切人和物的总和，包括家父、妻、子女、奴隶和土地等。

（2）婚姻的种类：①"有夫权婚姻"：妇女婚后没有财产权，身份姓氏均由丈夫决定；②"无夫权婚姻"：夫妻形式上地位平等，结婚需双方同意，妻的财产归妻所有；也可协商一致，解除婚约。

（二）物法

物法在私法体系中占有极其重要的地位，是罗马法的主体和核心，对后世资产阶级民法的影响最大。

1. 物权

（1）自由人以外存在于自然界的一切东西，凡对人有用并能满足人之需要的东西，都称为物：不仅包括有形体和具有金钱价值的东西，也包括无形体的法律关系和权利。
（2）物的分类主要有要式转移物和略式转移物、有体物和无体物、动产和不动产、主物和从物、特定物和非特定物、有主物和无主物、原物和孳息等。
（3）物权是指权利人可以直接行使于物上的权利。物权的范围和种类皆由法律规定，而不能由当事人自由创设。
（4）物权主要有五种：所有权、役权（地役权、人役权）、地上权、永佃权、担保物权（质权、抵押权）。其中第一种为自物权，其他各种均为他物权。

2. 继承

（1）分为遗嘱继承和法定继承，遗嘱继承优于法定继承。
（2）早期采"概括继承"的原则，后来确立"限定继承"原则。
（3）对法定继承人的顺序以及遗嘱继承的方式等问题均有较完备的规定。

概念说明：概括继承是指继承人必须继承被继承人的所有遗产和全部债务，当遗产不足以还债时，也应由继承人负责偿还；所谓限定继承，又称为"有限继承"，是指继承人对死者的债务仅就其所继承的遗产范围负责清偿。

3. 债（物法的一个重要内容）

（1）债的发生原因	①合法原因，即由双方当事人因订立契约而引起的债；
	②违法原因，即由侵权行为而引起的债，罗马法称之为"私犯"；
	③准契约与准私犯。
（2）根据债的标的和标的物不同，对债进行分类：特定债和种类债、可分债和不可分债、单一债和选择债、法定债和自然债。	
（3）对债的履行、担保、转移和消灭进行了详细规定。	

概念说明：所谓"准契约"，是指虽未订立契约，但与契约具有同等法律效果的法律事实，如无因管理、不当得利、监护、共有、遗赠等。所谓"准私犯"，是指类似于私犯，但在法定的各种私犯以外的侵权行为，如法官的渎职，或向公共道路投掷物品致人损害，等等。

（三）诉讼法

1. 诉讼的种类	①公诉：对直接损害国家利益案件的审理；
	②私诉：根据个人的申诉，对有关私人利益案件的审理。
2. 诉讼程序先后有三种形态：法定诉讼、程式诉讼和特别诉讼。	

六、罗马法的历史地位

（一）罗马法复兴

12世纪初，西欧各国先后出现了一个研究和采用罗马法的热潮，史称罗马法复兴。

1. 罗马法复兴的原因

根本原因在于当时西欧的法律状况同商品经济发展及社会生活极不适应。而罗马法是资本主义社会以前调整商品生产者关系的最完备的法律，这一法律遗产可以满足当时西欧各国一般财产和契约关系的发展变化的需要。

2. 罗马法过程

（1）注释法学派	①公元1135年在意大利北部发现《查士丁尼学说汇纂》原稿，从此揭开了复兴罗马法的序幕；
	②意大利波伦亚大学最先开始对罗马法的研究，学者采用中世纪西欧流行的注释方法研究罗马法，因而得名；
	③注释法学派在复兴罗马法中起了开创作用，使对《国法大全》的研究成为一门科学，帮助人们了解和熟悉了罗马法，为运用罗马法奠定了基础。
（2）评论法学派	①14世纪，在意大利又形成了研究罗马法的"评论法学派"；
	②该学派的宗旨是致力于罗马法与中世纪西欧社会司法实践的结合，以改造落后的封建地方习惯法，使罗马法的研究与适用有了新的发展；
	③罗马法在意大利复兴以后，很快扩展到西欧各主要国家。

3. 复兴的意义

（1）罗马法的运用使商品经济得到比较顺利的发展，市民等级的力量不断加强；同时也推动了王权的加强和扩张。这些都有利于民族统一国家的形成。

（2）法学蓬勃发展起来，形成了一个世俗的法学家阶层，改变了教会僧侣掌握法律知识的情况。为把罗马法运用于实践准备了条件，为正在成长中的资本主义关系提供了现成的法律形式。

（3）17、18世纪近代自然法学说的思想渊源正是罗马时代的自然法思想及自由人在司法关系上平等的原则。

（二）罗马法对后世法律的影响

1. 在全面继承罗马法的基础上，形成了当今世界两大法系之一的大陆法系，亦称为罗马法系或者民法法系。
2. 有关私法体系，被西欧大陆资产阶级民事立法成功地借鉴与发展。
3. 许多原则和制度，也被近代以来的法制所采用，如公民在私法范围内权利平等原则、契约自由原则以及权利主体中的法人制度。
4. 立法技术具有相当水平，确定的概念、术语，措辞确切，结构严谨，立论清晰，言简意赅，学理精深。

第三节 英美法系

• 英美法系的特点

1. 以判例法为主要法律渊源	法律渊源一般都分为普通法、衡平法和制定法。其中判例法的地位都很高。
2. 以日耳曼法为历史渊源	普通法系的核心——英国法，是在较为纯粹的日耳曼法——盎格鲁·撒克逊法的基础上发展起来的。
3. 法官对法律的发展所起的作用举足轻重	判例法是在法官的长期审判实践中逐渐创造出来的，法官的判决本身具有立法的意义，普通法系素有"法官造法"之称。
4. 以归纳为主要推理方法	法官和律师在适用法律时，通过对存在于大量判例中的法律原则进行抽象概括、归纳比较，然后才将其最适当地运用到具体案件中去。
5. 不严格划分公法和私法	

一、英国法

（一）英国法的形成与发展

英国是普通法系的发源地，其法律的发展比较平稳，分为三个时期：封建法律体系的形成时期、资产阶级革命后英国法的发展时期、现代英国法的发展时期。

（一）英国封建法律体系的形成

英国法的源头是盎格鲁·撒克逊时代的习惯法。1066 年诺曼征服之后，随着王权的强大和完善的皇家司法机构的建立，逐渐形成了普通法、衡平法和制定法三大法律渊源，从而确立了英国封建法律体系。

（1）普通法的形成

普通法是 12 世纪前后发展起来的、由普通法院创制的通行于全国的普遍适用的法律。它的形成是中央集权和司法统一的直接后果。

> ①1066 年诺曼征服后，为巩固统治，扩大王权，采取进行土地调查、编制"末日审判书"（始于 1086 年，又称"最终税册"/Domesday Book）等多种措施，加强中央集权。

> ②在统一司法方面，国王建立了御前会议，从中逐渐分立出具有司法职能的财政法院、王座法院和普通诉讼法院。这些法院最初只在伦敦皇家威斯敏斯特教堂（Westminster Abbey）审理案件，但为了扩大王室管辖权，法官们开始到各地巡回审判，把原来的地方习惯法择优通过判例形式加以淬炼。

> ③亨利二世时的司法改革对普通法的形成起了很大的推动作用：通过颁布《温莎诏令》、《克拉灵顿诏令》等一系列命令，确立了陪审制，并巡回审判制度化。法官们进行巡回审判时，在陪审团的帮助下，依据王室法令参照当地习惯来审理案件，把原来的地方习惯法择优通过判例的形式加以淬炼。回到伦敦的皇家威斯敏斯特教堂后，他们互相交流参照各地习惯形成的判案意见，承认彼此的判决，并约定在以后巡回审判时使用。在此基础上，逐渐形成了通行全国的普通法，所以后人习惯称其为判例法。

> ④体现王权的令状制也与普通法的发展有密切关系。它要求原告只有在申请到特定的以国王名义签发的令状后，才能向法院主张实体权利的保护。令状成为诉权凭证，无令状就不能起诉。"程序先于权利"的普通法特点与此有关。

（2）衡平法的兴起

● 产生背景：普通法在传统令状制度下，存在着保护范围有限、内容僵化、救济方法较少的缺陷，随着社会经济的发展，已不能满足人们的需要。得不到普通法院公正保护的当事人，依照历史传统直接向国王提出的申诉越来越多，国王遂将其委托给大法官审理。

> ①15 世纪正式形成了大法官法院（又称"衡平法院"），逐渐发展出根据"公平"、"正义"的原则形成的"衡平法"，逐渐成为一套有别于普通法的独立法律体系。

> ②衡平法重内容而轻形式，诉讼程序简便灵活，审判时既不需要令状也不采用陪审制。凡普通法法院不予受理的案件，大法官均予接受。衡平法适应社会发展，创制出信托、禁令等许多新的权利和救济方法。一般认为，衡平法受罗马法影响较深。

> ③普通法实施领域广泛；衡平法仅在普通法难以救济的方面发挥作用，是对普通法的补充。可以认为：将普通法去掉，衡平法不复存在；而将衡平法去掉，普通法仍会存在。

> ④后来，由于管辖范围存在交叉重叠，大量案件从普通法院转向衡平法院以及衡平法院的禁令可以干涉普通法院的判决，使两大法院系统之间矛盾日渐增多。17 世纪初，普通法院法官科克和衡平法院大法官埃尔斯密将冲突引向白热化，国王詹姆斯一世确立"衡平法优先"的原则。

> ⑤直到 1875 年司法改革前，普通法与衡平法的并立一直是英国法的显著特征。

(3) 制定法的发展

制定法即成文法，是享有立法权的国家机关或个人明文制定并颁布实施的法规范。

> ①1215 年的《大宪章》是制定法发展的重要进程，以其为最早的历史渊源，英国国会逐渐形成。
>
> ②随着国会立法权的加强，制定法的数量逐渐增多，地位也逐渐上升。

2. 资产阶级革命后英国法的变化

> （1）国会立法权得到强化，确立了"议会主权"原则，制定法地位提高；
>
> （2）内阁成为最高行政机关；
>
> （3）普通法和衡平法在内容上得到充实，并被赋予资产阶级的含义。

📖 **名人名言**：[法] 端洛姆（Delome）："在法律上它（英国议会）什么都可以做，除了把女人变成男人外。"

3. 现代英国法的发展（两次世界大战后）

> （1）立法程序简化，委托立法大增；
>
> （2）选举制进一步完善，基本确立了普遍、秘密、平等、公正的选举制度；
>
> （3）社会立法和科技立法活动加强；
>
> （4）欧盟法成为英国法的重要渊源。

（二）英国法的渊源

1. 普通法	普通法是英国法最重要的渊源，是指由普通法院创立并发展起来的一套法律规则。
	"遵循先例"（the doctrine of *stare decisis*）是普通法最基本的原则，指一个法院先前的判决（主要是判决书中的判决理由）作为先例（precedent）对以后相应法院处理类似案件具有拘束力。
	最重要、影响最大的特征是"程序先于权利"。
2. 衡平法	独立于普通法的另一种形式的判例法，它通过大法官法院，即衡平法院的审判活动，以法官的"良心"和"正义"为基础发展起来。
	程序简便、灵活，法官判案有很大的自由裁量权，因此，衡平法被称为"大法官的脚"，可大可小，具有很大的伸缩性。
	与普通法相比，它只是一种"补偿性"的制度，但当二者的规则发生冲突时，衡平法优先。
3. 制定法	重要性不如普通法和衡平法两种判例法，但其效力和地位很高，可对判例法进行调整、修改，现代一些重要的法律部门如社会立法是在制定法的基础上发展起来的。
	制定法的种类有：欧洲联盟法、国会立法、委托立法。其中国会立法是英国近现代最重要的制定法，被称为"基本立法"。

> **注意** ▶ 在英国，制定法的效力高于判例法；欧盟法在英国可优先适用、直接适用，效力高于国会立法。

【名词解释·案件区别技术】 在遵循先例的原理指导下，诉讼当事人及其诉讼代理人面对不利的先例，必须采取策略说服法院认定系争案件与不利之先例存在重大差别，因此不宜将该先例适用于系争案件。

（三）英国司法制度

1. 英国法院组织

（1）长期存在普通法院和衡平法院两大法院系统，1875年司法改革取消了两大法院系统的区别，统一了法院组织体系。
（2）现行的英国法院组织从层次上可分为：高级法院、低级法院。
（3）从审理案件的性质上分为：民事法院、刑事法院。
（4）2005年宪制改革方案将原终审机构上议院司法委员会独立出来，改为联合王国最高法院；该最高法院已经于2009年10月1日正式成立。原最高法院一词所指的上诉法院、高等法院和皇家刑事法院改称高级法院。

2. 陪审制度

（1）英国是现代陪审制的发源地。
（2）陪审团的职责是就案件的事实部分进行裁决，法官则在此基础上就法律问题进行判决。
（3）陪审团裁决一般不允许上诉，但当法官认为陪审团的裁决存在重大错误时，可以加以撤销，重新组织陪审团审判。
（4）陪审制长期被视为民主的象征而广泛应用，但随着社会的发展，审判节奏也要求效率化，限制了陪审制的运用。

3. 辩护制度

（1）对抗制：又称"辩论制"	民事案件中的原被告及刑事案件中的公诉人和被告律师在法庭上相互对抗，提出各自的证据，询问己方证人，盘问对方证人，并在此基础上相互辩论。	
	法官主持开庭，并对双方的动议和异议作出裁决，但不主动调查，只充当消极仲裁人的角色。	
（2）英国的律师分类	①传统上两大类	a. 出庭律师：可以在任何法院出庭辩护。
		b. 事务律师：主要从事一般的法律事务，可在低级法院出庭辩护，但不能在高级法院出庭。
	②近年来，英国律师制度进行了改革，两类律师的划分已不再泾渭分明。	

二、美国法

(一) 美国法的形成与发展

美国法与英国法存在着很深的历史渊源关系，从一开始就被打上了英国法的烙印，是在继承和改造英国法的基础上形成的独具特色的法律体系。

它的发展大致可分为四个时期：殖民地时期、独立战争后、南北战争后、现代美国法。

1. 殖民地时期的美国法

(1) 18世纪中期以前，各殖民地实行的法律还是比较原始和简陋的，有的殖民地甚至以《圣经》作为判案的依据，英国法并没能在北美取得支配地位。

(2) 随着英殖民者对殖民地压迫的加深以及殖民地社会条件的变化，特别是《英国法释义》的出版，英国法得到普及。

(3) 18世纪中期，英国普通法在北美殖民地取得了支配地位。

2. 独立战争后的美国法（美国法的形成时期）

(1) 以英国法为基础，参照欧洲大陆的法律文献形成了独具一格的美国法。

(2) 1830年之后，《美国法释义》的问世以及各种美国法专著的出现，标志着美国法对英国法批判吸收并走上独立发展的道路。

3. 南北战争后的美国法（美国法的改革与发展时期）

美国法进行了民主化改革，法律体系逐步完善。

(1) 废除奴隶制的宪法修正案正式生效；

(2) 在财产法方面确立了土地的自由转让制度；

(3) 对烦琐的诉讼程序实行了改革；

(4) 建立了富有美国特色的判例法理论；

(5) 法学教育中心从律师事务所转到法学院校；

(6) 各州法律出现统一化趋势。

4. 现代美国法（适应垄断资本主义的需要）

(1) 制定法大量增加，法律的系统化明显加强。联邦国会制定了《美国法律汇编》(美国法典)；法学会成立之后，陆续出版了《法律重述》等重要法律文献。

(2) 由于以总统为首的行政机关权力的扩大，行政命令的作用和地位日益显著。

(3) 国家干预经济的立法大量颁布，如"新政"时期颁布了一系列整顿工业、银行、农业以及劳工的法律，反垄断法成为新的法律部门。

(4) 联邦权力相对于州权不断加强。

（二）美国法的渊源

1. 制定法	（1）美国的联邦和各州都有制定法，包括宪法和法律。
	（2）各州享有联邦宪法所规定的联邦立法范围之外的立法权。
2. 普通法	（1）美国以英国普通法作为建立新法律的基础，但并非全盘照搬。
	（2）没有一套联邦统一的普通法规则，各州的普通法自成体系。
3. 衡平法	独立前，在英王的直辖区和特许殖民地采用了衡平法。一些在英国由教会法院管辖的案件也由衡平法院管辖。
	美国独立之后，联邦和各州都相继采用衡平法。
	自 19 世纪末以来，各州逐渐取消了衡平法院的设置，至今只有特拉华州保留。
	各州衡平法案件，根据具体法律关系的性质，由各州法院或联邦法院管辖。

（三）美国宪法

独立战争后发表《独立宣言》。此后，各州相继制定州宪法，联合成同盟并通过《邦联条例》，成立了邦联政府。但这个政府不是一个完整统一的政府，不能适应美国资产阶级的需要。

注意▶马克思将《独立宣言》称为"第一个人权宣言"。

1. 宪法的制定

（1）1787 年邦联国会邀请各州代表在费城召开秘密会议，修改《邦联条例》并越权起草了宪法。该会议后来被称为制宪会议。

（2）1789 年，美国第一届联邦国会开幕，正式宣布联邦宪法生效。

2. 1787 年联邦宪法

（1）由序言和 7 条本文组成。

（2）根据联邦法院解释，序言虽在宪法全文中，但不是宪法的组成部分，在审判活动中不能被引用。

（3）内容：立法权、行政权、司法权、授予各州的权力、宪法修正案提出和通过的程序、宪法和根据宪法制定的法律以及缔结的条约是"全国最高法律"、宪法本身的批准问题。
注意▶宪法正文没有系统地规定公民的基本权利。

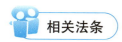

相关法条　　　　　　　　《美国宪法》

第五条　国会应在两院各 2/3 议员认为必要时，或应诸州 2/3 之州议会的请求而召集修宪会议时，得提出本宪法之修正案。以上任何一种情况下提出的修正案，经全国 3/4 的州议会或修宪会议批准，即成为本宪法之一部而发生实际效力。采用那何种批准方式，由国会提出。

3. 宪法修正案

（1）宪法修正案是美国宪法规定的唯一正式改变宪法的形式。

（2）目前共有27条宪法修正案，其中影响最大的是关于公民权利的宪法前10条修正案（即"权利法案"）、南北战争后关于废除奴隶制并承认黑人选举权的修正案、20世纪以降关于扩大选举权、男女享受平等权利的修正案。

注意 ▶ 男女平等修正案在1975年获得国会参众两院通过，但未能在规定时间内获得3/4以上州通过成为废案。

（四）美国的司法制度

1. 双轨制的法院组织	（1）联邦法院组织系统包括联邦最高法院、联邦上诉法院和联邦地区法院，负责审查和裁决立法和行政是否违宪。联邦最高法院的判决对全国一切法院均有约束力。	
	（2）州法院组织系统不统一。一般来说，州的最高一级法院称为州最高法院，正式的初审法院是地区法院，基层法院是治安法院。	
2. 美国联邦最高法院的司法审查权	（1）定义：联邦最高法院通过司法程序，审查和裁决立法和行政是否违宪的司法制度。	
	（2）源于1803年的"马伯里诉麦迪逊"案，其确立了司法审查的宪法原则	①宪法是最高法律，一切其他法律不得与宪法相抵触；
		②联邦最高法院在审理案件时，有权裁定所涉及的法律或法律的某项规定是否违反宪法；
		③经裁定为违宪的法律或法律规定，不再具有法律效力。

（五）美国法的特点和历史地位

1. 美国法的特点

（1）以判例法为主要表现形式	在判例实践中实行"遵循先例"原则，在审判风格上采用归纳的推理方式，强调程序的重要性。
（2）法律体系庞杂	联邦和各州自成法律体系，美国联邦和各州都有独立的立法机关和司法系统。
（3）封建因素较少	北美大陆原本就不存在封建制度，在引入英国法时对其中明显的封建因素没有采用。
（4）浓厚的种族歧视色彩	

2. 美国法的历史地位

（1）创造了对宪法产生深刻影响的近代宪政思想和制度，制定了世界上第一部资产阶级成文宪法，奠定了资产阶级宪法的基本格局，并对整个近代时期的宪法实践产生了深刻影响。

（2）创造了立法和司法的双轨制。这种体制及其运作为中央和地方关系的协调提供了经验。

（3）美国刑法率先创造了缓刑制度，并将教育观念和人道主义观念引入刑法的改革。

续表

（4） 最早建立了反垄断法制。	
（5） 首创了违宪审查制度。	

第四节 大陆法系

大陆法系，又称民法法系、罗马法系、罗马－日耳曼法系，是以罗马法为基础而发展起来的法律的总称。大陆法系渊源于古罗马法，首先产生在南欧，后扩大到西南欧拉丁族和中东欧日耳曼族各国，经过 11 世纪至 16 世纪的罗马法复兴、18 世纪资产阶级革命，最后于 19 世纪发展成为一个世界性的法系。以 1804 年的《法国民法典》和 1900 年的《德国民法典》为代表形成了两个支系。

➢ 大陆法系的特点

1. 法律渊源传统	制定法为其主要法律渊源，判例一般不被作为正式法律渊源（除行政案件外），对法院审判无拘束力。 在德国根据"有法律依法律，无法律依习惯，无习惯依法理"的法律适用原则，法学教授的著述是法官适用民事法律时的重要参考材料。
2. 法典编纂传统	一些基本法律一般采用系统的法典形式。
3. 法律结构传统	法律的基本结构是在公法和私法的分类基础上建立的。传统意义上的公法指宪法、行政法、刑法以及诉讼法；私法主要指民法和商法。
4. 法律推理方法	法官通常采用演绎法即将蕴涵于法典中的高度概括的法律原理进行演绎和具体化，然后适用于具体案件。在进行演绎时，往往需要对法律原理、概念、术语等进行法律解释。
5. 诉讼程序传统	倾向于职权主义，法官在诉讼中起积极主动的作用。

一、法国法

（一）法国法律制度的形成与发展

1. 封建法律制度的形成和发展

法国封建法律制度一般指 9 世纪上半叶到 18 世纪下半叶持续近 1000 年的法兰西王国时期的全部法律。其起始时间的标志，是公元 843 年法兰克查理曼王国的分裂至 1789 年法国资产阶级大革命的爆发，包括 三个阶段：

(1) 9世纪至13世纪以习惯法为主时期。

(2) 13世纪至16世纪习惯法成文化时期。

(3) 16世纪至18世纪王室立法为主要的法律渊源时期。

2. 资产阶级法律制度的建立

(1) 近代法国法律制度是在资产阶级革命后建立和发展起来的。

(2) 在拿破仑统治时期，法国制定了《民法典》、《商法典》、《刑法典》、《民事诉讼法典》和《刑事诉讼法典》五部重要法典，再加上宪法，构成了"六法"体系。

(3) 由于法国革命具有彻底性，革命后建立起来的法律制度比较系统和完备，较典型地反映了资产阶级的利益，对其他资本主义国家法律制度的建立和发展具有重大影响。

3. 现代法国法的发展

(1) 两次大战之间，连续遭到三次经济危机的袭击，国内阶级矛盾空前尖锐、复杂，因而缩小了议会权力，加强了行政权力，政府的委托立法议案在议会中占据优势。

(2) 1919年4月和1927年7月，进行了两次选举制度的改革。

(3) 判例作用有所提高。

(4) 适应新形势的需要，继续进行变革。

（二）法国人权宣言

法国革命开始后，国民会议便于1789年8月26日，经过激烈的争论，通过了著名的《人权与公民权利宣言》。

1. 第一次明确而系统地提出了资产阶级民主和法制的基本原则，是建立资产阶级统治的纲领性文件。	
2. 民主法制原则	(1) 宣布人权是"天赋的"，是"神圣不可侵犯的"。 第1条：人们生来并且始终是自由的，在权利上是平等的。 第2条：一切政治结合的目的都在于保护人的天赋和不可侵犯的权利；这些权利是：自由、财产、安全和反抗压迫。
	(2) 确立了"人民主权"、"权力分立"的资产阶级民主原则： 执政者的权力来自人民，任何团体或个人都不能行使人民没有赋予的权力。 公民有权参加制定法律；有权决定政府的开支、征税的税额；有权要求国家公务员报告工作情况，等等。 凡权利无保障和分权未确立的社会便没有宪法。
	(3) 提出了资产阶级法制原则：法律是公共意志的表现、法律面前人人平等、法无明文规定不为罪、罪刑法定主义、法不溯及既往、无罪推定以及禁止非法控告、逮捕或拘留等刑法、刑事诉讼法的基本原则。
3. 《人权宣言》不仅奠定了法国宪政制度的基础，而且是多部法国宪法的序言。	

（三）法国宪法

法国是资产阶级国家中制宪最多的国家之一，共制定过15部宪法。这是由法国革命后的政治形势和阶级力量对比关系决定的。最有代表性的是1791年宪法、1875宪法和第二次世界大战后的两部宪法。

1. 1791年宪法

法国革命初期，领导权掌握在君主立宪派手里。他们要推翻封建统治，但又不愿废黜国王，建立共和政体。就是在这种背景下，法国于1791年9月通过了第一部宪法。其制定和实施，结束了法国的封建统治，巩固了资产阶级革命的胜利成果，标志着资产阶级君主立宪制的正式确立。

（1）以《人权宣言》为序言，正文由前言和8篇组成。	
（2）以孟德斯鸠的君主立宪和分权思想为指导，宣布法国为君主立宪国，实行三权分立	①立法权由选举产生的一院制的国民议会行使，它是最高权力机关。
	②国王行使行政权，是行政最高首脑、海陆军最高首长。
	③司法权由选举产生的法官行使。
（3）确认资产阶级的各项权利	①取消封建贵族爵位和特权，废除等级制、卖官和官职世袭制
	②规定了若干公民的自由和权利，
	③肯定了私有财产的神圣不可侵犯。
（4）把公民划分为"积极公民"和"消极公民"：要求享有选举权与被选举权必须具体一定的财产条件。	
（5）继续维护法国殖民统治。	

2. 1875年宪法

这是法国历史上实施时间最长的一部宪法，最终确立了资产阶级共和制。其由三个宪法性文件组成：《参议院组织法》、《政权组织法》和《国家政权机关相互关系法》。

（1）议会是立法机关，由上院（参议院）和下院（众议院）组成。两院都有立法权和行政监督权。
（2）总统是国家元首，由参、众两院联席会议选出，任期7年，连选连任。
（3）规定法国实行责任内阁制。内阁是国家的最高管理机关，由议会多数党组成，内阁成员名单由总理提出，以总统的名义任命。
（4）肯定了拿破仑一世创立的参事院这一国家机构。它既是咨议机关，对立法和行政方面的事务进行咨询；同时又是法国最高行政法院，是行政诉讼案件的终审法院。

3. 战后宪法

（1）战后法国先后制定了1946年第四共和国宪法和1958年第五共和国宪法。

（2）1958年宪法经过四次修改一直实施到现在，是法国现行宪法。

（三）《法国民法典》（Code Civil des Francais）

拿破仑执政后，在其直接干预下，立法机关通过了民法典草案。1804年拿破仑签字正式颁布实施，习惯上也称为《拿破仑法典》。

1. 主要特点	（1）一部典型的资产阶级早期的民法典。与自由竞争经济条件相适应，体现了"个人最大限度的自由、法律最小限度的干涉"这一立法精神。
	（2）贯彻了资产阶级民法原则，具有鲜明的革命性和时代性。
	（3）保留了若干旧的残余，在一定程度上维护了传统法律制度。
	（4）在立法模式、结构和语言方面，也有特殊性。
2. 基本原则	（1）全体公民民事权利平等的原则。
	（2）资本主义私有财产权绝对无限制和不可侵犯的原则。
	（3）契约自由原则：契约一经有效成立，不得随意变动，当事人须依约定善意履行。
	（4）过失责任原则。
3. 世界影响	《法国民法典》是资本主义社会第一部民法典，是大陆法系的核心和基础，对法国以及其他资本主义国家的民法产生深远影响，影响到美洲、非洲和亚洲。

注意▶ 《法国民法典》中没有法人、知识产权的规定。

（四）法国的司法制度

1. 法院组织

（1）封建社会时已有独立的法院系统，即王室法院、领主法院和城市法院，后来设立了终审法院即巴黎高等法院及其所属的省高等法院。
（2）诉讼程序：先适用控告式诉讼，后采用纠问式诉讼。

2. 民事诉讼制度

（1）1806年《法国民事诉讼法》

本法典于1807年1月1日公布实施，施行长达170年之久。

①实行诉讼自主原则；
②规定国家机关在某些情况下应干预诉讼；
③对维护债权人的利益作了详细的规定；
④立法技术上，缺乏法国民法典那样的创造力和想象力。

（2）1976年新民事诉讼法典

①形成	对1806年民事诉讼法不断修改的基础上成就的；
②结构	一般规定与特殊规定、抽象与具体的双重结构体系；

	续表
③模式	当事人主义，诉讼主导权在诉讼当事人；
④内容和制度	有特色的如民事裁判机构的多元化和程序多元化、诉权的制度化和具体化、事前程序与审理程序的分离、书证优先原则、审级的多元化、紧急审理程序的设置。

3. 刑事诉讼制度

（1）1808年《法国刑事诉讼法典》	①兼采纠问式与控告式的诉讼程序。
	②确立了起诉、预审和审判职能分立的原则。
	③审判管辖：按照法定刑来划分法院的案件管辖。
	④许多内容和制度来源于1670年的刑事诉讼法令。
（2）1957年法国刑事诉讼法典（现行法典）。新法典保留了旧法典中的基本原则和不少制度，同时，也适应社会发展的需求规定了许多新的原则和制度。	

二、德国法

（一）德国法律制度的形成与发展

1. 封建法制的形成与发展

德国原为法兰克王国的一部分。公元919年，东法兰克王国推举萨克森公爵为国王，开创了德意志王朝。封建时代的德意志长期处于封建割据之中，后普鲁士逐渐强盛，并先后战胜奥地利和法国，为统一德意志各邦扫清障碍。

（1）法律的分散性和法律渊源的多元化是德国法最基本的特点，习惯法、地方法、教会法、罗马法以及帝国法令长期并存。
（2）封建时代最著名的习惯法汇编是《萨克森法典》：主要是关于民事、刑事问题的地方习惯法和诉讼规则，以及调整封建关系的采邑法。
（3）封建时代后期出现了一部以帝国名义颁布的刑法典《加洛林纳法典》：主要包括刑法和刑事诉讼法方面的内容，被多数邦国长期援用，在德国封建法的发展中具有重要影响。

2. 德意志帝国的建立与近代德国法律体系的形成

1871年，普鲁士以铁血政策完成统一德国的任务，建立了德意志帝国。统一后的德国以原普鲁士邦国的法律制度为基础，建立了近代法律体系，先后颁布了宪法、刑法典、刑事诉讼法典、民事诉讼法典、法院组织法、民法典和商法典，成为大陆法系的又一个典型。

（1）由于革命的不彻底性，近代德国法律体系带有很强的封建君主专制色彩。
（2）由于具有"潘德克顿学派"的理论基础，德国法结构更加严谨，逻辑更加严密，概念更加准确。

3. 魏玛共和国时期法律的发展

1919 年，战败后的德国进入魏玛共和国时期，《魏玛宪法》最早使社会权作为公民基本权利进入宪法且加以详细规定。魏玛共和国颁布了大量的"社会化"法律，如调整社会经济的法律和保障劳工利益的法律，使德国成为经济立法和劳工法的先导。

4. 法西斯专政时期德国法的蜕变

1933 年，纳粹党头目希特勒出任总理，开始了法西斯独裁统治。颁布了一系列法律、法令，将国家政治生活全面纳入战时轨道。

（1）宪政方面	颁布《消除人民和国家痛苦法》、《保护德意志人民紧急条例》、《禁止组织新党法》、《德国改造法》等一系列法西斯法令，废除了资产阶级议会民主制和联邦制，维护希特勒个人独裁和纳粹一党专政。
（2）民事法律	颁布《卡特尔变更法》、《强制卡特尔法》等法令加强对垄断组织的扶持，强化垄断资产阶级对国家政治生活的控制。
	颁布《世袭农地法》、《德意志血统及名誉保护法》等单行法律，推行种族歧视和种族灭绝政策，巩固法西斯政权的统治基础。
（3）刑事法律	彻底抛弃原先法律中的民主原则，代之以种族主义和恐怖主义原则。

5. 二战后德国法的变化

1945 年 5 月 8 日，纳粹德国战败投降。由于英、美、法三国和苏联对德国的分别军事占领，德国长期处于分裂状态，直到 1990 年 10 月 3 日才实现统一。

（1）战后西德建立了德意志联邦共和国，恢复了魏玛共和国时期的法制。
（2）根据 1949 年波恩基本法确立的和平民主原则，对原有的法律进行了修改，使其中的封建因素大为减轻。
（3）两德统一后，基本上实行原西德的法律制度，但也根据新情况、新问题进行了若干修改。

（二）《德国民法典》

在德国民法典的制定过程中，法学家起了重要作用。前后近一个世纪的法学争论使德国民法典具有较高的科学性和学理性。梅特兰评价说："从未有过如此丰富的一流智慧被投放到一次立法行为当中。"

1. 制定背景

（1）19 世纪初的德国处于分裂状态，各地区在民法使用上仍存在很大差异，人们渴望建立统一的国家。
（2）多数法学家提出应尽快制定全德通行的民法典，以法律的统一促进国家的统一，法律的统一被认为是国家统一的基础。历史法学派的代表萨维尼反对匆忙制定民法典。
（3）争论的实质是以何种法律学说作为编纂德国民法典的指导思想。历史法学派一度占据上风。该学派关于法律本质、法典化社会条件等问题的观念，对德国民法典的制定及技术风格有重要影响。

2. 萨维尼的观点

（1）法律是民族精神的产物，每个民族都有其特有的法律制度。法律应该是被发现、而不是被制定出来的。

（2）法律是分阶段发展的，最初是自然法或习惯法阶段，接着是学术法阶段，第三阶段才谈得上法典编纂。德国仍处于第二阶段，制定民法典为时尚早。

（3）法典这种法律形式本身存在局限性，任何法典都不可能涵盖全部社会生活和预知一切未来。无论编纂者如何努力，法典都会留有空白与遗漏。《法国民法典》没有任何创新，只是已有法律的编纂。

3. 日耳曼法学派与罗马法学派的争论

19世纪中后期，制定统一民法典已是大势所趋。

（1）历史法学派内部的争论	①日耳曼法学派：日耳曼习惯法是德意志民族精神的体现
	②潘德克顿法学派：罗马法是德国历史上最重要的法律渊源
（2）潘德克顿法学派按照罗马法《学说汇纂》阐发的民法"五编制"体例，为德国民法典所最终采用。	

4. 民法典的制定

（1）1874年，联邦议会成立了11人组成的法典编纂委员会，开始正式编纂民法典。委员会成员主要由法学家组成，历经13年于1888年完成民法典第一草案。这个草案受到多方批评，认为它过于追求罗马法化而忽视民族传统，注重资本家的利益而缺乏对弱者的保护，还有人认为语言过于专业化导致普通民众难以理解。

（2）1890年联邦议会又成立了新的法典编纂委员会，经过5年时间制定出第二草案。经过数次争论与修改，在资产阶级和容克地主妥协的基础上，于1896年7月1日通过，于1900年1月1日起正式施行。

5. 民法典的主要内容和特点

《德国民法典》是19世纪末自由资本主义向垄断资本主义过渡时期制定的法典，也是德国资产阶级和容克贵族相妥协的产物。

（1）适应垄断资本主义经济发展需要，在贯彻资产阶级民法基本原则方面有所变化。	①肯定了公民私有财产权不受限制的原则。
	②肯定了资本主义"契约自由"原则，并直接保护资产阶级和容克贵族对雇佣劳动的剥削。
	③在民事责任方面，也确认了"过失责任"原则。
（2）单独规定法人制度：资产阶级民法史上第一部全面规定法人制度的民法典。	
（3）保留了浓厚的封建残余	①以大量篇幅对容克贵族的土地所有权以及基于土地私有而产生的其他权利，如对地上权、地役权等加以特别保护；
	②在亲属法方面保留有中世纪家长制残余。
（4）在立法技术上，逻辑体系严密、概念科学、用语精确。	

6. 世界影响

（1）受到各国法学界的重视，对许多国家的民法编纂产生了很大影响。	
（2）是德国在统一后编纂的五部法典中最成功的一部，被誉为19世纪"德国法律科学之大成"，打破了法国民法典近一个世纪的垄断地位。	
（3）德国民法典的产生，使大陆法系划分为法国支系和德国支系。	
（4）德国法是大陆法系的重要组成部分，对20世纪大陆法系的发展有重大影响。德国法也继受了罗马法，但保留了较多固有的日耳曼法因素。	
（5）它既体现了自由资本主义时期民法的基本原则，又反映了垄断时代民法的某些特征。	

（三）德国的司法制度

1. 法院组织	（1）德意志帝国建立后，1877年颁布《法院组织法》，确认了司法独立原则。
	（2）审判权由独立的法院行使，审判只服从法律，法官实行终身制。
	（3）设置了由区法院、地方法院、高等法院和帝国法院构成的普通法院体系，帝国法院为全国的最高司法审级。
2. 诉讼制度	1877年2月1日颁行民事诉讼法和刑事诉讼法，分别规定民事诉讼和刑事诉讼的程序和原则。

三、日本宪法

（一）《明治宪法》

1882年，天皇政府派伊藤博文等4人去欧洲考察资产阶级国家的宪法和政治制度。回国后，天皇便指令伊藤博文组织宪法委员会，负责起草宪法。1888年，宪法起草完毕。1889年正式颁布，正式名称为《大日本帝国宪法》，是一部带有明显封建性和军事性的宪法。

1. 基本内容和特点	（1）基于君主主权思想制定的一部"钦定"宪法。
	（2）深受德国宪法的影响，有46个条文抄自普鲁士宪法，仅有3条为日本所独创。
	（3）带有"大纲目"性质，对一些问题没有作出明确规定。
	（4）对公民自由权利的规定，不仅范围狭窄，而且随时可加以限制。
	（5）国家管理形式为君主立宪政体，但却赋予天皇至高无上的权威，事实上是用议会民主外衣，掩盖天皇专制制度。
2. 明治宪法颁行后，日本按法国和德国的模式建立了普通法院和行政法院系统，并于1890年颁布《裁判所构成法》和《行政裁判法》。	

（二）和平宪法

二战后，在反法西斯民主力量的推动下，日本于1946年2月开始新宪法的制定工作。草案吸收了欧美资本主义国家宪法通行的原则，经反复审议修改，于 1946 年 11 月 3 日颁布，1947 年 5 月 3 日正式实施。

特点	1. 天皇成为象征性的国家元首。
	2. 实行三权分立与责任内阁制。
	3. 规定放弃战争原则，仅保留自卫权。
	4. 扩大了国民的基本权利和自由。

第四编 宪法学

第一章

宪法的基本理论

第一节 宪法的概念

一、宪法的词源

1. 中国古代典籍中的"宪"与近现代宪法的性质与含义是不同的。在我国，直到 19 世纪 80 年代，近代改良主义思想家才将"宪法"一词作为国家根本法意义上使用。如郑观应在《盛世危言》中要求清政府定宪法、开议院、实行君主立宪。中国最早在法律文件中使用近现代意义的"宪法"一词，是在 1908 年清政府制定颁布的《钦定宪法大纲》之中。

2. 在古代西方，"宪法"一词具有多义性。在古希腊，宪法是法律的一种，是指有关城邦组织和权限的法律，类似现在的组织法。在欧洲中世纪，宪法也被用来指有关确认教会、封建主以及城市行会势力的特权以及他们与国王之间相互关系的法律，是一种相互关系法。近现代意义的宪法的最终形成，则要到近代资产阶级革命时代。

3. 中外对比：都有法的意思；都有优于普通法律的意思；但古代西方侧重于组织法方面的意义。

注意▶在现代，并非所有国家都将国内的最高法律称为宪法。比如，德国称为"基本法"；中国历史上也有"约法"之类的称谓。

二、宪法的基本特征

在一国法律体系中，宪法是最高法，是起基础作用的根本法，是"法律的法律"。

（一）宪法是国家的根本法

1. 内容：规定国家最根本、最核心的问题		
2. 效力：最高法律效力	（1）宪法是制定普通法律的依据，普通法律是宪法的具体化。	宪法规范也具有制裁性，主要表现为罢免领导人、撤销违宪的法律、法规等。
	（2）任何普通法律、法规都不得与宪法的原则和精神相违背。	
	（3）宪法是一切国家机关、社会团体和公民的最高行为准则。	
3. 制定与修改程序：比普通法律更严格	制定和修改的机关往往是特别成立的，而非普通立法机关。	
	通过或批准的程序比较严格：由全国人民代表大会常务委员会或者1/5以上的全国人民代表大会代表提议，并由全国人民代表大会以全体代表的2/3以上的多数通过。	

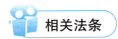

相关法条　　　　　　　　　　《宪法》

序言第十三自然段　本宪法以法律的形式确认了中国各族人民奋斗的成果，规定了国家的根本制度和根本任务，是国家的根本法，具有最高的法律效力。全国各族人民、一切国家机关和武装力量、各政党和各社会团体、各企业事业组织，都必须以宪法为根本的活动准则，并且负有维护宪法尊严、保证宪法实施的职责。

第五条　中华人民共和国实行依法治国，建设社会主义法治国家。

国家维护社会主义法制的统一和尊严。

一切法律、行政法规和地方性法规都不得同宪法相抵触。

一切国家机关和武装力量、各政党和各社会团体、各企业事业组织都必须遵守宪法和法律。一切违反宪法和法律的行为，必须予以追究。

任何组织或者个人都不得有超越宪法和法律的特权。

第六十四条　宪法的修改，由全国人民代表大会常务委员会或者1/5以上的全国人民代表大会代表提议，并由全国人民代表大会以全体代表的2/3以上的多数通过。

法律和其他议案由全国人民代表大会以全体代表的过半数通过。

（二）宪法是公民权利的保障书

1. 宪法最主要、最核心的价值在于保障公民的基本权利	列宁：宪法就是一张写着人民权利的纸。 法国《人权宣言》：凡权利无保障和分权未确立的社会就没有宪法。 《美国宪法》正文部分只规定了国家基本制度的内容，关于公民权利的内容规定在其修正案中。

2. 从历史上看，宪法最早是资产阶级在反封建斗争中，为了确认取得的权利以巩固胜利果实而制定出来的。
　（1）1791年法国第一部宪法将《人权宣言》作为其序言；
　（2）世界上第一部社会主义宪法1918年《苏俄宪法》也将《被剥削劳动人民权利宣言》列为第一篇，表明社会主义国家宪法同样具有权利保障书的意义。

续表

3. 从基本内容来看，宪法的基本内容包括对国家权力的规范和公民权利的保障，其中公民权利的保障居于核心和支配地位。宪法是系统全面规定公民基本权利的根本法，其基本出发点和目的就是保障公民的权利和自由。

（三）宪法是民主事实法律化的基本形式

民主主体的普遍化或民主事实的普遍化，是宪法得以产生的前提之一。

1. 宪法是资产阶级革命取得胜利、有了民主事实后的产物，是资产阶级民主事实的法律化；
2. 无产阶级民主事实是社会主义宪法产生的前提条件。

注意▶宪法与民主之间的矛盾：多数民主可能存在的非理性行为需要通过宪法程序加以纠正。

经典论述：毛泽东："世界上历来的宪政，不论是英国、法国、美国或者苏联，都是在革命成功有了民主事实以后，颁布一个根本大法，去承认它，这就是宪法。"

三、宪法与宪政的关系

（一）宪政的概念

宪政是以宪法为依据的民主形式，就其实质而言乃是以民主事实为政治内容的宪法的实施。在政府与公民的相互关系中，宪政表现为政府权力受到宪法和法律的严格拘束，以实现人权的基本价值。

（二）宪政的要素和特征

1. 宪政的要素

制宪	宪政的基本前提；宪法的存在是实现宪政的前提条件。
民主	宪政的基本内容是民主事实的制度化。
法治	法治是宪政发展的必然结果；宪政是法治发展的前提和基础。法治的精髓在于维护人的尊严、限制公共权力，这种精神的实现要依赖于宪政制度的存在与有效运行。
人权	人权保障是宪政的核心价值与终极目标。人的尊严的维护是宪法存在的最高价值。

注意▶民主与法治价值之间的冲突：在以多数决为基础的民主理论看来，多数人的意志自然具有合法性与正当性效力。但法治国家原理却要求对多数决的合理性进行判断，消除民主理念中存在的不符合现代法治理念的非理性部分，使民主与法治之间建立原理与功能上的联系。实际上，民主的自我修正是法治的基本要求，而法治又是在民主的自我修正中得到发展的。当二者冲突时，宪政制度可以提供各种有效的解决途径。违宪审查制度是现代社会解决民主与法治二者冲突的基本形式。

2. 宪政的基本特征

（1）宪法实施是建立宪政的基本途径。	
（2）建立有限政府是宪政的基本精神，权利制约权力是宪法精神的核心，一切公共权力的合法性都植根于宪法之中	公共权力，是人们通过宪法授予的，不得行使宪法没有授予的和禁止行使的权力
	公共权力不得侵犯宪法所规定的公民的基本权利，且有义务保障其实现
（3）树立宪法的最高权威是宪政的集中表现。	

（三）宪法与宪政的关系

宪法	宪政
宪法是宪政的前提：通过制宪产生的宪法是实现宪政的基础	宪政是宪法的具体实现过程或状态
宪法规定了一系列调整宪法关系的规则体系，侧重于静态的调整	宪政提供了实现宪法的环境和过程，侧重于动态的调整
宪法是一种规范形态	宪政往往是一种现实形态，是宪法内容和原则的具体实施
宪法提供的规则通常表现为一种方式或方法	宪政提供的更多是一种社会共同体追求的价值和目标
两者的区别是相对而言的，在宪法实践中，宪政与宪法功能之间存在相互交叉领域。	

四、宪法的分类

（一）传统的分类

划分标准	具体类型	例证
1. 宪法是否具有统一法典的形式 英国学者J. 蒲莱士最早提出	（1）成文宪法：又称为文书宪法或制定宪法，指具有统一法典形式的宪法。自然法学派的社会契约论是其重要渊源之一。	世界历史上第一部成文宪法是1787年美国宪法；欧洲大陆第一部是1791年法国宪法。世界上绝大多数国家都是成文宪法国家。
	（2）不成文宪法：没有统一的宪法典，发挥宪法作用的规范存在于多种法律文书、宪法判例或宪法惯例之中。	（1）世界上不成文宪法国家主要有英国、新西兰、以色列、沙特阿拉伯等少数国家。 （2）英国是典型的不成文宪法国家，包括1215年《大宪章》、1628年《权利请愿书》、1679年《人身保护法》、1689年《权利法案》、1701年《王位继承法》、1928年《男女选举平等法》等等。

续表

划分标准	具体类型	例证
2. 宪法有无严格的制定、修改机关和程序 英国学者 J. 蒲莱士最早提出	（1）刚性宪法：制定机关往往是特别成立的，制定或修改的程序更严格。	实行成文宪法的国家往往也是刚性宪法国家
	（2）柔性宪法：制定、修改的机关和程序与一般法律相同，效力亦无差异。	英国宪法
3. 制定宪法的主体不同	（1）钦定宪法：由君主或以君主的名义制定和颁布	1908年清政府的《钦定宪法大纲》 1889年日本明治宪法
	（2）民定宪法：由民意机关或全民公决制定	世界上大多数国家；在我国，人民是制宪主体，一届人大第一次会议是制宪机关。
	（3）协定宪法：由君主和国民或国民的代表机关协商制定	1215年英国的《自由大宪章》 法国1830年宪法

经典论述：[荷兰] 亨利·范·马尔赛文、格尔·范·德·唐："英国没有规定其政治制度的基本规则和结构的成文宪法，也没有任何法律被赋予比其他的法律或规则更高的法律效力。"

小贴士

大宪章（Magna Carta）

英王约翰（King John）即位后，在欧洲大陆上与法国作战失败，相继丢失诺曼底、安茹、都兰等地。在和教皇英诺森三世的冲突中，也被迫屈服，向教廷交纳巨额年贡。此外，约翰还违反封建惯例，向贵族臣民征缴名目繁多的继承金、协助金、盾牌钱等，甚至没收直接封臣的地产。这些都引起了社会广泛不满。1213年，约翰决定再次出征法国，但一些封建贵族拒绝服役并提供兵员物资。1215年，封建贵族乘机联合各方力量反对约翰王，并于5月17日占领了伦敦，挟持了国王。6月15日，约翰和贵族、骑士等在伦尼梅特（RunnyMede）签署了保证公民自由和政治权利的《大宪章》。

《大宪章》由序言和63条正文组成，在一定程度上限制了王权，确认了封建贵族和僧侣的特权，被视为英国宪法自由权的基础。比如，确认国王在征税时必须召开由大贵族参加的"大会议"，征得贵族的同意；规定任何自由民非经合法审判外，不得被逮捕、监禁、放逐、没收财产；在司法公正方面规定，不得任意出卖权利和公正，也不得任意拒绝或拖延赋予任何人权利或公正等等。

（二）马克思主义的分类

划分标准	具体类型
国家的类型和宪法的阶级本质	1. 社会主义类型的宪法
	2. 资本主义类型的宪法
宪法是否与现实相一致	真实的宪法和虚假的宪法 **法学名言**：列宁："同现实脱节时宪法是虚假的，当它们是一致的时候，便不是虚假的。"

五、宪法的本质

宪法的本质在于其是各种政治力量对比关系的集中表现。在政治力量对比中，阶级力量的对比居于首要地位。宪法集中地、全面地表现各种政治力量的对比关系。

注意 ▶ 政治力量对比中，还存在着同一阶级内部不同阶层、派别和集团之间的力量对比。

六、宪法的调整对象

民法调整的是平等主体之间的财产关系和人身关系；刑法调整的是犯罪和刑罚的问题；行政法主要调整的是行政主体行使行政权力过程中产生的社会关系。

与此不同，宪法所调整的社会关系所涉及的领域非常广泛，几乎包括国家和社会生活的各个方面，而且均属于宏观的或者原则性方面的社会关系。但其具有一个非常醒目的特点，即相关主体的一方通常是国家或者国家机关。具体而言，宪法所调整的社会关系可以分为以下几种：

1. 国家与公民之间的关系；
2. 国家与其他社会主体之间的关系；
3. 国家机关之间的关系；
4. 国家机关内部的关系。

第二节 宪法的历史发展

一、近代意义的宪法

因为宪法是民主事实和民主制度的确认和保障，所以近代意义的宪法只能是资产阶级革命的产物，奴隶社会和封建社会不可能产生作为国家根本法的宪法。

法学名言：毛泽东："讲到宪法，资产阶级是先行的；英国也好，法国也好，美国也好，资产阶级都有过革命时期，宪法就是它们在那个时候开始搞起来的。"

（一）近代意义宪法的产生的原因

1. 经济条件	资本主义商品经济普遍化发展
2. 政治条件	资产阶级革命的胜利以及资产阶级国家政权的建立和以普选制、议会制为核心的民主制度的形成
3. 思想基础	资产阶级启蒙思想家提出的民主、自由、平等、人权和法治等理论

（二）现代宪法的发展趋势【增补考点】

注意▶ 1918 年《苏俄宪法》和 1919 年德国《魏玛宪法》的产生，标志着现代宪法的诞生。

1. 对社会制度的安排上，加强行政权力及中央集权的趋势明显。行政权扩大的表现：

①行政权干预立法权；

②紧急命令权；

③委托立法权，即行政机关经委托享有一定的立法权。

2. 随着国家权力进入社会经济和文化生活领域，宪法对经济和文化方面的规定越来越多，并因而在宪法中形成基本经济制度和文化制度，而且内容日益丰富和完备。

3. 宪法越来越重视公民基本权利的保护，主要表现为：

①宪法对经济和文化权利的规定，是对以往只规定政治权利和自由权的发展；

②宪法对社会权利的规定；

③对环境权的规定。

4. 宪法保障加强，建立专门的宪法监督机关成为一种潮流。

5. 宪法发展的国际化趋势进一步扩大，主要表现为：

①对国际法的直接承认和接受；

②对国家主权作有条件的限制；

③人权是国际法的一个重要领域，围绕人权问题签署了许多公约。

6. 宪法形式上的发展趋势，主要表现为：

①宪法渊源的多样化趋势；

②宪法修改比较频繁。

二、宪法的制定（制宪）

（一）制宪主体

1. 人民作为制宪主体是现代宪法发展的基本特点；
2. 最早系统地提出制宪权概念并建立理论体系的是法国大革命时期著名的学者西耶斯，他主张只有国民才享有制宪权；

续表

> 3. 人民作为制宪主体并不意味着人民总是直接参与制宪的过程，而是可能通过各种制宪机构（如宪法起草机关、宪法通过机关等）来完成制宪活动。

（二）制宪权与修宪权

> 1. 修宪权依据制宪权产生，受制宪权约束，不得违背制宪权的基本精神和原则；
> 2. 共同点：根源性的国家权力，能够创造立法权、行政权、司法权等其他具体组织性的国家权力的权力。

（三）我国的宪法制定

> 1. 制宪主体是人民；制宪机关是第一届全国人大第一次全体会议；
> 2. 我国 54 宪法是第一届全国人大第一次全体会议以全国人大公告的形式公布，自通过之日起生效。

三、新中国宪法的产生与发展

（一）《共同纲领》

1949 年 9 月召开了具有广泛代表性的中国人民政治协商会议，制定了起临时宪法作用的《中国人民政治协商会议共同纲领》，具有新民主主义性质。

（二）1954 年宪法

1954 年 9 月，一届人大第一次全体会议在《共同纲领》的基础上制定了我国第一部社会主义类型的宪法。

（三）1975 年宪法

1975 年颁布的第二部宪法是一部内容很不完善并在指导思想上存在错误的宪法。

（四）1978 年宪法

1978 年颁布了第三部宪法，虽然经过两次修改，但从总体上来说仍然不能适应新时期社会发展的需要。

（五）八二宪法

1982 年 12 月 4 日，五届人大第五次会议在全面修改 1978 年宪法的基础上，通过了新中国的第四部宪法，即现行宪法。故而，12 月 4 日被确定为"国家宪法日"。

1. 形式上修改的是 1978 年宪法，但精神上继承和发展了 1954 年宪法。结构方面，除序言外，分为总纲，公民的基本权利和义务，国家机构，国旗、国徽、国歌、首都，共 4 章 138 条。

2. 基本特点：

（1）以四项基本原则为指导思想；

（2）完善国家机构体系，扩大人大常委会职权，恢复设立国家主席；

（3）扩大公民权利和自由范围，恢复人人平等原则，废除领导职务终身制；

（4）确认经济体制改革的成果，发展多种经济形式；

（5）维护国家统一和民族团结，完善民族区域自治制度，设立特别行政区制度；

（6）首次明确规定了修宪提案权；

（7）是第一部以国家根本法的形式对公民的概念进行界定的宪法。54宪法、75宪法和78宪法均没有规定公民的概念。

三、现行宪法的修改

1982年宪法，即现行宪法，经过了四次修改，共产生31条修正案。

注意▶ 宪法经济制度的修改力度最大：1982年宪法除第9条自然资源、第12条公共财产和第18条外贸经济这三条没有修改之外，其他都做了改动。

（一）1988年宪法修正内容

1. 增加规定"国家允许私营经济在法律规定的范围内存在和发展，私营经济是社会主义公有制经济的补充。国家保护私营经济的合法权利和利益，对私营经济实行引导、监督和管理。"
2. 增加规定"土地的使用权可以依照法律规定转让。"

（二）1993年宪法修正内容

1. 增加规定"我国正处在社会主义的初级阶段"、"根据建设有中国特色社会主义的理论"、"坚持改革开放"的规定，建设目标从"高度文明民主"修改为"富强、文明、民主"的社会主义国家；
2. 增加规定"中国共产党领导下的多党合作和政治协商将长期存在和发展"；
3. "国营经济"修改为"国有经济"；
4. 把"农村人民公社、农业生产合作社"修改为"农村中的家庭联产承包为主的责任制"；
5. "计划经济"修改为"国家实行社会主义市场经济。""国家加强经济立法，完善宏观调控。""国家依法禁止任何组织或者个人扰乱社会经济秩序"；
6. 县级人大的任期由3年变为5年。

（三）1999年宪法修正内容

1. 规定"我国将长期处于社会主义初级阶段"、确立了"邓小平理论"的指导思想地位；将"发展社会主义市场经济"作为一项重要的国家任务写进宪法序言；
2. 增加"中华人民共和国实行依法治国，建设社会主义法治国家"；
3. 增加"国家在社会主义初级阶段，坚持以公有制为主体，多种所有制共同发展的基本经济制度，坚持按劳分配为主，多种分配方式并存的分配制度"；
4. 将"以家庭联产承包为主的责任制"改为"农村集体经济组织实行家庭承包经营为基础、统分结合的双层经营体制"；
5. 关于个体经济和私营经济，做出规定"在法律规定范围内的个体经济、私营经济等非公有制经济，是社会主义市场经济的重要组成部分"，"国家保护个体经济、私营经济的合法的权利和利益。国家对个体经济、私营经济实行引导、监督和管理。"
6. 将"反革命活动"修改为"危害国家安全的犯罪活动"。

(四) 2004 年宪法修正内容

1. 在宪法序言中增加"三个代表"这一指导思想；增加"推动物质文明、精神文明和政治文明协调发展"；
2. 在宪法序言关于爱国统一战线组成结构的表述中增加"社会主义事业的建设者"；
3. 将国家的土地征用制度修改为："国家为了公共利益的需要，可以依照法律规定对土地实行征收或者征用并给予补偿"；
4. 国家对非公有制经济的政策在"引导、监督和管理"之外，增加了"鼓励、支持"；
5. 将国家对公民私人财产的政策修改为："公民的合法的私有财产不受侵犯。国家依照法律规定保护公民的私有财产权和继承权。国家为了公共利益的需要，可以依照法律规定对公民的私有财产实行征收或者征用并给予补偿"；
6. 增加："国家建立健全同经济发展水平相适应的社会保障制度"；
7. 增加："国家尊重和保障人权"；
8. 全国人大应有特别行政区的代表；
9. 戒严改为紧急状态；
10. 国家主席增加"进行国事活动"的职权；
11. 地方人大的任期统一为 5 年；
12.《义勇军进行曲》正式成为国歌。

四、中国宪法的发展趋势

随着市场经济体制的确立，在改革推动下的宪法发展有了更为明确的发展趋势。具体而言，主要有以下五种势头：

1. 政府行政权力在客观上将受到一定程度的限制，行政指导在政府对经济管理的过程中将显得日益重要。

（1）立法限制，权力机关通过有关立法赋予企业更多独立自主的经营权，相应地限制了政府习惯性干预企业经营活动的做法；

（2）获得经营自主权的企业，特别是民办企业，对政府不当干预的抵制；

（3）经济组织和企业还可以通过行政诉讼等途径，借助司法监督的权威，对政府的非法干预进行排斥并获得救济；

（4）政府的自律性措施，例如，中央政府对地方政府干预企业经营活动的限制等。

在这种情况下，除必要的宏观调控外，政府的经济职能主要靠政府行之有效的行政指导得以实现。

2. 以人民法院审判权为核心的司法权将得到扩大与加强。

以人民法院独立行使审判权和人民检察院独立行使检察权为内容的司法独立，将会成为一项政治性较强的司法原则。

3. 中国共产党领导的多党合作与政治协商制度在宪政实践中将得到进一步加强和发展。

4. 公民基本权利将得到重大的发展。

（1）财产所有权已经成为公民的一项基本权利；

（2）迁徙自由在条件成熟时，也会成为公民的一项基本的人身自由权。1954 年宪法规定了公民有迁徙自由权，现行宪法从当时的实际情况出发，没有将其列入公民的基本权利。但在市场经济体制下，经济的发展需要自由劳动力，而迁徙自由是自由劳动力不可缺少的条件。

（2）政治权利将进一步得到认同，并更加现实地为公民所实际享有。

5. 宪法监督制度将进一步完善。

（1）进一步健全全国人大及其常委会从事宪法监督的机构和职能；

（2）建立由人民法院审理具体宪法纠纷案件的宪法诉讼制度。

第三节 宪法的基本原则

一、人民主权原则

1. 主权是指国家的最高权力；人民主权是指国家中绝大多数人拥有国家的最高权力。

注意▶ 近代意义的主权观念是博丹（波丹）首创的。博丹认为，主权是公民和臣民之上的最高权力，具有三个特点，即最高性、永久性和不受法律限制性。

2. 典型的代表者是卢梭的思想。人民主权学说的出现是资产阶级反对封建专制主义的锐利思想武器，是资产阶级民主思想的核心。

3. 1776 年美国《独立宣言》宣布了政府的正当权力必须得到被统治者的同意；1789 年法国《人权宣言》宣布整个主权的本原主要寄托于国民。

4. 社会主义国家的宪法一般表述为"一切权力属于人民"，实质上也就是主权在民。

5. 我国宪法中，人民主权的原则具体体现为：人民民主专政、国家的一切权力属于人民、人民代表大会、公民基本权利和义务、选举制度等等。

二、基本人权原则

1. 人权是指作为一个人所应该享有的权利。在本质上属于应有权利、道德权利。当人权与某一个体的人相结合时，则又打上了这个人所处客观社会历史条件的烙印。

2. 17、18 世纪西方资产阶级启蒙思想家最先提出人权口号："天赋人权"学说，强调人人生而享有自由、平等、追求幸福和财产的权利。在资产阶级革命过程中以及革命胜利后，人权口号逐渐被政治宣言和宪法确认为基本原则。

3. 人权在各国宪法文本中有不同的含义与表述方式：要么宪法文本直接规定人权；要么虽不出现人权字眼，但解释上人权表现为基本权利；要么同时出现人权与基本权利的表述，但在实践中主要通过宪法解释方法确定其内涵。

4. 从《共同纲领》开始，我国宪法都规定公民的基本权利与义务，特别是 2004 年"国家尊重和保障人权"入宪之后，基本人权原则表现为国家的基本价值观。

三、法治原则

1. 法治是指统治阶级按照民主原则把国家事务法律化、制度化，并严格依法管理的一种方式。其是相对于人治而言的历史的概念，其核心思想在于依法治理国家，法律面前人人平等，反对任何组织和个人享有法律之外的特权。

法学名言：潘恩："在专制政府中国王便是法律，同样地，在自由国家中，法律便应该成为国王。"

2. 资产阶级革命胜利后，各资本主义国家一般都在其宪法规定和政治实践中贯彻了法治精神，一般都在宪法中宣告法律面前人人平等。二战后，法治概念由形式主义走向实质主义，开始重视法律的内容和目的。

3. 我国宪法在 1999 年修宪时增加规定："中华人民共和国实行依法治国，建设社会主义法治国家。"其中的"法治国家"，既包括实质意义的法治内涵，也包括形式意义的法治要素，是一个综合性的概念。

四、权力制约原则

1. 权力制约原则是指国家权力的各部分之间相互监督、彼此牵制，从而保障公民权利的原则。它既包括公民权利对国家权力的制约，也包括国家权力相互之间的制约。

2. 在资本主义国家的宪法中，权力制约原则主要表现为分权（制衡）原则。分权是把国家权力分为几个部分，分别由几个国家机关独立行使；制衡则是指这几个国家机关在行使权力的过程中，保持一种互相牵制和互相平衡的关系。

3. 而在社会主义国家的宪法中，权力制约原则主要表现为监督原则。

注意 ▶ 监督原则是由第一个无产阶级专政政权巴黎公社首创的。

4. 权力制约原则在我国宪法中的体现：人民对国家权力活动的监督；公民对国家机关及其工作人员的监督权；不同国家机关之间、国家机关内部不同的监督形式等等。

第四节 宪法的作用

一、宪法的一般功能

宪法功能是宪法内容和原则在社会生活中产生的实际效果。宪法发挥功能首先要符合社会发展的客观要求，即具备正当性。正当性是宪法在社会生活中发挥功能的前提，需要在内容、程序与形式上具备正当性。

1. 确认功能	（1）确认宪法赖以存在的经济基础：**确认生产资料的所有制形式；确认并实行一定的经济体制和经济政策**；
	（2）确认国家权力的归属，使统治阶级的统治地位合法化；
	（3）确认法制统一的原则，为法律体系的有机统一和协调发展提供统一的基础；
	（4）确认社会共同体的基本价值目标与原则，为社会共同体的发展提供统一的价值体系。
2. 保障功能	对民主制度和人权的发展提供有效的保障。 **注意▶** 人权保障是最核心的内容与原则。
	直接和间接地规定国家政权的性质；规定国家机关组织和活动的原则。
	对伦理道德也起着保护作用：如我国宪法对精神文明的规定。
3. 限制功能	既是授权法，确立合理地授予国家权力的原则和程序，使国家权力具有合法的基础；
	也是限权法，限制国家权力行使的原则与程序，确定所有公权力活动的界限。
4. 协调功能	以合理的机制平衡利益，寻求多数社会成员普遍认可的规则，以此作为社会成员普遍遵循的原则；
	保护少数人利益，并规定了相应的救济制度。

二、宪法在社会主义法治国家建设中的作用

2011年，一个以宪法为统帅，以宪法相关法、民商法、行政法、经济法、社会法、刑法、诉讼法和非诉程序法等七个法律部门的法律为主干，由法律、行政法规、地方性法规等多个层次的法律规范构成的中国特色社会主义法律体系已经形成。

1. 对于立法	（1）确立了法律体系的基本目标
	（2）确立了立法的统一基础
	（3）科学的法律体系的建立是实现宪法原则的基本形式之一
	（4）规定了解决法律体系内部冲突的基本机制
	（5）宪法是立法体制发展与完善的基础与依据
2. 对于执法	宪法是执法的基础和原则，一切执法活动不得违宪。首先表现在对法律人宪法意识的培养，即以宪法的理念与知识为基础培养法官、检察官、律师等法律人才的宪法思维。
3. 对于司法	（1）宪法是审判权和检察权的来源，是法院和检察院活动的基本原则
	（2）宪法和法律规定了司法机关进行活动的基本原则
	（3）法官和检察官的宪法意识对法治的发展产生重要影响
4. 对于守法	守法首先要遵守宪法。因为依法治国首先要依宪治国，依法执政首先要依宪执政。

第五节 宪法的渊源与宪法典的结构

一、宪法的渊源

所谓的宪法渊源就是宪法的表现形式。一国的宪法采哪些渊源形式，取决于其本国的历史传统和现实政治状况等综合因素。

1. 宪法典	绝大多数国家采用，将一国最根本、最重要的问题由统一的法律文书加以明确规定。
2. 宪法性法律	（1）不成文宪法国家，国家最根本的问题由多部单行法律文书予以规定，制定和修改的机关和程序与普通法律相同。
	（2）成文宪法国家，既有根本法意义上的宪法，又有部门法意义上的宪法，即国家立法机关为实施宪法而制定的涉及宪法问题的法律。
3. 宪法惯例	宪法条文虽无明确规定，但在实际政治生活中已经存在，并为国家机关、政党及公众所普遍遵循，且与宪法具有同等效力的习惯或传统。（1）其无具体法律形式，散见于法院的判例及政治实践之中；（2）内容涉及最根本的宪法问题；（3）依靠公众舆论而非国家强制力保障实施。
4. 宪法判例	（1）宪法条文无明文规定，而由司法机关在审判实践中逐步形成并具有实质性宪法效力的判例。（2）在不成文宪法国家，法律没有明文规定的前提下，判决乃是宪法的表现形式。（3）某些成文法国家，法院享有宪法解释权，其判决对下级法院具有拘束力。
5. 国际条约 国际习惯	国际条约是国际法主体之间就权利义务关系缔结的一种书面协议，其宪法上的效力取决于各个国家的参与和认可。

经典论述：【法】勒内·达维德："如果局限于考虑严谨的法而不顾'宪法惯例'，即不顾理论上虽不承认其具有'法律'的性质但统治着英国政治生活的习惯，那就是以一种荒谬的方式描述英国宪法。"

注意▶我国不存在宪法判例，但存在宪法惯例。我国目前的宪法惯例主要有：人大往往和政协同时举行会议；有关国家重大问题的决策，形成了先由政协及各民主党派和各人民团体进行协商、讨论，再由国家权力机关依法决定的惯例；由全国人大主席团公布宪法修正案等等。

二、宪法典的结构

宪法结构乃是宪法内容的组织和排列方式。综观世界各国宪法就宪法典的总体结构而言，一般包括序言、正文、附则三大部分。

（一）序言

1. 宪法序言是写在宪法条文前面的陈述，以表达本国宪法发展的历史、国家的基本政策和发展方向。

2. 序言内容的基本特点是体现了宪法基本理念和精神。宪法序言是宪法精神和内容的高度概括，其内容大体上包括：揭示制定宪法的机关和依据；揭示制定宪法的基本原则；揭示制定宪法的目的和价值体系等。

3. 我国宪法序言主要包括如下内容：

（1）历史发展的叙述；

（2）国家的根本任务；

（3）国家的基本国策；

▶注意▶

1. 我国宪法在序言规定："台湾是中华人民共和国的神圣领土的一部分。完成统一祖国的大业是包括台湾同胞在内的全中国人民的神圣职责。"这一表述意味着宪法明确了台湾是中国领土的一部分，宪法效力涉及包括台湾在内的所有中国领土。

2. 我国现行宪法文本没有规定宪法与条约的关系，但宪法序言表明了基本的原则，即我国以和平共处五项基本原则为基础，发展同各国的外交关系和经济、文化的交流。

（4）规定了宪法的根本法地位和最高效力。

相关法条

《宪法》

序言第十三自然段 本宪法以法律的形式确认了中国各族人民奋斗的成果，规定了国家的根本制度和根本任务，是国家的根本法，具有最高的法律效力。全国各族人民、一切国家机关和武装力量、各政党和各社会团体、各企业事业组织，都必须以宪法为根本的活动准则，并且负有维护宪法尊严、保证宪法实施的职责。

（二）宪法正文

1. 宪法正文是宪法典的主要部分，具体规定宪法基本制度和权力体系的安排，是宪法的主体内容。

2. 正文的内容一般包括：社会制度和国家制度的基本原则；公民和国家的关系，即基本权利和义务；国家机构；国家标志等。

3. 我国现行宪法正文的排列顺序是：总纲、公民的基本权利与义务、国家机构以及国旗、国歌、国徽、首都。

（三）附则

1. 宪法的附则是指宪法对于特定事项需要特殊规定而作出的附加条款。名称有的叫暂行条款、过渡条款；有的叫特别条款、临时条款等。

2. 附则的法律效力与一般条文相同，但有两大特点：一是特定性：只对特定的条文或事项适用；二是临时性：只对特定的时间或情况适用。

3. 我国现行宪法没有规定附则。

第六节 宪法规范

一、宪法规范的概念

宪法规范是宪法最基本的要素，是由国家制定或认可的、宪法主体参与国家和社会生活最基本社会关系的行为规范。

二、宪法规范的主要特征

1. 根本性	只规定国家生活中的根本性问题。
2. 最高性	地位和效力高于其他法律规范，是其他法律规范的制定依据，与其抵触无效。
3. 原则性	只规定有关问题的基本原则，文字表述非常简明概括；通过解释、裁判以及部门法中的相应规范得以具体化。在我国，虽然宪法不能在司法实践中被直接适用，但宪法的理念和精神可以通过部门法的适用来间接地实现。
4. 纲领性	明确表达对未来目标的追求，确认了国家的发展目标和宏观发展思路。
5. 稳定性	作为根本大法，关系到国家和社会的稳定，因此宪法规范必须具有相对稳定性。

经典论述：刘少奇："宪法不去描画将来在社会主义社会完全建成以后的状况，但是为了反映现在的真实状况，就必须反映正在现实生活中发生着的变化以及这种变化所趋向的目标。如果不指明这个目标，现实生活中的许多事情就不可理解。我们的宪法所以有一部分条文带有纲领性，就是因为这个缘故。"

注意▶宪法规范也具有制裁性。

二、宪法规范的分类

根据宪法规范的性质与调整形式，宪法规范一般分为如下几种：

（一）确认性规范

1. 确认性规范是对已经存在的事实（具体的宪法制度和权力关系）的认定，以肯定性规范的存在为主要特征。如我国宪法总纲第 1 条规定我国的国体。

2. 确认性规范依其作用的特点，又可分为宣言性规范、调整性规范（主要涉及国家基本政策的调整）、组织性规范（主要涉及国家政权机构的建立与具体职权范围）、授权性规范等形式。

（二）禁止性规范

1. 禁止性规范是指对特定主体或行为的一种限制，也称其为强行性规范，集中反映了宪法的法的属性。

2. 禁止性规范主要以"禁止"、"不得"等形式表现，如我国宪法第65条规定，全国人民代表大会常务委员会组成人员不得担任国家行政机关、审判机关和检察机关的职务。有时也表现为对某种行为的要求规范，如公检法办理刑事案件，应当分工负责、互相配合的规定。

注意 ▶ 大量使用确认性规范是宪法在规定内容上的特色。而且，在宪法中，确认性规范和禁止性规范往往是一并使用的，并且一般先以确认性规范明确于前，再以禁止性规范禁止于后。比如，现行宪法第4条规定："中华人民共和国各民族一律平等。国家保障各少数民族的合法的权利和利益，维护和发展各民族的平等、团结、互助关系。禁止对任何民族的歧视和压迫，禁止破坏民族团结和制造民族分裂的行为。"

（三）权利性规范与义务性规范

1. 权利性规范与义务性规范主要是在调整公民基本权利与义务的过程中形成的，同时为行使权利与履行义务提供依据。

2. 从我国宪法的规定看，权利性与义务性规范具体有下列三种形式：权利性规范、义务性规范、权利性与义务性规范相互结合为一体（如劳动和受教育）。

注意 ▶ 权利性规范与义务性规范相互结合为一体，这是我国宪法的鲜明特色，主要被运用于两个方面：其一，在宪法规定公民劳动和受教育的权利义务时；其二，在授予国家机关职权时，职权本身就包含着权利和义务两方面的内容。

（四）程序性规范

1. 程序性规范具体规定宪法制度运行过程的程序，主要涉及国家机关活动程序方面的内容。

2. 程序性规范主要有两种表现形式：一是直接的程序性规范，如宪法修改程序的规定；二是间接的程序性规范，即宪法本身不做具体规定，而是通过法律保留形式规定具体程序。

第七节 宪法效力

一、宪法效力的概念

1. 所谓宪法效力是宪法作为法律规范所发挥的约束力与强制性。宪法效力具有最高性和直接性的特点。在整个法律体系中，宪法的效力是最高的，不仅成为立法的基础，同时对立法行为与依据宪法进行的各种行为产生直接的拘束力。

2. 宪法之所以具有最高法律效力首先是宪法具有正当性基础，即宪法是社会共同体基本规则，是社会多数人共同意志的最高体现。其基础在于：

（1）宪法制定权的正当性；

（2）宪法内容的合理性；

（3）宪法程序的正当性。

二、宪法效力的表现

（一）宪法对人的适用

1. 宪法首先适用于自然人，包括所有中国公民（包括华侨），不管公民生活在国内还是国外；特定条件下，外国人和法人也可成为基本权利主体。

注意 ▶ 外国人包括拥有外国国籍的人，也包括无国籍人和国籍不明的人。

2. 关于国籍

（1）国籍的取得主要有两种方式：一种是因出生而取得，叫做原始国籍（出生国籍）；另一种是加入国籍，叫做继有国籍。对因出生而取得国籍问题，各国通常采用三种原则：一是血统主义（血缘主义）原则；二是出生地主义原则；三是混合主义原则。

①对于出生国籍，我国采取出生地主义和血统主义相结合的原则；

②当事人申请加入国籍是以继有国籍方式获得我国国籍的唯一方法。

受理国籍申请的机关	国内：当地市、县公安局	国外：中国外交代表机关和领事机关
审批机关	公安部审批并发给证书	

注意 ▶ 除自动丧失中国国籍外，加入、退出或恢复中国国籍，一般均要申请并获得批准。

（3）我国《国籍法》不承认双重国籍；

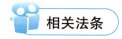

国籍法

第三条 中华人民共和国不承认中国公民具有双重国籍。

第四条 父母双方或一方为中国公民，本人出生在中国，具有中国国籍。

第五条 父母双方或一方为中国公民，本人出生在外国，具有中国国籍；但父母双方或一方为中国公民并定居在外国，本人出生时即具有外国国籍的，不具有中国国籍。

第六条 父母无国籍或国籍不明，定居在中国，本人出生在中国，具有中国国籍。

第七条 外国人或无国籍人，愿意遵守中国宪法和法律，并具有下列条件之一的，可以经申请批准加入中国国籍：

一、中国人的近亲属；

二、定居在中国的；

三、有其他正当理由。

第八条 申请加入中国国籍获得批准的，即取得中国国籍；被批准加入中国国籍的，不得再保留外国国籍。

第九条　定居外国的中国公民，自愿加入或取得外国国籍的，即自动丧失中国国籍。

第十二条　国家工作人员和现役军人，不得退出中国国籍。

第十五条　受理国籍申请的机关，在国内为当地市、县公安局，在国外为中国外交代表机关和领事机关。

第十六条　加入、退出和恢复中国国籍的申请，由中华人民共和国公安部审批。经批准的，由公安部发给证书。

3. 外国人

（1）外国人包括外国公民和无国籍人；

（2）我国宪法在第 32 条第 1 款对中国境内的外国人的法律地位作了专门规定："中华人民共和国保护在中国境内的外国人的合法权利和利益，在中国境内的外国人必须遵守中华人民共和国的法律。"

（3）《宪法》第 32 条第 2 款："中华人民共和国对于因为政治原因要求避难的外国人，可以给予受庇护的权利。"

注意▶①受庇护只能基于政治原因，不能基于刑事犯罪。

②对于申请避难的外国人，我国政府可以给予，也可以不给予受庇护权。

（三）宪法对领土的效力

1. 领土包括一国的陆地、河流、湖泊、内海、领海以及其底床、底土、领空，是主权国管辖的全部疆域。领土是国家的构成要素之一，是国家行使主权的空间，也是国家行使主权的对象。

2. 任何一个主权国家的宪法的空间效力都及于国土的所有领域，这是由主权的唯一性和不可分割性决定的。

3. 我国的宪法当然适用于港澳台地区。由于宪法本身的综合性和价值多元性，宪法在不同领域（民族自治区、特别行政区）的适用上当然是有所差异的，但这种区别绝不是说宪法在某些区域有效力而有些区域没有效力。易言之，宪法作为整体的效力及于我国所有领域。

三、宪法与条约的关系

1. 在宪法与条约的关系上，各国规定不尽相同：有的规定条约高于宪法；有的规定宪法高于条约。

2. 我国现行宪法文本没有规定宪法与条约关系，但从宪法序言中可以看出其基本的原则，即我国以和平共处五项原则为基础，发展同各国的外交关系和经济、文化的交流。中国政府认真履行条约义务，积极提交履约报告，充分发挥国际人权条约在促进和保护本国人权方面的积极作用。

第二章

国家的基本制度（上）

第一节 人民民主专政制度

一、我国的国家性质

我国现行宪法第1条规定："中华人民共和国是工人阶级领导的、以工农联盟为基础的人民民主专政的社会主义国家，社会主义制度是中华人民共和国的根本制度，禁止任何组织或者个人破坏社会主义制度。"

注意▶人民代表大会制度是我国的根本政治制度。

1. 这表明我国的国家性质是社会主义。
2. 宪法从人民民主专政的国家政权、社会主义经济制度以及社会主义文化制度三个方面全面反映了我国的社会主义性质。

二、人民民主专政的内涵和性质

	工人阶级掌握国家政权、成为领导力量是根本标志
1. 具体内涵	以工农联盟为阶级基础
	是对人民民主和对敌人专政的统一

续表

2. 性质：无产阶级专政	人民民主专政是马克思主义国家理论同中国社会的实际相结合的产物，比无产阶级专政的提法更符我国革命和政权建设的历史和现实状况
	人民民主专政发展了马列主义关于无产阶级专政的理论，因此无产阶级专政的概念不能准确、恰当地涵盖人民民主专政的一些新内涵
	人民民主专政比较直观地反映了我国政权对人民民主、对敌人专政两方面

三、我国人民民主专政的主要特色

1. 中国共产党领导的多党合作和政治协商制度	◆ 地位：人民民主专政突出的特点和优点
	中共是社会主义事业的领导核心，是执政党；各民主党派是接受领导的、同中共通力合作、共同致力于社会主义事业的亲密友党，是参政党。 注意▶各民主党派不是反对党、在野党。
	◆ 中共是政治领导，即政治原则、政治方向和重大方针政策的领导
	◆ 合作的政治基础：坚持党的领导、坚持四项基本原则
	◆ 合作的基本方针：长期共存、互相监督、肝胆相照、荣辱与共
2. 爱国统一战线	• 构成：由中共领导，各民主党派和人民团体参加，包括社会主义劳动者、社会主义事业的建设者、拥护社会主义的爱国者和拥护祖国统一的爱国者
	• 任务：1. 建设富强民主文明的现代化国家；2. 完成统一大业；3. 维护世界和平
	• 组织形式：中国人民政治协商会议

注意▶从本质上讲，政协不是国家机关，但是，政协也不同于一般的人民团体，它同我国国家权力机关的活动有着极为密切的联系。全国人民代表大会召开会议的时候，一般均吸收中国人民政治协商会议全国委员会的委员列席，听取政府工作报告或参加对某项问题的讨论；在必要的时候，全国人大常委会和政协全国常委会可以举行联席会议商讨有关事项等等。

第二节 国家的基本经济制度

一、经济制度的概念

1. 经济制度是指一国通过宪法和法律调整以生产资料所有制形式为核心的各种基本经济关系的规则、原则和政策的总称，包括生产资料所有制形式、各种经济成分的相互关系及其宪法地位、国家发展经济的基本方针、基本原则等内容。

2. 自德国魏玛宪法以来，经济制度成为现代宪法的重要内容之一。

注意▶1918年的苏俄宪法第一次系统规定了经济制度，扩大了宪法的调整范围。《被剥削劳动人民权利宣言》是其第一篇，由列宁起草。

二、社会主义市场经济体制

（一）有中国特色的社会主义市场经济体制

1. 在国家宏观调控下，市场对资源配置起基础作用的经济体制，是社会主义基本制度和市场经济的结合	
2. 有市场经济的共性：经济活动市场化、企业经营自主化、政府调节间接化、经济运行法制化	
3. 社会主义市场经济的特征	（1）所有制结构：公有制为主体、多种所有制经济平等竞争、共同发展
	（2）分配制度：按劳分配为主体，多种分配方式并存，效率优先，兼顾公平
	（3）宏观调控：国家把当前利益和长远利益、局部利益和整体利益结合起来，发挥计划和市场的各自长处

相关法条

《宪法》

第十五条 国家实行社会主义市场经济。

国家加强经济立法，完善宏观调控。

国家依法禁止任何组织或者个人扰乱社会经济秩序。

第十六条 国有企业在法律规定的范围内有权自主经营。

国有企业依照法律规定，通过职工代表大会和其他形式，实行民主管理。

第十七条 集体经济组织在遵守有关法律的前提下，有独立进行经济活动的自主权。

集体经济组织实行民主管理，依照法律规定选举和罢免管理人员，决定经营管理的重大问题。

第十四条 国家通过提高劳动者的积极性和技术水平，推广先进的科学技术，完善经济管理体制和企业经营管理制度，实行各种形式的社会主义责任制，改进劳动组织，以不断提高劳动生产率和经济效益，发展社会生产力。

国家厉行节约，反对浪费。

国家合理安排积累和消费，兼顾国家、集体和个人的利益，在发展生产的基础上，逐步改善人民的物质生活和文化生活。

国家建立健全同经济发展水平相适应的社会保障制度。

（二）社会主义公有制是我国经济制度的基础

1. 所有制结构

以公有制为主体，多种所有制经济平等竞争，共同发展。2013年11月12日，《中共中央关于全面深化改革若干重大问题的决定》强调指出："公有制为主体、多种所有制经济共同发展的基本经济制度，是中国特色社会主义制度的重要支柱，也是社会主义市场经济体制的根基。"

社会主义经济制度的基础	生产资料社会主义公有制	
	全民所有制经济（国有经济）	集体所有制经济（城乡合作经济）
地位	国民经济中的**主导力量**	国民经济的**基础力量**
国家政策	保障其巩固和发展	保护合法权益，鼓励、指导和帮助其发展
构成	**主要部分**：国有企业、国有自然资源； **重要组成部分**：全民单位的财产	农村中生产、供销、信用和消费等形式的合作经济；城镇中手工业、工业、建筑业、运输业、商业、服务业等行业的各种形式的合作经济
自然资源	矿藏、水流、城市的土地	宅基地、自留山、自留地
	森林、山岭、草原、荒地、滩涂等；农村和城市郊区的土地	

注意 ▶《香港特别行政区基本法》第7条规定："香港特别行政区境内的土地和自然资源属于国家所有，由香港特别行政区政府负责管理、使用、开发、出租或批给个人、法人或团体使用或开发，其收入全归香港特别行政区政府支配。"

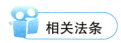

《宪法》

第六条 中华人民共和国的社会主义经济制度的基础是生产资料的社会主义公有制，即全民所有制和劳动群众集体所有制。社会主义公有制消灭人剥削人的制度，实行各尽所能、按劳分配的原则。

国家在社会主义初级阶段，坚持公有制为主体、多种所有制经济共同发展的基本经济制度，坚持按劳分配为主体、多种分配方式并存的分配制度。

第七条 国有经济，即社会主义全民所有制经济，是国民经济中的主导力量。国家保障国有经济的巩固和发展。

第八条 农村集体经济组织实行家庭承包经营为基础、统分结合的双层经营体制。农村中的生产、供销、信用、消费等各种形式的合作经济，是社会主义劳动群众集体所有制经济。参加农村集体经济组织的劳动者，有权在法律规定的范围内经营自留地、自留山、家庭副业和饲养自留畜。

城镇中的手工业、工业、建筑业、运输业、商业、服务业等行业的各种形式的合作经济，都是社会主义劳动群众集体所有制经济。

国家保护城乡集体经济组织的合法的权利和利益，鼓励、指导和帮助集体经济的发展。

第九条 矿藏、水流、森林、山岭、草原、荒地、滩涂等自然资源，都属于国家所有，即全民所有；由法律规定属于集体所有的森林和山岭、草原、荒地、滩涂除外。

国家保障自然资源的合理利用，保护珍贵的动物和植物。禁止任何组织或者个人用任何手段侵占或者破坏自然资源。

第十条 城市的土地属于国家所有。

农村和城市郊区的土地，除由法律规定属于国家所有的以外，属于集体所有；宅基地和自留地、自留山，也属于集体所有。

国家为了公共利益的需要，可以依照法律规定对土地实行征收或者征用并给予补偿。

任何组织或者个人不得侵占、买卖或者以其他形式非法转让土地。土地的使用权可以依照法律的规定转让。

一切使用土地的组织和个人必须合理地利用土地。

2. **分配制度**

实行以按劳分配为主体，多种分配方式并存，效率优先、兼顾公平。2013年2月3日，国务院批转了《关于深化收入分配制度改革的若干意见》，要求初次分配和再分配都要兼顾效率和公平，初次分配要注重效率，创造机会公平的竞争环境，维护劳动收入的主体地位；再分配要更加注重公平，提高公共资源配置效率，缩小收入差距。

（三）非公有制经济是社会主义市场经济的重要组成部分

1. **构成**：劳动者个体经济（个体工商户）、私营经济（存在雇佣劳动关系的独资企业、合伙企业和有限责任公司）、三资企业（中外合资、中外合作和外商独资企业）

2. **地位**：在法律规定范围内的个体经济、私营经济等非公有制经济，是社会主义市场经济的重要组成部分。

3. **国家政策**：保护个体经济、私营经济等非公有制经济的合法的权利和利益。国家鼓励、支持和引导非公有制经济的发展，并对非公有制经济依法实行监督和管理。

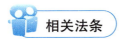

《宪法》

第十一条 在法律规定范围内的个体经济、私营经济等非公有制经济，是社会主义市场经济的重要组成部分。

国家保护个体经济、私营经济等非公有制经济的合法的权利和利益。国家鼓励、支持和引导非公有制经济的发展，并对非公有制经济依法实行监督和管理。

第十八条 中华人民共和国允许外国的企业和其他经济组织或者个人依照中华人民共和国法律的规定在中国投资，同中国的企业或者其他经济组织进行各种形式的经济合作。

在中国境内的外国企业和其他外国经济组织以及中外合资经营的企业，都必须遵守中华人民共和国的法律。它们的合法的权利和利益受中华人民共和国法律的保护。

三、国家保护社会主义公共财产和公民合法私有财产

（一）社会主义公共财产的宪法保障

《宪法》

第十二条 社会主义的公共财产神圣不可侵犯。

国家保护社会主义的公共财产。禁止任何组织或者个人用任何手段侵占或者破坏国家的和

集体的财产。

第九条第二款 国家保障自然资源的合理利用，保护珍贵的动物和植物。禁止任何组织或者个人用任何手段侵占或者破坏自然资源。

（二）公民合法私有财产权的宪法保障

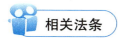

《宪法》

第十三条 公民的合法的私有财产不受侵犯。

国家依照法律规定保护公民的私有财产权和继承权。

国家为了公共利益的需要，可以依照法律规定对公民的私有财产实行征收或者征用并给予补偿。

注意▶征收征用公民的私有财产的三个条件：①为了公共利益需要；②法律保留，只能依照法律的规定，不能依据法规、规章；③要给予补偿，不能是无偿的，也不是赔偿。

第三节 国家的基本文化制度

一、文化制度的概念与特点

文化制度是国家通过宪法和法律调整以意识形态为核心的各种基本关系的规则、原则和政策的综合，主要包括教育事业，科技事业，文学艺术事业，广播电影电视事业，新闻出版事业，文物事业，图书馆事业以及社会意识形态等方面。

二、文化制度的特点

1. 阶级性。
2. 历史性。
3. 民族性。

三、文化制度在各国宪法中的表现

近代意义的宪法产生以来，文化制度便成为宪法不可缺少的重要内容，但各国宪法在不同时期的规定有很大差异。

（一）早期资产阶级宪法对文化制度规定的特点

1. 内容狭窄，只限于著作权、教育等方面；
2. 大多从公民权利角度间接地反映文化制度的某些内容，对国家发展文化的政策规定比较少；

3. 社会意识形态的基本原则大多来自资产阶级启蒙思想家的自然法学说，强调人民主权、天赋人权、人生而平等，鼓吹资产阶级政治哲学和道德理想。

(二) 垄断资本主义时期宪法文化制度的特点

1919年德国魏玛宪法不仅详尽地规定了公民的文化权利，而且还明确地规定了国家的基本文化政策。这部宪法第一次比较全面系统地规定了文化制度，后为许多资本主义国家宪法所效仿。这一时期的文化制度的特点体现为：

1. 内容广泛具体，涉及教育、科学、文化、艺术、语言、意识形态、学术等各方面；

2. 直接明确规定国家的基本文化政策；

3. 社会意识形态的基本原则反映了时代特点，因而强调福利国家、全民国家思想。

(三) 早期社会主义宪法一般都宣布社会主义文化是大众文化，并重视对公民受教育权和国家教育制度的规定；

(四) 二战之后，世界各国宪法关于文化制度的规定更加丰富和完善，大体包括了三个类型：资本主义文化制度、社会主义文化制度和民族民主主义文化制度。

四、我国宪法关于基本文化制度的规定

(一) 教育事业

《宪法》

第十九条 国家发展社会主义的教育事业，提高全国人民的科学文化水平。

国家举办各种学校，普及初等义务教育，发展中等教育、职业教育和高等教育，并且发展学前教育。

国家发展各种教育设施，扫除文盲，对工人、农民、国家工作人员和其他劳动者进行政治、文化、科学、技术、业务的教育，鼓励自学成才。

国家鼓励集体经济组织、国家企业事业组织和其他社会力量依照法律规定举办各种教育事业。

国家推广全国通用的普通话。

(二) 科学事业

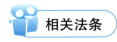

《宪法》

第二十条 国家发展自然科学和社会科学事业，普及科学和技术知识，奖励科学研究成果和技术发明创造。

(三)文学艺术及其他文化事业

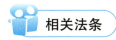

《宪法》

第二十二条 国家发展为人民服务、为社会主义服务的文学艺术事业、新闻广播电视事业、出版发行事业、图书馆博物馆文化馆和其他文化事业，开展群众性的文化活动。

国家保护名胜古迹、珍贵文物和其他重要历史文化遗产。

第二十一条第二款 国家发展体育事业，开展群众性的体育活动，增强人民体质。

(四)国家开展公民道德教育

公民道德教育是国家文化建设的基础，并对整个国家文化制度的发展方向具有决定性的意义。

1. 普及理想、道德、文化、纪律和法制教育，培养"四有"公民；
2. 提倡"五爱"教育，树立和发扬社会公德；
3. 进行马克思主义教育，反对腐朽思想。

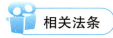

《宪法》

第二十四条 国家通过普及理想教育、道德教育、文化教育、纪律和法制教育，通过在城乡不同范围的群众中制定和执行各种守则、公约，加强社会主义精神文明的建设。

国家提倡爱祖国、爱人民、爱劳动、爱科学、爱社会主义的公德，在人民中进行爱国主义、集体主义和国际主义、共产主义的教育，进行辩证唯物主义和历史唯物主义的教育，反对资本主义的、封建主义的和其他的腐朽思想。

第四节 国家的基本社会制度

社会制度是国家制度中的基本组成部分，是相对于政治制度、经济制度、文化制度、生态制度而言的，为保障社会成员基本的生活权利，以及为营造公平、安全、有序的生活环境而建构的制度体系。

一、社会制度的特征

1. 社会制度以维护平等为基础	
2. 社会制度以保障公平为核心	（1）以其相应的价值体系与规则体系引领与营造公平的社会环境形成；
	（2）以其弱势群体扶助制度体系的建构促进社会实质公平的形成；
	（3）以其相应的收入再分配调节机制，在一定程度上缩小差别，促进相对分配公平的实现。

续表

3. 社会制度以捍卫和谐稳定的法治秩序为关键	（1）对社会治安、社会安全的捍卫；
	（2）对社会人口及其结构的调节；
	（3）对社会矛盾的引导和化解；
	（4）社会公平正义的环境的形成。

二、我国宪法关于基本社会制度的规定

1. 社会保障制度（狭义的社会制度）	（1）国家建立健全同经济发展水平相适应的社会保障制度。
	（2）公民在年老、疾病或者丧失劳动能力的情况下，有从国家和社会获得物质帮助的权利。国家发展为公民享受这些权利所需要的社会保险、社会救济和医疗卫生事业。
	（3）国家和社会保障残废军人的生活，抚恤烈士家属，优待军人家属。
	（4）国家和社会帮助安排盲、聋、哑和其他有残疾的公民的劳动、生活和教育。
	（5）妇女在政治的、经济的、文化的、社会的和家庭的生活等各方面享有同男子同等的权利；国家保护妇女的权利和利益，实行男女同工同酬，培养和选拔妇女干部。
	（6）婚姻、家庭、母亲和儿童受国家的保护。
2. 医疗卫生事业	国家发展医疗卫生事业，发展现代医药和我国传统医药，鼓励和支持农村集体经济组织、国家企业事业组织和街道组织举办各种医疗卫生设施，开展群众性的卫生活动，保护人民健康。
3. 劳动保障制度	（1）国家通过各种途径，创造劳动就业条件，加强劳动保护，改善劳动条件，并在发展生产的基础上，提高劳动报酬和福利待遇。
	（2）国家提倡社会主义劳动竞赛，奖励劳动模范和先进工作者，国家提倡公民从事义务劳动。
	（3）国家对就业前的公民进行必要的劳动就业训练。
4. 社会人才培养制度	国家培养为社会主义服务的各种专业人才，扩大知识分子的队伍，创造条件，充分发挥他们在社会主义现代化建设中的作用。
5. 计划生育制度	国家推行计划生育，使人口的增长同经济和社会发展计划相适应。
6. 社会秩序及安全维护制度	（1）国家维护社会秩序，镇压叛国和其他危害国家安全的犯罪活动，制裁危害社会治安、破坏社会主义经济和其他犯罪的活动，惩办和改造犯罪分子。
	（2）武装力量属于人民。它的任务是巩固国防，抵抗侵略，保卫祖国，保卫人民的和平劳动，参加国家建设事业，努力为人民服务。国家加强武装力量的革命化、现代化、正规化的建设，增强国防力量。

第三章

国家的基本制度（下）

第一节 人民代表大会制度

一、政权组织形式的概念与种类

政权组织形式是指掌握国家权力的阶级组织国家机关以实现其阶级统治的形式。

（一）资本主义国家的政权组织形式

政权组织形式的类型		特点	典型国家
君主制	1. 二元君主立宪制	以君主为核心，君主在国家机关体系中发挥主导作用；君主的权力受到宪法和议会的限制虽然存在，但是限制力很小。君主可任命部分议员；法律需经其同意才能生效；内阁只是其咨询机构等。	约旦、沙特阿拉伯等极少数国家
	2. 议会君主立宪制	君主权力受到宪法和议会的严格限制，君主只行使一些形式上的或者礼仪性的职权，对其他机构没有实际控制能力。	英国、西班牙和日本
共和制	1. 总统制	总统既是国家元首，又是政府首脑；由选举产生、对选民负责；议会无权通过不信任投票迫使总统辞职，总统也无权解散议会。	美国
	2. 议会共和制	议员由选举产生，获得议会多数席位的政党组织政府，议会和政府相互渗透，政府成员一般由议员兼任；议会以不信任投票迫使政府辞职，政府可以解散议会。	意大利

			续表
共和制	3. 委员会制	最高国家行政机关是一个委员会,成员由众议院选举产生,总统(行政首长)由委员会成员轮流担任,任期一年,不得连任;议会不能提出不信任案,委员会也无权解散议会。	瑞士
	4. 半总统半议会制	总统是国家元首,拥有任免总理、主持内阁会议、颁布法律、统帅武装部队等大权;总理是政府首脑,对议会负责;议会可通过不信任投票迫使总理向总统提出政府辞职。	1958年后的法国

(二) 社会主义国家的政权组织形式

社会主义国家普遍采取人民代表制的政权组织形式,即由选民选举代表组成行使国家权力的人民代表机关;各级国家行政机关和其他国家机关由同级人民代表机关选举产生,对它负责,受它监督;人民代表机关在整个国家机关体系中居于主导地位。

二、我国的政权组织形式

(一) 人民代表大会制度的基本内容

1. 逻辑起点是主权在民,人民主权构成人民代表大会制度最核心的基本原则
2. 人民掌握和行使国家权力的组织形式和制度:各级人民代表大会
3. 人大代表由人民选举、受人民监督
4. 各级人大是国家权力机关,其他国家机关由人大选举产生,对其负责、受其监督

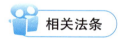

相关法条

《宪法》

第二条 中华人民共和国的一切权力属于人民。

人民行使国家权力的机关是全国人民代表大会和地方各级人民代表大会。

人民依照法律规定,通过各种途径和形式,管理国家事务,管理经济和文化事业,管理社会事务。

第三条 中华人民共和国的国家机构实行民主集中制的原则。

全国人民代表大会和地方各级人民代表大会都由民主选举产生,对人民负责,受人民监督。

国家行政机关、审判机关、检察机关都由人民代表大会产生,对它负责,受它监督。

中央和地方的国家机构职权的划分,遵循在中央的统一领导下,充分发挥地方的主动性、积极性的原则。

(二) 人民代表大会制度的性质

1. 我国的根本政治制度	(1) 组成:各级人大都由人民代表组成,而代表都是根据人民的意志选举产生
	(2) 职权:人大代表人民行使广泛的国家权力
	(3) 责任:向人民负责,受人民监督

续表

2. 我国实现社会主义民主的基本形式	（1）人大制度是人民行使当家作主权利、实现社会主义民主的一种基本形式
	（2）在各种实现民主的形式中，人大制度居于最重要地位，其他形式都受限制

第二节 选举制度

一、选举制度的概念

1. 选举制度是一国统治阶级通过法律规定的关于选举国家代议机关代表的原则、程序与方法等各项制度的总称。

2. 近代选举制度的三个特点：

（1）被选举者往往是代议机关的代表或议员；

（2）形式上采用普选制；

（3）有一套比较完整的法律规范。

3. 在我国，选举制度主要指的是选举全国人大和地方各级人大代表的组织、原则、程序以及方式方法的制度。

我国现行《选举法》制定于 1979 年，经过 1982 年、1986 年、1995 年、2004 年、2010、2015 年六次修正。其中 1982 年、1995 年和 2010 年三次修正涉及对城乡代表名额分配比例的修改。

注意▶ 在我国，全国人大和地方各级人大的选举经费，列入财政预算，由国库开支。

新增考点 公民参加各级人大代表的选举，不得直接或者间接接受境外机构、组织、个人提供的与选举有关的任何形式的资助。否则，不列入代表候选人名单；已经列入代表候选人名单的，从名单中除名；已经当选的，其当选无效。

二、我国选举制度的基本原则

（一）普遍性

1. 基本条件

（1）公民；
（2）年满 18 周岁；
（3）未被剥夺政治权利。

2. 不能行使选举权的情况

（1）精神病患者不能行使选举权利的，经选举委员会确认，不列入选民名单；

（2）因犯危害国家安全罪或其他严重刑事犯罪被羁押、正在受侦查、起诉、审判的人，经法院或检察院决定，在被羁押期间停止行使选举权利。

3. 行使选举权的特别情况

（1）被判处有期徒刑、拘役、管制而未被剥夺政治权利的；	由选举委员会和执行监禁、羁押、拘留的机关共同决定，可以在流动票箱投票，或者委托有选举权的亲属或者其他选民代为投票。被判处拘役、受拘留处罚的人也可以在选举日回原选区参加选举。
（2）被羁押，正在受侦查、起诉、审判，法院或检察院未决定停止选举权利的；	
（3）正在取保候审或监视居住的；	
（4）正在受拘留处罚的。	

（二）平等性

- 除法定的当选条件外，选民平等地享有选举权和被选举权；
- 每一选民在一次选举中只有一个投票权；
- 每一代表所代表的选民人数相同；2010年选举法修正，城乡按照相同人口比例选举人大代表；
- 一切代表在代表机关具有平等的法律地位；
- 各行政区域不论人口多少，都应有相同的基本名额数，都能选举一定数量的代表；
- 对选举中的弱者选民进行特殊保护，也是平等的体现；我国对特定主体（残疾人、旅居国外的中国公民、少数民族）的选举权加以特别保护。人口再少的民族，也要有一名代表，体现民族平等。

（三）直接间接并用

1. 直接选举：不设区的市、市辖区、县、自治县、乡、民族乡、镇的人大代表，选民直选；
2. 间接选举：全国人大、省级人大、设区的市、自治州的人大代表由下一级人大选出。

（四）秘密投票

- 各级人大代表的选举，一律采用无记名投票的方法；选举时设秘密写票处；
- 在选票上不标识身份；
- 投票时不显露选举意向。

（五）广泛的代表性

全国人大和地方各级人大的代表应当有适当数量的基层代表，特别是工人、农民和知识分子代表；
全国人大和地方各级人大的代表应当有适当数量的妇女代表，并逐步提高妇女代表的比例；

续表

全国人大和归侨人数较多地区的地方人大,应当有适当名额的归侨代表;
旅居国外的中国公民在县级以下人大代表选举期间在国内的,可以参加原籍地或者出国前居住地的选举。

三、选举的组织和程序

(一) 选举机构

	直接选举	间接选举
主持机构	1. 选举委员会(主任、副主任和委员) 2. 选举委员会受县级人大常委会任命和领导、受省、市两级人大常委会的指导。 注意▶选委会组成人员为候选人的,应辞去选委会职务。	1. 本级人大常委会主持本级人大代表的选举; 2. 县级以上地方人大在选举上一级人大代表时,由各该级人大主席团主持; 3. 全国人大常委会主持特别行政区代表的选举。
职责	划分选区,分配各选区应选代表的名额;选民登记,审查选民资格,公布选民名单;受理对于选民名单不同意见的申诉,并作出决定;确定选举日期;了解核实并组织介绍代表候选人的情况;根据较多数选民的意见,确定和公布正式代表候选人名单;主持投票选举;确定选举结果是否有效,公布当选代表名单;	

注意▶选举委员会应当及时公布选举信息。

(二) 代表名额的分配

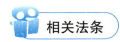

《选举法》

第十五条 全国人民代表大会的代表,由省、自治区、直辖市的人民代表大会和人民解放军选举产生。

全国人民代表大会代表的名额不超过三千人。

香港特别行政区、澳门特别行政区应选全国人民代表大会代表的名额和代表产生办法,由全国人民代表大会另行规定。

第十六条 全国人民代表大会代表名额,由全国人民代表大会常务委员会根据各省、自治区、直辖市的人口数,按照每一代表所代表的城乡人口数相同的原则,以及保证各地区、各民族、各方面都有适当数量代表的要求进行分配。

省、自治区、直辖市应选全国人民代表大会代表名额,由根据人口数计算确定的名额数、相同的地区基本名额数和其他应选名额数构成。

全国人民代表大会代表名额的具体分配,由全国人民代表大会常务委员会决定。

第十七条 全国少数民族应选全国人民代表大会代表,由全国人民代表大会常务委员会参照各少数民族的人口数和分布等情况,分配给各省、自治区、直辖市的人民代表大会选出。人口特少的民族,至少应有代表一人。

（三）少数民族的选举

《选举法》

第十八条 有少数民族聚居的地方，每一聚居的少数民族都应有代表参加当地的人民代表大会。

聚居境内同一少数民族的总人口数占境内总人口数 30/100 以上的，每一代表所代表的人口数应相当于当地人民代表大会每一代表所代表的人口数。

聚居境内同一少数民族的总人口数不足境内总人口数 15/100 的，每一代表所代表的人口数可以适当少于当地人民代表大会每一代表所代表的人口数，但不得少于1/2；实行区域自治的民族人口特少的自治县，经省、自治区的人民代表大会常务委员会决定，可以少于1/2。人口特少的其他聚居民族，至少应有代表一人。

聚居境内同一少数民族的总人口数占境内总人口数 15/100 以上、不足 30//100 的，每一代表所代表的人口数，可以适当少于当地人民代表大会每一代表所代表的人口数，但分配给该少数民族的应选代表名额不得超过代表总名额的 30//100。

第二十条 散居的少数民族应选当地人民代表大会的代表，每一代表所代表的人口数可以少于当地人民代表大会每一代表所代表的人口数。

第二十一条 有少数民族聚居的不设区的市、市辖区、县、乡、民族乡、镇的人民代表大会代表的产生，按照当地的民族关系和居住状况，各少数民族选民可以单独选举或者联合选举。

第二十二条 自治区、自治州、自治县制定或者公布的选举文件、选民名单、选民证、代表候选人名单、代表当选证书和选举委员会的印章等，都应当同时使用当地通用的民族文字。

（四）划分选区

1. 只有直接选举划分选区。

2. 县乡两级人大的代表名额分配到选区，按选区进行选举。选区可以按居住状况划分，也可以按生产单位、事业单位、工作单位划分。

3. 选区的大小，按照每一选区选一名至三名代表划分。

4. 本行政区域内各选区每一代表所代表的人口数应大体相等。

（五）选民登记

1. 原则：一次登记，长期有效。
2. 凡年满 18 周岁没有被剥夺政治权利的我国公民都应列入选民名单。
3. 选民登记按选区进行，经登记确认的选民资格长期有效。每次选举前对上次登记后新满 18 周岁的、恢复政治权利的、迁入本选区的选民，予以登记；对迁出本选区、死亡的和依法被剥夺政治权利的，除名。
4. 精神病人不能行使选举权利的，经选举委员会确认，不列入选民名单。

续表

5. 选民名单应在选举日的 20 日以前公布，实行凭选民证参加投票的，应当发给选民证。
6. 对公布的选民名单有不同意见的，可以在名单公布之日起 5 日内向选举委员会提出申诉。选举委员会对申诉意见，应在 3 日内作出处理决定。申诉人如果不服，可以在选举日的 5 日以前向人民法院起诉，人民法院应由审判员组成合议庭，在选举日以前作出判决。人民法院的判决为最后决定。

（六）提出候选人

1. 推荐候选人：

（1）各政党、各人民团体可以联合或单独推荐。

（2）选民或代表 10 人以上联名。

2. 推荐的代表候选人人数不得超过本选区或选举单位应选代表名额。县级以上的地方各级人大在选举上一级人大代表时，代表候选人不限于各该级人大的代表。

3. 各级人大代表实行差额选举，代表候选人的人数应多于应选代表的名额：直接选举的差额为应选人数的 1/3－1 倍，间接选举的差额为应选人数的 1/5－1/2 倍。

4. 直接选举候选人名单的公布：

（1）选举委员会汇总后，在选举日的 15 日以前公布，并交各该选区的选民小组讨论、协商，确定正式代表候选人名单。

（2）如超过差额比例的，由选举委员会交各该选区的各选民小组讨论、协商，根据多数选民的意见，确定正式代表候选人名单；不能形成一致意见的，进行预选，根据预选时得票多少的顺序，确定正式候选人名单。

（3）正式代表候选人名单及基本情况应当在选举日的 7 日以前公布。

5. 间接选举候选人名单的公布：

（1）提名、酝酿候选人的时间不得少于 2 天。

（2）各该级人大主席团将依法提出的代表候选人名单及其基本情况印发全体代表，由全体代表酝酿、讨论。

（3）如果所提代表候选人的人数符合规定的差额比例，直接进行投票选举。

（4）如果所提代表候选人的人数超过法定的最高差额比例，进行预选，根据预选时得票多少的顺序，再按照法定的具体差额比例，确定正式代表候选人名单，进行投票选举。

6. 介绍候选人：

（1）选举委员会或者人大主席团应当向选民或者代表介绍代表候选人的情况。

（2）推荐代表候选人的政党、人民团体和选民、代表可以在选民小组或者代表小组会议上介绍所推荐的代表候选人的情况。

（3）选举委员会根据选民的要求，应当组织代表候选人与选民见面，由代表候选人介绍本人的情况，回答选民的问题。

（4）但是，在选举日必须停止代表候选人的介绍。

（七）投票

1. 选举委员会应当根据各选区选民分布状况，按照方便选民投票的原则设立投票站，进行选举。选民居住比较集中的，可以召开选举大会，进行选举；因患有疾病等原因行动不便或者居住分散并且交通不便的选民，可以在流动票箱投票。

2. 直接选举时，选民根据选举委员会的规定，凭身份证或者选民证领取选票。

3. 一律采用无记名投票的方法；选举时应当设有秘密写票处。

4. 选民如果是文盲或者因残疾不能写选票的，可以委托他信任的人代写。

5. 选民如果在选举期间外出，经选举委员会同意，可以书面委托其他选民代为投票。每一选民接受的委托不得超过三人，并应当按照委托人的意愿代为投票。

6. 选举人对于代表候选人可以投赞成票，可以投反对票，可以另选其他任何选民，也可以弃权。

7. 工作人员应统计并宣布出席人数，当众检查票箱，组织选民推选监票、计票人员。

8. 选区全体选民过半数参加投票，选举有效；不足半数，改期选举。

（八）计票

1. 投票结束后，由选民或者代表推选的监票、计票人员和选举委员会或者人民代表大会主席团的人员将投票人数和票数加以核对，作出记录，并由监票人签字。

2. 代表候选人的近亲属不得担任监票人、计票人。

3. 每次选举所投的票数，多于投票人数的无效，等于或者少于投票人数的有效。

4. 每一选票所选的人数，多于规定应选代表人数的作废，等于或者少于规定应选代表人数的有效。

（九）当选

1. 直接选举采双过半制：在选民直接选举人民代表大会代表时，选区全体选民的过半数参加投票，选举有效。代表候选人获得参加投票的选民过半数的选票时，始得当选。

2. 间接选举：代表候选人获得全体代表过半数的选票时，始得当选。

3. 获得过半数选票的代表候选人的人数超过应选代表名额时，以得票多的当选。如遇票数相等不能确定当选人时，应当就票数相等的候选人再次投票，以得票多的当选。

4. 获得过半数选票的当选代表的人数少于应选代表的名额时，不足的名额另行选举。另行选举时，根据在第一次投票时得票多少的顺序，按照法定的差额比例，确定候选人名单。如果只选一人，候选人应为二人。另行选举后，直接选举的，得票多的当选，但是得票数不得少于选票的1/3；间接选举的，代表候选人获得全体代表过半数的选票，始得当选。

（十）确认和宣布

1. 当选代表名单由选举委员会或者人民代表大会主席团予以公布。

2. 公民不得同时担任两个无隶属关系的行政区域的人大代表。

（十一）代表资格的审查

代表资格审查委员会依法对当选代表是否符合宪法、法律规定的代表的基本条件，选举是否符合法律规定的程序,以及是否存在破坏选举和其他当选无效的违法行为进行审查,提出代表当选是否有效的意见,向本级人大常委会或者乡、民族乡、镇的人大主席团报告。

县级以上的各级人大常委会或者乡、民族乡、镇的人大主席团根据代表资格审查委员会提出的报告,确认代表的资格或者确定代表的当选无效,在每届人大第一次会议前公布代表名单。

特别注意▶▶

1. 代表资格审查委员会只负责审查并提出意见,最终确认当选或者确定当选无效的权力归于县级以上的各级人大常委会或者乡、民族乡、镇的人大主席团。

2. 对补选产生的代表,依法进行代表资格审查。

(十二) 代表的罢免

直选	1. 提出主体:对县级代表,原选区选民50人以上联名;对乡级代表,原选区选民30以上联名。 2. 提出对象:向县级人大常委会书面提出罢免要求,并写明罢免理由;被提出罢免的代表有权在选民会议上提出申辩意见,也可以书面提出申辩意见。 3. 罢免条件:须经原选区过半数选民通过。
间选	1. 提出主体:选举他的人大会议期间,主席团或1/10以上代表联名;在人大闭会期间,常委会主任会议或1/5以上人员联名,可提出对该级人大选出的上一级人大代表的罢免案。罢免案应当写明罢免理由。 2. 申辩:被提出罢免的代表有权在主席团会议和大会全体会议上提出申辩意见,或者书面提出申辩意见。 3. 罢免条件:经选举他的人大过半数代表或者常委会组成人员的过半数(人大闭会期间)通过。 4. 罢免决议报送上一级人大常委会备案、公告。

➤ 罢免代表采用无记名的表决方式。
➤ 罢免的后果:
1. 县级以上的各级人大常委会组成人员,县级以上的各级人大专门委员会成员的代表职务被罢免的,其常委会组成人员或者专门委员会成员的职务相应撤销,由主席团或者常委会予以公告。
2. 乡、民族乡、镇的人大主席、副主席的代表职务被罢免的,其主席、副主席的职务相应撤销,由主席团予以公告。

注意▶受理罢免要求之后,相应主体都应当把罢免要求和被提出罢免的代表的书面申报意见印发给选民或全体会议。

《选举法》

第四十六条 全国和地方各级人民代表大会的代表,受选民和原选举单位的监督。选民或者选举单位都有权罢免自己选出的代表。

(十二) 代表的辞职

1. 县级代表可向本级人大常委会书面辞职;县级人大常委会经组成人员的过半数通过;应公告。
2. 乡镇代表可向本级人大书面辞职;乡级人大经代表的过半数通过;应公告;

续表

3. 间接选举的代表，可向选举他的人大的常委会书面提出辞职；该常委会经其组成人员的过半数通过，并将决议报送上一级人大常委会备案、公告。

（十三）代表的补选

1. 代表在任期内出缺，由原选区或者原选举单位补选；
2. 代表在任期内调离或者迁出本行政区域的，其代表资格自行终止，缺额另行补选。
3. 间接选举的代表，在人大闭会期间，可由本级人大常委会补选上一级人大代表；
4. 补选出缺的代表时，代表候选人的名额可以多于应选代表的名额，也可以同应选代表的名额相等。

（十四）对破坏选举的制裁

违法行为	处理步骤一	处理步骤二	处理步骤三
以金钱或者其他财物贿赂选民或者代表，妨害选民和代表自由行使选举权和被选举权的（贿选人）	如若当选，其当选无效	违反治安管理规定的，依法给予治安管理处罚；构成犯罪的，依法追究刑事责任	国家工作人员有这些行为的，还应当依法给予行政处分
以暴力、威胁、欺骗或者其他非法手段妨害选民和代表自由行使选举权和被选举权的			
伪造选举文件、虚报选举票数或者有其他违法行为的			
对于控告、检举选举中违法行为的人，或者对于提出要求罢免代表的人进行压制、报复的			

> **注意**
>
> 1. 主持选举的机构（县乡两级选举委员会；省、市人大的主席团）发现有破坏选举的行为或者收到对破坏选举行为的举报，应当及时依法调查处理；需要追究法律责任的，及时移送有关机关予以处理，不能直接追究法律责任。
>
> 2. 刑法中的破坏选举罪
>
> 刑法中专设条款规定了破坏选举罪，具体是指在选举各级人大代表和国家机关领导人员时，以暴力、威胁、欺骗、贿赂、伪造选举文件、虚报选举票数等手段破坏选举或者妨害选民和代表自由行使选举权和被选举权，情节严重的行为。
>
> 1. 本罪所破坏的"选举"，仅指各级人大代表的选举和国家机关领导人员的选举，不包括村民委员会和居民委员会的选举。需要注意的是，其中的国家机关，既包括中央国家机关，也包括地方国家机关。

> **注意** 根据《村委会组织法》第17条，对于在村委会选举中的破坏选举行为，由乡级或者县级人民政府负责调查并依法处理：（1）情节较轻的，由乡镇人民政府或县级政府的民政部门进行批评教育；（2）构成违反治安管理行为的，由公安机关依据《治安管理处罚法》第23条给予行政处罚；（3）构成犯罪的，由司法机关依法追究刑事责任。

2. 本罪所谓的"破坏",主要体现为三个方面:(1)影响正常选举工作的顺利开展:如伪造选民证、选票,虚报选举票数,聚众冲击选举场所,暴力破坏选举场所或者选举设备,强行宣布合法选举无效、非法选举有效等;(2)妨碍选民与代表自由行使选举权和被选举权:如以暴力方式威胁他人放弃候选人资格,胁迫选民违反自己的意志选举某人等;(3)采取不正当的方式影响选举结果:如贿选等。

注意▶破坏选举情节严重的,才构成本罪。未达到严重程度的,则可能按照《治安管理处罚法》的规定给予行政处罚。

3. 主观上为故意。如系过失,则不构成本罪;

注意▶在选举弊案的处理实务中,国家机关的领导人员或主要工作人员如果对于破坏选举的直接责任者有监督的职责而没有行使监督行为,主观上存在监督过失的情况,则一般以玩忽职守罪处理。

4. 在实施破坏选举罪的过程中,手段行为又触犯其他罪名的,如以暴力手段破坏选举致人死亡,一般应从一重罪论处。

第三节 国家结构形式

一、国家结构形式概述

国家结构形式是指特定国家的统治阶级根据一定原则采取的调整国家整体与部分、中央与地方相互关系的形式。

1. 现代国家的国家结构形式主要有 单一制和联邦制两大类。二者的区别主要在于主权结构是否单一,具体表现为:有几部宪法;立法、行政、司法系统是否唯一;地方权力的来源和独立性(能否分离出去);几个国际法主体;公民是否具有统一的国籍等等。

2. 决定国家结构形式的因素:统治阶级的统治需要(并主要起决定作用);历史因素;民族因素。

二、我国是单一制的国家结构形式

1. 我国现行宪法序言规定:"中华人民共和国是全国各族人民共同缔造的统一的多民族国家。"这一规定表明,单一制是我国的国家结构形式。

2. 具体表现:

(1)在法律制度方面,只有一部宪法、只有一套以宪法为基础的法律体系,维护宪法的权威和法制的统一是国家的基本国策;

(2)在国家机构方面,只有一套中央国家机关体系;

(3) 在中央与地方的关系方面，各种地方都是中央政府领导下的地方行政区域，不得脱离中央而独立；

(4) 在对外关系方面，中华人民共和国是一个统一的国际法主体，公民具有统一的国籍。

3. 采取单一制的原因：

(1) 历史原因：大一统的文化观念；中央集权的政治传统；民族国家的凝聚力；封闭的地理环境；抵抗外敌的团结需要。

(2) 民族原因：各族人民共同心愿；单一制有利于民族团结；资源分布和经济发展不平衡，有利于共同繁荣；国家统一和民族团结。

4. 我国单一制国家结构形式的主要特点：

(1) 通过建立民族区域自治制度解决单一制下的民族问题；

(2) 通过建立特别行政区制度解决单一制下的历史遗留问题。

三、我国的行政区域划分

行政区划是根据宪法和法律的规定，结合政治、经济、民族状况以及地理历史条件，将国家的领土划分为不同的区域，以便管理的制度。行政区划是国家主权的体现，属于国家内政，国际社会应予以尊重，任何国家都不得干涉他国的行政区划。

（一）我国行政区域划分的原则

1. 宗旨：促进民族平等和民族团结，便利广大人民群众参加国家管理和适应经济发展。

2. 原则：

(1) 有利于人民参加国家管理（行政区域的大小适当）；

(2) 有利于经济发展（社会经济因素的综合配置）；

(3) 有利于巩固国防（比如甘肃和陕西）；

(4) 有利于民族团结；

(5) 照顾自然条件和历史状况。

（二）我国宪法规定的行政区划

▶注意▶ 根据不同区域所实行的不同地方制度，可将我国行政区划分为：普通行政区划、民族自治地方区划和特别行政区划三种。

1. 全国分为省、自治区、直辖市，国家在必要时设立的特别行政区。省级行政区共34个，其中：23个省、5个自治区、4个（直辖）市、2个特别行政区；

2. 省、自治区分为自治州、县、自治县、市；直辖市和设区的市分为区、县；自治州分为县、自治县、市；

3. 县、自治县分为乡、民族乡、镇。

▶注意▶

1. 在中国省、县、乡三级为基本行政区。

2. 直辖市下不设自治州、市。

（三）行政区域变更的法律程序

	审批权限
全国人大	省、自治区和直辖市的建置（设立、撤销和更名）
	特别行政区的设立及其制度
国务院	省、自治区、直辖市的区域划分（行政区域界限变更）、政府驻地的迁移
	自治州、县、自治县、市、市辖区的建置和区域划分（设立、撤销、更名或隶属关系、行政区域界线的变更）
省级人民政府	乡、民族乡、镇的建置和区域划分（设立、撤销、更名或行政区域变更）
	根据国务院的授权，审批县、市、市辖区的部分行政区域界线的变更

（四）行政区域边界争议的处理

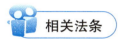

《行政区域边界争议处理条例》

第六条 民政部是国务院处理边界争议的主管部门。

县级以上的地方各级人民政府的民政部门是本级人民政府处理边界争议的主管部门。

第十一条第二款 国务院受理的省、自治区、直辖市之间的边界争议，由民政部会同国务院有关部门调解；经调解未达成协议的，由民政部会同国务院有关部门提出解决方案，报国务院决定。

第十二条 省、自治区、直辖市境内的边界争议，由争议双方人民政府协商解决；经协商未达成协议的，双方应当将各自的解决方案并附边界线地形图，报双方的上一级人民政府处理。

争议双方的上一级人民政府受理的边界争议，由其民政部门会同有关部门调解；经调解未达成协议的，由民政部门会同有关部门提出解决方案，报本级人民政府决定。

第四节 民族区域自治制度

《宪法》

第四条 中华人民共和国各民族一律平等。国家保障各少数民族的合法的权利和利益，维护和发展各民族的平等、团结、互助关系。禁止对任何民族的歧视和压迫，禁止破坏民族团结和制造民族分裂的行为。

国家根据各少数民族的特点和需要，帮助各少数民族地区加速经济和文化的发展。

各少数民族聚居的地方实行区域自治，设立自治机关，行使自治权。各民族自治地方都是中华人民共和国不可分离的部分。

各民族都有使用和发展自己的语言文字的自由，都有保持或者改革自己的风俗习惯的自由。

一、民族区域自治制度的概念

民族区域自治制度是指在国家的统一领导下，以少数民族聚居区为基础，建立相应的自治地方，设立自治机关，行使自治权，实行区域自治的民族的人民自主地管理本民族的地方性事务的制度。

1. 各民族自治地方都是中华人民共和国不可分离的部分，各民族自治地方的自治机关都是中央统一领导下的地方政权机关；

2. 民族区域自治必须以少数民族聚居区为基础，是民族自治与区域自治的结合；

3. 在民族自治地方设立自治机关，民族自治机关除行使宪法规定的地方国家政权机关的职权外，还可以依法行使广泛的自治权。

相关法条

《宪法》

第一百一十五条 自治区、自治州、自治县的自治机关行使宪法第三章第五节规定的地方国家机关的职权，同时依照宪法、民族区域自治法和其他法律规定的权限行使自治权，根据本地方实际情况贯彻执行国家的法律、政策。

二、民族自治地方的自治机关

1. 民族自治地方包括自治区、自治州和自治县（旗）。

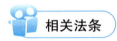民族乡不是民族自治地方，其人大可以依法定权限采取一些适合本民族特点的具体措施。

2. 民族自治地方的自治机关是自治区、自治州和自治县的人民代表大会和人民政府。

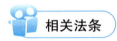不包括法院和检察院，也不包括人大常委会。

3. 民族自治地方的人大常委会中应当由实行区域自治的民族的公民担任主任或副主任。自治区主席、自治州州长、自治县县长由实行区域自治的民族的公民担任。人民政府的其他组成人员以及自治机关所属工作部门的干部，法院和检察院的领导成员和工作人员中，也应当有实行区域自治的民族的人员。

4. 民族自治地方的自治机关根据本地方的情况，在不违背宪法和法律的原则下，有权采取特殊政策和灵活措施，加速民族自治地方经济、文化建设事业的发展。

5. 民族自治地方的自治机关要把国家的整体利益放在首位，积极完成上级国家机关交给的各项任务。

6. 民族自治地方的自治机关保障本地方各民族都有使用和发展自己的语言文字的自由，都有保持或者改革自己的风俗习惯的自由。

三、民族自治地方的自治权

(一) 制定自治条例和单行条例

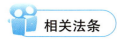

《民族区域自治法》

第十九条 民族自治地方的人民代表大会有权依照当地民族的政治、经济和文化的特点，制定自治条例和单行条例。自治区的自治条例和单行条例，报全国人民代表大会常务委员会批准后生效。自治州、自治县的自治条例和单行条例报省、自治区、直辖市的人民代表大会常务委员会批准后生效，并报全国人民代表大会常务委员会和国务院备案。

(二) 根据当地民族的实际情况，贯彻执行国家的法律和政策

《民族区域自治法》

第二十条 上级国家机关的决议、决定、命令和指示，如有不适合民族自治地方实际情况的，自治机关可以报经该上级国家机关批准，变通执行或者停止执行；该上级国家机关应当在收到报告之日起六十日内给予答复。

(三) 自主地管理地方财政

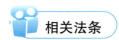

《民族区域自治法》

第三十二条 民族自治地方的财政是一级财政，是国家财政的组成部分。

民族自治地方的自治机关有管理地方财政的自治权。凡是依照国家财政体制属于民族自治地方的财政收入，都应当由民族自治地方的自治机关自主地安排使用。

民族自治地方在全国统一的财政体制下，通过国家实行的规范的财政转移支付制度，享受上级财政的照顾。

民族自治地方的财政预算支出，按照国家规定，设机动资金，预备费在预算中所占比例高于一般地区。

民族自治地方的自治机关在执行财政预算过程中，自行安排使用收入的超收和支出的节余资金。

第三十三条 民族自治地方的自治机关对本地方的各项开支标准、定员、定额，根据国家规定的原则，结合本地方的实际情况，可以制定补充规定和具体办法。自治区制定的补充规定和具体办法，报国务院备案；自治州、自治县制定的补充规定和具体办法，须报省、自治区、直辖市人民政府批准。

第三十四条 民族自治地方的自治机关在执行国家税法的时候，除应由国家统一审批的减免税收项目以外，对属于地方财政收入的某些需要从税收上加以照顾和鼓励的，可以实

行减税或者免税。自治州、自治县决定减税或者免税，须报省、自治区、直辖市人民政府批准。

第三十五条　民族自治地方根据本地方经济和社会发展的需要，可以依照法律规定设立地方商业银行和城乡信用合作组织。

（四）自主地管理地方性经济建设

《民族区域自治法》

第二十七条　民族自治地方的自治机关根据法律规定，确定本地方内草场和森林的所有权和使用权。

民族自治地方的自治机关保护、建设草原和森林，组织和鼓励植树种草。禁止任何组织或者个人利用任何手段破坏草原和森林。严禁在草原和森林毁草毁林开垦耕地。

第三十一条　民族自治地方依照国家规定，可以开展对外经济贸易活动，经国务院批准，可以开辟对外贸易口岸。

与外国接壤的民族自治地方经国务院批准，开展边境贸易。

（五）对外交流

《民族区域自治法》

第四十二条　民族自治地方的自治机关积极开展和其他地方的教育、科学技术、文化艺术、卫生、体育等方面的交流和协作。

自治区、自治州的自治机关依照国家规定，可以和国外进行教育、科学技术、文化艺术、卫生、体育等方面的交流。

（六）组织公安部队

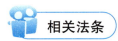
《民族区域自治法》

第二十四条　民族自治地方的自治机关依照国家的军事制度和当地的实际需要，经国务院批准，可以组织本地方维护社会治安的公安部队。

（七）使用本民族的语言文字

《宪法》

第一百三十四条　各民族公民都有用本民族语言文字进行诉讼的权利。人民法院和人民检察院对于不通晓当地通用的语言文字的诉讼参与人，应当为他们翻译。

在少数民族聚居或者多民族共同居住的地区，应当用当地通用的语言进行审理；起诉书、判决书、布告和其他文书应当根据实际需要使用当地通用的一种或者几种文字。

相关法条　　　　　　　　《民族区域自治法》

第二十一条　民族自治地方的自治机关在执行职务的时候，依照本民族自治地方自治条例的规定，使用当地通用的一种或者几种语言文字；同时使用几种通用的语言文字执行职务的，可以以实行区域自治的民族的语言文字为主。

第四十七条　民族自治地方的人民法院和人民检察院应当用当地通用的语言审理和检察案件，并合理配备通晓当地通用的少数民族语言文字的人员。对于不通晓当地通用的语言文字的诉讼参与人，应当为他们提供翻译。法律文书应当根据实际需要，使用当地通用的一种或者几种文字。保障各民族公民都有使用本民族语言文字进行诉讼的权利。

【要点释义】

1. 少数民族语言不等于地方方言；

2. 对于诉讼参与人而言，是什么民族的人，就有权说什么民族的语言；

3. 对于公检法等国家机关来说，在什么地区，审讯就用自己本地区的通用语言，发布自己地区通用语言的诉讼文书。也就是说，一个少数民族的犯罪嫌疑人在汉族地区犯罪，审讯时应当使用汉语；而一个汉族人在少数民族地区犯罪，审讯时使用当地通用的少数民族语言；

4. 只要存在读不懂、听不懂的情况，就应当为其提供翻译，翻译费用由公检法等国家机关负担。

（八）其他自治权

相关法条　　　　　　　　《民族区域自治法》

第二十二条第二款　民族自治地方的自治机关录用工作人员的时候，对实行区域自治的民族和其他少数民族的人员应当给予适当的照顾。

第二十三条　民族自治地方的企业、事业单位依照国家规定招收人员时，优先招收少数民族人员，并且可以从农村和牧区少数民族人口中招收。

第三十条　民族自治地方的自治机关自主地管理隶属于本地方的企业、事业。

第六十八条　上级国家机关非经民族自治地方自治机关同意，不得改变民族自治地方所属企业的隶属关系。

第四十四条　民族自治地方实行计划生育和优生优育，提高各民族人口素质。

民族自治地方的自治机关根据法律规定，结合本地方的实际情况，制定实行计划生育的办法。

第五节 特别行政区制度

《宪法》

第三十一条 国家在必要时得设立特别行政区。在特别行政区内实行的制度按照具体情况由全国人民代表大会以法律规定。

一、特别行政区的概念和特点

1. 特别行政区是根据我国宪法和法律设立的，享有高度自治权的地方行政区域，直辖于中央政府。

2. 特别行政区原有的法律基本不变：除属于殖民统治性质或带有殖民色彩，以及除同基本法相抵触或经特别行政区立法机关作出修改者外，原有法律予以保留。

3. 特别行政区的法律制度包括：

（1）基本法；

（2）保留的法；

（3）制定的法；

（4）基本法附件三所列的全国性法律：具体包括关于中国的国都、纪年、国歌、国旗、国庆日的决议、国籍法、国旗法、国徽法、中国政府关于领海的声明、专属经济区和大陆架法、领海及毗连区法、外交（领事）特权与豁免条例、特别行政区驻军法、外国中央银行财产司法强制措施豁免法。

▶**注意** 附件三所列法律限于国防、外交和其他依基本法规定不属于特区自治范围的法律。全国人大常委会在征询其所属的特区基本法委员会和特区政府的意见后，可对附件三的法律作出增减。

4. 正式语文：中文、英文（葡文）。

二、中央与特别行政区的关系

（一）涉外事务

中央	1. 中央政府负责管理与特区有关的外交事务；外交部在特区设立机构处理外交事务。 2. 外国在香港特别行政区设立领事机构或其他官方、半官方机构，须经中央人民政府批准。
特别行政区	1. 中央政府授权特区依照基本法自行处理有关的对外事务。 2. 在非政治领域以"中国香港"、"中国澳门"的名义，单独同世界各国、各地区及有关国际组织保持和发展关系，签订和履行有关协议。 3. 对世界各国或各地区的人入境、逗留和离境，特别行政区政府可以实行出入境管制。

（二）武装力量

中央	中央政府负责管理香港特区的防务；驻军费用由中央政府负担。
特别行政区	特区政府负责维持特区的社会治安。

注意▶ 驻港部队不干预香港特别行政区的地方事务；香港特别行政区政府在必要时，可向中央人民政府请求驻军协助维持社会治安和救助灾害。驻军人员除须遵守全国性的法律外，还须遵守香港特区的法律。

（三）人事任免

中央	1. 任命行政长官和行政机关的主要官员（正副司长、廉政专员、审计署长、警务处长、海关关长，香港还包括各局局长、入境处长）。 2. 澳门检察长由澳门永久性居民中的中国公民担任，由行政长官提名，报中央人民政府任命。
特别行政区	1. 所有法官都要根据当地法官和法律界及其他方面知名人士组成的独立委员会推荐，由行政长官任命。符合标准的外籍法官也可聘用。 2. 香港终审法院法官和高等法院首席法官的任免，还须行政长官征得立法会同意，并报全国人大常委会备案。 3. 澳门的检察官经检察长提名，由行政长官任命。

（四）立法

中央	全国人大常委会决定宣布战争状态或因特别行政区内发生特区政府不能控制的危及国家统一或安全的动乱而决定特别行政区进入紧急状态，中央政府可发布命令将有关全国性法律在特别行政区实施。
特别行政区	1. 特区立法机关制定的法律须报全国人大常委会备案。备案不影响该法律的生效。 2. 全国人大常委会在征询其所属的相应基本法委员会的意见后，如认为特区立法机关制定的任何法律不符合基本法关于中央管理的事务及中央和特别行政区关系的条款，可将有关法律发回，并不作修改。 3. 经全国人大常委会发回的法律立即失效。该法律的失效，除特别行政区的法律另有规定外，无溯及力。 4. 自行立法禁止危害国家安全的犯罪，禁止外国政治组织在特区进行政治活动，禁止特区的政治组织与外国的政治组织建立联系。

（五）司法权

中央	特别行政区法院对国防、外交等国家行为无管辖权。在审理案件中遇到有涉及国防、外交等国家行为的事实问题，应取得行政长官就该问题发出的证明文件，上述文件对法院有约束力。行政长官在发出证明文件前，须取得中央政府的证明书。
特别行政区	独立的司法权和终审权。

（六）基本法解释

中央	全国人大常委会解释基本法；解释前，征询其所属的特别行政区基本法委员会的意见。
特别行政区	1. 全国人大常委会授权特区法院在审理案件时对基本法关于特区自治范围内的条款自行解释。 2. 法院在审理案件时对基本法的其他条款也可解释。但如需对基本法关于中央政府管理的事务或中央和特别行政区关系的条款进行解释，而该条款的解释又影响到案件的判决，在对该案件作出不可上诉的终局判决前，应由特区终审法院提请全国人大常委会对有关条款作出解释。如全国人大常委会作出解释，特区法院在引用该条款时，应以该解释为准。但此前作出的判决不受影响。

增补考点 （2017年司法考试）

香港议员宣誓风波及全国人大常委会解释基本法

在2016年度香港立法会选举之后，根据《基本法》第104条的规定，立法会议员在就职时必须依法宣誓拥护中华人民共和国香港特别行政区基本法，效忠中华人民共和国香港特别行政区。

包括梁颂恒、游蕙祯在内的15名新选议员把宣誓变成表演来羞辱国家。游蕙祯在宣誓过程中展示"Hong Kong is not China"的标语，同时有把"People's Republic of China"读成"People's Re-fucking 支那"的嫌疑；梁颂恒则身披"Hong Kong is not China"的标语，同时也有把"China"读成"支那"的嫌疑；罗冠聪则在读出"中华人民共和国"的"国"字时变调为疑问语气；朱凯迪则在宣誓后高呼"民主自决"、"暴政必亡"等口号；刘小丽则花了将近12分钟的时间一个字一个字地读完誓言，宣誓后又在facebook上留言说不认同宣誓内容；梁国雄则在宣誓时举着黄色雨伞，断断续续地读出"中华人民共和国香港特别行政区"的字句，宣誓后高呼"撤销人大8.31决议"，并撕毁了"人大8.31决定"的道具；陈志全则在宣誓前撕毁了政府就议员宣誓所发的声明，宣誓后又高呼"我是香港人"、"我要真普选"口号；邵家臻则带着参加占中运动时用过的铃鼓上台宣誓，宣誓后高呼"We're back"；如此等等，不一而足。

针对此种乱象，由委员长会议提请审议，全国人大常委会在征询全国人大常委会香港特别行政区基本法委员会的意见后，于2016年11月7日就《中华人民共和国香港特别行政区基本法》第一百零四条作出解释决定，相关知识点如下：

1. 解释对象

《基本法》第一百零四条：香港特别行政区行政长官、主要官员、行政会议成员、立法会议员、各级法院法官和其他司法人员在就职时必须依法宣誓拥护中华人民共和国香港特别行政区基本法,效忠中华人民共和国香港特别行政区"。

2. 解释内容

（1）"拥护中华人民共和国香港特别行政区基本法,效忠中华人民共和国香港特别行政区",既是该条规定的宣誓必须包含的法定内容,也是参选或者出任该条所列公职的法定要求和条件。

（2）宣誓是上列公职人员就职的法定条件和必经程序；未进行合法有效宣誓或者拒绝宣誓,不得就任相应公职,不得行使相应职权和享受相应待遇。

（3）宣誓必须符合法定的形式和内容要求。宣誓人必须真诚、庄重地进行宣誓,必须准确、完整、庄重地宣读包括"拥护中华人民共和国香港特别行政区基本法,效忠中华人民共和国香港特别行政区"内容的法定誓言。

（4）宣誓人拒绝宣誓,即丧失就任该条所列相应公职的资格；

（5）宣誓人故意宣读与法定誓言不一致的誓言或者以任何不真诚、不庄重的方式宣誓,也属于拒绝宣誓,所作宣誓无效,宣誓人即丧失就任该条所列相应公职的资格；

（6）宣誓必须在法律规定的监誓人面前进行,监誓人负有确保宣誓合法进行的责任,对不符合本解释和香港特别行政区法律规定的宣誓,应确定为无效宣誓,并不得重新安排宣誓。

（7）宣誓是相关公职人员对中华人民共和国及其香港特别行政区作出的法律承诺,具有法律约束力。宣誓人必须真诚信奉并严格遵守法定誓言。宣誓人作虚假宣誓或者在宣誓之后从事违反誓言行为的,依法承担法律责任。

3. 解释效力

释法有追溯力,只要是未审或仍可上诉的案件,都要根据释法后的解释。

（七）基本法修改

中央	1. 全国人大有权修改基本法。 2. 修改提案权属于全国人大常委会、国务院和特别行政区。 3. 修改议案在列入全国人大的议程前,先由特别行政区基本法委员会研究并提出意见。 4. 任何修改,均不得同国家对特别行政区既定的基本方针政策相抵触。
特别行政区	特区修改提案权的行使：修改议案须经特区的全国人大代表2/3多数、特区立法会全体议员2/3多数和特区行政长官同意后,交由特区出席全国人大的代表团向全国人大提出。

（八）财政

特别行政区	特别行政区通用自己的货币,财政独立,收入全部用于自身需要,不上缴中央政府。

> 注意▶

1. 中央政府所属各部门、各省、自治区、直辖市如需在特区设立机构,须征得特区政府同意并经中央政府批准;所设立的一切机构及其人员均须遵守特区的法律。

2. 其他地区的人进入特区须办理批准手续,其中进入特别行政区定居的人数由中央政府主管部门征求特区政府的意见后确定。

三、居民的基本权利和义务

1. 与大陆宪法相同或类似者:平等权;选举权和被选举权;言论出版集会结社游行示威、人身自由;住宅不受侵犯;通讯自由和通讯秘密;信仰自由;婚姻自由;社会福利权利。

2. 规定特别者:新闻自由;组织和参加工会、罢工的权利和自由;禁止酷刑;迁徙自由;旅行和出入境自由;公开传教的自由;选择职业的自由;选择职业、文艺创作的自由;诉讼权利;自愿生育的权利;

> 注意▶澳门特别法规定了罪刑法定原则和无罪推定原则。

四、特别行政区的政治体制

(一)行政长官

1. 地位:特别行政区首长,代表特区,对中央人民政府和特别行政区负责。

2. 任职条件:(1)年满40周岁;(2)通常居住连续满20年;(3)特区永久性居民中的中国公民;(4)香港还要求无外国居留权(澳门行政长官在任期内不得具有外国居留权)。

3. 协商或选举产生,由中央政府任命;任期为5年,均可以连选连任一次。就任时向终审法院的首席法官(院长)申报财产,记录在案。

> 注意▶2015年6月18日,香港特别行政区行政长官普选法案被立法会否决。依据全国人大常委会的决定,2017年香港特别行政区第五任行政长官选举继续沿用现行的由行政长官选举委员会选举产生的办法,不实行普选。

4. 行政长官的职权

(1)签署并公布法律;
(2)任免公职人员、各级法院法官;
(3)批准向立法会提出有关财政收入或支出的提议;
(4)根据安全和重大公共利益的考虑,决定政府官员或其他负责政府公务的人员是否向立法会或其下属的委员会作证和提供证据;
(5)赦免或减轻刑事罪犯的刑罚;
(6)处理请愿,申诉事项。

5. 香港行政长官短期不能履职，由政务司长、财政司长、律政司长依次临时代理。

6. **必须辞职**的情形

（1）因严重疾病或其他原因无力履行职务；
（2）因两次拒绝签署立法会通过的法案而解散立法会，重选的立法会仍以全体议员2/3多数通过所争议的原案，而行政长官仍拒绝签署（澳门规定30日内）；
（3）因立法会拒绝通过财政预算案或其他重要法案而解散立法会，重选的立法会继续拒绝通过所争议的原案。

（二）行政会议

1. 职能：协助行政长官决策。
2. 组成：由行政长官从行政机关主要官员、立法会议员、社会人士中委任。
3. 任期：不超过委任他的行政长官的任期。澳门规定：新的行政长官就任前，原行政会委员暂时留任。
4. 会议：行政长官主持，每月至少举行一次。
5. 行政长官在作出重要决策、向立法会提交法案、制定行政法规和解散立法会前，须征询行政会的意见，但人事任免、纪律制裁和紧急情况下采取的措施除外。行政长官如不采纳行政会多数委员的意见，应将具体理由记录在案。

（三）立法会

1. 任职条件

（1）香港立法会由**在外国无居留权**的**永久性居民**中的**中国公民**组成。但**非中国籍的香港特别行政区永久性居民和在外国有居留权的香港特别行政区永久性居民也可以当选为香港特别行政区立法会议员，其所占比例不得超过立法会全体议员的20%**。澳门特区立法会议员不要求有"无外国居留权"和"中国公民"的限制。

> **注意**
>
> 1. 必须是永久性居民，方才有资格担任立法会议员，是否中国籍、是否在外国有居留权在所不问。
>
> 2. 特别行政区立法会除第一届另有规定外，每届任期四年。

（1）香港要求立法会主席由年满40周岁，连续居住满20年，在外国无居留权的永久性居民中的中国居民担任；澳门要求正副主席由连续居住满15年的永久性居民中的中国居民担任。

2. 职权：

（1）立法权：制定的法律须由行政长官签署、公布方有法律效力，并须报全国人大常委会备案；
（2）监督权：有权听取行政长官的施政报告并进行辩论；对政府工作提出质询；就公共利益问题进行辩论；行政长官如有严重违法或渎职行为而不辞职，可以进行弹劾；

续表

（3）财政权：根据政府的提案，审核、通过财政预算；有权批准税收和公共开支。但立法会通过的财政预算案须由行政长官签署并由行政长官报送中央人民政府备案；

（4）其他职权：接受当地居民的申诉并进行处理。

3. 举行会议

（1）立法会举行会议的法定人数为不少于全体议员的1/2。

（2）议员提出法律草案，凡不涉及公共开支或政治体制或政府运作者，可由立法会议员个别或联名提出。凡涉及政府政策者，在提出前必须得到行政长官的书面同意。

4. 丧失议员资格（立法会主席宣告）

（1）因严重疾病或其他情况无力履行职务；

（2）未得到立法会主席的同意，多次不出席会议而无合理解释者（香港是连续三个月；澳门是连续5次或间断15次缺席）；

（3）接受政府的委任而出任公务人员；

（4）被判犯有刑事罪行，判处监禁一个月（澳门30日）以上（香港还要去经立法会出席会议的议员2/3通过解除其职务）；

（5）违反誓言（香港要求经立法会出席会议的议员2/3通过谴责）。

除此之外，香港还规定了特别情况：

（6）丧失或放弃特别行政区永久性居民的身份；

（7）破产或经法庭裁定偿还债务而不履行；

（8）行为不检，经立法会出席会议的议员2/3通过谴责。

（四）行政机关

1. 行政长官是特区政府的首长；

2. 特区政府设政务司、财政司、律政司和各厅、局、处、署，主要官员由行政长官提名报请中央政府任命；澳门还要求主要官员就任时向终审法院院长申报财产。

3. 特别行政区设立廉政公署和审计署，独立工作，对行政长官负责（澳门规定廉政专员和审计长对行政长官负责）；

4. 特区政府向立法会负责并定期向其做施政报告，同时答复立法会议员质询。香港律政司主管刑事检察工作。

（五）司法机关

1. 任职：

（1）所有法官都要根据当地法官和法律界及其他方面知名人士组成的独立委员会推荐，由行政长官任命。符合标准的外籍法官也可聘用。

（2）香港终审法院和高等法院的首席法官，应由在外国无居留权的香港特别行政区永久性居民中的中国公民担任；其他法官未作要求。

（3）澳门特区的检察长由澳门永久性居民中的中国公民担任，由行政长官提名，报中央人民政府任命。检察官经检察长提名，由行政长官任命。

2. 免职：

（1）法官只有在无力履行职责或行为不检的情况下，行政长官才可根据终审法院首席法官（终审法院院长）任命的不少于3名当地法官组成的审议庭的建议，予以免职。

（2）香港终审法院的首席法官只有在无力履行职责或行为不检的情况下，行政长官才可任命不少于5名当地法官组成的审议庭进行审议，并可根据其建议，依照本法规定的程序，予以免职。

（3）澳门终审法院法官的免职由行政长官根据澳门立法会议员组成的审议委员会的建议决定。

3. 法院体系

（1）香港体系：终审法院、高等法院、区域法院、裁判署法庭和其他专门法庭。

（2）澳门法院分三级：终审法院、中级法院、初级法院、行政法院。

> **注意▶**
> 1. 澳门行政法院地位等同于初级法院，是管辖行政诉讼和税务诉讼的法院；不服行政法院裁决者，可向中级法院上诉。
> 2. 澳门检察院也是司法机关，独立行使职权。

五、行政长官和立法会之间的关系

> **注意▶** 行政长官在解散立法会前，须征询行政会议的意见。行政长官在其一任任期内只能解散立法会一次。被解散后，须于三个月内（澳门90日内）重选。

（一）行政长官对立法会通过的法案的制约（相对否决权）

1. 立法会通过的法案须经行政长官的签署、公布，方能生效。

2. 行政长官如认为立法会通过的法案不符合香港特别行政区的整体利益，可在三个月内（澳门是90日内）将法案发回立法会重议；

3. 立法会如以不少于全体议员2/3多数再次通过原案，行政长官必须在一个月（澳门30日）内签署公布或解散立法会；

4. 解散立法会后，重选的立法会仍以全体议员2/3多数通过所争议的原案，而行政长官仍拒绝签署，则行政长官必须辞职。

（二）立法会对于政府提出的财政预算案或其他重要法案的制约

1. 政府提出财政预算案或其他重要法案，立法会拒绝通过，经协商仍不能取得一致意见，行政长官可解散立法会。

2. 解散立法会后，重选的立法会继续拒绝通过所争议的原案，行政长官必须辞职。

（三）立法会对行政长官的弹劾

1. 立法会全体议员的1/4联合动议（澳门是1/3联合动议），指控行政长官有严重违法或渎职行为而不辞职，立法会通过进行调查；

2. 立法会可委托终审法院首席法官负责组成独立的调查委员会，并担任主席。

3. 调查委员会负责进行调查，并向立法会提出报告。

4. 如该调查委员会认为有足够证据构成上述指控，立法会以全体议员2/3多数通过，可提出弹劾案；

5. 报请中央人民政府决定。

第六节 基层群众性自治组织

《宪法》

第一百一十一条 城市和农村按居民居住地区设立的居民委员会或者村民委员会是基层群众性自治组织。居民委员会、村民委员会的主任、副主任和委员由居民选举。居民委员会、村民委员会同基层政权的相互关系由法律规定。

基层群众性自治组织首次出现是在1982年宪法中，是指依据法律规定，以城乡居民（村民）一定的居住地为基础设立，并由居民（村民）选举产生的成员组成的，实行自我管理、自我教育、自我服务的社会组织。具体包括居民委员会和村民委员会两种。

注意▶在性质上，基层群众性自治组织不是一级政权机关。

城市和农村按居民居住地区设立的居民委员会或者村民委员会是基层群众性自治组织。

一、村民委员会

（一）设置

1. 村民委员会根据居住状况、人口多少，按照便于群众自治，有利于经济发展和社会管理的原则设立，未必每个自然村都设置村委会。人口较少的几个自然村可以设一个村委会；人口较多、规模较大的自然村可以设置多个村委会。

2. 村民委员会的设立、撤销、范围调整，由乡、民族乡、镇的政府提出，经村民会议讨论同意后，报县级人民政府批准。

（二）乡镇人民政府与村委会的关系

指导、支持和帮助，但不干预自治范围内的事项。后者协助前者开展工作。

乡、民族乡、镇的人民政府干预依法属于村民自治范围事项的，由上一级人民政府责令改正。

（三）组成和选举

1. 村民委员会由主任、副主任和委员共3~7人组成。应有妇女成员、人数较少民族的成员。村民委员会向村民会议、村民代表会议负责并报告工作。

2. 村民委员会成员由年满18周岁未被剥夺政治权利的村民直接选举产生。任期3年，可连选连任。候选人由登记参加选举的村民直接提名。

3. 选举工作由村民选举委员会主持，选举日20日前公布参选村民名单，公布之日起5日内异议申诉；收到申诉之日起3日内处理决定。

注意 ▶ 村民委员会选举前，应当对下列人员进行登记，列入参加选举的村民名单：（1）户籍在本村并且在本村居住的村民；（2）户籍在本村，不在本村居住，本人表示参加选举的村民；（3）户籍不在本村，在本村居住一年以上，本人申请参加选举，并且经村民会议或者村民代表会议同意参加选举的公民。此外，已在户籍所在村或者居住村登记参加选举的村民，不得再参加其他地方村民委员会的选举。

4. 选举采"双过半制"：有登记参加选举的村民过半数投票，选举有效；候选人获得参加投票的村民过半数的选票，当选。

5. 村民委员会应当自新一届村民委员会产生之日起十日内完成工作移交。工作移交由村民选举委员会主持，由乡、民族乡、镇的人民政府监督。

6. 以暴力、威胁、欺骗、贿赂、伪造选票、虚报选举票数等不正当手段当选村民委员会成员的，当选无效。对以不正当手段，妨害村民行使选举权、被选举权，破坏村民委员会选举的行为，村民有权向乡、民族乡、镇的人民代表大会和人民政府或者县级人民代表大会常务委员会和人民政府及其有关主管部门举报，由乡级或者县级人民政府负责调查并依法处理。

注意 ▶ 对于村民举报破坏选举的行为，负责调查处理的机关与受理举报的机关的范围不同。负责调查处理的机关限于乡级或县级人民政府，而受理举报的机关除乡级或者县级人民政府之外，还包括乡镇人大、县级人大常委会或县级人民政府主管部门。之所以受理举报的机关范围相对较宽，主要是为了扩宽村民举报的渠道；而负责调查处理的机关相对集中，则有利于明确调查处理机关的职责，避免有关机关相互推诿。

7. 村民委员会根据需要设人民调解、治安保卫、公共卫生与计划生育等委员会。村民委员会成员可以兼任下属委员会的成员。人口少的村的村民委员会可以不设下属委员会，由村民委员会成员分工负责人民调解、治安保卫、公共卫生与计划生育等工作。

（四）罢免与职务终止

（1）本村1/5以上有选举权的村民或者1/3以上的村民代表联名，可以提出罢免村民委员会成员的要求，并说明要求罢免的理由。被提出罢免的成员有权提出申辩意见。

（2）罢免村民委员会成员也采"双过半制"：须有登记参加选举的村民过半数投票，并须经投票的村民过半数通过。

（3）村民委员会成员丧失行为能力或者被判处刑罚的，其职务自行终止。

（五）村务监督

1. 村务监督机构

（1）村应当建立村务监督委员会或者其他形式的村务监督机构，负责村民民主理财，监督村务公开等制度的落实，其成员由村民会议或者村民代表会议在村民中推选产生，其中应有具备财会、管理知识的人员。

(2) 村民委员会成员及其近亲属不得担任村务监督机构成员。

(3) 村务监督机构成员向村民会议和村民代表会议负责,可以列席村民委员会会议。

2. 村务档案

村民委员会和村务监督机构应当建立村务档案。村务档案包括:选举文件和选票,会议记录,土地发包方案和承包合同,经济合同,集体财务账目,集体资产登记文件,公益设施基本资料,基本建设资料,宅基地使用方案,征地补偿费使用及分配方案等。村务档案应当真实、准确、完整、规范。

3. 民主评议

村民委员会成员以及由村民或者村集体承担误工补贴的聘用人员,应当接受村民会议或者村民代表会议对其履行职责情况的民主评议。民主评议每年至少进行一次,由村务监督机构主持。村民委员会成员连续两次被评议不称职的,其职务终止。

4. 经济责任审计

村民委员会成员实行任期和离任经济责任审计,由县级政府农业部门、财政部门或者乡级政府负责组织,审计结果应公布,其中离任审计结果应当在下一届村委会选举之前公布。审计包括下列事项:

(1) 本村财务收支情况;

(2) 本村债权债务情况;

(3) 政府拨付和接受社会捐赠的资金、物资管理使用情况;

(4) 本村生产经营和建设项目的发包管理以及公益事业建设项目招标投标情况;

(5) 本村资金管理使用以及本村集体资产、资源的承包、租赁、担保、出让情况,征地补偿费的使用、分配情况;

(6) 本村 1/5 以上的村民要求审计的其他事项。

(六) 村务公开

1. 村民委员会应当实行少数服从多数的民主决策机制和公开透明的工作原则,建立健全各种工作制度。

2. 村民委员会实行村务公开制度,应当及时公布下列事项,接受村民的监督:

(1) 法定的由村民会议、村民代表会议讨论决定的事项及其实施情况;

(2) 国家计划生育政策的落实方案;

(3) 政府拨付和接受社会捐赠的救灾救助、补贴补助等资金、物资的管理使用情况;

(4) 村民委员会协助人民政府开展工作的情况;

(5) 涉及本村村民利益,村民普遍关心的其他事项。

3. 一般事项至少每季度公布一次;集体财务往来较多的,财务收支情况应当每月公布一次;涉及村民利益的重大事项应当随时公布。

4. 村民委员会不及时公布应当公布的事项或者公布的事项不真实的,村民有权向乡、民族乡、镇的人民政府或者县级人民政府及其有关主管部门反映,有关人民政府或者主管部门应当负责调查核实,责令依法公布;经查证确有违法行为的,有关人员应当依法承担责任。

(七)违法行为的纠正

1. 村民委员会或者村民委员会成员作出的决定侵害村民合法权益的,受侵害的村民可以申请人民法院予以撤销,责任人依法承担法律责任。

2. 村民委员会不依照法律、法规的规定履行法定义务的,由乡、民族乡、镇的人民政府责令改正。

二、村民会议

(一)村民会议是由本村18周岁以上的村民组成的村民群众自治的最高组织形式。

(二)村民会议由村民委员会召集,有1/10以上的村民提议或1/3以上村民代表提议,应当召集村民会议。召集村民会议,应当提前十天通知村民。

(三)召开村民会议,应当有本村18周岁以上村民的过半数,或者本村2/3以上的户的代表参加,村民会议所作决定应当经到会人员的过半数通过。涉及全村村民利益的问题,村民委员会必须提请村民会议讨论决定,到会人员过半数通过。

(四)召开村民会议,根据需要可以邀请驻本村的企业、事业单位和群众组织派代表列席。

(五)村民会议审议村民委员会的年度工作报告,评议村民委员会成员的工作;有权撤销或者变更村民委员会不适当的决定;有权撤销或者变更村民代表会议不适当的决定。村民会议可以授权村民代表会议审议村民委员会的年度工作报告,评议村民委员会成员的工作,撤销或者变更村民委员会不适当的决定。

(六)村民会议可以制定和修改村民自治章程、村规民约,并报乡、民族乡、镇的人民政府备案。

注意 ▶ 村民自治章程、村规民约以及村民会议或者村民代表会议的决定不得与宪法、法律、法规和国家的政策相抵触,不得有侵犯村民的人身权利、民主权利和合法财产权利的内容。村民自治章程、村规民约以及村民会议或者村民代表会议的决定违反前款规定的,由乡、民族乡、镇的人民政府责令改正。

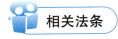

《村民委员会组织法》

第二十四条 涉及村民利益的下列事项,经村民会议讨论决定方可办理:

(一)本村享受误工补贴的人员及补贴标准;
(二)从村集体经济所得收益的使用;
(三)本村公益事业的兴办和筹资筹劳方案及建设承包方案;
(四)土地承包经营方案;
(五)村集体经济项目的立项、承包方案;
(六)宅基地的使用方案;

（七）征地补偿费的使用、分配方案；

（八）以借贷、租赁或者其他方式处分村集体财产；

（九）村民会议认为应当由村民会议讨论决定的涉及村民利益的其他事项。

村民会议可以授权村民代表会议讨论决定前款规定的事项。

三、村民代表会议

1. 人数较多或者居住分散的村，可以设立村民代表会议，讨论决定村民会议授权的事项。

2. 村民代表会议由村民委员会成员和村民代表组成，村民代表应当占村民代表会议组成人员的 4/5 以上，妇女村民代表应当占村民代表会议组成人员的 1/3 以上。

3. 村民代表由村民按每 5 户至 15 户推选一人，或者由各村民小组推选若干人。村民代表的任期为 3 年，可以连选连任。村民代表应当向其推选户或者村民小组负责，接受村民监督。

4. 村民代表会议由村民委员会召集。每季度召开一次。有 1/5 以上的村民代表提议，应当召集村民代表会议。村民代表会议有 2/3 以上的组成人员参加方可召开，所作决定应当经到会人员的过半数同意。

四、村民小组

1. 村民委员会可以根据村民居住状况、集体土地所有权关系等分设若干村民小组。

2. 组长由村民小组会议推选。村民小组组长任期与村民委员会的任期相同，可以连选连任。

3. 召开村民小组会议，应当有本村民小组十八周岁以上的村民 2/3 以上，或者本村民小组 2/3 以上的户的代表参加，所作决定应当经到会人员的过半数同意。

4. 属于村民小组的集体所有的土地、企业和其他财产的经营管理以及公益事项的办理，由村民小组会议依照有关法律的规定讨论决定，所作决定及实施情况应当及时向本村民小组的村民公布。

五、居民委员会

（一）设置

1. 以 100～700 户的范围设立。
2. 居民委员会的设立、撤销、规模调整，由不设区的市、市辖区的人民政府决定。
3. 不设区的市、市辖区的人民政府或者它的派出机关对居民委员会的工作给予指导、支持和帮助。后者协助前者开展工作。

（二）组织

1. 居民委员会由主任、副主任和委员共 5～9 人组成。
2. 多民族居住地区，居民委员会中应当有人数较少的民族的成员。

续表

3. 居民委员会的组成成员既可以是本居住地范围内全体年满18周岁没有被剥夺政治权利的居民选举产生，也可以由每户派代表选举产生，还可以由每个居民小组选举代表2~3人选举产生。居民委员会每届的任期为3年，其成员可以连选连任。
4. 居民委员会根据需要设人民调解、治安保卫、公共卫生等委员会。居民委员会成员可以兼任下属的委员会的成员。居民较少的居民委员会可以不设下属的委员会，由居民委员会的成员分工负责有关工作。
5. 居民委员会办理本居民区公益事业所需费用，经居民会议讨论决定，可以根据自愿原则向居民筹集，也可以向本居民区的受益单位筹集，但是必须经受益单位同意，收支账目应当及时公布，接受居民监督。

（三）居民会议

1. 居民会议是由居住地范围内18周岁以上的居民组成的居民自治的民主决策机构。
2. 居民公约由居民会议讨论制定，报不设区的市、市辖区的人民政府或者它的派出机关备案，由居民委员会监督执行。
3. 居民会议由居民委员会召集和主持。有1/5以上的18周岁以上的居民、1/5以上的户或者1/3以上的居民小组提议，应当召集居民会议。
4. 居民委员会向居民会议负责并报告工作。居民会议有权撤换和补选居民委员会成员。
5. 涉及全体居民利益的重要问题，居民委员会必须提请居民会议讨论决定。

第四章

公民的基本权利与义务

第一节 公民基本权利与义务概述

一、基本权利和基本义务的概念与特点

（一）基本权利
是指由宪法规定的公民享有的主要的、必不可少的权利。
1. 基本权利决定了公民在国家生活中的法律地位；
2. 基本权利是公民在社会生活中最主要、最基本而又不可缺少的权利；
3. 基本权利具有母体性，派生出具体的法律权利；
4. 基本权利具有稳定性和排他性，与人的公民资格不可分。

（二）基本义务
也称宪法义务，是指由宪法规定的公民必须遵守和应尽的法律责任。

二、基本权利的主体

（一）主要是公民
注意▶ 有些国家的宪法规定，法人和外国人也可以成为基本权利的主体。但在我国，法人并非基本权利的一般主体。

（二）公民和人民的区别

比较项	公民	人民
1. 性质	与外国人和无国籍人相对	与敌人相对
2. 范围	公民包括人民和敌对分子	只是公民中的一部分
3. 后果	其中的敌人不能享有全部权利	享有法定全部权利，履行全部义务
4. 概念属性	个体概念	群体概念

三、基本权利的效力

基本权利的效力是指基本权利对社会生活领域产生的拘束力，其目的在于保障宪法规定的人权价值的实现。

（一）基本权利效力的特点

1. 广泛性	拘束一切国家权力活动与社会生活领域。
2. 具体性	通常在具体的事件中得到实现；特定主体在具体的活动中感受到权利的价值，并通过具体事件解决围绕效力而发生的宪法争议。
3. 现实性	对立法活动提供法律基础；本质上是调整现实社会中主体活动的具体权利形态，一旦规定在宪法上便具有直接的规范效力。

（二）基本权利效力的体现

1. 对立法权的制约	（1）立法者通过一定形式制定反映民意的法律，推动基本权利价值的具体化。 （2）基本权利直接约束立法者与立法过程，以防止立法者制定侵害人权的法律。
2. 对行政权的制约	对行政权的活动产生直接的约束力，有关行政的一切活动都要体现基本权利的价值，以保障行政权的合宪性。
3. 对司法权的制约	直接约束一切司法权的活动；司法活动是保障人权的最后堡垒。

注意 ▶ 法律对基本权利的具体化只是基本权利实现的一种形式，但并非唯一形式。

四、基本权利的限制

所谓限制基本权利，是指确定基本权利的范围，使之不超过一定的限度，超过限度则构成权利的滥用。

（一）具体表现

1. 剥夺一部分主体的基本权利	一般作为刑罚的附加刑采用，即剥夺政治权利
2. 停止行使某种基本权利	暂时限制，条件恢复再准予行使
3. 出于社会公益，限制特殊主体的活动	如限制公务员的政治活动；限制军人的政治权利

（二）限制基本权利的目的

1. 维护社会秩序；
2. 保障国家安全；
3. 维护公共利益。

《宪法》

第五十一条 中华人民共和国公民在行使自由和权利的时候，不得损害国家的、社会的、集体的利益和其他公民的合法的自由和权利。

（三）限制基本权利的基本形式

1. 内在限制	（1）基本权利本身的限制，宪法规定的基本权利概念本身对其范围和界限进行了必要的限定。
	（2）通过具体附加的文句对其范围进行了限定，如规定集会游行示威"不得侵犯他人的权利与自由"。
2. 宪法和法律的限制	宪法为基本权利的行使确定了总的原则与程序（我国宪法51条）
	通过法律的限制：（1）一般保留：法律规定的保留适用于所有基本权利；（2）个别保留：根据法律的具体条文而对基本权利进行限制。

（四）我国的规定

根据宪法第 51 条的规定，限制基本权利只能基于维护公共利益和他人的基本权利的目的才具有正当性。同时，限制公民基本权利应当体现合理原则，不超过必要的限度。

在这方面，十二届全国人大常委会第十五次会议通过、2015 年 7 月 1 日起施行的新《国家安全法》第 83 条规定："在国家安全工作中，需要采取限制公民权利和自由的特别措施时，应当依法进行，并以维护国家安全的实际需要为限度。"

现实生活中最为普遍的乃是在紧急状态下对基本权利实施限制。所谓紧急状态，是指在一定范围和时间内由于突发重大事件而严重威胁和破坏公共秩序、公共安全、公共卫生、国家统一等公共利益和国家利益，需要紧急予以专门应对的社会生活状态。在紧急状态下，为了保障公民的基本权利和社会公共利益、迅速恢复经济与社会的正常状态，有必要赋予国家机关一定的紧急权力。实践中，发生突发事件和恐怖主义活动是导致紧急状态的重要原因。

1.《突发事件应对法》（2007 年）

（1）突发事件的概念	本法所称突发事件，是指突然发生，造成或者可能造成严重社会危害，需要采取应急处置措施予以应对的自然灾害、事故灾难、公共卫生事件和社会安全事件。

续表

（2）政府的应对	①自然灾害、事故灾难或者公共卫生事件发生后，履行统一领导职责的人民政府可以采取一项或多项应急处置措施，如：实行交通管制以及其他控制措施，禁止或者限制使用有关设备、设施，关闭或者限制使用有关场所，中止人员密集的活动或者可能导致危害扩大的生产经营活动等。 ②社会安全事件发生后，组织处置工作的人民政府应当立即组织有关部门并由公安机关采取下列一项或多项应急处置措施，如：强制隔离使用器械相互对抗或者以暴力行为参与冲突的当事人，对特定区域内的建筑物、交通工具、设备、设施以及燃料、燃气、电力、水的供应进行控制，封锁有关场所、道路，查验现场人员的身份证件，限制有关公共场所内的活动等。

2.《反恐怖主义法》（2016）

（1）恐怖主义的概念	本法所称恐怖主义，是指通过暴力、破坏、恐吓等手段，制造社会恐慌、危害公共安全、侵犯人身财产，或者胁迫国家机关、国际组织，以实现其政治、意识形态等目的的主张和行为。
（2）恐怖活动的预防：物流运营单位的安全查验制度	铁路、公路、水上、航空的货运和邮政、快递等物流运营单位应当实行安全查验制度，对客户身份进行查验，依照规定对运输、寄递物品进行安全检查或者开封验视。对禁止运输、寄递，存在重大安全隐患，或者客户拒绝安全查验的物品，不得运输、寄递。
（3）恐怖活动的预防：特定业务经营者、服务提供者的身份查验制度	电信、互联网、金融、住宿、长途客运、机动车租赁等业务经营者、服务提供者，应当对客户身份进行查验。对身份不明或者拒绝身份查验的，不得提供服务。
（4）恐怖事件发生后的应急处置措施	恐怖事件发生后，相关职权部门可以采取在特定区域内实施互联网、无线电、通讯管制，以及在特定区域内或者针对特定人员实施出境入境管制等处置措施。
（5）国家对恐怖活动的立场	①国家不向任何恐怖活动组织和人员作出妥协，不向任何恐怖活动人员提供庇护或者给予难民地位。 ②网信、电信、公安、国家安全等主管部门对含有恐怖主义、极端主义内容的信息，应当及时责令有关单位停止传输、删除相关信息，或者关闭相关网站、关停相关服务。对互联网上跨境传输的含有恐怖主义、极端主义内容的信息，电信主管部门应当采取技术措施，阻断传播。
（6）特定业者的技术支持和协助义务	①电信业务经营者、互联网服务提供者应当为公安机关、国家安全机关依法进行防范、调查恐怖活动提供技术接口和解密等技术支持和协助。 ②电信业务经营者、互联网服务提供者落实网络安全、信息内容监督制度和安全技术防范措施，防止含有恐怖主义、极端主义内容的信息传播；发现含有恐怖主义、极端主义内容的信息的，应当立即停止传输，保存相关记录，删除相关信息，并向公安机关或者有关部门报告。

五、基本权利与人权

（一）人权是基本权利的来源，基本权利是人权宪法化的具体表现

（二）二者的区别包括

1. 人权是一种自然权，而基本权利是实定法上的权利；

2. 人权具有道德和价值上的效力，而基本权利是法律和制度上保障的权利，其效力与领域受到限制；

3. 人权表现为价值体系，而基本权利具有具体权利性；

4. 人权源于自然法，而基本权利源于人权。

（三）宪法文本中的人权需要法定化，并转化为具有具体权利内容的基本权利形态

六、"国家尊重和保障人权"的重要意义

1. 为未列举基本权利提供了规范基础；

2. 对于理解基本权利具有指导作用；

3. 为国家设定了义务；

4. 有利于推动人与社会、环境、资源的协调发展。

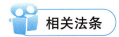

《宪法》2004年修正案

第三十三条第三款 国家尊重和保障人权。

七、我国公民基本权利与义务的主要特点

1. 广泛性	（1）享有主体非常广泛。
	（2）享有的范围非常广泛。
2. 平等性	（1）公民在享有权利和履行义务方面一律平等。
	（2）司法机关在适用法律上一律平等。
3. 现实性	（1）权利和义务的内容具有现实性，从实际出发；有客观需要、非规定不可的才规定；能做到的才规定；能做到什么程度的就规定到什么程度。
	（2）既有物质保障又有法律保障，是可以实现的。
4. 一致性	（1）享有权利和承担义务的主体是一致的。
	（2）某些权利和义务是相互结合的，如劳动、受教育既是公民的基本权利，又是公民的基本义务。
	（3）基本权利和义务相互促进，相辅相成。

八、基本权利的分类【增补考点】

1. 积极（受益）权和消极（受益）权都是从国家获取收益的权利，即国家有义务提供条

件，帮助权利实现。

2. 二者的区别

（1）对于积极权利，公民可主动向国家提出请求；

（2）对于消极权利，公民不能主动提出请求，而是强调权利行使免于国家干涉。

第二节 我国公民的基本权利

 特别说明：

1. 除私有财产权和继承权位于现行宪法第一章总纲部分之外，其余基本权利都位于第二章公民的基本权利与义务的部分。

2. 宪法明确列举的基本权利包括：财产权、继承权；法律面前一律平等；国家尊重与保障人权；选举权和被选举权；言论、出版、集会、结社、游行、示威的自由；宗教信仰自由；人身自由；人格尊严；住宅不受侵犯；通信自由和通信秘密；对国家机关及其工作人员提出批评、建议的权利；对于国家机关及其工作人员的违法失职行为，向有关国家机关提出申诉、控告或检举的权利；劳动的权利和义务；劳动者有休息权；退休制度；获得物质帮助的权利；受教育的权利；科学研究、文学艺术和其他文化活动的自由；男女平等；婚姻家庭制度；华侨、归侨的权益。

一、平等权

平等权指公民依法平等地享有权利，不受任何不合理的差别对待，要求国家给予同等保护的权利。平等权是公民行使其他权利的基础，是贯穿于其他权利的一种权利，也是社会主义法制的一项基本原则。

（一）基本内容

1. 法律面前一律平等；

2. 禁止不合理的差别对待：反对歧视和反对特权；

3. 允许合理的差别。

（二）判断差别是否合理的基本原则：

1. 是否符合作为宪法核心价值的人的尊严原则；

2. 确定差别措施的目的是否符合公共利益；

3. 采取的手段与目的之间是否存在着合理的联系等。

（三）我国宪法保护的特定主体：（1）妇女；（2）退休人员和军烈属；（3）婚姻、家庭、母亲、儿童和老人；（4）青少年和儿童；（5）华侨、归侨和侨眷。

概念说明：归侨是指回国定居的华侨。华侨是指定居在国外的中国公民。侨眷是指华侨、归侨在国内的眷属。

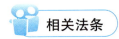

《宪法》

第四十四条　国家依照法律规定实行企业事业组织的职工和国家机关工作人员的退休制度。退休人员的生活受到国家和社会的保障。

第四十五条　中华人民共和国公民在年老、疾病或者丧失劳动能力的情况下，有从国家和社会获得物质帮助的权利。国家发展为公民享受这些权利所需要的社会保险、社会救济和医疗卫生事业。

国家和社会保障残废军人的生活，抚恤烈士家属，优待军人家属。

国家和社会帮助安排盲、聋、哑和其他有残疾的公民的劳动、生活和教育。

第四十六条第二款　国家培养青年、少年、儿童在品德、智力、体质等方面全面发展。

第四十八条　中华人民共和国妇女在政治的、经济的、文化的、社会的和家庭的生活等各方面享有同男子平等的权利。

国家保护妇女的权利和利益，实行男女同工同酬，培养和选拔妇女干部。

第四十九条　婚姻、家庭、母亲和儿童受国家的保护。

夫妻双方有实行计划生育的义务。

父母有抚养教育未成年子女的义务，成年子女有赡养扶助父母的义务。

禁止破坏婚姻自由，禁止虐待老人、妇女和儿童。

第五十条　中华人民共和国保护华侨的正当的权利和利益，保护归侨和侨眷的合法的权利和利益。

二、政治权利和自由

政治权利和自由是公民依法享有的参加国家政治生活的权利和自由。包括公民的选举权、被选举权，以及言论、出版、集会、结社、游行和示威的自由。

（一）选举权和被选举权

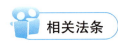

《宪法》

第三十四条　中华人民共和国年满十八周岁的公民，不分民族、种族、性别、职业、家庭出身、宗教信仰、教育程度、财产状况、居住期限，都有选举权和被选举权；但是依照法律被剥夺政治权利的人除外。

（二）政治自由

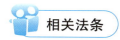

《宪法》

第三十五条 中华人民共和国公民有言论、出版、集会、结社、游行、示威的自由。

1. 言论自由

（1）在政治自由中居于首要地位，世界各国宪法普遍承认。

（2）表现形式多样，包括口头、书面形式和电视广播等传播媒介。

注意▶ 行使言论自由侵害他人名誉权的，不构成违宪。

2. 出版自由

（1）通过公开出版物的形式，自由地表达对公共事务的见解和看法。是言论自由的自然延伸。

（2）包括著作自由和出版单位的设立和管理制度。

（3）世界出版物管理有两种制度：事前审查制和追惩制。我国《出版管理条例》采二者结合的制度。

3. 结社自由

（1）结社包括营利性结社和非营利性结社（包括政治性结社和非政治性结社）。宪法上的结社自由主要指组织政治性团体。

（2）社团的成立实行核准登记制度；登记管理机关是民政部门。2016 年 2 月 6 日公布并施行的修改后的《社会团体登记管理条例》将社团的"申请筹备"改称"申请登记"，在变更登记等方面也作了修改，进一步顺了社团成立和管理的程序。

（3）社团不得从事以营利为目的的经营性活动，其活动受到国家管理部门的监督管理。

4. 集会游行示威自由

（1）集合性权利：多个公民共同行使。
（2）应当和平进行，不得携带武器、管制刀具和爆炸物，不得使用暴力或煽动使用暴力。
（3）公民不得在其居住地以外的城市发动、组织、参加当地公民的集会、游行、示威。中央国家机关所在地、国宾下榻处、重要军事设施、海陆空交通站点（航空港、火车站、港口）周边 10 米内至 300 米内不得集会游行示威。
（4）主管机关：举行地的市县公安局、城市公安分局。如果路线经过两个以上区县，则所经过区县的共同上一级公安机关为主管机关。
（5）一般要申请许可。不需申请的情况：①国家举行纪念庆祝活动；②国家机关、政党、社团、企事业组织依法、组织章程举行的集会。
（6）必须有负责人。负责人必须在举行日期的五日前向主管机关递交书面申请。申请书中应当载明集会、游行、示威的目的、方式、标语、口号、人数、车辆数、使用音响设备的种类与数量、起止时间、地点（包括集合地和解散地）、路线和负责人的姓名、职业、住址。

续表

（7）主管机关应在举行日的<u>两日前</u>将决定通知负责人，并说明理由。<u>逾期不通知，视为许可</u>。

（8）时间一般限于早上六点到晚上十点。

（9）<u>国家机关工作人员不得组织或者参加违背有关法律、法规规定的国家机关工作人员职责、义务的集会、游行、示威</u>。

注意▶

1. 根据刑法的规定，剥夺政治权利是指同时剥夺如下四种权利：①选举权和被选举权；②言论、出版、集会、结社、游行、示威的自由；③担任国家机关职务的权利；④担任国有公司、企业事业单位和人民团体领导职务的权利。

2. ①在判处管制附加剥夺政治权利的期限与管制的期限相同，与管制期限同时起算、同时执行；②判处有期徒刑、拘役附加剥夺政治权利的刑期，从徒刑、拘役执行完毕之日起或从假释之日起开始计算，剥夺的效力当然适用于主刑执行期间；③判处死刑、无期徒刑的，应当剥夺政治权利终身。

三、宗教信仰自由

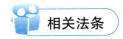

《宪法》

第三十六条 中华人民共和国公民有宗教信仰自由。

任何国家机关、社会团体和个人不得强制公民信仰宗教或者不信仰宗教，不得歧视信仰宗教的公民和不信仰宗教的公民。

国家保护正常的宗教活动。任何人不得利用宗教进行破坏社会秩序、损害公民身体健康、妨碍国家教育制度的活动。

宗教团体和宗教事务不受外国势力的支配。

宗教信仰自由是指公民根据内心的信念，自愿地信仰宗教的自由。

（一）正面界定

信教或不信教的自由；信这种或信那种宗教的自由；信这个教派或那个教派的自由；过去信现在不信的自由等。

（二）反向界定

1. 不得强制；

2. 不得歧视。

（三）宪法规定宗教自由的目的

宗教是一种历史现象，其存在的条件尚未消失；宗教信仰属于思想范畴，只能说服教育，不能强迫命令、粗暴压制；宗教的存在具有长期性、国际性、民族性和群众性，正确处理对民族团结、国家统一和国际交往有重大意义。

（四）国家对于宗教活动的政策

1. 国家保护正常的宗教活动。任何人不得利用宗教进行破坏社会秩序、损害公民身体健康、妨碍国家教育制度的活动。

2. 宗教团体必须坚持自主、自办、自传的"三自"原则。宗教团体和宗教事务不受外国势力支配。

3. 外国人不得在中国境内成立宗教组织，设立宗教机构，设立宗教活动场所或者开办宗教院校，不得在中国公民中发展教徒，委任宗教教职人员和进行其他传教活动。

四、广义的人身自由

广义的人身自由包括与狭义人身自由相关联的生命权、人格尊严、住宅不受侵犯、通信自由和通信秘密等与公民个人生活有关的权利和自由。人身自由是公民具体参加各种社会活动和实际享受其他权利的前提。

《宪法》

第三十七条 中华人民共和国公民的人身自由不受侵犯。

任何公民，非经人民检察院批准或者决定或者人民法院决定，并由公安机关执行，不受逮捕。禁止非法拘禁和以其他方法非法剥夺或者限制公民的人身自由，禁止非法搜查公民的身体。

第三十八条 中华人民共和国公民的人格尊严不受侵犯。禁止用任何方法对公民进行侮辱、诽谤和诬告陷害。

第三十九条 中华人民共和国公民的住宅不受侵犯。禁止非法搜查或者非法侵入公民的住宅。

第四十条 中华人民共和国公民的通信自由和通信秘密受法律的保护。除因国家安全或者追查刑事犯罪的需要，由公安机关或者检察机关依照法律规定的程序对通信进行检查外，任何组织或者个人不得以任何理由侵犯公民的通信自由和通信秘密。

（一）生命权

1. 具有自然法性质，现行宪法没有明确规定；国家和社会的最高价值；基本权利价值体系的基础和出发点。
2. 主体只能是自然人，包括本国人、外国人和无国籍人。
3. 基本内容包括：（1）防御权；（2）享受生命的权利；（3）生命保护请求权；（4）生命权的不可处分性。

（二）人身自由

1. 人的身体不受非法限制、搜查、拘留、逮捕的自由；
2. 公民最起码的权利，但并非绝对权，可以依法限制；

		①公安机关侦查的案件：公安机关如果认为需要逮捕犯罪嫌疑人的，会向同级检察机关移送审查，请求批准逮捕；	无论是批准逮捕还是决定逮捕，都由公安机关负责执行。 注意▶此处的公安机关包括了狭义的公安机关、国家安全机关、军队保卫部门、监狱、海关缉私局等。
3. 非经检察院批准或者决定或者法院决定，并由公安机关执行，不受逮捕	（1）侦查阶段	②检察机关自侦案件：省级以下（不含省级）检察机关如果需要逮捕犯罪嫌疑人的，需要报请上一级检察机关审查决定逮捕；	
	（2）审查起诉阶段：无论公诉案件还是自诉案件，检察机关如果发现犯罪嫌疑人需要逮捕，有权作出逮捕决定；		
	（3）审判阶段：无论公诉案件还是自诉案件，审判机关如果发现被告人需要逮捕，有权作出逮捕决定；		
4. 禁止非法拘禁和以其他方法非法剥夺或者限制公民的人身自由，禁止非法搜查身体。			

（三）人格尊严

1. 人格尊严不受侵犯。禁止用任何方法对公民进行侮辱、诽谤和诬告陷害。这是我国宪法第一次写入人格尊严的内容
2. 法律表现：公民的人格权，包括姓名权、肖像权、名誉权、荣誉权、隐私权

（四）住宅自由

1. 住宅不受侵犯。禁止非法搜查或者非法侵入公民的住宅
2. 涉及公民的财产权、人身自由、居住安全和生活安定

增补考点▶人身自由、住宅自由的限制

相关法条　　　　　　　　《治安管理处罚法》

第八十七条　公安机关对与违反治安管理行为有关的场所、物品、人身可以进行检查。检查时，人民警察不得少于二人，并应当出示工作证件和县级以上人民政府公安机关开具的检查证明文件。对确有必要立即进行检查的，人民警察经出示工作证件，可以当场检查，但检查公民住所应当出示县级以上人民政府公安机关开具的检查证明文件。

检查妇女的身体，应当由女性工作人员进行。

（五）通信自由和通信秘密

1. 公民之间信息传递不受国家非法限制；公民通信内容不得隐匿、毁弃、拆阅和窃听；
2. 因国家安全或追查刑事犯罪的需要，公安或检察机关可依法对公民的通信进行检查；
3. 公安机关或检察机关批准，可通知邮电机关将有关邮件、电报检交扣押。

说明▶根据刑诉法和有关司法解释的规定，技术侦查权（包括跟踪、窃听、截留邮件、卧

底、诱惑侦查、化妆侦查、控制下交付等）只能由公安机关、国家安全机关或者检察机关行使，军队保卫部门和监狱无权实施技术侦查措施。

五、社会经济权利和文化教育权利

除财产权和继承权外，社会经济权利和文化教育权利都属于公民的积极受益权，公民可积极主动地向国家提出请求，国家也应积极加以保障。

（一）财产权

财产权是实现自由的基本要求，是人作为有尊严存在的社会物质基础。

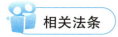

《宪法》

第十三条　公民的合法的私有财产不受侵犯。

国家依照法律规定保护公民的私有财产权和继承权。

国家为了公共利益的需要，可以依照法律规定对公民的私有财产实行征收或者征用并给予补偿。

（二）劳动权

1. 劳动既是权利又是义务，是人们生存的基础
2. 劳动权是指有劳动能力的公民有从事劳动并取得相应报酬的权利

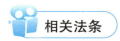

《宪法》

第四十二条　中华人民共和国公民有劳动的权利和义务。

国家通过各种途径，创造劳动就业条件，加强劳动保护，改善劳动条件，并在发展生产的基础上，提高劳动报酬和福利待遇。

劳动是一切有劳动能力的公民的光荣职责。国有企业和城乡集体经济组织的劳动者都应当以国家主人翁的态度对待自己的劳动。国家提倡社会主义劳动竞赛，奖励劳动模范和先进工作者。国家提倡公民从事义务劳动。

国家对就业前的公民进行必要的劳动就业训练。

（三）劳动者休息权

1. 中华人民共和国劳动者有休息的权利
2. 每日工作时间不超过8小时；平均每周不超44小时；每周至少休息一日

说明➡宪法规定劳动者有休息的权利。这并不排除普通人休息的机会，而仅是意指国家有义务以立法、行政、司法等多种方式为劳动者充分之休息机会的获得提供法的保障，如建立休假制度、确定法定假日等。

《宪法》

第四十三条 中华人民共和国劳动者有休息的权利。

国家发展劳动者休息和休养的设施，规定职工的工作时间和休假制度。

（四）获得物质帮助权

《宪法》

第四十五条第一款 中华人民共和国公民在年老、疾病或者丧失劳动能力的情况下，有从国家和社会获得物质帮助的权利。国家发展为公民享受这些权利所需要的社会保险、社会救济和医疗卫生事业。

（五）教育文化权利

1. 公民有受教育的权利和义务；
2. 进行科学研究、文艺创作和其他文化活动的自由；
特别注意▶▶ 不包括出版自由

《宪法》

第四十六条 中华人民共和国公民有受教育的权利和义务。

国家培养青年、少年、儿童在品德、智力、体质等方面全面发展。

第四十七条 中华人民共和国公民有进行科学研究、文学艺术创作和其他文化活动的自由。国家对于从事教育、科学、技术、文学、艺术和其他文化事业的公民的有益于人民的创造性工作，给以鼓励和帮助。

六、监督权和获得赔偿权

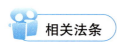
《宪法》

第四十一条 中华人民共和国公民对于任何国家机关和国家工作人员，有提出批评和建议的权利；对于任何国家机关和国家工作人员的违法失职行为，有向有关国家机关提出申诉、控告或者检举的权利，但是不得捏造或者歪曲事实进行诬告陷害。

对于公民的申诉、控告或者检举，有关国家机关必须查清事实，负责处理。任何人不得压制和打击报复。

由于国家机关和国家工作人员侵犯公民权利而受到损失的人，有依照法律规定取得赔偿的权利。

> **注意**▶我国的国家赔偿分为行政赔偿和司法赔偿或冤狱赔偿两种形式。

【国家赔偿法】 修改后的《国家赔偿法》在归责原则方面改变了之前采用的严格的违法原则，第2条第1款规定："国家机关和国家机关工作人员行使职权，有本法规定的侵犯公民、法人和其他组织合法权益的情形，造成损害的，受害人有依照本法取得国家赔偿的权利。"并首次明确，致人精神损害、造成严重后果的，赔偿义务机关应当支付"精神损害抚慰金"。在赔偿金标准上，该法第33条规定："侵犯公民人身自由的，每日赔偿金按照国家上年度职工日平均工资计算。" 根据国家统计局2014年5月27日公布的数据，2013年城镇非私营单位在岗职工年平均工资数额为52379元，日平均工资为200.69元。在受到普遍关注的呼格吉勒图案中，内蒙古自治区高级人民法院2014年12月30日作出国家赔偿决定，赔偿金额总计2059621.40元，其中向赔偿请求人支付死亡赔偿金、丧葬费共计1047580元，支付呼格吉勒图生前被羁押60日的限制人身自由赔偿金12041.40元，向赔偿请求人支付精神损害抚慰金100万元。

第三节 我国公民的基本义务

《宪法》

第五十二条 中华人民共和国公民有维护国家统一和全国各民族团结的义务。

第五十三条 中华人民共和国公民必须遵守宪法和法律，保守国家秘密，爱护公共财产，遵守劳动纪律，遵守公共秩序，尊重社会公德。

第五十四条 中华人民共和国公民有维护祖国的安全、荣誉和利益的义务，不得有危害祖国的安全、荣誉和利益的行为。

第五十五条 保卫祖国、抵抗侵略是中华人民共和国每一个公民的神圣职责。

依照法律服兵役和参加民兵组织是中华人民共和国公民的光荣义务。

第五十六条 中华人民共和国公民有依照法律纳税的义务。

一、维护国家统一和民族团结

国家统一和民族团结是我国社会主义革命和建设取得胜利的根本保证，也是推进改革开放、建设有中国特色社会主义的根本前提。

二、遵守宪法和法律，保守国家秘密，爱护公共财产，遵守劳动纪律，遵守公共秩序，尊重社会公德

三、维护祖国的安全、荣誉和利益

四、保卫祖国、抵抗侵略；依法服兵役和参加民兵组织

（一）我国的武装力量，由中国人民解放军、中国人民武装警察部队和民兵组成。

（二）我国实行义务兵和志愿兵相结合、民兵和预备役相结合的兵役制度。

1. 不得服兵役：依法被剥夺政治权利的人、外国人；

2. 免服兵役：有严重生理缺陷或者严重残疾不适合服兵役的人；

3. 不征集服兵役：应征公民正在被依法侦查、起诉、审判的或者被判处徒刑、拘役、管制正在服刑的；

4. 缓征：应征公民是维持家庭生活的唯一劳动力的。

（三）每年12月31日以前，年满18周岁的男性公民，应当被征集服现役。当年未被征集的，在22周岁之前仍可以被征集，普通高等学校毕业生的征集年龄可以放宽至24周岁。根据军队需要，可以按照上述条件征集女性公民服现役。根据军队需要和本人自愿，可以征集当年十二月三十一日以前年满17周岁未满18周岁的公民服现役。

（四）国家实行兵役登记制度。每年十二月三十一日以前年满18周岁的男性公民，都应当在当年六月三十日以前，按照县、自治县、市、市辖区的兵役机关的安排，进行兵役登记。经兵役登记并初步审查合格的，称应征公民。

（五）在征集期间，应征公民被征集服现役，同时被机关、团体、企业事业单位招收录用或者聘用的，应当优先履行服兵役义务；有关机关、团体、企业事业单位应当服从国防和军队建设的需要，支持兵员征集工作。

（六）不履行服兵役义务要承担法律责任：拒绝、逃避兵役登记和体格检查的，拒绝、逃避征集的，由县级人民政府责令限期改正；逾期不改的，由县级人民政府强制其履行兵役义务，并可以处以罚款。

五、依法纳税

1. 纳税义务既包括自然人，又包括法人；外国人在我国拥有财产时，也应纳税。但依照我国法律有关规定应予免税的各国驻华使领馆的外交代表、领事官员和其他人员的所得可免纳个人所得税。

2. 纳税义务具有双重性：一方面，纳税是国家财政的主要来源，具有形成国家财力的属性；也是国家进行宏观调控的重要经济杠杆；另一方面，纳税义务具有防止国家权力侵犯其财产权的属性。与纳税义务相对的是国家的课税权。依法纳税是保护公民财产权的重要保证。

3. 首先要贯彻纳税平等与公平原则：国家在确定公民纳税义务时，要保证税制的科学合理和税收负担的公平；既要保证国家财政需要，又要使纳税人有实际的承受能力。

4. 纳税义务的履行，实际上为纳税人带来相应的权利。从某种意义上说，纳税义务的履行是纳税者享有权利的基础和条件。纳税人有权享有政府提供的各种公共和服务设施，并有权要求政府积极改善这些条件并提供优质服务，有权了解、监督税款的使用情况，监督政府工作。

六、其他方面的基本义务

劳动的义务、受教育的义务、夫妻双方计划生育的义务、父母抚养教育未成年子女的义务、成年子女赡养扶助父母的义务。这些义务既具有社会伦理和道德的性质，也具有一定形式的法律性质。

第五章

国家机构

第一节 国家机构概述

国家机构是国家为实现其职能而建立起来的一整套有机联系的国家机关的总和。
我国国家机构的组织和活动的原则包括：

（一）民主集中制原则

1. 民主集中制是一种民主与集中相结合的制度，是在民主基础上的集中和集中指导下的民主的结合。其实质上是社会主义民主制。

2. 我国国家机构贯彻民主集中制的体现：

（1）国家权力来自人民，由人民组织国家机构；

（2）在同级国家机构中，国家权力机关居于主导地位；

（3）在中央和地方国家机构的关系中，遵循在中央的统一领导下，充分发挥地方的主动性、积极性的原则；

（4）在国家机关内部，决策和决定时，都在不同程度上实行民主集中制。

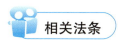相关法条

《宪法》

第三条 中华人民共和国的国家机构实行民主集中制的原则。

全国人民代表大会和地方各级人民代表大会都由民主选举产生，对人民负责，受人民监督。

国家行政机关、审判机关、检察机关都由人民代表大会产生，对它负责，受它监督。

中央和地方的国家机构职权的划分，遵循在中央的统一领导下，充分发挥地方的主动性、

积极性的原则。

（二）社会主义法治原则

1. 基本要求：有法可依、有法必依、执法必严、违法必究。

2. 具体体现：

（1）所有机关的设立有法上的依据；

（2）职权有法上的依据；

（3）工作程序符合法的要求；

（4）任何违法行为，都须予以纠正。

（三）责任制原则

1. 体现：

（1）各级人大向人民负责；

（2）每一代表受原单位监督；

（3）行政、审判、检察机关等向同级人大及其常委会负责。

2. 具体形式：

（1）集体负责制：各级人民代表大会及其常务委员会、人民法院和人民检察院等即是实行集体负责制的机关；

（2）个人负责制：国务院及其各部、委，中央军委以及地方各级人民政府等都实行个人负责制。

（四）联系群众，为人民服务原则

（五）精简和效率原则

第二节 全国人民代表大会及其常务委员会

一、全国人民代表大会

（一）性质和地位

最高国家权力机关、最高国家立法机关，代表人民统一行使国家最高权力，在国家结构体系中居于首要地位；最高国家行政机关、审判机关、检察机关都由它产生，对它负责。

注意▶全国人大及其常委会共同行使国家立法权，但常委会本身不是最高国家权力机关。

（二）组成和任期

1. 由省、自治区、直辖市、特别行政区和军队选出的代表组成，总数不超过3000人。全国人大代表的选举由其常委会主持。

2. 每届任期为5年。

（三）选举和会议召集

1. 任期届满前 2 个月以前，常委会必须完成下届人大代表的选举工作；遇非常情况不能选举，常委会以全体委员 2/3 多数通过，可推迟选举；非常情况结束后 1 年内必须完成选举。

2. 选举完成后 2 个月内，全国人大常委会召集下一届人大的第一次会议。

3. 到会之后，代表按照选举单位组成代表团，各团分别推选团长和副团长。

（四）工作程序

1. 会议：最主要的工作方式

（1）常规会议：一年一次，基本在 3 月，由人大常委会召集，会期为 10－12 天；	
（2）临时会议：常委会认为必要，或者 1/5 以上代表提议，可以临时召集全国人大会议。	

注意

1. 开会时选举主席团主持会议。主席团互推若干人，轮流担任人大会议的执行主席；主席团推选常务主席若干人，召集并主持主席团会议。

2. 所有会议需有 2/3 以上的代表出席始得进行。

3. 会议一般公开举行；在必要时，经主席团和各代表团团长会议决定，可以举行秘密会议。

2. 议案审议和通过

（1）提出议案	提案权主体：主席团、常委会、各专门委员会、国务院、中央军委、最高院、最高检、一个代表团或者 30 名以上的代表。 注意▶提出的议案，在列入会议议程前，可以随时撤回；在列入会议议程之后、交付大会表决之前，提案人要求撤回的，应当说明理由，经主席团同意，并向大会全体会议报告，对该议案的审议即行终止。
（2）审议表决	采用无记名投票、举手或者其他方式（主席团决定）； 注意▶宪法修正案由全国人大全体代表的 2/3 以上的多数通过，其他法律案和议案由全国人大全体代表的过半数通过。
（3）公布	法律议案通过后由国家主席以发布命令的形式加以公布； 选举结果及重要议案，由主席团以公告公布或国家主席以命令形式公布。

3. 质询案

（1）提出主体：一个代表团或 30 名以上的全国人大代表联名，可以书面提出。	
（2）质询对象：国务院、国务院各部委、最高法院和最高检察院。	
（3）处理办法：由主席团决定交受质询机关书面答复，或者由受质询机关的领导人在主席团会议上或者有关的专门委员会会议上或者有关的代表团会议上口头答复。	

注意▶宪法中只规定了对于国务院及其各部委的质询，没有规定对于最高法和最高检的质询。《常委会监督法》中增加了对于两院的质询。据此可见，人大只质询政府，常委会增加

质询两院。

4. 罢免案

（1）提出主体：	全国人大举行会议时，主席团、三个以上的代表团或 1/10 以上的全国人大代表可以提出
（2）罢免对象：	全国人大常委会组成人员、国家主席、副主席、国务院组成人员、中央军委组成人员、最高人民法院院长、最高人民检察院检察长
（3）处理办法：	由主席团提请大会审议，并经全体代表的过半数同意，才能通过。

（五）职权

1. 修改宪法和监督宪法实施	（1）宪法的修改由全国人民代表大会常务委员会或者 1/5 以上的全国人大代表提议，并由全国人民代表大会以全体代表的 2/3 以上的多数通过。 （2）全国人大还有权监督宪法的实施。
2. 制定和修改基本法律	（1）全国人大有权制定刑事、民事、国家机构的和其他的基本法律（主要包括：民事法律、刑事法律、诉讼法、组织法、选举法、民族区域自治法、有关特别行政区的立法）。 （2）非基本法律由常委会制定修改，但全国人大有权改变或撤销其常委会不适当的决定。
3. 选举、决定和罢免国家机关的重要领导人	（1）选举与罢免：全国人大常委会组成人员、国家主席和副主席、中央军委主席、最高院院长和最高检检察长，由大会主席团提名，由大会投票表决。 （2）决定和罢免： ①根据国家主席的提名，决定国务院总理的人选； ②根据国务院总理的提名，决定副总理、国务委员、各部部长、各委员会主任、审计长和秘书长的人选； ③根据中央军事委员会主席的提名，决定中央军事委员会的其他组成人员的人选。
4. 决定国家的重大事项	（1）审查和批准国民经济和社会发展计划和计划执行情况的报告； （2）审查和批准国家预算和预算执行情况的报告； （3）批准省、自治区和直辖市的建置；决定特别行政区的设立及其制度； （4）决定战争与和平问题。 （5）全国人大及其常委会可以根据改革发展的需要，决定就行政管理等领域的特定事项授权在一定期限内在部分地方暂时调整或者暂时停止适用法律的部分规定。
5. 对其他国家机关予以监督	由全国人大选举产生的机关都由全国人大来监督。 注意▶听取和审议全国人大常委会、国务院、最高人民法院、最高人民检察院的工作报告，是目前全国人大对这些机关实行监督的基本形式。 注意▶军委主席负责，但不报告工作。 注意▶地方各级人大与全国人大之间没有隶属关系，因此不需要对其负责，只存在监督指导关系。

二、全国人大常委会

（一）性质地位

1. 全国人大常委会是全国人大的常设机关，是最高国家权力机关的组成部分；也行使国家立法权。

> 注意▶54年宪法规定的国家立法权的主体只有全国人大。

2. 服从全国人大的领导和监督，向全国人大负责并报告工作。

（二）组成和任期

1. 由委员长、副委员长若干人、秘书长、委员若干人组成。其中应有适当名额的少数民族代表。

2. 常委会的组成人员不得担任国家行政机关、审判机关和检察机关的职务；如担任，则须向常委会辞去委员职务。

3. 每届任期都是5年，可连选连任。但委员长、副委员长连续任职不得超过两届。

> 注意▶秘书长和委员可以连续任职超过两届。

> 特别注意▶▶全国人大常委会行使职权至下一届人大常委会选出为止。

4. 全国人大常委会下设法制工作委员会、预算工作委员会、香港基本法委员会、澳门基本法委员会、代表资格审查委员会等委员会。

（三）会议制度

1. 全体会议

（1）举行会议	全国人大常委会一般是两个月举行一次，由委员长召集和主持。
（2）议案的提出和审议	委员长会议、国务院、中央军委、最高人民法院、最高人民检察院、全国人大各专门委员会、常委会组成人员10人以上联名，可以提出属于常委会会议审议的议案。
	②审议议案。
	③议案的表决。议案由常委会全体组成人员的过半数通过。

2. 质询案

在常委会会议期间，常委会组成人员10人以上联名，可以提出对一府（包括各部委）两院的质询案。

3. 委员长会议

（1）产生及组成	①全国人大常委会设立委员长会议，处理常委会的重要日常工作。
	②由委员长、副委员长和秘书长组成。 注意▶委员长主持常委会工作，召集常委会会议。
（2）主要工作	①决定常委会每次会议的会期，拟定会议议程草案；
	②指导和协调各专门委员会的日常工作；
	③对于向常委会提出的议案和质询案，决定交由有关机关的专门委员会审议或者提请常委会全体会议审议；
	④处理常委会其他重要日常工作。

（四）全国人大常委会的职权

1. 立法权

（1）有权制定和修改基本法律以外的其他法律；在人大闭会期间，对基本法律可以进行补充和修改，但不得同该法律的基本原则相抵触。

（2）规定军人和外交人员的衔级制度和其他专门衔级制度。

2. 解释宪法和法律

全国人大常委会有权解释宪法，监督宪法实施，有权解释法律。

3. 人事任免权

（1）在全国人大闭会期间，全国人大常委会有权根据国务院总理的提名，决定各部部长、各委员会主任、审计长、秘书长的人选。
注意 ▶ 副总理和国务委员的任免权专属于全国人大。

（2）在全国人大闭会期间，根据中央军委主席的提名，决定中央军委其他组成人员的人选。

（3）根据最高法院院长的提请，任免副院长、审判员、审判委员会委员和军事法院院长。

（4）根据最高检察院检察长的提请，任免副检察长、检察员、检察委员会委员和军事检察院检察长，并且批准省、自治区、直辖市检察院检察长的任免。

（5）决定驻外全权代表的任免。

> **新增考点** ☞ 宪法宣誓制度

（一）概念

宪法宣誓制度是指经过合法、正当的选举程序后，被选举为国家元首或其他国家公职人员在正式就职时，以公开向宪法宣誓的方式，誓言遵守并效忠宪法，恪尽职守，为选民服务的一项制度。

（二）功能

1. 有利于树立宪法权威，全面推进依法治国	宪法是社会共同体的基本规则，凝聚着基本共识和价值观，是人民意志的最高体现。任何组织和个人都必须尊重宪法权威，在宪法和法律范围内活动，应自觉接受权威而主动服从，真正将宪法作为其行为准则。
2. 有利于增强公职人员的宪法观念，激励其忠于和维护宪法	向选民或者代表机关宣誓，对国家法律和权力赋予者郑重承诺，能够使国家工作人员明确权力来源于宪法，按照宪法法律的规定行使权力，产生神圣的使命感和强烈的责任感，时刻受到誓言的约束。
3. 有利于提高公民的宪法意识，培养宪法意识	庄严的就职宣誓仪式，可以使宣誓者本人和广大公民同时经历神圣的体验。宪法在人们内心深处是否具有神圣的地位同宪法权威具有密切联系，这种情感是宪法权威的渊源之一。宣誓仪式本身就是很好的宪法教育，有助于公民从内心产生对宪法的情感寄托，使尊重和维护宪法权威成为公民的心理基础。
4. 有利于在全社会传播宪法理念，树立法治信仰	宪法宣誓制度，有助于普及宪法知识，是以宪法凝聚社会共识的有效手段。每一个人对宪法产生认同感、归属感和依赖感，有助于培育和塑造宪法文化，使全社会尊重宪法、热爱宪法和信仰宪法。

（三）《全国人民代表大会常务委员会关于实行宪法宣誓制度的决定》

1. 宣誓主体	各级人大以及县级以上各级人大常委会选举或者决定任命的国家工作人员，以及各级政府、法院、检察院任命的国家工作人员，在就职时应当公开进行宪法宣誓。
2. 誓词内容	"我宣誓：忠于中华人民共和国宪法，维护宪法权威，履行法定职责，忠于祖国、忠于人民，恪尽职守、廉洁奉公，接受人民监督，为建设富强、民主、文明、和谐的社会主义国家努力奋斗！"
3. 组织机构	（1）全国人大主席团：国家主席、副主席，全国人大常委会委员长、副委员长、秘书长、委员，国务院总理、副总理、国务委员、各部部长、各委员会主任、中国人民银行行长、审计长、秘书长，中央军事委员会主席、副主席、委员，最高人民法院院长，最高人民检察院检察长，以及全国人大专门委员会主任委员、副主任委员、委员等。
	（2）全国人大常委会委员长会议： ①在全国人大闭会期间，全人常任命或者决定任命的全国人大专门委员会个别副主任委员、委员，国务院部长、委员会主任、中国人民银行行长、审计长、秘书长，中央军事委员会副主席、委员； ②全国人大常委会任命的全人常副秘书长、全国人大常委会工作委员会主任、副主任、委员，全国人大常委会代表资格审查委员会主任委员、副主任委员、委员等。
	（3）最高人民法院：全国人大常委会任命或者决定任命的最高人民法院副院长、审判委员会委员、庭长、副庭长、审判员和军事法院院长；
	（4）最高人民检察院：全国人大常委会任命或者决定任命的最高人民检察院副检察长、检察委员会委员、检察员和军事检察院检察长；
	（5）外交部：全国人大常委会任命或者决定任命的中华人民共和国驻外全权代表；
	（6）任命机关组织：国务院及其各部门、最高人民法院、最高人民检察院任命的国家工作人员。
	地方各级人大及县级以上地方各级人大常委会选举或者决定任命的国家工作人员，以及地方各级政府、法院、检察院任命的国家工作人员，在依照法定程序产生后，进行宪法宣誓。宣誓的具体组织办法由省、自治区、直辖市人大常委会参照本决定制定，报全国人大常委会备案。
4. 宣誓方式	（1）可以采取单独宣誓或者集体宣誓的形式。 ①单独宣誓时，宣誓人应当左手抚按《中华人民共和国宪法》，右手举拳，诵读誓词。 ②集体宣誓时，由一人领誓，领誓人左手抚按《中华人民共和国宪法》，右手举拳，领诵誓词；其他宣誓人整齐排列，右手举拳，跟诵誓词。 （2）宣誓场所应当庄重、严肃，悬挂中华人民共和国国旗或者国徽。

4. 审查与监督行政法规、地方性法规的合宪性和合法性

（1）有权撤销国务院制定的同宪法、法律相抵触的行政法规、决定和命令；
（2）有权撤销省级国家权力机关制定的同宪法、法律和行政法规相抵触的地方性法规和决议。

5. 监督国家机关的工作

（1）有权监督国务院、中央军事委员会、最高法院和最高检察院的工作；

（2）国务院、最高法院、最高检察院在常委会会议上，围绕本单位职权范围内的事务向常委会作工作汇报；

（3）对法律实施工作进行考察的执法检查。

6. 审批国民经济和社会发展计划、国家预算部分调整方案和国家决算草案等

（1）在全国人大闭会期间，审查和批准国民经济和社会发展计划、国家预算在执行过程中所必须作的部分调整方案，国务院需向全国人大常委会报告本年度上一阶段国民经济和社会发展计划、预算的执行情况；

（2）有权审查和批准国家决算草案，在每年审查和批准决算的同时，还有权听取和审议国务院提出的审计机关关于上一年度国家预算执行和其他财政收支的审计工作报告。

注意▶ 政府的全部收入和支出都应当纳入预算。

7. 重大事项的决定权

（1）决定同外国缔结的条约和重要协定的批准或废除；

（2）规定和决定授予国家的勋章和荣誉称号；

（3）决定特赦

注意▶ 决定特赦是全国人大常委会的职权。特赦是赦免的一种形式。一般来说，大赦既赦其刑也赦其罪，特赦只赦其刑不赦其罪。我国 1954 年宪法曾规定大赦与特赦两种赦免形式，但从未有过大赦的实践。1975 年宪法没有规定赦免，1978 年宪法和 1982 年宪法均只规定了特赦。2015 年 8 月 29 日，十二届全国人大常委会第十六次会议通过特赦部分服刑罪犯的决定。为纪念中国人民抗日战争暨世界反法西斯战争胜利 70 周年，体现依法治国理念和人道主义精神，决定对 2015 年 1 月 1 日前正在服刑、释放后不具有现实社会危险性的四类罪犯实行特赦。这四类罪犯是：参加过中国人民抗日战争、中国人民解放战争的；中华人民共和国成立以后，参加过保卫国家主权、安全和领土完整对外作战的；年满七十五周岁、身体严重残疾且生活不能自理的；犯罪时不满十八周岁，被判处三年以下有期徒刑或者剩余刑期在一年以下的。经法院依法裁定，全国共特赦服刑罪犯 31527 人。其中，第一类罪犯 50 人，第二类罪犯 1428 人，第三类罪犯 122 人，第四类罪犯 29927 人。这是时隔 40 年后新中国的第八次特赦。

（4）在全国人大闭会期间，如果遇到国家遭受武装侵犯或者必须履行国家间共同防止侵略的条约的情况，决定战争状态的宣布；

（5）决定全国总动员和局部动员；

（6）决定全国或者个别省、自治区和直辖市进入紧急状态。

（7）全国人大及其常委会可以根据改革发展的需要，决定就行政管理等领域的特定事项授权在一定期限内在部分地方暂时调整或者暂时停止适用法律的部分规定。

【专题考点】《中华人民共和国国家勋章和国家荣誉称号法》

| 1. 性质 | 国家勋章和国家荣誉称号为国家最高荣誉 |

续表

2. 类型	（1）"共和国勋章"：授予在中国特色社会主义建设和保卫国家中作出巨大贡献、建立卓越功勋的杰出人士。 （2）"友谊勋章"：授予在我国社会主义现代化建设和促进中外交流合作、维护世界和平中作出杰出贡献的外国人。 （3）国家荣誉称号：授予在经济、社会、国防、外交、教育、科技、文化、卫生、体育等各领域各行业作出重大贡献、享有崇高声誉的杰出人士。
3. 针对对象	（1）在世者； （2）生前作出突出贡献符合本法规定授予国家勋章、国家荣誉称号条件的人士，本法施行后去世的，可以向其追授国家勋章、国家荣誉称号。
4. 一般程序	（1）提案：全国人大常委会委员长会议（根据各方面的建议）、国务院、中央军事委员会向全国人大常委会提出授予国家勋章、国家荣誉称号的议案。 （2）决定：全国人大常委会决定授予国家勋章和国家荣誉称号。 （3）授予：国家主席根据全国人大常委会的决定，向获得者授予国家勋章、国家荣誉称号奖章，签发证书。 （4）颁授时间：国家在国庆日或者其他重大节日、纪念日，举行颁授国家勋章、国家荣誉称号的仪式；必要时，也可以在其他时间举行颁授国家勋章、国家荣誉称号的仪式。
5. 特别程序	国家主席进行国事活动，可以直接授予外国政要、国际友人等人士"友谊勋章"。
6. 权利	（1）国家功勋簿上记载姓名及其功绩；获得国家和社会多种形式的宣传； （2）应当受到国家和社会的尊重，享有受邀参加国家庆典和其他重大活动等崇高礼遇和国家规定的待遇。 （3）除非依法被撤销，国家勋章和国家荣誉称号为其获得者终身享有。
7. 义务	（1）按照规定佩带国家勋章、国家荣誉称号奖章，妥善保管勋章、奖章及证书。 （2）珍视并保持国家给予的荣誉，模范地遵守宪法和法律，努力为人民服务，自觉维护国家勋章和国家荣誉称号的声誉。 （3）奖章及证书不得出售、出租或者用于从事其他营利性活动。
8. 延续	获得者去世的，其获得的勋章、奖章及证书由其继承人或者指定的人保存；没有继承人或者被指定人的，可以由国家收存。
9. 撤销	（1）获得者因犯罪被依法判处刑罚或者有其他严重违法、违纪等行为，继续享有国家勋章、国家荣誉称号将会严重损害国家最高荣誉的声誉； （2）全国人大常委会决定撤销并予以公告。

三、全国人大各委员会

（一）常设性委员会

专门委员会是全国人大的辅助性的工作机构，不是具体办事机构。目前全国人大设有民族委员会、法律委员会、财政经济委员会、教育科学文化卫生委员会、外事委员会、华侨委员会、内务司法委员会、环境与资源保护委员会和农业与农村委员会。

1. 产生和任期

由主席团从代表中提名，大会表决产生；每届任期 5 年。

2. 组成

（1）各委员会由主任 1 人、副主任和委员若干人组成；

（2）人选由主席团从代表中提名，大会通过。在全国人大闭会期间，常委会可以补充任命专门委员会的个别副主任委员和部分委员。

（3）常委会可根据需要为其任免一定数量的非代表的专家作顾问，列席专门委员会会议，发表意见。

3. 工作

在全国人大及其常委会的领导下，研究、审议、拟订有关议案。人大闭会期间，受常委会领导。

➢ 审议全国人大主席团或者全国人大常委交会交付的议案、质询案；
➢ 向全国人大主席团或者全国人大常委会提出议案；
➢ 审议常委会交付的被视为同宪法法律相抵触的行政法规、地方性法规、决定和命令、部门规章和地方政府规章，提出报告；
➢ 对属于同本委员会有关的问题，进行调查研究，提出建议。
➢ 民族委员会还可以对加强民族团结问题进行调查研究，提出建议；审议自治区由全国人大常委会批准的自治法规，向全国人大常委会提出报告。
➢ 法律委员会统一审议向全国人大或其常委会提出的法律草案；其他委员会提出意见。

（二）临时调查委员会

1. 设立	全国人大及其常委会认为必要时，按特定的工作需要组成的，对特定问题的调查委员会。
2. 组成	组成人员必须是全国人大代表。
3. 任期	无一定任期，调查任务一经完成，该委员会即予撤销。
4. 工作	调查时，一切有关主体均有义务向其提供必要的材料。

四、全国人民代表大会代表

注意 ▶ 代表受原选举单位的监督，原选举单位有权依法定程序罢免选出的代表。

（一）权利

1. 提出对主席团及其提名的人选（常委会组成人员、国家正副主席、军委主席、两院院长）的意见。
2. 信息、物质等保障权：出席会议和执行其他代表职务时，享有适当补贴和物质便利的权利。

续表

3. 人身受特别保护权：在全国人大开会期间，未经主席团的许可；在全国人大闭会期间，未经常委会的许可，全国人大代表不受逮捕或者刑事审判。如果因为全国人大代表是现行犯而被拘留的，执行拘留的公安机关必须立即向全国人大主席团或者立即向全国人大常委会报告。 注意▶县级以上人大代表与此相同，唯独乡级人大代表，如果被逮捕、受刑事审判，或者被采取法律规定的其他限制人身自由的措施，执行机关应当立即报告乡、民族乡、镇的人民代表大会。
4. "言论免责"权：在人大各种会议上发言和表决不受法律追究。
5. 间接选举的人大代表列席原选举单位的人大会议，并可以应邀列席原选举单位的常委会会议；
6. 县级以上的人大代表可以应邀列席本级常委会会议、专门委员会会议；
7. 参加县级以上人大常委会或者乡级人大主席团组织的执法检查或者其他活动。

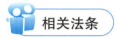

《宪法》

第七十二条 全国人民代表大会代表和全国人民代表大会常务委员会组成人员，有权依照法律规定的程序分别提出属于全国人民代表大会和全国人民代表大会常务委员会职权范围内的议案。

第七十三条 全国人民代表大会代表在全国人民代表大会开会期间，全国人民代表大会常务委员会组成人员在常务委员会开会期间，有权依照法律规定的程序提出对国务院或者国务院各部、各委员会的质询案。受质询的机关必须负责答复。

第七十四条 全国人民代表大会代表，非经全国人民代表大会会议主席团许可，在全国人民代表大会闭会期间非经全国人民代表大会常务委员会许可，不受逮捕或者刑事审判。

第七十五条 全国人民代表大会代表在全国人民代表大会各种会议上的发言和表决，不受法律追究。

（二）义务

➢ 按时出席会议，认真审议议案，发表意见；
➢ 积极参加统一组织的视察、专题调研、执法检查等活动；
➢ 密切联系群众和原选举单位，听取其意见和要求，努力为人民服务。

（三）代表资格终止的情形

➢ 地方各级人民代表大会代表迁出或者调离本行政区域的；
➢ 辞职被接受的；
➢ 未经批准两次不出席本级人民代表大会会议的；
➢ 被罢免的；
➢ 丧失中华人民共和国国籍的；
➢ 依照法律被剥夺政治权利的；
➢ 丧失行为能力的。

(四) 暂时停止执行代表职务

> ➤ 因刑事案件被羁押正在受侦查、起诉、审判的;
> ➤ 被依法判处管制、拘役或者有期徒刑而没有附加剥夺政治权利,正在服刑的;
> ➤ 上述情形在代表任期内消失后,恢复其执行代表职务,但代表资格终止者除外。

【新修法条】《代表法》的修改

1. 全国人大代表参加决定国务院组成人员和中央军事委员会副主席、委员的人选。

县级以上的各级人大代表参加表决通过本级人大各专门委员会组成人员的人选。

2. 县级以上的各级人大常委会组织本级人大代表开展闭会期间的活动。

县级以上的地方各级人大常委会受上一级人大常委会的委托,组织本级人大选举产生的上一级人大代表开展闭会期间的活动。

乡、民族乡、镇的人大主席、副主席根据主席团的安排,组织本级人大代表开展闭会期间的活动。

3. 县级以上的各级人大代表根据本级人大常委会的安排,对本级或者下级国家机关和有关单位的工作进行视察。乡、民族乡、镇的人大代表根据本级人大主席团的安排,对本级人民政府和有关单位的工作进行视察。

代表按前款规定进行视察,可以提出约见本级或者下级有关国家机关负责人。被约见的有关国家机关负责人或者由他委托的负责人员应当听取代表的建议、批评和意见。

代表可以持代表证就地进行视察。县级以上的地方各级人大常委会或者乡、民族乡、镇的人大主席团根据代表的要求,联系安排本级或者上级的代表持代表证就地进行视察。

代表视察时,可以向被视察单位提出建议、批评和意见,但不直接处理问题。

4. 代表根据安排,围绕经济社会发展和关系人民群众切身利益、社会普遍关注的重大问题,开展专题调研。

5. 代表参加视察、专题调研活动形成的报告,由本级人大常委会办事机构或者乡、民族乡、镇的人大主席团转交有关机关、组织。对报告中提出的意见和建议的研究处理情况应当向代表反馈。

6. 县级以上的各级人大代表可以应邀列席本级人大常委会会议、本级人大各专门委员会会议,参加本级人大常委会组织的执法检查和其他活动。乡、民族乡、镇的人大代表参加本级人大主席团组织的执法检查和其他活动。

7. 代表在本级人大闭会期间,有权向本级人大常委会或者乡、民族乡、镇的人大主席团提出对各方面工作的建议、批评和意见。建议、批评和意见应当明确具体,注重反映实际情况和问题。

8. 代表在本级人大闭会期间,参加由本级人大常委会或者乡、民族乡、镇的人大主席团安排的代表活动,代表所在单位必须给予时间保障。

9. 有关机关、组织应当认真研究办理代表建议、批评和意见,并自交办之日起三个月内答复。涉及面广、处理难度大的建议、批评和意见,应当自交办之日起六个月内答复。

有关机关、组织在研究办理代表建议、批评和意见的过程中，应当与代表联系沟通，充分听取意见。

代表建议、批评和意见的办理情况，应当向本级人大常委会或者乡、民族乡、镇的人大主席团报告，并印发下一次人大会议。代表建议、批评和意见办理情况的报告，应当予以公开。

10. 代表应当采取多种方式经常听取人民群众对代表履职的意见，回答原选区选民或者原选举单位对代表工作和代表活动的询问，接受监督。

由选民直接选举的代表应当以多种方式向原选区选民报告履职情况。县级人大常委会和乡、民族乡、镇的人大主席团应当定期组织本级人大代表向原选区选民报告履职情况。

第三节 中华人民共和国主席

一、性质和地位

中华人民共和国主席是我国的国家元首，是国家机构的重要组成部分。国家对内对外的最高代表。

注意▶1954 年宪法规定，国家主席和委员长共同行使国家元首职权；1975 年宪法和 1978 年宪法未设主席；1982 年宪法恢复了主席设置。

二、产生和任期

1. 主席、副主席由全国人大选举产生。
2. 任职资格：有选举权和被选举权；年满 45 周岁；公民；
3. 具体程序：

（1）主席团提出国家主席和副主席的候选人名单；
（2）各代表团酝酿协商；
（3）会议主席团根据多数代表的意见确定候选人名单，交付大会表决；
（4）由大会选举产生国家主席和副主席。

4. 任期 5 年，而且连续任职不超过两届。

三、国家主席的职权

1. 公布法律：根据常委会的决定，宣布批准或废除条约和重要协定；
2. 发布命令：根据全国人大常委会的决定，发布特赦令、动员令、宣布进入紧急状态、宣布战争状态等；

续表

3. 宣布国务院的组成人员（人大或其常委会决定）和驻外全权代表（常委会决定）的任免；
4. 固有职权，不需常委会决定：进行国事活动，接受外国使节；
5. 荣典权：根据常委会决定，向对国家贡献重大的人授予勋章和荣誉称号。

四、国家副主席的职权

1. 协助主席工作；
2. 受主席委托，可代行主席部分职权；
3. 在主席缺位时，自己继任。

五、缺位处理

1. 主席缺位时，由副主席继任。副主席缺位时，由全国人大补选。
2. 正副主席都缺位时，由全国人大补选；在补选之前，暂由全国人大常委会委员长暂时代理主席职位。

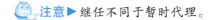注意▶继任不同于暂时代理。

第四节 国务院

一、性质和地位

1. 国务院，即中央人民政府，是最高国家权力机关的执行机关，是最高国家行政机关。
2. 从属于最高权力机关，对其负责并报告工作；
3. 对内统一领导各部委和地方各级政府。

二、组成和任期

1. 组成人员：总理、副总理若干人、国务委员若干人、各部部长、各委员会主任、审计长、秘书长。
2. 产生：总理由主席提名，全国人大决定；其他人员，总理提名，全国人大决定；闭会期间，常委会可决定部委首长、审计长和秘书长的人选。
3. 任期：5年，总理、副总理、国务委员连续任职不得超过两届。

三、领导体制：首长负责制

1. 总理领导国务院的工作，副总理、国务委员协助总理工作，其他人员都在总理领导下工作，向总理负责。
2. 总理召集和主持召开常务会议和全体会议，总理拥有最后决定权，并对决定的后果承担全部责任。
3. 国务院发布的决定、命令、行政法规、提出的议案，任免国务院组成人员的决定，都由总理签署。

四、会议制度

1. 国务院全体会议：全体成员组成，一般两月一次
2. 国务院常务会议：总理、副总理、国务委员、秘书长组成，一般每周一次

五、国务院的职权

1. 行政法规的制定和发布权（54年宪法规定为：行政措施的规定权）。
2. 编制和执行国民经济和社会发展计划和国家预算。
3. 提出议案权。
4. 对所属部、委和地方各级行政机关的领导权及监督权：改变或撤销各部委、地方行政机关发布的不适当的决定和命令；统一领导各部委和全国各级地方行政机关的工作；规定中央和省级行政机关职权的具体划分。
5. 对国防、民政、文教、经济、民族事务、华侨事务等各项工作的领导权和管理权。
6. 审议行政机构的编制，依法任免、培训、考核、奖惩行政人员。
7. 管理对外事务，同外国缔结条约和协定。
8. 批准省、自治区、直辖市的区域划分；批准自治州、县、自治县、市的建置和区域划分。
9. 决定省、自治区、直辖市的范围内部分地区进入紧急状态。

六、国务院的组成部门

国务院各部委是主管某一方面行政事务的职能部门。

（一）组成部门构成

1. 部

外交部　国防部　教育部　科学技术部　国家安全部　公安部　监察部　文化部
民政部　司法部　财政部　国土资源部　交通运输部　水利部　农业部　商务部
人力资源和社会保障部　住房和城乡建设部　工业和信息化部　环境保护部

2. 委员会

国家发展和改革委员会　国家卫生和计划生育委员会　国家民族事务委员会

3. 其他

中国人民银行　审计署

（二）设立和撤销

国务院各部委的设立、撤销或者合并，经总理提出，由全国人大决定；人大闭会期间，由常委会决定。

（三）领导体制：首长负责制

1. 各部、各委员会实行部长、主任负责制。
2. 部长、委员会主任领导本部门工作，召集和主持会议，决定重大问题，签署文件。

（四）职权

1. 主要是通过发布命令、指示和规章来管理本部门的工作；
2. 必须在本部门的权限范围内进行领导、组织和管理；
3. 发布的命令、指示、规章，不得与法律和国务院的行政法规、决定、命令相抵触。

（五）审计机关

1. 国务院领导下的职能部门，审计长是国务院的组成人员。
2. 对国务院各部门和地方各级人民政府的财政收支，对国家的财政金融机构和企事业组织的财务收支，实行审计监督。
3. 在国务院总理领导下，依法独立行使审计监督权，不受其他行政机关、社会团体和个人的干涉。
4. 县级以上地方政府设立审计机关，依法独立行使审计监督权，对本级人民政府和上一级审计机关负责。

第五节　中央军事委员会

一、性质和地位

中央军委领导全国武装力量（包括军队、武警部队、民兵），是国家的最高军事领导机关，享有决策权和指挥权。

二、组成和任期

1. 中央军委由主席、副主席若干人、委员若干人组成。	
2. 任免	军委主席由全国人大选举产生,并向它负责。全国人大根据军委主席的提名,决定其他组成人员的人选。
	全国人大有权罢免中央军委会主席和中央军委其他组成人员。
	在人大闭会期间,常委会根据军委主席提名,决定其他组成人员人选。
3. 任期:中央军委的每届任期与全国人大相同,为5年。	

三、领导体制

1. 主席负责制;
2. 军委主席对全国人大及其常委会负责。

第六节 地方各级人民代表大会和地方各级人民政府

省、自治区、直辖市、自治州、县、自治县、市、市辖区、乡、民族乡、镇设立人民代表大会和人民政府。县级以上的地方各级人民代表大会设立常务委员会。自治区、自治州、自治县的自治机关除行使普通地方人大或政府的职权外,同时依照宪法、民族区域自治法和其他法律规定的权限行使自治权。

一、地方各级人大

(一)性质和地位

1. 地方人大是地方国家权力机关,在本级国家机构中处于支配和核心地位。
2. 地方各级人民代表大会每届任期五年。

注意 ▶ 地方各级人民代表大会代表任期,从每届本级人民代表大会举行第一次会议开始,到下届本级人民代表大会举行第一次会议为止。

3. 全国人大和地方人大之间没有隶属关系,上级人大依法监督、指导下级人大的工作。

(二)地方人大的职权

1. 人事任免权

(1)选举和罢免的对象

选举和罢免本级地方国家机关负责人	1. 县级以上地方人大：①选举本级常委会组成人员；②选举正、副政府首长；③选举院长和检察长，选出的检察长必须报上级检察院检察长提请该级人大常委会批准。
	2. 乡、民族乡、镇的人大有权选举正、副政府首长，本级人大正、副主席。
	3. 地方各级人大有权罢免本级政府的组成人员。县级以上的地方各级人大有权罢免本级人大常委会的组成人员和由它选出的人民法院院长、人民检察院检察长。罢免人民检察院检察长，须报经上一级人民检察院检察长提请该级人民代表大会常务委员会批准。

小专题

乡镇人大的主席、副主席

①乡镇人大设主席，并可以设副主席一人至二人。

②主席、副主席由本级人大从代表中选出，任期同本级人大每届任期相同。

③主席、副主席不得担任国家行政机关的职务；如果担任国家行政机关的职务，必须向本级人大辞去主席、副主席的职务。

④主席、副主席在本级人大闭会期间负责联系本级人大代表，根据主席团的安排组织代表开展活动，反映代表和群众对本级人民政府工作的建议、批评和意见，并负责处理主席团的日常工作。

（2）选举对象的提名

县级以上地方人大常委会组成人员、政府领导人员、院长和检察长的候选人的提名	①省级人大：30名以上代表书面联名；人大主席团；
	②地级人大：20名以上代表书面联名；人大主席团；
	③县级人大：10名以上代表书面联名；人大主席团；
乡级人大正副主席、政府领导人的候选人提名	人大代表10人以上书面联名；人大主席团。

注意

1. 提名的候选人人数不得超过应选名额。

2. 人大常委会主任、秘书长，乡镇人大主席，人民政府正职领导人员，人民法院院长，人民检察院检察长的候选人数一般应多一人，进行差额选举；如果提名的候选人只有一人，也可以等额选举。

3. 人大常委会副主任，乡镇人大副主席，人民政府副职领导人员的候选人数应比应选人数多一人至三人，人大常委会委员的候选人数应比应选人数多1/10至1/5，由本级人大根据应选人数在选举办法中规定具体差额数，进行差额选举。

（3）罢免相关人员

县级以上地方人大开会时	提案主体：主席团、常委会或者1/10以上代表联名，，全体代表过半数通过。
	罢免对象：本级人大常委会组成人员、人民政府组成人员、人民法院院长、人民检察院检察长
乡级人大开会时	提案主体：主席团或1/5以上代表联名
	罢免对象：本级人大主席、副主席、（副）乡长、（副）镇长

注意▶ 罢免案由全体代表过半数通过；但罢免检察长，须报经上一级检察长报请该级人大常委会批准。

2. 立法权

（1）省、自治区、直辖市的人民代表大会根据本行政区域的具体情况和实际需要，在不同宪法、法律、行政法规相抵触的前提下，可以制定和颁布地方性法规，报全国人民代表大会常务委员会和国务院备案。

（2）设区的市的人民代表大会根据本市的具体情况和实际需要，在不同宪法、法律、行政法规和本省、自治区的地方性法规相抵触的前提下，可以制定地方性法规，报省、自治区的人民代表大会常务委员会批准后施行，并由省、自治区的人民代表大会常务委员会报全国人民代表大会常务委员会和国务院备案。

3. 监督权

（1）县级以上人大有权听取和审查本级常委会、政府、法院和检察院的工作报告。乡级人大只听取和审查政府的工作报告。

（2）县级以上人大有权改变或者撤销本级人民代表大会常务委员会的不适当的决议；

（3）各级人大有权撤销本级人民政府的不适当的决定和命令；

4. 其他职权

1. 县级以上人大有权在本行政区域内，保证宪法、法律、行政法规和上级人民代表大会及其常务委员会决议的遵守和执行，保证国家计划和国家预算的执行；
2. 县级以上地方人大有权审批本行政区域内的国民经济和社会发展计划、预算以及它们的执行情况的报告。**注意▶** 乡级人大有权审查和批准本行政区域内的财政预算和预算执行情况的报告；根据国家计划，决定本行政区域内的经济、文化事业和公共事业的建设计划；
3. 县级以上人大有权讨论、决定本行政区域内的政治、经济、教育、科学、文化、卫生、环境和资源保护、民政、民族等工作的重大事项；

（三）会议制度

1. 会议的召集	地方各级人大会议由本级人大常委会（乡级人大主席团）召集，每年至少举行一次。
	临时会议的召集：1/5以上代表提议，可临时召集本级人大会议。
	地方各级人大的每届第一次会议，在本届人大代表选举完成后两个月内，由上一届人大常委会（或乡级人大主席团）召集。

续表

2. 预备会议	县级以上的地方各级人民代表大会每次会议前举行预备会议；
	由本级人大常委会主持 注意▶每届人大的第一次预备会议，由上届人大常委会主持。
	工作内容：选举本次大会的主席团和秘书长，通过大会议程和其他准备事项；
3. 正式会议由主席团主持。	
4. 会议之列席	（1）本级人民政府组成人员和法院院长、检察院检察长可以列席会议；
	（2）县级以上其他有关机关、团体负责人经常委会决定，可以列席。

注意▶县级以上的地方各级人大会议设副秘书长若干人；副秘书长的人选由主席团决定。

小专题

乡镇人大的主席团

①乡镇人大举行会议的时候，选举主席团。由主席团主持会议，并负责召集下一次的本级人大会议。乡、民族乡、镇的人大主席、副主席为主席团的成员。

②主席团在本级人大闭会期间，每年选择若干关系本地区群众切身利益和社会普遍关注的问题，有计划地安排代表听取和讨论本级人民政府的专项工作报告，对法律、法规实施情况进行检查，开展视察、调研等活动；听取和反映代表和群众对本级人民政府工作的建议、批评和意见。主席团在闭会期间的工作，向本级人民代表大会报告。

（四）议案审议程序

1. 提案	主席团、常委会、各专门委员会、本级人民政府，可以提出属于本级人大职权范围内的议案。由主席团决定提交人大会议审议，或者并交专委会审议、提出报告，再由主席团审议决定提交大会表决。
	县级以上的地方各级人大10人以上联名（乡、民族乡、镇的人大代表5人以上联名），可以提出属于本级人大职权范围内的议案。主席团决定是否列入大会议程，或先交专门委员会审议，提出是否列入大会议程的意见，再由主席团决定是否列入。
2. 提案的撤回：列入议程后，交付大会表决前，提案人要求撤回的，经主席团同意，对该议案的审议即行终止。	
3. 议案的通过：各项议案在表决时，须以全体代表的过半数赞成才能通过。	

（五）质询

1. 提案主体：代表10人以上联名，书面提出。

2. 质询对象：本级人民政府及其各工作部门以及人民法院、人民检察院。

（六）批评、建议和意见

1. 县级以上的地方各级人大代表向本级人大及其常委会提出的对各方面工作的建议、批评和意见，由本级人大常委会的办事机构交有关机关和组织研究处理并负责答复。

2. 乡、民族乡、镇的人大代表向本级人大提出的对各方面工作的建议、批评和意见，由本级人大主席团交有关机关和组织研究处理并负责答复。

（七）接受辞职

1. 县级以上人大	辞职主体：本级人大常委会组成人员、人民政府组成人员、人民法院院长、人民检察院检察长。	
	决定程序：（1）人大开会时，向人大提出辞职，由大会决定是否接受辞职；（2）人大闭会期间可以向常委会提出，由常委会决定是否接受，常委会接受辞职后，报本级人大备案。	
	检察长的辞职，须报经上一级检察长报请该级人大常委会批准。	
2. 乡级人大	正副主席、正副政府首长可以向本级人大提出辞职，由大会决定是否接受辞职。	

（八）各委员会

1. 专门委员会

（1）省、自治区、直辖市、自治州、设区的市的人大根据需要，可以设法制委员会、财政经济委员会、教育科学文化卫生委员会等专门委员会；

（2）县、自治县、不设区的市、市辖区的人大根据需要，可以设法制委员会、财政经济委员会等专门委员会。

（3）县级以上各级人大代表有权参加表决通过本级人大各专门委员会组成人员的人选。

（4）各专门委员会受本级人大领导；在大会闭会期间，受本级人大常委会领导。

（5）各专门委员会在本级人民代表大会及其常务委员会领导下，研究、审议和拟订有关议案；对属于本级人民代表大会及其常务委员会职权范围内同本委员会有关的问题，进行调查研究，提出建议。

注意 ▶ 乡级人大无权设立专门委员会。

2. 调查委员会

（1）县级以上地方各级人大主席团或者 1/10 以上的代表书面联名，可以向本级人民代表大会提议组成关于特定问题调查委员会，由主席团提请全体会议决定。

（2）这种调查委员会是非常设性组织，针对特定问题提出调查报告。

（3）人大根据调查委员会的报告，可以作出相应的决议。人大可以授权其常委会听取调查报告，常委会可以作出相应决议，报人大下次会议备案。

二、县以上地方各级人大常委会

（一）性质地位

本级人大的常设机关，是同级国家权力机关的组成部门，对本级人大负责并报告工作。

（二）产生

1. 省、自治区、直辖市、自治州、设区的市的人大常委会由本级人大在代表中选举主任、副主任若干人、秘书长、委员若干人组成；
2. 县、自治县、不设区的市、市辖区的人大常委会由本级人大在代表中选举主任、副主任若干人和委员若干人组成。

▶注意▶

1. 常委会组成人员不得担任国家行政机关、审判机关和检察机关的职务。

2. 主任因健康原因不能工作或缺位，由常委会在副主任中推选一人代理，直到主任恢复健康或选出新主任为止。

新增考点 省、自治区的人大常委会可以在地区设立工作机构。市辖区、不设区的市的人大常委会可以在街道设立工作机构。工作机构负责联系街道辖区内的人大代表，组织代表开展活动，反映代表和群众的建议、批评和意见，办理常委会交办的监督、选举以及其他工作，并向常委会报告工作。

（三）会议制度

1. 常委会会议	由主任召集，至少两月一次。
	决议由全体组成人员过半数通过。
2. 主任会议	由主任、副主任和秘书长（县级由主任和副主任）组成，处理常委会日常工作。

（四）议案的提出

1. 一般议案的提案权	主体：主任会议、政府，人大各专门委员会，省、自治区、设区的市的人大常委会组成人员5人以上联名（县级人大常委会组成人员3人以上联名）可以向本级人大常委会提出议案。
	处理：由主任会议决定提请常委会会议审议，或先交有关的专门委员会审议，提出报告，再决定是否提请常委会会议审议。
2. 质询案的提案权	主体：省级、市级人大常委会组成人员5人以上联名（县级人大常委会组成人员3人以上联名）可以向常委会书面提出。
	对象：对本级政府、法院、检察院的质询案（写明对象、问题和内容）。
	处理：由主任会议决定受质询机关口头答复或书面答复，口头答复的，应由受质询机关的负责人到会答复；书面答复的，应由其签署。

续表

3. 撤职案的提案权		（1）政府、法院和检察院、人大常委会主任会议，可以向本级人大常委会提出撤职案。
		（2）县级人大常委会组成人员1/5以上书面联名，可以向本级人大常委会提出对本级部分国家机关工作人员的撤职案，由主任会议决定交常委会会议审议；或者由主任会议提议，经全体会议决定，组织调查委员会，由以后的常委会会议根据调查委员会的报告审议决定。
	撤职对象	（1）人大闭会期间，常委会可以决定撤销本级政府个别副省长、自治区副主席、副市长、副州长、副县长、副区长的职务；
		（3）常委会可以撤销由它任命的本级政府其他组成人员和法院副院长、庭长、副庭长、审判委员会委员、审判员，人民检察院副检察长、检察委员会委员、检察员，中级人民法院院长，人民检察院分院检察长的职务。

（五）职权

1. 领导或主持本级人大代表的选举；召集本级人大会议。

2. 在本级人大闭会期间，补选上一级人大出缺的代表和罢免个别代表。

3. 决定授予地方的荣誉称号。

4. 根据本级政府的建议，<u>决定本行政区域内国民经济和社会发展计划、预算的部分变更</u>。

5. <u>在人大闭会期间，决定副职政府首长的个别任免；在正职政府首长、院长和检察长因故不能任职时，从相应副职负责人中决定代理的人选；决定代理检察长，须报上一级检察院和人大常委会备案。</u>

6. <u>根据正职政府首长的提名，决定本级政府秘书长、厅长、局长、委员会主任、科长的任免，并报上一级人民政府备案。</u>

7. 任免法院副院长、正副庭长、审委会委员、审判员；任免检察院副检察长、检委会委员、检察员；批准任免下一级检察长。

（六）审议财政事项的权力

⚠注意▶审议意见交由政府研究处理。政府应将研究处理情况向常委会提出书面报告。各种报告、审议意见以及政府研究处理情况等均应向本级人大代表通报并向社会公布。

1. 审批决算草案

（1）国务院应于每年6月将上一年度决算草案提请全国人大常委会审批
（2）县级以上政府应于每年6—9月期间，将上一年度决算草案提请本级常委会审批

⚠注意▶决算草案应按照本级人大批准的预算所列科目编制，按预算数、调整数或者变更数以及实际执行数分别列出，并作出说明。

2. 听取和审议国民经济和社会发展计划、预算的执行情况的报告

国务院和县级以上地方各级政府应当在每年6—9月期间，向本级人大常委会报告本年度上一阶段国民经济和社会发展计划、预算的执行情况。

（1）计划、预算经人大批准后，在执行过程中需要作部分调整的（特别是需要调减预算安排的农业、教育、科技、文化、卫生、社会保障等资金的），国务院和县级以上地方政府应当将调整方案提请本级人大常委会审查和批准。

（2）国民经济和社会发展五年规划经人大批准后，在实施中期阶段，政府应将规划实施情况的中期评估报告提请本级常委会审议；经中期评估需要调整的，政府应将调整方案提请常委会审批。

（3）国务院和县级以上地方政府有关主管部门应当在本级人大会常委会举行会议审批预算调整方案的一个月前，将预算调整初步方案送交本级人大财经委员会进行初步审查，或者送交常委会有关工作机构征求意见。

（4）常委会对决算草案和预算执行情况报告，重点审查下列内容：预算收支平衡情况；重点支出的安排和资金到位情况；预算超收收入的安排和使用情况；部门预算制度建立和执行情况；向下级财政转移支付情况；本级人大关于批准预算的决议的执行情况。

（5）全国人大常委会还应当重点审查国债余额情况；县级以上地方各级人大常委会还应当重点审查上级财政补助资金的安排和使用情况。

3. 听取和审议审计工作报告

常委会每年审批决算的同时，听取和审议本级政府提出的审计机关关于上一年度预算执行和其他财政收支的审计工作报告。常委会认为必要时，可以对审计工作报告作出决议；政府应当在决议规定的期限内，将执行决议的情况向常委会报告。

（七）代表资格审查委员会

（1）县级以上各级人大常委会设立代表资格审查委员会，根据工作需要设立办事机构和其他工作机构。

（2）乡镇人大的第一次会议产生代表资格审查委员会。

（八）调查委员会

1. 组织	县级以上各级人大常委会对其职权范围内的事项，需要作出决议、决定，但有关重大事实不清的，可以组织关于特定问题的调查委员会。
2. 提议	主任会议或1/5以上常委会组成人员书面联名，可以向本级人大常委会提议组织关于特定问题的调查委员会，（后者还需由主任会议决定）由全体会议审议。
3. 组成	主任委员、副主任委员和委员：由主任会议在常委会组成人员或人大代表中提名，常委会审议通过。
4. 工作	（1）调查委员会可以聘请有关专家参加调查工作。 （2）与被调查问题有利害关系的人不得参加调查委员会。 （3）调查时，有关主体都有义务向其提供必要的材料。提供材料的公民要求保密的，应予以保密。 （4）调查过程中，可以不公布调查的情况和材料。 （5）向常委会提出调查报告，常委会据此作出相应决议、决定。

> 注意 ▶ 县级以上各级人大常委会设立代表资格审查委员会，审查代表的资格是否合法。

三、地方人大代表

1. 批评建议	（1）地方各级人大代表在本级人民代表大会闭会期间，有权向本级人大常委会或者乡、民族乡、镇的人大主席团提出对各方面工作的建议、批评和意见。 （2）建议、批评和意见应当明确具体，注重反映实际情况和问题。
2. 代表的视察权	（1）县级以上的各级人大代表根据本级人大常委会的安排，对本级或者下级国家机关和有关单位的工作进行视察。 （2）乡、民族乡、镇的人大代表根据本级人大主席团的安排，对本级人民政府和有关单位的工作进行视察。 （3）代表进行视察时，可以提出约见本级或者下级有关国家机关负责人。被约见的有关国家机关负责人或者由他委托的负责人员应当听取代表的建议、批评和意见。 （4）代表可以持代表证就地进行视察。县以上的地方各级人大常委会或者乡、民族乡、镇的人大主席团根据代表的要求，联系安排本级或者上级的代表持代表证就地进行视察。

四、地方各级人民政府

（一）性质地位

1. 地方各级国家权力机关的执行机关，是地方各级国家行政机关。
2. 其一方面对本级人大（闭会期间对其常委会）负责并报告工作，另一方面又对上一级国家行政机关负责并报告工作，受国务院统一领导。

（二）组成人员

1. 省、市两级政府由正副首长、秘书长、厅长、局长和委员会主任等组成。
2. 县级政府由正副首长、局长、科长等组成。
3. 乡级政府由正副首长组成。

> **注意**
> 1. 除正职首长外，其他人员均可能由常委会任命。
> 2. 地方政府组成人员没有任职的届数限制。

（三）领导体制

1. 行政首长负责制。
2. 县级以上政府领导所属工作部门和下级政府的工作，有权改变或撤销其不适当的决定。

（四）会议制度

1. 全体会议：政府全体成员
2. 常务会议：省、地级（正副首长、秘书长）；县级（正副首长）
3. 正职首长召集并主持；重大问题需经常务会议或全体会议讨论决定

（五）工作部门（必要时才设副职）

每一级人民政府内部工作部门的设立、增加、减少或合并，都由本级人民政府报请上一级人民政府批准，并报本级人大常委会备案。
乡级政府不设工作部门，可设一些工作人员。
工作部门受本级政府统一领导，受上级政府工作部门业务指导或领导。
县级以上政府设审计机关，依法独立行使审计监督权，对本级政府和上一级审计机关负责。

（六）派出机关

1. 行政公署	省、自治区人民政府在必要时，经国务院批准，可以设立若干的派出机关。
2. 区公所	县、自治县的人民政府在必要时，经省、自治区、直辖市的人民政府批准，可以设立若干区公所，作为它的派出机关。
3. 街道办事处	市辖区、不设区的市的人民政府，经上一级人民政府批准，可以设立若干街道办事处，作为它的派出机关。

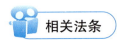
注意▶

1. 派出机关不是一级政权机关，只是作为政府的代表在本辖区内执行上级的决议、指示和命令，监督检查和指导下级政府的工作。

2. 县级和市辖区级的公安机关是基层公安机关，其正局长是最低的公安机关负责人；在街道办和乡镇设立公安派出所，市基层公安机关的派出工作机构，履行基层公安机关的部分职责，但不是一级公安机关，派出所的所长也不是公安机关负责人。

第七节　人民法院与人民检察院

相关法条

《宪法》

第一百二十三条　中华人民共和国人民法院是国家的审判机关。

第一百二十六条　人民法院依照法律规定独立行使审判权，不受行政机关、社会团体和个人的干涉。

第一百二十七条　最高人民法院是最高审判机关。

最高人民法院监督地方各级人民法院和专门人民法院的审判工作，上级人民法院监督下级人民法院的审判工作。

第一百二十八条　最高人民法院对全国人民代表大会和全国人民代表大会常务委员会负责。地方各级人民法院对产生它的国家权力机关负责。

第一百二十九条 中华人民共和国人民检察院是国家的法律监督机关。

第一百三十一条 人民检察院依照法律规定独立行使检察权,不受行政机关、社会团体和个人的干涉。

第一百三十二条 最高人民检察院是最高检察机关。

最高人民检察院领导地方各级人民检察院和专门人民检察院的工作,上级人民检察院领导下级人民检察院的工作。

第一百三十五条 人民法院、人民检察院和公安机关办理刑事案件,应当分工负责,互相配合,互相制约,以保证准确有效地执行法律。

【要点释义】

1. 检察权、审判权具有专属性和排他性:审判权只能由人民法院行使;检察权只能由人民检察院行使;

特别注意▶▶ 法院具有专属定罪权;公安机关、检察机关无权定罪,但是有权认定一个人无罪。比如公安机关可以撤销案件;检察机关可以不起诉。

2. 在我国,独立行使审判权、检察权的主体是人民法院、人民检察院,而不是某个审判员、检察官的个人独立。

3. 检察权、审判权的独立行使,主要是独立于行政机关、社会团体和个人,但仍然要接受党的领导,接受人大、人民群众和媒体的监督。

4. 人民法院上下级之间是监督与被监督的关系,各个法院在具体案件的审判过程中独立行使审判权,上级法院和其他法院均无权干涉。上级法院不能对下级法院正在审理的具体案件发布指示命令,指令下级法院执行,尽管上级法院有权通过法定程序监督下级法院对具体案件的审理。下级法院也不应将案件在判决之前报送级法院,请求审查批示。

5. 人民检察院上下级之间是领导与被领导的关系,上级检察院有权就具体案件对下级检察院作出命令、指示,因此检察权的独立实质上是指整个检察系统作为一个整体的独立,这就是所谓的检察一体原理。

6. 分工负责、互相配合、互相制约的原则体现的是公检法三机关之间的相互关系,不是上下级法院之间、上下级检察院之间、上下级公安机关之间的关系。

一、人民法院的组织与制度

(一)性质

人民法院是国家的审判机关,审判权必须由人民法院统一行使,其他任何主体都无权行使审判权。

注意▶ 在刑事诉讼活动中,这一点体现在称谓上就是:公诉前称为犯罪嫌疑人;公诉后称为被告人;法院定罪之后方才称为罪犯。

（二）组织体系

1. 我国人民法院的组织体系由以下法院组成：全国设立最高人民法院、地方各级人民法院和专门人民法院； （1）地方各级人民法院分为高级人民法院、中级人民法院、基层人民法院； （2）专门人民法院包括军事法院、海事法院、铁路运输法院和森林法院等。
2. 上下级人民法院之间的关系不是领导关系，而是监督关系。

（三）最高人民法院的职权

1. 一审管辖权，主要是在全国有重大影响的案件；
2. 上诉管辖权，审判对高级人民法院、专门人民法院判决和裁定的上诉案件和抗诉案件；
3. 审判监督权，监督地方各级人民法院和专门人民法院的审判工作，审判最高人民检察院按照审判监督程序提出的抗诉案件，依照审判监督程序提审或者指令下级人民法院再审地方各级人民法院和专门人民法院确有错误的生效判决、裁定；
4. 司法解释权，对在审判过程中如何具体应用法律的问题，进行司法解释；
5. 死刑核准权，死刑除依法由最高人民法院判决的以外，应当报请最高人民法院核准。

增补考点 ☞ 最高人民法院的巡回法庭

1. 设立	最高人民法院设立巡回法庭	
2. 设置	第一巡回法庭（广东省深圳市）	巡回区为广东、广西、海南三省区
	第二巡回法庭（辽宁省沈阳市）	巡回区为辽宁、吉林、黑龙江三省
3. 性质	最高人民法院派出的常设性的审判机构	
4. 地位	巡回法庭作出的判决、裁定和决定，是最高人民法院的判决、裁定和决定，具有最高的司法效力。	
5. 管辖	（1）全国范围内重大、复杂的第一审行政案件； （2）在全国有重大影响的第一审民商事案件； （3）不服高级人民法院作出的第一审行政或者民商事判决、裁定提起上诉的案件； （4）对高级人民法院作出的已经发生法律效力的行政或者民商事判决、裁定、调解书申请再审的案件； （5）刑事申诉案件； （6）依法定职权提起再审的案件； （7）不服高级人民法院作出的罚款、拘留决定申请复议的案件； （8）高级人民法院因管辖权问题报请最高人民法院裁定或者决定的案件； （9）高级人民法院报请批准延长审限的案件； （10）涉港澳台民商事案件和司法协助案件； （11）最高人民法院认为应当由巡回法庭审理或者办理的其他案件。 注意▶ 知识产权、涉外商事、海事海商、死刑复核、国家赔偿、执行案件和最高人民检察院抗诉的案件暂由最高人民法院本部审理或者办理。 注意▶ 巡回法庭依法办理巡回区内向最高人民法院提出的来信来访事项。	
6. 工作方式	巡回法庭根据审判工作需要，可以在巡回区内巡回审理案件、接待来访。	

（四）地方各级人民法院

1. 基层人民法院

（1）一审管辖权，审判除法律规定由上级人民法院管辖的案件外的所有一审案件；
（2）庭外处理权，处理不需要开庭审判的案件；
（3）调解指导权，指导人民调解委员会的工作。

2. 中级人民法院

（1）中级人民法院包括：

①在省、自治区内按地区设立的中级人民法院；
②在直辖市内设立的中级人民法院；
③省、自治区辖市的中级人民法院；
④自治州中级人民法院。

（2）产生

①一般来说，院长由本级人大选举，副院长、正副庭长和审判员由本级人大常委会任免；
②但是在省、自治区内按地区设立的和在直辖市内设立的中级人民法院院长，由省级人大常委会根据主任会议的提名决定任免；副院长、审判委员会委员、庭长、副庭长和审判员由高级法院院长提请省级人大常委会任免。

（3）管辖权

①一审管辖权	刑事案件	危害国家安全案件、恐怖活动犯罪案件
		可能判处无期徒刑、死刑的普通刑事案件
		违法所得没收程序案件
	民事案件	重大涉外案件
		在本辖区有重大影响的案件
		最高法院确定由中级人民法院管辖的案件
	行政案件	确认专利权的案件
		海关处理的案件
		对国务院各部门或者省、自治区、直辖市政府所作的具体行政行为提起诉讼的案件
		本辖区内重大、复杂的案件
		基层人民法院移送审判的第一审案件
②上诉管辖权，审判对基层人民法院判决和裁定的上诉案件和抗诉案件；		
③审判监督权，监督基层人民法院的审判工作，审判省人民检察院分院、省辖市及自治州人民检察院按照审判监督程序提出的抗诉案件，依照审判监督程序提审或指令基层人民法院再审基层人民法院确有错误的生效判决、裁定。		

3. 高级人民法院

（1）一审管辖权，审判法律规定由它管辖的第一审案件（主要是在全省、自治区或直辖市有重大影响的案件）、下级人民法院移送审判的第一审案件；
（2）上诉管辖权，审判对下级人民法院判决和裁定的上诉案件和抗诉案件、对海事法院判决和裁定的上诉案件；
（3）审判监督权。

（五）专门人民法院

军事法院	军事法院包括中国人民解放军军事法院（军内的最高级）、大军区及军兵种军事法院（相当于中级层次）、军级军事法院（基层级）三级，军事法院负责审判军事人员犯罪的刑事案件。
海事法院	海事法院只设一级，设立在广州、上海、武汉、天津、大连、青岛、宁波、厦门、海口和北海等港口城市，其建制相当于地方的中级人民法院。
铁路运输法院	铁路运输法院是设在铁路沿线的专门人民法院，分为二级：一是在铁路管理分局所在地设立铁路运输基层法院，二是在铁路管理局所在地设立铁路运输中级法院。
森林法院	1. 基层森林法院一般设置在某些特定林区的一些林业局（包括木材水运局）的所在地； 2. 在地区（盟）林业管理局所在地或国有森林集中连片地区设立森林中级法院。
知识产权法院	1. 在北京、上海、广州设立；其审判庭的设置，由最高人民法院根据知识产权案件的类型和数量确定。 2. 管辖范围 （1）有关专利、植物新品种、集成电路布图设计、技术秘密等专业技术性较强的第一审知识产权民事和行政案件。 注意▶知识产权法院对上述案件实行跨区域管辖。在知识产权法院设立的三年内，可以先在所在省（直辖市）实行跨区域管辖。 （2）不服国务院行政部门裁定或者决定而提起的第一审知识产权授权确权行政案件，由北京知识产权法院管辖。 （3）知识产权法院所在市的基层人民法院第一审著作权、商标权等知识产权民事和行政判决、裁定的上诉案件，由知识产权法院审理。 （4）知识产权法院第一审判决、裁定的上诉案件，由知识产权法院所在地的高级人民法院审理。 3. 知识产权法院院长由所在地的市人民代表大会常务委员会主任会议提请本级人民代表大会常务委员会任免。副院长、庭长、审判员和审判委员会委员，由知识产权法院院长提请所在地的市人民代表大会常务委员会任免。 4. 知识产权法院对所在地的市人民代表大会常务委员会负责并报告工作。

（六）行使审判权的制度

1. 两审终审制。
2. 合议制。

续表

3. 审判委员会制度。审判委员会成员包括人民法院院长、副院长、各庭庭长及审判业务骨干，成员由人大常委会任命。审判委员会以少数服从多数表决原则作出决定。
4. 审判监督制度。上级人民法院不能直接指挥命令下级人民法院如何进行审判，只能对下级人民法院在审判活动中是否正确适用法律进行审查监督。
5. 回避制度。

（七）行使审判权的原则

1. 依法独立审判原则。 **注意▶**法院独立，不受行政机关、社会团体和个人的干涉。
2. 公民适用法律一律平等的原则。
3. 公开审判原则。
4. 被告人有权获得辩护的原则。 （1）针对犯罪嫌疑人、被告人； （2）被害人、附带民事诉讼的当事人委托的律师称为诉讼代理人； （3）辩护有自行辩护、委托辩护和法律援助辩护之分。
5. 对不通晓当地通用的语言文字的诉讼参与人，应当为他们提供翻译。

二、人民检察院的组织与制度

（一）性质和任务

检察院是国家的法律监督机关。其通过行使检察权，维护社会主义法制。

（二）体系

最高人民检察院	领导地方各级检察院和专门检察院的工作；对全国性的最大刑审案件行使检察权；对人民法院已经发生法律效力的判决和裁定，如发现确有错误，按照审判监督程序提出抗诉；依法对监管改造场所的活动实行监督，依法对民事、行政诉讼实行监督；司法解释和制定检察工作条例、细则和规定；管理和规定各级检察院的人员编制。	
地方各级人民检察院	省级人民检察院	省级人民检察院和县级人民检察院，根据工作需要，提请本级人民代表大会常务委员会批准，可以在工矿区、农垦区、林区等区域设置人民检察院，作为派出机构。
	省、自治区、直辖市人民检察院分院，自治州、省辖市人民检察院	
	县、市、自治县和市辖区人民检察院	
专门检察院	军事检察院和铁路运输检察院（2011年6月底前划归地方管理）	

（三）领导体制（双重从属制）

地方各级检察院对产生它的国家权力机关和上级检察院负责。
国家权力机关对人民检察院的领导，主要表现在人大及其常委会选举、罢免或者任免人民检察院主要组成人员，审议工作报告，进行各种形式的监督等。

续表

检察系统垂直领导体制主要表现在两方面：1. 人事任免；2. 业务领导：上级检察院可以直接参与指挥下级检察院的办案活动。
在人民检察院内部实行检察长统一领导与检察委员会集体领导相结合的领导体制。

（四）职权

1. 依法对国家工作人员职务犯罪案件进行立案侦查的权力；
2. 提起公诉。
3. 在刑事诉讼中依法批准或决定逮捕犯罪嫌疑人的权力；
4. 在刑事诉讼中依法对立案、侦查、审判、执行活动进行监督的权力； 注意▶检察权作为一种监督权，其性质是建议权而非决定权。 例证《刑事诉讼法》第93条规定，犯罪嫌疑人、被告人被逮捕后，人民检察院仍应当对羁押的必要性进行审查；对不需要继续羁押的，应当建议予以释放或者变更强制措施。可见，检察院是羁押必要性审查的主体，负责监督，而不能直接决定释放或变更强制措施，只能建议有权机关作出相应的决定。
5. 发现人民法院已经生效的刑事、民事和行政案件的判决、裁定确有错误的，依法按照审判监督程序提出抗诉的权力；

【补充】公检法三机关分工负责、互相配合、互相制约。

【补充】检察委员会实行民主集中制，在检察长的主持下，讨论决定重大案件和其他重大问题。如果检察长在重大问题上不同意多数人的决定，可以报请本级人民代表大会常务委员会决定。

第六章

宪法的实施及其保障

第一节 宪法实施概述

一、宪法实施的概念

宪法实施是宪法规范在实际生活中的贯彻落实。主要包括宪法的执行、适用和遵守。

1. 宪法的执行通常指国家代议机关和国家行政机关贯彻落实宪法内容的活动。
2. 宪法的适用通常指国家司法机关在司法活动中贯彻落实宪法的活动。
3. 宪法的遵守通常指一切国家机关、社会组织和公民个人严格依照宪法规定行为的活动。这是宪法实施最基本的要求，也是其最基本的方式。

二、宪法实施的主要特点

宪法的实施具有不同于普通法律实施的具体特点。

（一）宪法实施的广泛性和综合性

1. 广泛性：实施范围和实施主体的广泛性；
2. 综合性：宪法实施不可能单纯是宪法本身或社会生活某一方面的问题，而是整个国家具有高度综合性的社会问题，需要考虑国家和社会生活中的各种综合因素。

（二）宪法实施的最高性和原则性：由其内容和地位决定

1. 宪法在国家法律体系中居于最根本地位，具有最高法律效力。
2. 因调整范围十分广泛，所以只能规定一般原则：（1）只确定社会关系主体的基本方向和原则标准，不涉及行为的具体模式；（2）对行为只是从总体上作肯定与否定的评价，为一般法律的具体评价和责任追究提供基础和依据。

（三）宪法实施的直接性和间接性

1. 实施方式：虽然宪法在实施过程中也具有直接性，但其间接性更为突出。宪法的实施主要是通过具体法律规范来作用于具体的人和事，普通法律的实施就是间接地实施宪法的过程。

2. 宪法制裁：对违宪行为进行追究的方式包括直接制裁和间接制裁两个方面。在我国，直接制裁主要表现为对国家机关违反宪法的法律以及规范性文件、决议、决定和命令等宣布无效，并加以撤销；对违法失职的国家机关负责人根据宪法规定予以罢免。间接制裁则指宪法对违宪行为不直接规定制裁措施，而是通过具体法律来追究法律责任。

第二节　宪法的修改

一、宪法修改的特点

1. 宪法修改的机关是宪法授权的特定机关。

注意▶ 修宪机关有两种情形：（1）宪法授权特定国家机关，主要是国家的立法机关；（2）专门设立宪法修改机关。

2. 宪法修改必须按照宪法规定的、较一般法律更为严格的程序进行。

3. 宪法修改是对作为国家根本法的宪法进行变更的活动，包括宪法规范的内容和形式的变更。

注意▶ 宪法修改的原因是缓解宪法规范和社会生活之间的冲突，表现为：（1）为了使宪法的规定适应社会实际的发展和变化；（2）为了弥补宪法规范在实施过程中出现的漏洞。

经典论述▶ 毛泽东："宪法不是天衣无缝，总是会有缺点的。……宪法，以及别的法律，都是会有缺点的，什么时候发现就及时修改。反正全国人民代表大会会议一年一次，随时可以修改。"

二、宪法修改的方式

决定宪法修改方式的关键在于宪法规范与社会现实的冲突程度。

（一）全面修改

全面修改主要是从形式上而言的，一般是在原有宪法基础上的全面更新，因而在内容不排除保留原来的条款，在结构上一般也维持原有结构不变。全面修改一般发生于国家生活中的某些重大问题发生变化的情况下。如1946年日本宪法、1958年法兰西第五共和国宪法和我国1975

年宪法、1978年宪法、1982年宪法等，都属于全面修改。

（二）部分修改

只是对原有的部分条款加以改变，或新增若干条款，而不牵动其他条款和整体宪法。部分修改的具体方法包括修改条文、增补条文和删除条文等。在通常情况下，部分修改优于全面修改。

三、宪法修改的程序

各国宪法修改程序一般包括提案、先决投票、起草和公布修宪草案、通过和公布五个阶段，但并非所有国家都必经这些程序。

1. 提案。提案是启动宪法修改程序的第一阶段。我国现行宪法第64条规定，宪法的修改，由全国人大常委会或者1/5以上的全国人大代表提议。

2. 先决投票。先决投票是将宪法修正案的草案提交宪法修改机关审议之前，由有关机关予以表决，以决定是否正式向宪法修改机关提出。如希腊宪法规定。

3. 起草和公布修宪草案的程序。荷兰、比利时等国宪法都有这方面的规定。

4. 宪法修正案的通过程序。即宪法修改机关审议、表决和批准宪法修正案的程序。宪法修正案的批准是指宪法修正案依法定程序通过后，按照宪法规定要由特定机关批准或须经全民公决后方能生效。

5. 宪法修正案的公布程序。一般说来，公布宪法修正案的机关主要有国家元首、议决机关和行政机关等。

四、我国宪法的修改

（一）我国的宪法修改制度

1954年宪法对我国宪法修改制度从两个方面作了规定：一是规定了宪法修改的机关是全国人民代表大会；二是规定了宪法修改的通过程序，明确规定宪法的修改由全国人民代表大会以全体代表的2/3的多数通过。

1975年宪法、1978年宪法只规定了全国人民代表大会有修改宪法的职权，没有对相关程序进行规定。

1982年宪法在继承1954年宪法关于修改宪法规定的基础上，进一步完善了宪法修改制度：（1）规定了宪法修改的机关是全国人民代表大会。（2）规定了宪法修改的提案主体。宪法规定，宪法的修改，由全国人民代表大会常务委员会或者1/5以上的全国人民代表大会代表提议。这是对54宪法的发展。（3）规定了宪法修改的通过程序。宪法规定，宪法的修改由全国人民代表大会以全体代表的2/3以上的多数通过。

> 注意▶
>
> 1. 在我国，根据《立法法》的规定，全国人民代表大会及其常委会通过的法律由国家主席签署主席令予以公布。却并未明确规定宪法修正案的公布机关。但是，数次修宪实践过程中已

经形成了公布修正案的宪法惯例，即由全国人大主席团公布宪法修正案。1982年宪法的四次修正案都是历届全国人大主席团公布的。

2. 在我国，宪法修正案是实践中形成的宪法修改方式，宪法没有明确规定。我国目前也没有制定专门的宪法修改程序法。

（二）我国宪法修改的实践

自1954年宪法制定以来，随着社会政治经济文化的发展和变更，我国宪法共经过了三次全面修改，六次部分修改。

我国宪法的六次部分修改分别是：（1）1979年第五届全国人民代表大会第二次会议对1978年宪法若干规定的修改。（2）1980年第五届全国人大第三次会议对1978年宪法再次作了修改。将第45条修改为："公民有言论、通信、出版、集会、结社、游行、示威、罢工的自由。"取消了原第45条中"有运用'大鸣、大放、大辩论、大字报'的权利"的规定。（3）后四次部分修改分别于1988年、1993年、1999年和2004年以宪法修正案的形式对现行宪法所作的修改，共通过了31条宪法修正案。从这四次修改来看，中共中央的修宪建议产生了重要影响。

注意▶82宪法删除了罢工自由。

第三节 宪法的解释

正式解释又称为有权解释，是由宪法授权的机关或宪法惯例认可的机关依据一定的标准或原则对宪法规定所作的具有法律效力的说明。宪法解释既是使宪法规范适应社会实际的一种方法，也是保障宪法实施的一种手段和措施。宪法既可以通过立法加以具体化，也可以通过宪法解释加以具体化。

一、宪法解释的机关

1. 立法机关	由立法机关解释宪法的制度源自英国。我国全国人大常委会有权解释宪法。
	立法机关行使宪法解释权，并且必须按照立法程序进行。立法机关既可以主动对宪法进行解释，也可应其他机关或政党等的请求进行解释。
2. 司法机关	由司法机关按照司法程序解释宪法的体制起源于美国。1803年美国联邦最高法院首席法官马歇尔在马伯里诉麦迪逊一案中确立了"违宪的法律不是法律"、"阐释宪法是法官的职责"的宪法规则，从此开创了司法审查制度的先河。目前，世界上60多个国家采用司法机关解释宪法的制度。
	它是指法院一般遵循不告不理的原则，只在审理案件时才可以附带性地审查其所适用的法律是否违宪，如果认为违宪可宣布拒绝在本案中适用。该解释只对审理的具体案件产生法律效力，一般没有普遍的约束力。

续表

3. 专门机关	解释宪法的专门机关是指由依据宪法或其他宪法性法律的授权而专门成立的有权解释宪法的机关，如宪法法院、宪法委员会等特别设立的机关。
	最早提出设立宪法法院的是奥地利规范法学派代表人物汉斯·凯尔森。
	专门机关解释宪法普遍采用司法积极主义原则。目前奥地利、西班牙、德国、意大利、俄罗斯、韩国等国均建立了宪法法院，而法国等国家建立了宪法委员会。

▶注意▶ 我国由全国人大常委会解释宪法，属于立法机关解释宪法的体制。这种体制首先是在1978年宪法予以确认规定的，在此之前的历部宪法均没有关于宪法解释的规定。全国人大常委会既可以在出现具体宪法争议时解释宪法，也可以在没有出现宪法争议时抽象地解释宪法，它对宪法的解释应当具有最高的、普遍的约束力。

二、宪法解释的原则

1. 总的原则应该是，以从严解释为主，但并不排除在个别情况下一定程度的灵活解释。
2. 宪法解释的具体原则，主要有以下几项：

(1) 依法解释原则。
(2) 符合制宪目的原则。
(3) 以宪法的根本精神和基本原则为指导原则。
(4) 适应社会发展需要的原则。
(5) 字面解释原则。
(6) 整体解释原则。

第四节 宪法监督

宪法监督是由宪法授权或者宪法惯例所认可的机关，以一定方式进行合宪性审查，取缔违宪事件、追究违宪责任，从而保证宪法实施的一种制度。其主要包括规范的合宪性审查（针对法律、法规和其他规范性法文件）和行为的合宪性审查（针对一切机关、组织和公民的行为）两大方面。

一、基本内容

1. 规范的合宪性保障，即保障法律、法规和规范性文件的合宪性。
2. 行为的合宪性保障，即保障各种组织（包括国家机关）和全体公民的行为的合宪性。

二、宪法监督的体制

1. 由司法机关作为宪法监督机关的体制	起源于1803年美国联邦最高法院在审理马伯里诉麦迪逊一案的判决。其中明确宣布：违宪的法律不是法律；阐明法律的意义是法院的职权，从而开创了由联邦最高法院审查国会制定的法律是否符合宪法的先例。后来扩展至地方法院，通过具体案件的审理附带地审查其所适用的法律的合宪性。
2. 由代议机关作为宪法监督机关的体制	由代议机关负责保障宪法实施的体制起源于英国。英国长期奉行"议会至上"原则，认为应该由作为立法机关的议会负责保障宪法实施。
	社会主义国家采取的也大多是由代议机关负责保障宪法实施的体制。我国现行宪法规定，全国人大及其常委会负有监督宪法实施的职责。我国法院无权审查法律是否合宪。
3. 由专门机关作为宪法监督机关的体制	由专门机关负责保障宪法实施的体制起源于1799年法国宪法设立的护法元老院。
	从发展趋势来看，由专门机关负责保障宪法实施的体制，已日益受到许多国家的重视，并且有可能成为占据主导地位的体制之一。

三、宪法监督的方式

1. 事先审查和事后审查	事先审查又称预防性审查，在规范性文件正式颁布之前，由特定机关审查其合宪性。
	事后审查往往发生在规范性文件颁布之后，人们对其合宪性产生怀疑，或者因特定机关、组织、个人提出合宪性审查的请求情况。
2. 附带性审查和宪法控诉	附带性审查往往以争诉事件为前提，所审查的也是与诉讼有关的法律、法规和法律性文件。
	宪法控诉则指当公民个人的宪法权利受到侵害后向宪法法院或者其他相关机构提出控诉的制度。宪法控诉要求有接受宪法控诉的机关和宪法诉讼制度。

四、我国的宪法监督制度

1. 宪法监督的机关	（1）我国属于代议机关作为宪法监督机关的模式。
	（2）这种模式是由1954年宪法确立的。在保留全国人大行使宪法监督职权的基础上，1982年宪法授予全国人大常委会"监督宪法的实施"的职权。
2. 宪法监督的方式（事先审查与事后审查相结合）	（1）事先审查主要体现为法规等规范性文件经批准后生效。（三批准）
	（2）事后审查：①法规、规章等规范性文件的备案审查；②要求审查（五个主体）；③建议审查（其他主体）。
（3）违宪的制裁措施	我国主要是改变或撤销不适当、违背上位法的规范性法文件。

五、我国规范性法文件的事后审查：改变与撤销

相关法条

《立法法》

第九十六条 法律、行政法规、地方性法规、自治条例和单行条例、规章有下列情形之一的，由有关机关依照本法第九十七条规定的权限予以改变或者撤销：

（一）超越权限的；

（二）下位法违反上位法规定的；

（三）规章之间对同一事项的规定不一致，经裁决应当改变或者撤销一方的规定的；

（四）规章的规定被认为不适当，应当予以改变或者撤销的；

（五）违背法定程序的。

第九十七条 改变或者撤销法律、行政法规、地方性法规、自治条例和单行条例、规章的权限是：

（一）全国人民代表大会有权改变或者撤销它的常务委员会制定的不适当的法律，有权撤销全国人民代表大会常务委员会批准的违背宪法和本法第七十五条第二款规定的自治条例和单行条例；

（二）全国人民代表大会常务委员会有权撤销同宪法和法律相抵触的行政法规，有权撤销同宪法、法律和行政法规相抵触的地方性法规，有权撤销省、自治区、直辖市的人民代表大会常务委员会批准的违背宪法和本法第七十五条第二款规定的自治条例和单行条例；

（三）国务院有权改变或者撤销不适当的部门规章和地方政府规章；

（四）省、自治区、直辖市的人民代表大会有权改变或者撤销它的常务委员会制定的和批准的不适当的地方性法规；

（五）地方人民代表大会常务委员会有权撤销本级人民政府制定的不适当的规章；

（六）省、自治区的人民政府有权改变或者撤销下一级人民政府制定的不适当的规章；

（七）授权机关有权撤销被授权机关制定的超越授权范围或者违背授权目的的法规，必要时可以撤销授权。

六、我国规范性法文件的备案制度

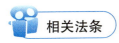

相关法条

《立法法》

第九十八条 行政法规、地方性法规、自治条例和单行条例、规章应当在公布后的三十日内依照下列规定报有关机关备案：

（一）行政法规报全国人民代表大会常务委员会备案；

（二）省、自治区、直辖市的人民代表大会及其常务委员会制定的地方性法规，报全国人民代表大会常务委员会和国务院备案；设区的市、自治州的人民代表大会及其常务委员会制定的地方

性法规，由省、自治区的人民代表大会常务委员会报全国人民代表大会常务委员会和国务院备案；

（三）自治州、自治县的人民代表大会制定的自治条例和单行条例，由省、自治区、直辖市的人民代表大会常务委员会报全国人民代表大会常务委员会和国务院备案；自治条例、单行条例报送备案时，应当说明对法律、行政法规、地方性法规作出变通的情况；

（四）部门规章和地方政府规章报国务院备案；地方政府规章应当同时报本级人民代表大会常务委员会备案；设区的市、自治州的人民政府制定的规章应当同时报省、自治区的人民代表大会常务委员会和人民政府备案；

（五）根据授权制定的法规应当报授权决定规定的机关备案；经济特区法规报送备案时，应当说明对法律、行政法规、地方性法规作出变通的情况。

> **注意**▶
>
> 1. ①人大不接受备案；②全国人大常委会不接受规章的备案；③报请批准的规范性文件相当于批准机关的规范性文件，由批准机关报请备案；④法律不备案；⑤自治区的自治条例和单行条例不备案。
>
> 2. 最高法、最高检作出的属于审判、检察工作中具体应用法律的解释，应当自公布之日起三十日内报全国人民代表大会常务委员会备案。

七、全国人大常委会对规范性法文件的审查

（一）启动主体

1. 主动审查

有关的专门委员会和常务委员会工作机构可以对报送备案的规范性文件进行主动审查。

2. 被动审查（向全国人大常委会书面提出）

（1）审查要求（五个主体）：国务院、中央军事委员会、最高人民法院、最高人民检察院和各省、自治区、直辖市的人民代表大会常务委员会。

（2）审查建议：五主体以外的其他国家机关和社会团体、企业事业组织以及公民。

《立法法》

第九十九条 国务院、中央军事委员会、最高人民法院、最高人民检察院和各省、自治区、直辖市的人民代表大会常务委员会认为行政法规、地方性法规、自治条例和单行条例同宪法或者法律相抵触的，可以向全国人民代表大会常务委员会书面提出进行审查的要求，由常务委员会工作机构分送有关的专门委员会进行审查、提出意见。

前款规定以外的其他国家机关和社会团体、企业事业组织以及公民认为行政法规、地方性法规、自治条例和单行条例同宪法或者法律相抵触的，可以向全国人民代表大会常务委员会书面提出进行审查的建议，由常务委员会工作机构进行研究，必要时，送有关的专门委员会进行审查、提出意见。

有关的专门委员会和常务委员会工作机构可以对报送备案的规范性文件进行主动审查。

（二）审查的对象：行政法规、地方性法规、自治条例和单行条例是否同宪法或者法律相抵触。

1.《监督法》还增加了两高的司法解释。

2. 不包括规章，规章一般都是国务院审查，都是审查建议。

（三）审查的程序

1. 常委会工作机构和专门委员会：在审查、研究中认为该文件同宪法或者法律相抵触的，可以向制定机关提出书面审查意见、研究意见；也可以由法律委员会与有关的专门委员会、常务委员会工作机构召开联合审查会议，要求制定机关到会说明情况，再向制定机关提出书面审查意见。

2. 制定机关：应当在两个月内研究提出是否修改的意见，并向全国人大法律委员会和有关的专门委员会或者常务委员会工作机构反馈。

（1）制定机关按照所提意见对系争文件进行修改或者废止的，审查终止；

（2）制定机关不予修改：应当向委员长会议提出予以撤销的议案、建议，由委员长会议决定提请常务委员会会议审议决定。

相关法条

《立法法》

第一百条 全国人民代表大会专门委员会、常务委员会工作机构在审查、研究中认为行政法规、地方性法规、自治条例和单行条例同宪法或者法律相抵触的，可以向制定机关提出书面审查意见、研究意见；也可以由法律委员会与有关的专门委员会、常务委员会工作机构召开联合审查会议，要求制定机关到会说明情况，再向制定机关提出书面审查意见。制定机关应当在两个月内研究提出是否修改的意见，并向全国人民代表大会法律委员会和有关的专门委员会或者常务委员会工作机构反馈。

全国人民代表大会法律委员会、有关的专门委员会、常务委员会工作机构根据前款规定，向制定机关提出审查意见、研究意见，制定机关按照所提意见对行政法规、地方性法规、自治条例和单行条例进行修改或者废止的，审查终止。

全国人民代表大会法律委员会、有关的专门委员会、常务委员会工作机构经审查、研究认为行政法规、地方性法规、自治条例和单行条例同宪法或者法律相抵触而制定机关不予修改的，应当向委员长会议提出予以撤销的议案、建议，由委员长会议决定提请常务委员会会议审议决定。

第一百零一条 全国人民代表大会有关的专门委员会和常务委员会工作机构应当按照规定要求，将审查、研究情况向提出审查建议的国家机关、社会团体、企业事业组织以及公民反馈，并可以向社会公开。

相关法条 《各级人民代表大会常务委员会监督法》

第三十二条 国务院、中央军事委员会和省、自治区、直辖市的人民代表大会常务委员会认为最高人民法院、最高人民检察院作出的具体应用法律的解释同法律规定相抵触的,最高人民法院、最高人民检察院之间认为对方作出的具体应用法律的解释同法律规定相抵触的,可以向全国人民代表大会常务委员会书面提出进行审查的要求,由常务委员会工作机构送有关专门委员会进行审查、提出意见。

前款规定以外的其他国家机关和社会团体、企业事业组织以及公民认为最高人民法院、最高人民检察院作出的具体应用法律的解释同法律规定相抵触的,可以向全国人民代表大会常务委员会书面提出进行审查的建议,由常务委员会工作机构进行研究,必要时,送有关专门委员会进行审查、提出意见。

八、宪法实施的保障

1. 宪法监督制度：事先审查和事后审查。	
2. 政治保障	执政党模范地遵守和执行宪法,在宪法和法律的范围内活动。
3. 社会保障	宪法主体培养宪法意识,遵守宪法、认同宪法、信仰宪法。
4. 法律保障（宪法自身的保障）	(1) 明确规定宪法是国家根本法。 (2) 明确规定其自身具有最高的法律效力。 (3) 明确规定修改宪法的特别程序。

司法制度与法律职业道德

第五编

第一章

概　　述

第一节　司法与司法制度的概念

一、司法的概念和特征

(一) 司法概论

1. 司法与社会冲突的解决有关，其在近代方从行政等制度中独立出来。初民社会已存在各种形态的处理纷争的程序，具有相应的原则和程序，都毫无例外地具备一种合法地行使人身强制的社会权威机构——法院。

2. 近代的司法最初是个政治学概念或法学概念。乔治·劳森提出了政府职能的三重划分：立法、司法和执行。

3. 孟德斯鸠第一次全面论述了"司法"问题，强调司法独立、以权制权，使分权学说成为西方国家一项普遍性的宪法原则，在 1787 年被载入美国宪法。此后，分权学说即由学术层面进入现实实践，司法的概念逐步呈现技术性、程序性特征。

4. 三权分立的国家：司法是与立法、行政相对应的一项国家活动，即国家适用法律解决纠纷的活动。所谓司法就是审判，司法权就是审判权，司法机关也就仅指法院。至于检察权，则是作为行政权的一部分，因而检察机关隶属于政府行政系统。

注意▶在美国，检察机关和司法行政机关合二为一，联邦总检察长即为司法部长；在法国和德国，其检察机关虽然附设于法院，但受政府司法行政机关的领导和指挥；在日本，其检察机关虽独立设置，但仍受法务大臣的一般领导。

5. 我国古代行政与司法不分，诉讼审判制度体现出专制主义的特点。清朝末年，引进西方的司法制度，在法律中明确规定司法权由法院行使，司法从属行政的情况有了改变。那时的司法权就是指审判权；实行审检合署，各级检察厅虽附设于大理院或同级审判厅，但受专门负责司法行政的法部领导。

6. 辛亥革命后，孙中山等建立的中华民国临时政府采行的是三权分立，法院是司法机关。此后的南京国民政府实行"五权分立"的组织原则，即立法、行政、司法、考试、监察五权分立，但司法权仍由法院行使；而检察机关则属于行政系统，由政府的司法行政机关领导，与法国、德国等欧洲国家相似。

7. 在前苏联、东欧等社会主义国家，司法包括审判和检察，司法机关由审判机关和检察机关共同构成。检察机关是国家法律监督机关，其检察权不仅包括对案件的侦查权、起诉权，而且包括广泛的法律监督权。

8. 新中国建立后在政治体制上借鉴前苏联，实行人民代表大会制度（议行合一），不搞"三权分立"。人民法院是审判机关，行使审判权；人民检察院是法律监督机关，行使检察权；二者共同构成我国的司法机关。

注意▶1951年，人民法院和人民检察署在组织制度上均受双重领导。

（二）司法的特点

1. 独立性	只服从于法律，不受上级机关和行政机关的干涉；司法机关在审判活动中所发表的言论、所做的一切行为不被追究法律责任。 注意▶在历史上，司法和司法权曾是反对专制、对抗王权的一道屏障，负责监督政府、保护人民，同时也能有效地保护法官。 注意▶一般认为，司法机关主要指法院，其也只服从于法律，不受上级机关、行政机关的干涉。
2. 被动性	"不告不理"，程序的启动离不开权利人或特定机构的提请或诉求，从来不主动发动一个诉讼。
3. 交涉性	整个过程离不开多方利益主体的诉讼参与；不像行政管理活动通过单方面调查取证而形成决定。
4. 程序性	司法机关处理案件必须依据相应的程序法规定；法定程序是保证司法机关正确、合法、及时地适用法律的前提，是实现司法公正的重要保证。
5. 普遍性	（1）案件的司法解决意味着个别性事件获得普遍性，普遍性在个别事件中得以实现。 （2）司法不仅具有形式上的普遍性，在实质意义上，司法可以解决其他机关所不能解决的一切纠纷。 （3）在现代社会，司法构成社会纠纷解决体系中最具普适性的方式，法院已成为最主要的纠纷解决主体。
6. 终极性	司法是解决纠纷、处理冲突的最后环节，法律适用后果是最终性的决定。 相对于其他纠纷解决方式，司法是现代社会最重要的解决争端的手段。

二、司法的功能

> **注意** ▶ 应然功能和实然功能存在着巨大反差。只有解决纠纷属于直接功能。

直接功能	解决纠纷	★ 解决纠纷是司法制度的普遍特征，它构成司法制度产生的基础、运作的主要内容和直接任务，亦是其他功能发挥的先决条件。
		法院要从根本上解决纠纷，就不仅要在程序上公平公正，更要达到定纷止争、案结事了的境界。
		司法还有惩罚功能。
间接功能	调整社会关系	司法权主管范围直接决定了司法功能辐射的广度和深度。在法治社会里，公民的权利只要受到侵犯，就应允许其通过司法途径寻求救济，这是司法最终解决原则的基本要求。
	人权保障	司法既具有维护和支持其他公权力依法行使、发展人权的作用，又具有防范和制裁其他公权力恣意行使、侵犯人权的作用。
		《依法治国决定》：对不服司法机关生效裁判、决定的申诉，逐步实行律师代理制度。对聘不起律师的申诉人，纳入法律援助范围。
	解释、补充法律	相对于其所调整的社会关系，法律具有滞后性，需要司法者根据社会生活的变化，正确完整合理地阐释法律，而不能机械性地适用法律。
		★ 法官自由裁量应力求达到合法与合理高度统一，尽可能地减少法律适用过程中的不确定性，防止司法擅断与专横。
	★ 形成公共政策	现代法治社会中，司法机关参与公共政策的形成：通过妥当的裁判，获得公认，促进有关部门以此作为制定政策的参考依据。司法裁判的公共政策形成功能将越来越明显。
	秩序维持、文化支持	

三、司法制度

1. 司法制度，有狭义和广义之分。狭义的司法制度，在实行三权分立的国家是指审判制度，在我国则是指审判制度和检察制度。广义上的司法制度，还包括其他一系列司法辅助制度，比如：律师制度、公证制度等等。一般采广义。

2. 在我国，司法机关指审判机关和检察机关；司法组织包括律师组织、公证组织等。

3. 中国特色社会主义司法制度是一个科学系统，不仅包括司法规范、组织、机构、程序、机制、制度和人力资源体系，也包括独具中国特色的司法理念、理论、政策、文化和司法保障等内容。主要由四个方面构成：

（1）司法规范体系；

（2）司法组织体系：主要指审判组织体系和检察组织体系；

（3）司法制度体系：主要是六大制度（侦查制度、检察制度、审判制度、监狱制度、律师制度和公证制度），还包括人民调解制度、人民陪审制度、死刑复核制度、审判监督制度、司法解释制度和案例指导制度等；

（4）司法人员管理体系：司法人员指有侦查、检察、审判、监管职责的工作人员和辅助人员。

四、司法公正

公正是人们所追求的崇高理想、价值和目标，也是法治的灵魂和核心。而司法公正是法律精神的内在要求，是法治的组成部分和基本内容，是民众对法治的必然要求。

1. 中国古代社会强调司法官吏严格执法、大臣经义决狱、皇帝屈法伸情以实现司法公正。

2. 晋代刘颂严格区分了君臣在司法公正方面各自的职责：对具体案件，司法官吏必须依法办事，严格执法；若法律没有明文规定，中央主管司法大臣有一定解释变通的权力；如果有超出法律之外的异常特别的情况，由君主裁决。

"君臣之分，各有所司。法欲人奉，故令主者守之；理有穷，故使大臣释滞；事有时立，故人主权断。"

3. 英国培根：一次不公的判断比多次不平的举动为祸尤烈。因为这些不平的举动不过弄脏了水流，而不公的判断则把水源败坏了。

4. 司法公正包括实体公正和程序公正两个方面。实体公正主要指案件事实真相的发现和对实体法的正确适用。程序公正主要指程序的正当性和合理性，当事人受到公平对待。相对于实体公正，程序公正具有独立价值。

5. 司法公正的七大构成要素：

司法活动的公开性	阳光是最好的防腐剂，诉讼程序的每一阶段和步骤都应当以当事人和社会公众看得见的方式进行。 最高院全面推进审判流程公开、裁判文书公开、执行信息公开三大平台建设。法院的生效裁判文书应当在互联网公布，但有涉及国家秘密、个人隐私，涉及未成年人违法犯罪，以调解方式结案或者其他不宜在互联网公布的裁判文书除外。 检察院应当通过互联网、电话、邮件、检察服务窗口等方式，向相关人员提供案件程序性信息查询服务，向社会公开重要案件信息和法律文书以及办理其他案件信息公开工作。
司法人员的中立性	裁判人员与争议案件无利益相关性；司法人员的情感自控性，避免先入为主的判断；法官与双方当事人保持同等的司法距离，对案件保持超然和客观的态度。 注意▶检察人员也应中立：（1）在侦查阶段：公正批捕、侦查监督；（2）在起诉阶段：正确做出起诉或不起诉的决定；（3）审判阶段：同时提出有利和不利于被告的证据，维护其合法权益。
当事人地位的平等性	衡量一种程序是否公正的基本标准，包括两层含义：（1）当事人享有平等的诉讼权利；（2）法院平等地保护当事人诉讼权利的行使，反对特权。
司法程序的参与性	又称为"获得法庭审判机会"，指那些利益或权利可能会受到裁判直接影响的人应当有充分机会富有意义地参与诉讼的过程，并对裁判结果的形成发挥其有效的影响和作用。

续表

司法活动的合法性	主体合法和程序合法；审理案件的每一个具体环节和步骤都要按照规定的权限和程序办理。
司法结果的正确性	司法人员通过诉讼活动，在核实证据和认定事实的基础上，正确适用实体法和程序法，对案件作出恰当的处理。
司法人员的廉洁性	严禁司法人员私下接触当事人及律师、泄露或者为其打探案情、接受吃请或者收受财物、为律师介绍代理或辩护业务； 对因违法违纪被开除公职的司法人员、吊销执业证书的律师和公证员，终身禁止从事法律职业。

注意▶ 法官职业要求慎独，以免影响中立审判。

五、司法效率

（一）概述

司法效率强调的是司法机关要提高办案效率，不拖延积压案件，及时审理和结案，合理利用和节约司法资源；要求司法工作人员在司法、诉讼的各个具体环节都要遵守法定的时限；司法程序的设计也应是当事人以最少的耗费利用诉讼的制度。

司法效率大致包括司法的时间效率、司法的资源利用效率和司法活动的成本效率。

1. 实行立审分离，繁简分流，改进简易程序；扩大简易程序适用范围后，为法官审理普通程序案件腾出更多的时间和精力，有利于公正审判、保障人权；

2. 强化合议庭和独任审判员的作用，完善独立审判制度；

3. 强化审限意识，严格禁止超审限审理案件；

4. 加强对诉讼调解工作的指导，提供诉讼调解水平；

5. 加强审判管理，提高司法效率。

注意▶ 与司法公正相比，司法效率更具有实在性和可见性。

（二）司法效率和司法公正的关系

1. 效率与公正是市场经济条件下法律体系两大价值目标。二者相伴相随、两位一体：司法公正本身就含有对效率的要求；没有效率就谈判不上公正；不公正，效率也无从说起。在司法效率的基本构成中，许多要素既是在追求效率时不可或缺的，又是在追求公正时必不可少的，例如司法的独立性、司法人员的专业性等；另一方面则体现为司法效率与司法公正时常是互为手段和目的的。

2. 由于效率具有绝对性而公正具有相对性；效率属于工具理性，具有明确的可比性，而公正属于价值理性，具有模糊的相对性，所以司法效率与司法公正又存在内在的紧张关系；

3. 在司法价值取向问题上，当前我们宜选择"公正优先，兼顾效率"的价值目标。

六、司法独立

1. 司法独立不意味着法官可以根据个人主张做决定，而是表明：他们可以自由地依法裁决——即使违背政府或涉案的权势集团的意愿。

注意▶ 司法独立不仅仅包括法官的个体独立，即法官的身份独立和实质独立，还应包括司法机关整体上的独立；同时司法独立还包含着相对于舆论、民意的独立性。

2. 作为现代司法的一项基本原则，其是由资产阶级三权分立学说派生出来的。孟德斯鸠认为：三权应分立、制衡。资产阶级学者曾认为，一个国家如果没有立法机关，法庭还有判例或习惯法可以沿用，但如果没有司法机关，则就没有了解释法律、审理案件、保障人权、惩罚犯罪的手段，这个国家将无法维持。人们把法院看做是一个"不带政治色彩的政府分支"。

经典论述： 美国的法学家亨利·米斯："在法官做出判断的瞬间被别的观点或者被任何形式的外部权势或压力所控制和影响，法官就不复存在……法官必须不受任何的控制和影响，否则他们便不再是法官了。"

3. 我国的司法独立主要包括以下两层含义：

（1）审判权和检察权只能分别由法院和检察院依法统一行使，其他机关、团体或个人无权行使这项权力；

（2）法院、检察院依照法律规定独立行使审判权、检察权，不受行政机关、社会团体和个人的干涉；

（3）法院、检察院独立行使审判权、检察权，必须严格遵守宪法和法律的各项规定。

名言： 马克思："法官除了法律没有别的上司。"

注意▶

1. 坚持司法独立，与司法机关坚持党的领导、坚持群众路线是一致的，司法机关需要接受群众、媒体和舆论的监督。

2. 司法权只能由法院、检察院统一行使，不允许在司法机关之外另设特别法庭。

第二节 法律职业道德的概念和特征

一、法律职业的概念

1. 在我国，法律职业主要指应用性法律人才，主要包括律师、法官、检察官和公证员。法律职业具有专业性、限制性和垄断性特征，所以设定职业准入制度以检测申请者的专业素质。

2. 从2001年开始，法官、检察官和律师的任职资格的学历条件必须达到本科毕业以上；从

2005年开始，公证员资格的学历条件必须达到本科毕业以上。

3. 作为依法履行公职、纳入国家行政编制、由国家财政负担工资福利的工作人员，法官和检察官还要遵守公务员法等法律法规。

二、法律职业的特征

政治属性	法律职业人员必须要服从于一国的政治要求，体现统治阶级的根本利益。
法律属性	法律的严肃性、精确性和公正性要求法律职业者具备很高的职业道德水准。
行业属性	法律职业队伍中存在法官、检察官、律师、公证员等具体行业之分，在职业道德上有不同要求。
专业属性	法律专业水平的高低同职业道德水平的高低密切联系。

三、法律职业道德的概念和特征

1. 概念

（1）职业道德是人们在职业实践活动中形成的行为规范，体现职业活动的客观要求。职业道德既是本行业人员在职业活动中的行为规范，又是行业对社会所负的道德责任和义务。

（2）法官、检察官、律师、公证员等法律职业人员应当遵循的符合法律职业要求的心理意识、行为准则和行为规范的总和，是社会道德体系的重要组成部分，是社会道德在法律职业领域中的具体体现和升华。相比于其他的职业道德，具有更强的象征意义和感召作用。

（3）法律职业的整体状况以及与法律职业相关的制度构成了法律职业形成和发展的内环境。法律职业的相关机构有责任完善和加强法律职业内环境的建设，这将极大地促进法律职业者的道德内化。

> **概念说明**：内化（Internalization）是在思想观点上与他人的思想观点相一致，自己所认同的新的思想和自己原有的观点、信念，结合在一起，构成一个统一的态度体系。这种态度是持久的，并且成为自己人格的一部分。人的认知结构是一个能动的系统，它是发展变化的，有着自我调节、自我完善的能力，它可以不断地接触新事物、接纳新事物、解决新问题、适应新环境。心理学家皮亚杰认为，任何外部（刺激）影响都是通过"同化"和"顺应"这两种机能而被接受到主体认知结构中来的。同化是指主体认知结构对外部刺激进行过滤或改变而把它接纳到认知结构中来，而认知结构在同化外部刺激的过程中，自身结构也发生相应的改变即顺应。同化和顺应实质上是同一心理过程的两个方面。

2. 特征

（1）职业性	法律职业道德规范着法律职业从业人员的职业行为，在特定的职业范围内发挥作用；
（2）实践性	只有在法律实践过程中，才能体现出法律职业道德的水准；
（3）正式性	表现形式较正式，除了一般的规章制度、工作守则、行为须知之外，还通过法律、法规等规范性文件的形式表现出来；

续表

(4) 更高性	要求法律职业人员具有更高的法律职业道德水准，要求较为明确，约束力和强制力也更为明显。

第三节 法律职业道德的基本原则

我国法律职业道德的原则也体现社会主义国家的性质。我国法律职业道德的基本原则主要有以下几项：

★1. 首要原则：忠于党、忠于国家、忠于人民、忠于法律；	
2. 以事实为根据，以法律为准绳	贯彻社会主义法制基本原则和正确适用法律的基本要求
3. 严明纪律，保守秘密	法律职业人员在司法活动中应当遵守纪律，保守国家秘密和司法工作秘密。 ★《律师法》第38条：律师应当保守在执业活动中知悉的国家秘密、商业秘密，不得泄露当事人的隐私。 律师对在执业活动中知悉的委托人和其他人不愿泄露的有关情况和信息，应当予以保密。但是，委托人或者其他人准备或者正在实施危害国家安全、公共安全以及严重危害他人人身安全的犯罪事实和信息除外。
4. 互相尊重，相互配合	在履行法律职责的过程中做到严格执行职业纪律，依法执业，而不能超越职权擅自干预和妨碍其他法律职业人员的正常办案；
	在刑事诉讼领域，法官、检察官、律师各自担负着不同的职责，但在追求依法公正惩罚犯罪和切实维护当事人合法权益这一点上是相同的。
	★法律职业人员在人格和依法履行职责上是平等的；除非因维护法庭秩序和庭审的需要，开庭时法官不得随意打断或者制止当事人和其他诉讼参与人的发言；使用规范、准确、文明的语言，不得对当事人或其他诉讼参与人有任何不公的训诫和不恰当的言辞。 ★《法官职业道德基本准则》第22条：尊重当事人和其他诉讼参与人的人格尊严，避免盛气凌人、"冷硬横推"等不良作风；尊重律师，依法保障律师参与诉讼活动的权利。
	注意▶在互相尊重、配合的同时，也有互相制约的因素。
5. 恪尽职守，勤勉尽责	对法律职业人员业务素质的基本要求。
6. 清正廉洁，遵纪守法	选择合适的内化途径和适当的内化方法，将法律职业道德规范融进法律业精神之中；主动学习和被动学习相结合。

第二章 审判制度和法官职业道德

第一节 审判制度概述

一、我国审判制度的特征

1. 人民法院由国家权力机关产生并受其监督。——体现审判制度的政治性、人民性。
2. 人民法院统一设立并独立行使审判权——体现审判制度的统一性、单一性。
（1）一套法院系统，不设独立的行政法院；虽设有专门的人民法院，但不是独立设置的法院系统。

注意▶法国、德国、日本等许多国家建立全国统一的法院机构，而美国等一些国家则建立联邦和州两套法院机构。

（2）人民法院独立行使审判权，而不是合议庭独立审判，更不是法官独立审判。人民法院作为一个有机整体在行使审判权的时候是完全独立的，不受行政机关、社会团体和个人的干涉。

3. 以事实为依据、以法律为准绳的审判原则，专门机关与群众路线相结合的审判原则，人民陪审员制度，法院调解制度，死刑复核制度、审判监督制度等具有中国特色的原则和制度——体现审判制度的民族性、特殊性。

二、审判制度的基本原则

基本原则的内容	1. 审判独立原则	人民法院依法独立行使审判权，不受行政机关、社会团体和个人的干涉。
	2. 不告不理原则	（1）未经控诉一方提起控诉，法院不得主动对案件进行裁判。
		（2）法院的审判范围（诉讼内容与标的）由当事人确定，法院无权变更、撤销当事人的诉讼请求。
		（3）案件在审理过程中，法院只能按照当事人提出的诉讼事实和主张进行审理，对超过当事人诉讼主张的部分不得主动审理。
	3. 直接言词原则	（1）直接原则：又称直接审理原则，要求参加审判的法官必须亲自参加证据审查、亲自聆听法庭辩论；审理法官和判决法官的一体化。
		（2）言词原则：也称言词审理原则，要求当事人等在法庭上须用言词形式开展质证辩论的原则。
	4. 集中审理原则（不中断审理原则）	（1）法院开庭审理案件，应当在不更换审判人员的条件下连续进行，集中证据调查与法庭辩论，不得中断审理。
		（2）一个案件组成一个审判庭进行审理，每起案件自始至终应由同一法庭进行审判；在案件审理开始后尚未结束前不允许法庭再审理其他任何案件；
		（3）法庭成员不得更换，对于因故不能继续参加审理的，应由始终在场的候补法官、候补陪审员替换；否则，应重新审判；
		《最高人民法院关于人民法院合议庭工作的若干规定》第三条规定："合议庭组成人员确定后，除因回避或者其他特殊情况，不能继续参加案件审理的之外，不得在案件审理过程中更换。更换合议庭成员，应当报请院长或者庭长决定。合议庭成员的更换情况应当及时通知诉讼当事人。"
	5. 及时审判原则	法院审判案件应在法律规定的期限内进行，尽量做到快速结案。

三、主要审判制度

1. 两审终审制度	一个案件经过两级法院审理即告终结的法律制度。
2. 审判公开制度	除法律有特别规定，法院审判案件应公开进行，除休庭评议这个程序是秘密进行的以外，其他审判程序均公开进行。
3. 人民陪审员制度	由审判员和陪审员组成合议庭对案件共同进行审判的制度。【改革方向】扩大参审范围；完善随机抽选方式；逐步实行人民陪审员不再审法律适用问题，只参与审理事实认定问题。
4. 审判监督制度	即再审制度，指法院对已经发生法律效力的判决和裁定依法重新审判的制度。

> **注意** ▶ 依法公开审理案件，经人民法院许可，新闻记者可以记录、录音、录相、摄影、转播庭审实况。

第二节 审判机关

一、人民法院的性质和任务

（一）性质

1. 作为国家机器重要组成部分的人民法院，本质上只能是人民民主专政的工具。
2. 人民法院是国家唯一的审判机关。
3. 人民法院具体而言承担着以下六项任务：刑事审判、民事审判、行政审判、国家赔偿审判、强制执行、法制教育。此外，法院还积极提出司法建议。

司法建议

司法建议通常是指人民法院在审判工作中，以预防纠纷和犯罪的发生为目的，针对案件中有关单位和管理部门在制度上、工作上所存在的问题，建议他们健全规章制度，堵塞漏洞，进行科学管理，提出改进和完善管理工作的建议。

（二）地位

1. 人民法院和人民政府、人民检察院并列，具有同等的法律地位，不隶属于行政机关。
2. 必须接受中国共产党的领导。
3. 必须自觉接受人民代表大会及其常务委员会的监督。

二、人民法院的设置和职权

人民法院由地方各级人民法院、专门人民法院和最高人民法院组成。其中，地方各级人民法院分为基层人民法院、中级人民法院和高级人民法院；专门人民法院包括军事法院、海事法院和铁路运输法院等。

（一）基层人民法院

1. 基层人民法院可以设刑事审判厅、民事审判庭、经济审判庭。高级人民法院可以确定若干基层法院跨行政区域管辖第一审行政案件。
2. 基层法院根据地区、人口和案件情况可以设立若干人民法庭。人民法庭是基层法院的组成部分，其裁判就是基层法院的裁判。

3. 基层法院的职权：

（1）审判刑事、民事的第一审案件；认为案情重大应当由上级法院审理时，可以请求移送上级法院审判。

（2）处理不需要开庭审判的民事纠纷和轻微的刑事案件。

★（3）指导人民调解委员会的工作。

（二）中级人民法院

1. 中级法院设刑事审判庭、民事审判庭、经济审判庭，根据需要可以设其他审判庭。

2. 中级法院的职权范围：

（1）审判案件：法律规定由它管辖的第一审案件；基层人民法院移送审判的第一审案件；对基层人民法院判决和裁定的上诉案件和抗诉案件；人民检察院按照审判监督程序提出的抗诉案件。

由中级法院管辖的第一审案件		
刑事案件	民事诉讼	行政诉讼
危害国家安全、恐怖活动案件； 可能判处无期徒刑、死刑的案件； 违法所得没收程序；	重大涉外案件；在本辖区有重大影响的案件； 最高法院确定由中级法院管辖的案件；	确认发明专利权案件；海关处理的案件； 对国务院各部门或省级政府所作的具体行政行为提起诉讼的案件； 本辖区内重大复杂的案件。

（2）监督辖区内基层人民法院的审判工作。

口诀◆一审上抗，监督地方。

（三）高级人民法院

1. 高级法院设刑事审判庭、民事审判庭、经济审判庭，根据需要可以设其他审判庭。

2. 高级法院的职权：

（1）审判案件：法律、法令规定由它管辖的第一审案件；下级人民法院移送审判的第一审案件；对下级人民法院判决和裁定的上诉案件和抗诉案件；人民检察院按照审判监督程序提出抗诉的案件。

由高级法院管辖的第一审案件		
刑事案件	民事诉讼	行政诉讼
全省性的重大刑事案件；	在本辖区内有重大影响的第一审民事案件；	在本辖区内重大复杂的第一审行政案件。

（2）复核中级人民法院判处死刑的、被告人不上诉的第一审刑事案件。

①同意判处死刑的，报请最高人民法院核准；

②不同意判处死刑的，可以提审或者发回重新审判。

（3）核准中级人民法院判处死刑缓期2年执行的案件。

（4）监督辖区内下级人民法院的审判工作。

特别注意▶▶ 高级法院对死缓是核准权，对死刑是复核权。

（四）军事法院

1. 军事法院有三级：

（1）中国人民解放军军事法院（军内最高审级）；

（2）大军区级单位的军事法院：包括各大军区军事法院、海军军事法院、空军军事法院、解放军总直属队军事法院、解放军总直属队第二军事法院等；

（3）兵团和军级单位军事法院：包括陆军军级单位军事法院、各省军区军事法院、海军舰队军事法院、大军区空军军事法院、在京直属部队军事法院等。

2. 军事法院的职权：审判现役军人、军队在编职工的刑事案件和依照法律、法令规定由它管辖的案件，如涉及军人的普通刑事案件以及军内经济纠纷等案件。

3. 各级军事法院的审判工作受最高法院监督，下级军事法院的审判工作受上级军事法院监督。

4. 中国人民解放军军事法院院长由最高法院院长提请全国人大常委会任免。

（五）海事法院

1. 目前我国设立了广州、上海、武汉、青岛、天津、大连、海口、厦门、宁波、北海等海事法院，其建置相当于中级人民法院。对不服海事法院判决、裁定的上诉案件，由各海事法院所在地的高级人民法院负责审理。

2. 海事法院专门受理海事、海商一审案件，而不受理刑事案件和其他民事案件。

3. 海事案件的审级是"三级两审终审制"，即海事法院、所在地高级法院、最高法院。高级法院和最高法院可以受理第一审海事案件。

（六）知识产权法院

1. 目前在北京、上海、广州设立知识产权法院。

2. 知识产权法院审判工作受最高法院和所在地高级法院监督；并受人民检察院法律监督；

3. 知识产权法院院长由所在地的市人大常委会主任会议提请本级人大常委会任免；其他组成人员由知识产权法院的院长提请所在地的市人大常委会任免。

4. 知识产权法院对所在地的市人大常委会负责并报告工作。

（七）铁路运输法院

1. 在铁路管理分局所在地设立铁路运输基层法院；在铁路管理局所在地设立铁路运输中级法院，对其判决、裁定的上诉案件和抗诉案件由所在地的省、自治区、直辖市高级人民法院负责审理。

2. 2012年6月底前，铁路运输法院与铁路企业分离，划归地方管理。

3. 铁路运输法院受理同级铁路运输检察院依法提起公诉的刑事案件，涉及铁路工作区域、铁路设备设施、铁路运输企业职工的刑事自诉案件以及涉及铁路运输、铁路安全和铁路财产的民事诉讼。

（八）最高人民法院

1. 最高人民法院是国家最高审判机关，监督地方各级法院和专门人民法院的审判工作。

2. 最高法院的职权：

（1）审判法律规定由它管辖的和它认为应当由自己审判的第一审案件；

（2）审判对高级人民法院、专门人民法院判决和裁定的上诉案件、抗诉、申请再审和申诉案件；

（3）审判最高人民检察院按照审判监督程序提出抗诉的案件；

（4）核准最高法院判决以外的死刑案件。自 2006 年 1 月 1 日起，我国已将所有死刑案件的核准权收归最高人民法院行使。

（5）核准法定刑以下判处刑罚的案件。

（6）制定司法解释，对在审判过程中如何具体应用法律的问题进行解释。

（7）领导和管理全国各级人民法院的司法行政工作事宜。

一审上抗，监督地方；释法律，核死刑。

小贴士

巡回法庭

1. 最高法院设立巡回法庭，审理跨行政区域的重大行政和民商事案件；

2. 巡回法庭相当于最高法院的派出机构，在审级上等同于最高法院，其判决效力等同于最高法院的判决，均为终审判决；

3. 设立巡回法庭的意义：(1) 有利于审判机关重心下移，就地解决纠纷，方便当事人诉讼；(2) 有利于避免地方保护主义干扰，保证案件审判更加公平公正；(3) 有利于最高法院本部集中精力制定司法政策和司法解释，审理对统一法律适用有重大指导意义的案件。

三、审判组织

审判组织代表人民法院对案件进行审理和裁判，具有审理案件的权力。包括三种：独任庭、合议庭和审判委员会。

（一）独任庭

1. 由一名审判员对案件进行审理并裁决；

2. 独任庭审判以下几种案件：（1）第一审的刑事自诉案件和其他轻微的刑事案件：适用简易程序审理的刑事案件，对可能判处3年有期徒刑以下刑罚的，可以由独任庭审判；（2）第一审的简单民事案件和经济纠纷案件；（3）适用简易程序审理的行政案件，由独任庭审理；（4）适用特别程序审理的案件，除选民资格案件或者其他重大疑难案件由审判员组成合议庭审判外，其他案件由审判员1人独任审判。

3. 独任庭审判的案件，按照简易程序进行。

注意 ▶简易程序并不意味着一切从简，并不意味着放弃两审终审、审判公开、辩护等等制度。

（二）合议庭

1. 合议庭是由三名以上审判人员集体审判案件的组织形式，是法院审判案件的基本审判组织。

2. 法院审理第一审案件，由审判员组成合议庭，或者由审判员和陪审员组成合议庭进行。第二审案件、死刑复核案件，一律由审判员组成合议庭进行审判。

3. 合议庭的成员不是固定不变的，而是临时组成的，须为单数；由院长或庭长指定审判员一人担任审判长；院长或者庭长参加审判案件时，自己担任审判长。

4. 合议庭成员权利平等，享有平等的发言权和表决权；如果意见出现分歧，应当按照少数服从多数处理，但少数人的意见应当记入评议笔录，由合议庭成员签名。

5. 对于疑难、复杂、重大的案件，合议庭认为难以作出决定的，由合议庭提请院长决定提交审判委员会讨论决定。审判委员会的决定，合议庭应当执行。

（三）审判委员会

1. 审判委员会是人民法院内部对审判工作实行集体领导的组织形式，是 人民法院的最高审判组织。

2. 各级人民法院设立审判委员会，实行民主集中制；审判委员会委员，由院长提请本级人民代表大会常务委员会任免。

3. 三项任务：

①总结审判经验；

②讨论重大、复杂或疑难案件（拟判处死刑的；合议庭成员意见有重大分歧的；检察院抗诉的；在社会上有较大影响的；等等）；

③讨论其他与审判工作有关的问题（包括审判工作的各项重要制度和规则，决定对诉讼当事人及其代理人申请本院院长担任合议庭审判长回避的事项，决定任命本院助理审判员的事项等）。

注意 ▶独任审判的案件，开庭审理后，独任审判员认为有必要的，也可以提请院长决定提交审判委员会讨论决定。

4. 审判委员会会议

（1）必须由半数以上的委员出席方能举行。

（2）会议由院长主持，院长因故不能参加时，可以委托一名副院长主持。

（3）审判委员会讨论案件时，同级人民检察院检察长可以列席并发表意见，但不参加表决。

（4）审判委员会讨论案件，应当在合议庭审理的基础上进行，并且应当充分听取合议庭成员关于审理和评议情况的说明。

（5）如果有意见分歧，按照少数服从多数的原则进行表决。审判委员会作出的决议，须经审判委员会全体委员半数以上通过；少数人的意见，应当记入笔录；审判委员会记录应由参加会议的委员签名。

（6）审判委员会形成的决议，合议庭必须执行，但在裁决书上仍由合议庭成员署名。

第三节 法官

法官包括人民法院的院长、副院长、审判委员会委员、庭长、副庭长、审判员和助理审判员。

一、法官（检察官）的任职条件

（一）一般条件

1. 具有我国国籍：外国人和无国籍人不得担任我国的法官职务；

2. 年满 23 岁；

3. 拥护宪法；

4. 有良好的政治、业务素质和良好的品行；

5. 身体健康；

6. 高等院校法律专业本科毕业或非法律专业本科毕业具有法律专业知识，从事法律工作满 2 年（如果要担任高院、最高院法官；省级检察院、最高检检察官，则应满 3 年）。如获得法律专业硕士、博士学位或者非法律专业硕士学位、博士学位具有法律专业知识，则应满 1 年（如果要担任高院、最高院法官；省级检察院、最高检检察官，则应满 2 年）。

（二）禁止条件

曾因犯罪（包括故意和过失）受过刑事处罚或曾被开除公职的人员，不得担任法官和检察官。

（三）限制条件

不得兼任人大常委会的组成人员，不得兼任行政机关、检察机关（审判机关）以及企业、事业单位的职务，不得兼任律师。

二、法官的任免

我国在法官的任命上采用了选举和任命相结合的体制。

1. 最高院	院长	全国人大选举和罢免
	副院长、审判委员会委员、正副庭长、审判员	院长提请全国人大常委会任免
2. 地方各级人民法院	院长	本级人大选举和罢免
	副院长、审判委员会委员、正副庭长、审判员	院长提请本级人大常委会任免
3. 在省、自治区内按地区设立的和在直辖市内设立的中级人民法院	院长	由省、自治区、直辖市人民代表大会常务委员会根据主任会议的提名决定任免，
	副院长、审判委员会委员、庭长、副庭长和审判员	由高级人民法院院长提请省、自治区、直辖市人民代表大会常务委员会任免；
初任法官	从通过国家统一司法考试取得资格，并具备法官条件的人员中择优提出人选。	

> 注意

1. 人民法院的助理审判员由本院院长任免。

2. 统一招考制度：地方各级法院、检察院补充工作人员，一律实行省级统一招考，除省级考试录用主管机关外，其他机关及法院、检察院不得自行组织招考。

> 小资料

最高人民法院发布了《人民法院第四个五年改革纲要（2014－2018）》，其中提出的主要改革措施包括：

（1）配合省以下法院人事统管改革，推动在省一级设立法官遴选委员会，从专业角度提出法官人选，由组织人事、纪检监察部门在政治素养、廉洁自律等方面考察把关，人大依照法律程序任免；

（2）推进法院人员分类管理制度改革，将法院人员分为法官、审判辅助人员和司法行政人员，实行分类管理；拓宽审判辅助人员的来源渠道，建立审判辅助人员的正常增补机制，减少法官事务性工作负担；

（3）建立法官员额制，对法官在编制限额内实行员额管理，确保法官主要集中在审判一线，高素质人才能够充实到审判一线；

（4）完善法官等级定期晋升机制，确保一线办案法官即使不担任领导职务，也可以正常晋升至较高的法官等级；

（5）完善法官选任制度，针对不同层级的法院，设置不同的法官任职条件。初任法官首先到基层法院任职，上级法院法官原则上从下一级法院遴选产生。

> 相关法条

《法官法》

第十三条 法官有下列情形之一的，应当依法提请免除其职务：

（一）丧失中华人民共和国国籍的；

（二）调出本法院的；

（三）职务变动不需要保留原职务的；

（四）经考核确定为不称职的；

（五）因健康原因长期不能履行职务的；

（六）退休的；

（七）辞职或者被辞退的；

（八）因违纪、违法犯罪不能继续任职的。

第十四条 对于违反本法规定的条件任命法官的，一经发现，做出该项任命的机关应当撤销该项任命；上级人民法院发现下级人民法院法官的任命有违反本法规定的条件的，应当建议下级人民法院依法撤销该项任命，或者建议下级人民法院依法提请同级人民代表大会常务委员会撤销该项任命。

三、法官和检察官的任职回避制度

法官	检察官
有夫妻关系、直系血亲关系、三代以内旁系血亲以及近姻亲关系的，不得同时担任的职务	
（1）同一法院的院长、副院长、审判委员会委员、庭长、副庭长；	（1）同一检察院的检察长、副检察长、检察委员会委员；
（2）同一法院的院长、副院长和审判员、助理审判员；	（2）同一检察院的检察长、副检察长和检察员、助理检察员；
（3）同一审判庭的庭长、副庭长、审判员、助理审判员；	（3）同一业务部门的检察员、助理检察员；
（4）上下相邻两级法院的院长、副院长。	（4）上下相邻两级检察院的检察长、副检察长。

特别注意 ▶▶▶ 1. 法官从人民法院离任后二年内、检察官从人民检察院离任后二年内，不得以律师身份担任诉讼代理人或者辩护人。

2. 法官从人民法院离任后、检察官从人民检察院离任后，不得担任原任职法院、检察院办理案件的诉讼代理人或者辩护人。但是，作为当事人的监护人或近亲属代理诉讼或进行辩护的除外。

3. 法官、检察官的配偶、子女不得担任该法官（检察官）所任职法院（检察院）办理案件的诉讼代理人或者辩护人。

★《关于人民法院落实廉政准则防止利益冲突的若干规定》第六条：人民法院工作人员在审理相关案件时，以本人或者他人名义持有与所审理案件相关的上市公司股票的，应主动申请回避。

★《关于对配偶子女从事律师职业的法院领导干部和审判执行岗位法官实行任职回避的规定（试行）》：人民法院领导干部（领导班子成员及审判委员会专职委员）和审判、执行岗位法官（未担任院级领导职务的审判委员会委员以及在立案、审判、执行、审判监督、国家赔偿等部门从事审判、执行工作的法官和执行员），其配偶、子女在其任职法院辖区内从事律师职业（开办律师事务所、以律师身份为案件当事人提供诉讼代理或者其他有偿法律服务）的，应当实行任职回避。人民法院在选拔任用干部和补充上述业务岗位工作人员时，不得将具备上述任职回避条件的人员作为拟任人选。

四、法官（检察官）的诉讼回避制度

1. 《刑事诉讼法》：审判人员、检察人员、侦查人员有下列情形之一的，应当自行回避，当事人及其法定代理人也有权要求他们回避：

（1）是本案的当事人或者是当事人的近亲属的；

（2）本人或者他的近亲属和本案有利害关系的；

（3）担任过本案的证人、鉴定人、辩护人、诉讼代理人的；

（4）与本案当事人有其他关系，可能影响公正处理案件的。

2. 《民事诉讼法》：审判人员、书记员、翻译人员、鉴定人、勘验人有下列情形之一的，应当自行回避，当事人有权用口头或者书面方式申请他们回避：

（1）是本案当事人或者当事人、诉讼代理人近亲属的；

（2）与本案有利害关系的；

（3）与本案当事人、诉讼代理人有其他关系，可能影响对案件公正审理的。

审判人员、书记员、翻译人员、鉴定人、勘验人接受当事人、诉讼代理人请客送礼，或者违反规定会见当事人、诉讼代理人的，当事人有权要求他们回避。

特别注意▶▶ 对于法定回避事由以外可能引起公众对办案公正产生合理怀疑的，应当主动请求回避。

五、法官（检察官）的权利义务

（一）权利

1. 履行职责应当具有的职权和工作条件；

2. 依法履行职责不受行政机关、社会团体和个人的干涉；

3. 非因法定事由、非经法定程序，不被免职、降职、辞退或者处分；

4. 获得劳动报酬，享受保险、福利待遇；

5. 人身、财产和住所安全受法律保护；

6. 参加培训；

7. 辞职；

8. 提出申诉或者控告。

> **注意** ▶
1. 申诉：法官（检察官）对法院（检察院）关于本人的处分、处理不服的，自收到处分决定之日起30日内可以向原处分、处理机关申请复议，并有权向原处分、处理机关的上级机关申诉；受理申诉的机关必须按照规定作出处理。但复议和申诉期间，不停止对其处理、处分决定的执行。

2. 对法官、检察官处分或处理错误的，应当及时予以纠正；造成名誉损害的，应当恢复名誉、消除影响、赔礼道歉；造成经济损失的，应当赔偿。对打击报复的直接责任人员，应当依法追究其责任。

3. 控告：对于国家机关及其工作人员侵犯法官、检察官权利的行为，有权提出控告。行政机关、社会团体或者个人干涉法官、检察官依法履行检察职责的，应当依法追究其责任。需要指出，提出申诉和控告应当实事求是，不得捏造事实。

（二）法官、检察官应当履行的义务

1. 严格遵守宪法和法律；
2. 履行职责必须以事实为根据，以法律为准绳，秉公办案，不得徇私枉法；
3. 依法保障诉讼参与人的诉讼权利；
4. 维护国家利益、公共利益，维护自然人、法人和其他组织的合法权益；
5. 清正廉明，忠于职守，遵守纪律，恪守职业道德；
6. 保守国家秘密和司法工作秘密；
7. 接受法律监督和人民群众监督。

> **注意** ▶ 法官、检察官履行这些义务，不限于其进行司法工作期间，在工作之外的业余时间也不应当违反这些义务。

六、法官的考核和培训

（一）法官考评委员会

1. 法院设法官考评委员会，指导对法官的培训、考核和评议工作。法官考评委员会的办事机构为本院人事管理部门。

2. 法官考评委员会由本院院长、副院长以及有关部门的主要负责人组成，组成人数为五人、七人或九人。其中设主任一人、副主任一至三人，主任由本院院长担任；副主任由主任提名，法官考评委员会通过。

3. 法官考评委员会履行以下职责：
（1）审查对法官的理论、业务培训规划，指导法官培训工作；
（2）审查本院法官年度考核方案，指导考核工作；
（3）依据法官等有编制、评定、晋升的有关规定，履行职责；
（4）最高人民法院法官考评委员会组织初任审判员、助理审判员的全国统一考试工作。

4. 法官考评委员会实行民主集中制。根据需要，适时召开会议。

5. 法官考评委员会由主任或受委托的副主任主持。决定事项须经全体委员的半数以上同意。

（二）法官的考核

1. 对法官的考核，由所在人民法院组织实施。

2. 考核法官（检察官）应坚持客观公正原则，实行领导与群众相结合、平时考核和年度考核相结合的办法。

3. 考核的内容包括以下四个方面：工作实绩（考核重点）、思想品德、审判（检察）业务和法学理论水平、工作态度和作风。

4. 年度考核结果分为优秀、称职、不称职三个等次。考核结果应书面通知被考核人。被考核人对考核结果如有异议，可以申请复议。

5. 考核结果作为对法官奖惩、培训、免职、辞退以及调整等级和工资的依据。

（三）法官的培训

1. 对法官应当有计划地进行理论培训和业务培训。法官的培训，贯彻理论联系实际、按需施教、讲求实效的原则。

2. 国家法官院校和其他法官培训机构按照有关规定承担培训法官的任务。

3. 法官在培训期间的学习成绩和鉴定，作为其任职、晋升的依据之一。

七、法官的等级

（一）法官等级和法官职务

法官等级不同于法官职务。一方面，法官等级以法官职务为基础；法官的等级的确定，以法官所任职务、德才表现、业务水平、审判工作实绩和工作年限为依据。另一方面，法官等级与法官职务有一定的对应关系，通常职务高的等级也高，法官等级对职务具有某种补充性。

（二）等级划分

法官的级别分为十二级：

1. 最高人民法院院长为首席大法官。
2. 大法官：一级、二级；
3. 高级法官：一级、二级、三级、四级；
4. 法官：一级、二级、三级、四级、五级。

八、法官（检察官）的奖励和惩戒

（一）法官（检察官）获得奖励的情形

1. 在工作中秉公执法，成绩显著的；
2. 总结司法实践经验成果突出，对司法工作有指导作用的；
3. 对工作提出改革建议被采纳，效果显著的；
4. 保护国家、集体和人民利益，使其免受重大损失，事迹突出的；
5. 勇于同违法犯罪行为作斗争，事迹突出的；

6. 提出司法建议被采纳或者开展法制宣传、指导人民调解委员会工作，效果显著的；

7. 保护国家秘密和工作秘密，有显著成绩的。

（二）奖励方式

奖励实行精神鼓励和物质鼓励相结合的原则。精神奖励包括：嘉奖，记三等功、二等功、一等功，授予荣誉称号。物质奖励包括奖金、奖品、提升工资和晋级。

具体奖励分为集体奖励和个人奖励。

1. 集体奖励：嘉奖，记三等功、二等功、一等功适用于中级法院、基层法院以及各级法院的内设机构；授予荣誉称号适用于高级法院内设机构、中级法院内设机构和基层法院及其内设机构；

2. 个人奖励：适用于各级法院法官和其他工作人员。

注意▶ 奖励事项分别由最高法院、高级法院、中级法院（直辖市内中级法院除外）、基层法院审批。必要时，上级法院可以直接对下级法院的集体和个人实施奖励。

（三）法官（检察官）的惩戒

1. 法官、检察官不得有下列行为：

（1）散布有损国家声誉的言论，参加非法组织，参加旨在反对国家的集会、游行、示威等活动，参加罢工；

（2）贪污受贿；

（3）徇私枉法；

（4）刑讯逼供；

（5）隐瞒证据或者伪造证据；

（6）泄露国家秘密或者司法工作秘密；

（7）滥用职权，侵犯自然人、法人或者其他组织的合法权益；

（8）玩忽职守，造成错案或者给当事人造成严重损失；

（9）拖延办案，贻误工作；

（10）利用职权为自己或者他人谋取私利；

（11）从事营利性的经营活动；

（12）私自会见当事人及其代理人，接受当事人及其代理人的请客送礼；

2. **处分的类型**：警告、记过、记大过、降级、撤职、开除。受撤职处分的，同时降低工资和等级。

（1）受处分期间不得晋升职务级别。

（2）受记过、记大过、降级、撤职处分的，不得晋升工资档次。

（3）受撤职处分的，应当按照规定降低级别。

（4）对于违纪违法获得的职务、职称、学历、学位、奖励、资格等，应当建议有关单位、部门按规定予以纠正或者撤销。

注意
1. 人民法院工作人员被依法判处刑罚的，一律给予开除处分。
2. 我国目前的法官惩戒制度基本属于一种内部惩戒机制。

★（四）法官、检察官惩戒制度
【规范依据】 2016年11月7日《关于建立法官、检察官惩戒制度的意见（试行）》

1. 目的：促进法官、检察官依法行使职权，落实法官、检察官办案责任制；
2. 原则：坚持党管干部原则，尊重司法规律，体现司法职业特点，坚持实事求是、客观公正，坚持责任与过错相适应，坚持惩戒与教育相结合；
3. 适用对象

该《意见》中所称法官、检察官，是指实行法官、检察官员额制后进入员额的法官、检察官。对司法辅助人员违法违纪行为的责任追究，依照有关法律和人民法院、人民检察院的有关规定办理。

4. 负责主体：

（1）法官、检察官惩戒工作由人民法院、人民检察院与法官、检察官惩戒委员会分工负责。

（2）人民法院、人民检察院负责对法官、检察官涉嫌违反审判、检察职责行为进行调查核实，并根据法官、检察官惩戒委员会的意见作出处理决定。

5. 惩戒委员会

（1）设立：在省（自治区、直辖市）一级设立法官、检察官惩戒委员会。法官惩戒工作办公室设在高级人民法院，检察官惩戒工作办公室设在省级人民检察院。

（2）组成：

①惩戒委员会由政治素质高、专业能力强、职业操守好的人员组成，包括来自人大代表、政协委员、法学专家、律师的代表以及法官、检察官代表。法官、检察官代表应不低于全体委员的50%，从辖区内不同层级人民法院、人民检察院选任。

②惩戒委员会主任由惩戒委员会全体委员从实践经验丰富、德高望重的资深法律界人士中推选，经省（自治区、直辖市）党委对人选把关后产生。

（3）工作职责

①制定和修订惩戒委员会章程；

②根据人民法院、人民检察院调查的情况，依照程序审查认定法官、检察官是否违反审判、检察职责，提出构成故意违反职责、存在重大过失、存在一般过失或者没有违反职责的意见；

③受理法官、检察官对审查意见的异议申请，作出决定；

④审议决定法官、检察官惩戒工作的其他相关事项。

（4）工作程序

①人民法院、人民检察院在司法管理、诉讼监督和司法监督工作中，发现法官、检察官有涉嫌违反审判、检察职责的行为，需要认定是否构成故意或者重大过失的，应当在查明事实的基础上，提请惩戒委员会审议。除此之外的法官、检察官的其他违法违纪行为，由有关部门调

查核实,依照法律及有关纪律规定处理。

> **注意** ▶ 惩戒委员会不直接受理对法官、检察官的举报、投诉。如收到对法官、检察官的举报、投诉材料,应当根据受理权限,转交有关部门按规定处理。

②惩戒委员会审议惩戒事项时,有关人民法院、人民检察院应当向惩戒委员会提供当事法官、检察官涉嫌违反审判、检察职责的事实和证据,并就其违法审判、检察行为和主观过错进行举证。

③当事法官、检察官有权进行陈述、举证、辩解。

④惩戒委员会经过审议,应当根据查明的事实、情节和相关规定,经全体委员的三分之二以上的多数通过,对当事法官、检察官构成故意违反职责、存在重大过失、存在一般过失或者没有违反职责提出审查意见。

> **注意** ▶ 惩戒委员会的审查意见应当送达当事法官、检察官和有关人民法院、人民检察院。

⑤当事法官、检察官或者有关人民法院、人民检察院对审查意见有异议的,可以向法官、检察官惩戒委员会提出。法官、检察官惩戒委员会应当对异议及其理由进行审查,作出决定,并回复当事法官、检察官或者有关人民法院、人民检察院。

6. 处理决定

(1) 法官、检察官违反审判、检察职责的行为属实,惩戒委员会认为构成故意或者因重大过失导致案件错误并造成严重后果的,人民法院、人民检察院应当依照有关规定作出惩戒决定,并给予相应处理。

①应当给予停职、延期晋升、免职、责令辞职、辞退等处理的,按照干部管理权限和程序依法办理;

> **注意** ▶ 免除法官、检察官职务,应当按法定程序提请人民代表大会常务委员会作出决定。

②应当给予纪律处分的,依照有关规定和程序办理。

(2) 法官、检察官违反审判、检察职责的行为涉嫌犯罪的,应当将违法线索移送有关司法机关处理。

(3) 复议和申诉

当事法官、检察官对惩戒决定不服的,可以向作出决定的人民法院、人民检察院申请复议,并有权向上一级人民法院、人民检察院申诉。

九、法官的辞职和辞退

(一) 法官的辞职

辞职是指根据法官本人辞职的申请,经任免机关批准,辞去所担任的职务。

1. 辞职是法官的一项权利,完全是个人的自愿行为;

2. 辞职的两种类型：

（1）辞去在本单位担任的领导职务，如院长、副院长、审判委员会委员、庭长、副庭长等；

（2）辞去公职：不再担任法官。

3. 辞职的程序

（1）辞职者本人向所在单位提出申请，填写"辞职申请表"；

（2）接受申请的单位应当根据申请人的具体情况提出意见，按照管理权限报任免机关；

（3）任免机关按照法律规定程序免除其现任职务。

（二）法官（检察官）的辞退

辞退是单位行为，单位根据其个人的具体情况决定。

1. 法官、检察官有下列情形之一的，予以辞退：

（1）在年度考核中，连续两年确定为不称职的；

（2）不胜任现职工作，又不接受另行安排的；

（3）因司法机构调整或者缩减编制员额需要调整工作，本人拒绝合理安排的；

（4）旷工或者无正当理由逾假不归连续超过十五天，或者一年内累计超过三十天的；

（5）不履行法官、检察官义务，经教育仍不改正的。

2. 辞退法官、检察官应当依照法律规定的程序免除其职务。

3. 法官、检察官对法院、检察院关于本人的辞退处理不服的，自收到辞退处理决定之日起30日内可以向原处理机关申请复议，并有权向原处理机关的上级机关申诉。受理申诉的机关必须按照规定作出处理。复议和申诉期间，不停止对辞退的处理决定的执行。

十、法官（检察官）的保障和退休

（一）法官、检察官的保障

对法官、检察官的保障主要是职业保障、工资保险福利保障、人身和财产保障等。

1. 职业保障：

（1）法律规定了履行职责应当具有的职权和条件；

（2）依法履行职责不受行政机关、社会团体和个人的干涉；

（3）非因法定程序、法定事由，不被免职、降职、辞退或者处分等。

2. 工资保险福利保障：

（1）国家规定了法官、检察官的工资制度和工资标准；法官、检察官实行定期增资制度；经考核为优秀、称职的，可以按照规定晋升工资；有特殊贡献的，可以按照规定提前晋升工资。

（2）享受国家规定的审判津贴、地区津贴、其他津贴以及保险和福利待遇。

3. 人身和财产保障：

（1）依法履行职责，受法律保护；

（2）人身、财产、住所安全受法律保护。

（二）法官（检察官）的退休

国家根据司法工作特点规定法官、检察官的退休制度。退休后，享受国家规定的养老保险金和其他待遇。

> **小贴士**
>
> 《依法治国的决定》提出加快建立符合职业特点的法治工作人员管理制度，完善职业保障体系，建立法官、检察官、人民警察专业职务序列以及工资制度。

第四节 法官职业道德

一、法官职业道德的特征

1. 主体的特定性	（1）主体是法官和法院内的相关工作人员。 （2）法官职业道德调整法官职业内部法官之间的关系以及法官与社会各方面的关系。 （3）法官职业道德特别强调法官独立、中立地位和审判职责要求的特殊方面。
2. 内容的全面性	法官职业道德的内涵十分丰富，包括忠诚司法事业，保证司法公正，确保司法廉洁，坚持司法为民，维护司法形象，内容全面，涉及观念、意识、规范等。
3. 约束的广泛性	（1）法官职业道德的要求比其他职业道德更高、更严格； （2）法官职业道德既规范职业内活动，也规范职业外活动。

二、法官职业道德的依据

1. 《法官法》；

2. 《法官职业道德基本准则》：2001年发布、2010年修订；

3. 《法官行为规范》：2005年发布，2010年修订；

4. "五个严禁"规定：最高法院2009年公布；

（1）严禁接受案件当事人及相关人员的请客送礼；

（2）严禁违反规定与律师进行不正当交往；

（3）严禁插手过问他人办理的案件；

（4）严禁在委托评估、拍卖等活动中徇私舞弊；

（5）严禁泄露审判工作秘密。

5. 《关于人民法院落实廉政准则防止利益冲突的若干规定》：最高法院2012年发布；

6. 《中共中央关于全面推进依法治国若干重大问题的决定》

三、法官职业道德的内容

1. 忠诚司法事业	（1）牢固树立社会主义法治理念，忠于党和国家、人民、法律，建设和捍卫中国特色社会主义事业
	（2）坚持和维护我国司法制度，贯彻落实依法治国基本方略，信仰法律
	（3）珍惜法官荣誉，坚持职业操守，恪守法官良知
	（4）维护国家利益，遵守政治纪律，保守国家秘密和审判工作，不发表有损国家利益和司法权威的言论；不参加旨在反对国家的集会、游行、示威等活动；不得参加罢工。
2. 保证司法公正（公正是司法工作的本质特征和生命线）	★（1）维护审判独立： ①外部独立（与司法体系以外的其他国家权力、其他影响相独立）； ②内部独立（法官应当尊重其他法官对于审判职权的独立行使，排除法院系统内部力量对于审判独立的干涉和影响）； ③内心独立（具有独立意识，排除不当影响，坚持自己认为正确的观点）
	（2）确保案件裁判结果公平公正
	（3）实体公正和程序公正并重：法官必须遵循法定的程序，保证所有当事人在诉讼中的平等地位；
	（4）提高司法效率：严格遵守法定办案时限，提高审判执行效率，及时化解纠纷，节约司法资源，监督当事人及时完成诉讼活动 ★法官应当遵守相应的案件审理期限；遇到特殊情况不能在法定审限内结案的，应当按照法定程序办理延长手续；未经批准，不得超期审理。
	（5）公开审判：尊重群众的知情权、自觉接受监督
	（6）遵守回避规定，保持中立： ①禁止单方面接触：法院工作人员不得私下接触本人审理案件的案件当事人及其亲属、代理人、辩护人或者其他关系人。 ②法官不得以言语和行动表现出任何歧视，并有义务制止和纠正诉讼参与人和其他人员的任何歧视性言行。
	（7）抵制关系案、人情案、金钱案：尊重其他法官对审判职权的依法行使，除履行工作职责或者通过正当程序外，不过问、不干预、不评论其他法官正在审理的案件。
3. 确保司法廉洁	（1）自重、自省、自警、自励，坚守廉洁底线。
	（2）不得接受诉讼当事人的钱物和其他利益：不论利益大小，均应拒绝。 ★人民法院工作人员不得接受可能影响公正执行公务的礼金、礼品、宴请以及旅游、健身、娱乐等活动安排。
	（3）不得从事或参与营利性的经营活动：不在企业及营利性组织中兼任法律顾问等； ★不就未决案件或再审案件给当事人及其他诉讼参与人提供咨询意见，不论有偿还是无偿。 注意▶此处的咨询意见，仅仅是指实体内容，提供形式性、技术性看法的应被允许。
	（4）不得以其身份谋取特殊利益：妥善处理个人和家庭事务，不利用法官身份寻求特殊利益。按规定如实报告个人有关事项，教育督促家庭成员不利用法官的职权、地位谋取不正当利益。

续表

4. 坚持司法为民	（1）以人为本：重视群众诉求、维护群众利益 （2）发挥司法的能动作用：积极寻求有利于案结事了的纠纷解决办法，努力实现法律效果和社会效果的统一。 （3）司法便民：提供必要诉讼便利，尽可能降低其成本 （4）尊重当事人和其他诉讼参与人：认真、耐心听取当事人和其他诉讼参与人发表意见；除因维护法庭秩序和庭审的需要，不得随意打断或者制止当事人和其他诉讼参与人的发言； 注意▶最高人民法院、公安部联合制定并下发了《关于刑事被告人或上诉人出庭受审时着装问题的通知》，其中明确要求，法院开庭时，刑事被告人或上诉人不再穿着看守所的识别服出庭受审；以后，刑事被告人或上诉人穿着正装或便装出庭受审，既不需要其主动提出申请，也不需要任何机构或个人批准。人民法院到看守所提解在押刑事被告人或上诉人的，看守所应当将穿着正装或便装的在押刑事被告人或上诉人移交人民法院。因监管需要在看守所内穿着识别服的在押刑事被告人或上诉人，应在看守所内将识别服更换为正装或者便装。
5. 维护司法形象	（1）坚持学习，精研业务 （2）坚持文明司法，遵守司法礼仪：穿着法官袍或者法官制服、佩戴徽章，并保持整洁；准时出庭，不缺席、迟到、早退，不随意进出；专注庭审，不做与审判活动无关的事。 （3）加强自身修养，约束业外活动：严禁乘警车、穿制服出入营业性娱乐场所；不得参加营利性社团组织或者可能借法官影响力营利的社团组织；发表文章或者接受媒体采访时，应当保持谨慎的态度，不得针对具体案件和当事人进行不适当的评论； ★法官在职务外活动中，不得披露或者使用非公开的审判信息和在审判过程中获得的商业秘密、个人隐私以及其他非公开的信息。 ★可以参加有助于法制建设和司法改革的学术研究和其他社会活动。 （4）退休法官谨慎行为：继续保持自身的良好形象，不利用自己的原有身份和便利条件过问、干预执法办案。 ★人民法院工作人员在离职或者退休后的规定年限内，不得具有下列行为：（1）接受与本人原所办案件和其他业务相关的企业、律师事务所、中介机构的聘任；（2）担任原任职法院所办案件的诉讼代理人或者辩护人；（3）以律师身份担任诉讼代理人、辩护人。

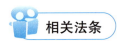

《最高人民法院关于在审判工作中防止法院内部人员干扰办案的若干规定》

第二条 人民法院工作人员及退休人员不得违反规定为案件当事人及其亲属、代理人、辩护人或者其他关系人转递涉案材料；不得违反规定打听正在办理的案件情况；不得以任何理由为案件当事人说情打招呼。

第三条 人民法院工作人员及退休人员在职责范围之外收到案件当事人及其亲属、代理人、辩护人或者其他关系人转交、邮寄的涉案材料，应当送交本院立案信访部分处理；不得直接转交案件承办法院、案件承办部分及相关审判组织或者审判人员，也不得在涉案材料上签批任何意见。

第四条　人民法院立案信访部分收到人民法院工作人员及退休人员送交的当事人及其亲属、代理人、辩护人或者其他关系人在诉讼程序之外递交、邮寄的涉案材料，应当在登记时注明来源，并分别不同情况作出以下处理：

（一）涉及正在办理案件的，转案件承办法院或者案件承办部分处理；

（二）涉及已经办结案件的，转原案件承办法院或者原案件承办部分处理；

（三）涉及申请再审或者申诉的，依照规定程序处理；

（四）涉及法院工作人员违法违纪问题的，转本院监察部门处理。

第五条　人民法院领导干部非因履行职责，不得向审判组织和审判人员过问正在办理的案件；不得向审判组织和审判人员批转涉案材料。

上级人民法院工作人员非因履行职责，不得向下级人民法院过问正在办理的案件；不得向下级人民法院批转涉案材料。

第六条　人民法院领导干部和上级人民法院工作人员因履行职责需要对正在办理的案件提出指导性意见时，应当以书面形式提出，或者由案件承办人记录在案。

第七条　案件承办人应当将人民法院领导干部和上级人民法院工作人员提出指导性意见的批示、函文、记录等文字材料存入案件副卷备查，并在审判组织评议和讨论案件时作出说明。

相关法条　《关于规范法官和律师相互关系维护司法公正的若干规定》

第二条　法官应当严格依法办案，不受当事人及其委托的律师利用各种关系、以不正当方式对案件审判进行的干涉或者施加的影响。

律师在代理案件之前及其代理过程中，不得向当事人宣称自己与受理案件法院的法官具有亲朋、同学、师生、曾经同事等关系，并不得利用这种关系或者以法律禁止的其他形式干涉或者影响案件的审判。

第三条　法官不得私自单方面会见当事人及其委托的律师。

律师不得违反规定单方面会见法官。

第四条　法官应当严格执行回避制度，如果与本案当事人委托的律师有亲朋、同学、师生、曾经同事等关系，可能影响案件公正处理的，应当自行申请回避，是否回避由本院院长或者审判委员会决定。

律师因法定事由或者根据相关规定不得担任诉讼代理人或者辩护人的，应当谢绝当事人的委托，或者解除委托代理合同。

第五条　法官应当严格执行公开审判制度，依法告知当事人及其委托的律师本案审判的相关情况，但是不得泄露审判秘密。

律师不得以各种非法手段打听案情，不得违法误导当事人的诉讼行为。

第六条　法官不得为当事人推荐、介绍律师作为其代理人、辩护人，或者暗示更换承办律师，或者为律师介绍代理、辩护等法律服务业务，并且不得违反规定向当事人及其委托的律师提供咨询意见或者法律意见。

律师不得明示或者暗示法官为其介绍代理、辩护等法律服务业务。

第七条　法官不得向当事人及其委托律师索取或者收取礼品、金钱、有价证券等；不得借婚丧喜庆事宜向律师索取或者收取礼品、礼金；不得接受当事人及其委托律师的宴请；不得要求或者接受当事人及其委托律师出资装修住宅、购买商品或者进行各种娱乐、旅游活动；不得要求当事人及其委托的律师报销任何费用；不得向当事人及其委托的律师借用交通工具、通信工具或者其他物品。

当事人委托的律师不得借法官或者其近亲属婚丧喜庆事宜馈赠礼品、金钱、有价证券等；不得向法官请客送礼、行贿或者指使、诱导当事人送礼、行贿；不得为法官装修住宅、购买商品或者出资邀请法官进行娱乐、旅游活动；不得为法官报销任何费用；不得向法官出借交通工具、通信工具或者其他物品。

第八条　法官不得要求或者暗示律师向当事人索取财物或者其他利益。

当事人委托的律师不得假借法官的名义或者以联络、酬谢法官为由，向当事人索取财物或者其他利益。

第九条　法官应当严格遵守法律规定的审理期限，合理安排审判事务，遵守开庭时间。

律师应当严格遵守法律规定的提交诉讼文书的期限及其他相关程序性规定，遵守开庭时间。

法官和律师均不得借故延迟开庭。法官确有正当理由不能按期开庭，或者律师确有正当理由不能按期出庭的，人民法院应当在不影响案件审理期限的情况下，另行安排开庭时间，并及时通知当事人及其委托的律师。

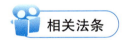

《关于人民法院落实廉政准则防止利益冲突的若干规定》的通知

第三条　人民法院工作人员不得从事下列营利性活动：

（一）本人独资或者与他人合资、合股经办商业或者其他企业；

（二）以他人名义入股经办企业；

（三）以承包、租赁、受聘等方式从事经营活动；

（四）违反规定拥有非上市公司（企业）的股份或者证券；

（五）本人或者与他人合伙在国（境）外注册公司或者投资入股；

（六）以本人或者他人名义从事以营利为目的的民间借贷活动；

（七）以本人或者他人名义从事可能与公共利益发生冲突的其他营利性活动。

第四条　人民法院工作人员不得为他人的经济活动提供担保。

第五条　人民法院工作人员不得利用职权和职务上的影响，买卖股票或者认股权证；不得利用在办案工作中获取的内幕信息，直接或者间接买卖股票和证券投资基金，或者向他人提出买卖股票和证券投资基金的建议。

第六条 人民法院工作人员在审理相关案件时,以本人或者他人名义持有与所审理案件相关的上市公司股票的,应主动申请回避。

第七条 人民法院工作人员不得违反规定在律师事务所、中介机构及其他经济实体、社会团体中兼职,不得违反规定从事为案件当事人或者其他市场主体提供信息、介绍业务、开展咨询等有偿中介活动。

第九条 人民法院工作人员不得利用职权和职务上的影响,指使他人提拔本人的配偶、子女及其配偶,以及其他特定关系人。

第十条 人民法院工作人员不得利用职权和职务上的影响,为本人的配偶、子女及其配偶,以及其他特定关系人支付、报销学习、培训、旅游等费用。

第十一条 人民法院工作人员不得利用职权和职务上的影响,为本人的配偶、子女及其配偶,以及其他特定关系人出国(境)定居、留学、探亲等向他人索取资助,或者让他人支付、报销上述费用。

第十二条 人民法院工作人员不得利用职权和职务上的影响妨碍有关机关对涉及本人的配偶、子女及其配偶,以及其他特定关系人案件的调查处理。

第十三条 人民法院工作人员不得利用职权和职务上的影响进行下列活动:

(一)放任本人的配偶、子女及其配偶,以及其他特定关系人收受案件当事人及其亲属、代理人、辩护人、执行中介机构人员以及其他关系人的财物;

(二)为本人的配偶、子女及其配偶,以及其他特定关系人经商、办企业提供便利条件;

(三)放任本人的配偶、子女及其配偶,以及其他特定关系人以本人名义谋取私利。

第十四条 人民法院领导干部和审判执行岗位法官不得违反规定放任配偶、子女在其任职辖区内开办律师事务所、为案件当事人提供诉讼代理或者其他有偿法律服务。

第十五条 人民法院领导干部和综合行政岗位人员不得放任配偶、子女在其职权和业务范围内从事可能与公共利益发生冲突的经商、办企业、有偿中介服务等活动。

第十六条 人民法院工作人员不得违反规定干预和插手市场经济活动,从中收受财物或者为本人的配偶、子女及其配偶,以及其他特定关系人谋取利益。

第十七条 人民法院工作人员不得违反规定干扰妨碍有关机关对建设工程招投标、经营性土地使用权出让、房地产开发与经营等市场经济活动进行正常监管和案件查处。

第五节 法官职业责任

法官职业责任包括法官执行职务中违纪行为的责任和法官执行职务中犯罪的刑事责任两类。

注意 ▶ 法院工作人员的职务行为和日常生活行为均应进行规范。

> **小提示**
>
> 只要题干中提示造成了不良影响，均应给予纪律处分。

一、法官执行职务中犯罪行为的刑事责任

根据刑法分则贪污贿赂罪、渎职罪的有关规定，追究其刑事责任。

二、法官执行职务中违纪行为的责任

法官执行职务中有违反法律、职业道德准则和审判、执行工作纪律的，应当受纪律处分。

（一）违纪行为责任的形式

1. 警告：期间为 6 个月；

2. 记过：期间为 12 个月；

3. 记大过：期间为 18 个月；

4. 降级：期间为 24 个月；

5. 撤职：期间为 24 个月；

6. 开除：最严重的纪律处分；一旦被开除，自处分决定生效之日起，解除与人民法院的人事关系，不得再担任公务员职务。

▶ 注意

1. 受处分期间不得晋升职务、级别；

2. 受记过、记大过、降级、撤职处分，不得晋升工资档次；

3. 对违纪违法取得的财物和用于违纪违法的财物，应当没收、追缴或者责令退赔。没收、追缴的财物，一律上缴国库；对违纪违法获得的职务、职称、学历、学位、奖励、资格等，应当建议有关单位、部门按规定予以纠正或者撤销。

（二）违纪行为责任的内容

1. 免予处分

（1）违纪违法行为情节轻微，经过批评教育后改正的，可以免予处分。

（2）法官退休之后违纪违法，或者在任职期间违纪违法、在处分决定作出之前已经退休的，不再给予纪律处分；但是应当给予降级、撤职、开除处分的，应当按照规定相应降低或者取消其享受的待遇。

2. 应当在《人民法院工作人员处分条例》分则规定的处分幅度以内从重处分的情况：

（1）在共同违纪违法行为中起主要作用的；

（2）隐匿、伪造、销毁证据的；

（3）串供或者阻止他人揭发检举、提供证据材料的；

（4）包庇同案人员的；

3. 应当在《人民法院工作人员处分条例》分则规定的处分幅度以内从轻处分的情况：

（1）主动交代违纪违法行为的；

（2）主动采取措施，有效避免或者挽回损失的；

（3）检举他人重大违纪违法行为，情况属实的；

4. 应当在《人民法院工作人员处分条例》分则规定的处分幅度以外减轻处分的情况：

（1）主动交代违纪违法行为，并主动采取措施有效避免或者挽回损失的，应当在处分幅度以外降低一个档次给予减轻处分。

（2）应当给予警告处分，又有减轻处分情形的，免予处分。

5. 处分的解除、变更和撤销

（1）受开除以外处分的，在受处分期间有悔改表现，并且没有再发生违纪违法行为的，处分期满后应当解除处分。解除处分后，晋升工资档次、级别、职务不再受原处分的影响。但是，解除降级、撤职处分的，不视为恢复原级别、原职务。

（2）应当变更或者撤销处分决定的情形：

①适用法律、法规或者本条例规定错误的；

②对违纪违法行为的事实、情节认定有误的；

③处分所依据的违纪违法事实证据不足的；

④调查处理违反法定程序，影响案件公正处理的；

⑤作出处分决定超越职权或者滥用职权的；

⑥有其他处分不当情形的。

（3）处分决定被变更，需要调整被处分人员的职务、级别或者工资档次的，应当按照规定予以调整；处分决定被撤销的，应当恢复其级别、工资档次，按照原职务安排相应的职务，并在适当范围内为其恢复名誉。因变更而减轻处分或者被撤销处分人员的工资福利受到损失的，应当予以补偿。

（三）违纪行为责任的适用

1. 违反政治纪律的行为

违纪行为	处分	从轻情形
（1）散布有损国家声誉的言论	给予记大过处分；情节较重的，给予降级或者撤职处分；情节严重的，给予开除处分	因不明真相被裹挟参加这种活动，经批评教育后确有悔改表现的，可以减轻或者免予处分。
（2）参加旨在反对国家的集会、游行、示威等活动		
（3）参加非法组织或者参加罢工的		
（4）违反国家的民族宗教政策，造成不良后果的		
（5）在对外交往中损害国家荣誉和利益的		
（6）非法出境，或者违反规定滞留境外不归的		
（7）未经批准获取境外永久居留资格，或者取得外国国籍的		

续表

(8) 有其他违反政治纪律行为的,给予警告、记过或者记大过处分;情节较重的,给予降级或者撤职处分;情节严重的,给予开除处分

2. 违反办案纪律的行为

(1) 违反规定,擅自对应当受理的案件不予受理,或者对不应当受理的案件违法受理的	给予警告、记过或者记大过处分;情节较重的,给予降级或者撤职处分;情节严重的,给予开除处分
(2) 违反规定插手、干预、过问案件,或者为案件当事人通风报信、说情、打招呼的	
(3) 故意违反规定采取强制措施的	
(4) 违反规定私自办理案件的	
(5) 阻挠、干扰外地人民法院依法在本地调查取证或者采取相关财产保全措施、执行措施、强制措施的	
(6) 故意拖延或者拒不执行合议庭决议、审判委员会决定以及上级人民法院判决、裁定、决定、命令的	
(7) 故意违反规定拖延办案的	
(8) 因徇私而违反规定迫使当事人违背真实意愿撤诉、接受调解、达成执行和解协议并损害其利益的	
(9) 故意向合议庭、审判委员会隐瞒主要证据、重要情节或者提供虚假情况的	
(10) 故意违反规定选定审计、鉴定、评估、拍卖等中介机构,或者串通、指使相关中介机构在审计、鉴定、评估、拍卖等活动中徇私舞弊、弄虚作假的	
(11) 依照规定应当采取财产保全措施或者执行措施而故意不采取,或者依法应当委托有关机构审计、鉴定、评估、拍卖而故意不委托,造成不良后果的	
(12) 依照规定应当调查收集相关证据而故意不予收集,造成不良后果的	
(13) 违反规定应当回避而不回避,造成不良后果的	
(14) 依照规定应当采取鉴定、勘验、证据保全等措施而故意不采取,造成不良后果的	
(15) 违反规定采取或者解除财产保全措施,造成不良后果的	
(16) 明知诉讼代理人、辩护人不符合担任代理人、辩护人的规定,仍准许其担任代理人、辩护人,造成不良后果的,给予警告、记过或者记大过处分;情节较重的,给予降级处分;情节严重的,给予撤职处分	
(17) 指使、帮助他人作伪证或者阻止他人作证的,给予降级或者撤职处分;情节严重的,给予开除处分	
(18) 故意泄露合议庭、审判委员会评议、讨论案件的具体情况或者其他审判执行工作秘密的,给予记过或者记大过处分;情节较重的,给予降级或者撤职处分;情节严重的,给予开除处分。	
(19) 故意违背事实和法律枉法裁判的,给予降级或者撤职处分;情节严重的,给予开除处分。	
(20) 内外勾结制造假案的,给予降级、撤职或者开除处分。	
(21) 送达诉讼、执行文书故意不依照规定,造成不良后果的,给予警告、记过或者记大过处分。	
(22) 违反规定将案卷或者其他诉讼材料借给他人的,给予警告处分;造成不良后果的,给予记过或者记大过处分。	

续表

（23）对外地人民法院依法委托的事项拒不办理或者故意拖延办理，造成不良后果的，给予警告、记过或者记大过处分；情节严重的，给予降级或者撤职处分。	
（24）违反规定会见案件当事人及其辩护人、代理人、请托人的	给予警告处分；造成不良后果的，给予记过或者记大过处分。
（25）违反规定为案件当事人推荐、介绍律师或者代理人，或者为律师或者其他人员介绍案件的	
（26）故意毁弃、篡改、隐匿、伪造、偷换证据或者其他诉讼材料的	给予记大过处分；情节较重的，给予降级或者撤职处分；情节严重的，给予开除处分。
（27）故意违反规定对具备执行条件的案件暂缓执行、中止执行、终结执行或者不依法恢复执行，造成不良后果的	
（28）伪造诉讼、执行文书，或者故意违背合议庭决议、审判委员会决定制作诉讼、执行文书的	
（29）私放被羁押人员的	
（30）故意违反规定采取执行措施，造成案件当事人、案外人或者第三人财产损失	

3. 违反廉政纪律的行为

（1）利用职务便利，采取侵吞、窃取、骗取等手段非法占有诉讼费、执行款物、罚没款物、案件暂存款、赃款赃物及其孳息等涉案财物或者其他公共财物的	给予记过或者记大过处分；情节较重的，给予降级或者撤职处分；情节严重的，给予开除处分。
（2）利用司法职权或者其他职务便利，索取他人财物及其他财产性利益的，或者非法收受他人财物及其他财产性利益，为他人谋取利益的	
（3）利用司法职权或者其他职务便利为他人谋取利益，以低价购买、高价出售、收受干股、合作投资、委托理财、赌博等形式非法收受他人财物，或者以特定关系人"挂名"领取薪酬或者收受财物等形式，非法收受他人财物，或者违反规定收受各种名义的回扣、手续费归个人所有的 给予记大过处分；情节较重的，给予降级或者撤职处分；情节严重的，给予开除处分。	
（4）利用司法职权，以单位名义向公民、法人或者其他组织索要赞助或者摊派、收取财物的	
（5）行贿或者介绍贿赂的（向审判、执行人员行贿或者介绍贿赂的，从重处分）	
（6）利用司法职权或者其他职务便利，为特定关系人谋取不正当利益，或者放任特定关系人、身边工作人员利用本人职权谋取不正当利益的	
（7）违反规定从事或者参与营利性活动，在企业或者其他营利性组织中兼职的	
（8）挪用诉讼费、执行款物、罚没款物、案件暂存款、赃款赃物及其孳息等涉案财物或者其他公共财物的	

续表

（9）以单位名义集体截留、使用、私分诉讼费、执行款物、罚没款物、案件暂存款、赃款赃物及其孳息等涉案财物或者其他公共财物的	给予警告、记过或者记大过处分；情节较重的，给予降级或者撤职处分；情节严重的，给予开除处分。
（10）故意违反规定设置收费项目、扩大收费范围、提高收费标准的	
（11）接受案件当事人、相关中介机构及其委托人的财物、宴请或者其他利益的	
（12）违反规定向案件当事人、相关中介机构及其委托人借钱、借物的	给予警告、记过或者记大过处分。

4. 违反组织人事纪律的行为

（1）违反议事规则，个人或者少数人决定重大事项，或者改变集体作出的重大决定，造成决策错误的	给予警告、记过或者记大过处分；情节较重的，给予降级或者撤职处分；情节严重的，给予开除处分
（2）在人员录用、招聘、考核、晋升职务、晋升级别、职称评定以及岗位调整等工作中徇私舞弊、弄虚作假的	
（3）以不正当方式谋求本人或者特定关系人用公款出国，或者擅自延长在国外、境外期限，或者擅自变更路线，造成不良后果的	
（4）拒不执行机关的交流决定，或者在离任、辞职、被辞退时，拒不办理公务交接手续或者拒不接受审计的	
（5）旷工或者因公外出、请假期满无正当理由逾期不归，造成不良后果的	
（6）弄虚作假，骗取荣誉，或者谎报学历、学位、职称的	
（7）故意拖延或者拒不执行上级依法作出的决定、决议的	
（8）对职责范围内发生的重大事故、事件不按规定报告、处理的	给予记过或者记大过处分；情节较重的，给予降级或者撤职处分；情节严重的，给予开除处分
（9）压制批评，打击报复，扣压、销毁举报信件，或者向被举报人透露举报情况的	
（10）对职责范围内发生的违纪违法问题隐瞒不报、压案不查、包庇袒护的，或者对上级交办的违纪违法案件故意拖延或者拒不办理的	给予记大过处分；情节较重的，给予降级或者撤职处分；情节严重的，给予开除处分

5. 违反财经纪律的行为

（1）违反规定进行物资采购或者工程项目招投标，造成不良后果的	给予警告、记过或者记大过处分；情节较重的，给予降级或者撤职处分；情节严重的，给予开除处分
（2）伪造、变造、隐匿、毁弃财务账册、会计凭证、财务会计报告的	
（3）违反规定擅自开设银行账户或者私设小金库	给予警告处分，情节较重的，给予记过或者记大过处分；情节严重的，给予降级或者撤职处分
（4）违反规定挥霍浪费国家资财的	

6. 失职行为

（1）因过失导致依法应当受理的案件未予受理，或者不应当受理的案件被违法受理，造成不良后果的	给予警告、记过或者记大过处分
（2）因过失导致诉讼、执行文书内容错误，造成严重后果的	
（3）因过失导致所办案件严重超出规定办理期限，造成严重后果的	
（4）因过失导致错误裁判、错误采取财产保全措施、强制措施、执行措施，或者应当采取财产保全措施、强制措施、执行措施而未采取，造成不良后果的	给予警告、记过或者记大过处分；造成严重后果的，给予降级、撤职或者开除处分
（5）因过失导致被羁押人员脱逃、自伤、自杀或者行凶伤人的	给予记过或者记大过处分；造成严重后果的，给予降级、撤职或者开除处分
（6）因过失导致案卷或者证据材料损毁、丢失的	给予警告、记过或者记大过处分；造成严重后果的，给予降级或者撤职处分
（7）因过失导致国家秘密、审判执行工作秘密及其他工作秘密、履行职务掌握的商业秘密或者个人隐私被泄露，造成不良后果的	给予警告、记过或者记大过处分；情节较重的，给予降级或者撤职处分；情节严重的，给予开除处分
（8）因过失导致职责范围内发生刑事案件、重大治安案件、重大社会群体性事件或者重大人员伤亡事故的，使公共财产、国家和人民利益遭受重大损失的	给予记过或者记大过处分；情节较重的，给予降级或者撤职处分；情节严重的，给予开除处分

7. 违反管理秩序和社会道德的行为

（1）因工作作风懈怠、工作态度恶劣，造成不良后果的	给予警告、记过或者记大过处分
（2）参与迷信活动，造成不良影响的	
（3）参与赌博的，给予警告或者记过处分；情节较重的，记大过或者降级；情节严重的，撤职或者开除；	
（4）在工作时间赌博的，给予记过、记大过或者降级；屡教不改的，给予撤职或开除处分	
（5）组织迷信活动的	给予降级处分；情节较重的，给予撤职处分；情节严重的，给予开除处分
（6）违反规定超计划生育的	
（7）故意泄露国家秘密、工作秘密，或者故意泄露因履行职责掌握的商业秘密、个人隐私的	给予记过或者记大过处分；情节较重的，给予降级或者撤职处分；情节严重的，给予开除处分
（8）以殴打、辱骂、体罚、非法拘禁或者诽谤、诬告等方式侵犯他人人身权利的（体罚、虐待被羁押人员，或者殴打、辱骂诉讼参与人、涉诉上访人的，从重处分）	
（9）妨碍执行公务或者违反规定干预执行公务的	

续表

（10）弄虚作假，误导、欺骗领导和公众，造成不良后果的	给予警告、记过或者记大过处分；情节较重的，给予降级或者撤职处分；情节严重的，给予开除处分
（11）因酗酒影响正常工作或者造成其他不良后果的	
（12）与他人通奸，造成不良影响的（与所承办案件的当事人或者当事人亲属发生不正当两性关系的，从重处分）	
（13）为赌博活动提供场所或者其他便利条件的	
（14）拒不承担赡养、抚养、扶养义务，或者虐待、遗弃家庭成员的	
（15）违反公务车管理使用规定，发生严重交通事故或者造成其他不良后果的	
（16）违反规定保管、使用枪支、弹药、警械等特殊物品，造成不良后果的	
（17）吸食、注射毒品或者参与嫖娼、卖淫、色情淫乱活动的	给予撤职或者开除处分
（18）挪用公款赌博的	
（19）重婚或者包养情人的	

第三章

检察制度和检察官职业道德

第一节 检察制度概述

检察是一种由特定机关代表国家向法院提起诉讼及维护法律事实的司法职能。

1. 检察制度最早起源于13世纪的英国（前身是为国王办理财产诉讼的律师）和法国（由封建庄园的管家演变而来）。

2. 世界上三种类型的检察制度：以英美为代表的英美法系检察制度、以德法为代表的大陆法系检察制度，以中国为代表的社会主义国家的检察制度。

一、我国检察制度的特征

1. 检察机关是人民代表大会制度下与行政机关、审判机关平行的国家机关，具有独立的宪法地位。

2. 检察机关是国家的法律监督机关，通过履行批捕起诉、查办和预防职务犯罪、诉讼监督等职能，维护国家法制的统一。

3. 检察机关实行检察一体原则：

检察一体原则，又称为检察权统一行使原则，是指各级检察机关、检察官依法构成统一的整体，上下级检察机关、检察官之间存在着上命下从的领导关系；各地各级检察机关之间具有职能协助的义务；检察官之间和检察院之间在职务上可以发生相互承继、移转、代理关系；等等。具体而言，检察一体原则包括以下内容：

（1）人民检察院内部实行的是检察长负责制与检察委员会集体领导相结合的领导体制。检察长是人民检察院的首长，统一领导检察院的工作，对检察院的工作享有组织领导权、决定权、任免权、提请任免权、代表权等权力，负有全面的领导责任；

（2）检察委员会实行民主集中制，在检察长的主持下，讨论决定重大案件和问题；如果检察长在重大问题上不同意多数人的决定，可以报请本级人大常委会决定；

> **注意** ▶不能将检察委员会和检察长之间的关系理解为领导关系。

（3）各级检察机关、检察官依法构成统一的整体，在行使职权、执行职务的过程中实行"上命下从"，即上级检察院领导下级检察院的工作，下级检察院根据上级检察机关、检察官的指示和命令进行工作。比如上级检察院有权通过指示、批复、规范性文件指导工作；有权领导下级检察院办案，包括决定案件的管辖和指挥其办案，纠正或撤销下级检察院的决定等等。检察官独立行使检察权，要受到检察一体原则的限制。

> **注意** ▶检察官独立行使检察权，要受到检察一体原则的限制。

二、检察制度的基本原则

检察权统一行使原则	1. 上下级检察机关、检察官之间存在着上命下从的领导关系； 2. 各地各级检察机关之间具有职能协助的义务； 3. 检察官之间和检察院之间在职务上可以发生相互承继、移转、代理关系；
检察权独立行使原则	检察机关依法独立行使检察权，只服从法律，不受其他行政机关、团体和个人的干涉；
对诉讼活动实行法律监督原则	检察机关依法对各种诉讼的进行，以及诉讼中国家专门机关和诉讼参与人的诉讼活动的合法性进行监督，重点是对诉讼活动中国家机关及其工作人员行为和事项的合法性进行监督。

三、主要检察制度

检务公开制度	依法向社会和诉讼参与人公开与检察职权相关的不涉及国家秘密和个人隐私等有关的活动和事项。
人民监督员制度	最高人民检察院为了确保职务犯罪侦查、起诉权的正确行使，根据有关法律结合实际制定的一种社会民主监督制度。 ★人民监督员将由司法行政机关负责选任管理，参与具体案件监督的由检察机关从司法行政机关建立的人民监督员信息库中随机抽选决定； ★完善人民监督员制度，重点监督检察机关查办职务犯罪的立案、羁押、扣押冻结财物、起诉等环节的执法活动。
立案监督制度	检察机关依法对公安机关的立案活动是否合法进行监督。
侦查监督制度	检察机关依法对有关机构的侦查活动是否合法进行监督的制度，是抑制国家权力与保障个人自由的制衡配置。
刑事审判监督制度	检察机关对法院的刑事审判工作实行的监督，包括对法院所进行的审判活动是否合法的监督，以及对其所作判决、裁定是否正确的监督。

续表

刑罚执行与监所监督制度	检察机关依照法律规定对人民法院已经生效的判决、裁定的执行和对监狱、看守所等执行机关执行刑罚的活动是否合法进行的监督。
民事行政检察制度	人民检察院依照法律规定对人民法院的民事审判与行政诉讼活动以及相关的诉讼活动是否合法进行的监督。

第二节 检察机关和检察官

一、检察机关

（一）性质和法律地位

1. 人民检察院是国家的法律监督机关。这最初源于列宁的法律监督思想和苏联的实践。

2. 我国实行议行合一的人大制度，所以各级检察院由同级人大产生，对其负责，受其监督；上级检察院领导下级检察院的工作；

3. 检察院的权力来源于宪法的规定和国家权力机关的依法授权；上级检察机关也是下级机关的权力来源。

（二）人民检察院的设置和职权

中华人民共和国设立最高人民检察院、地方各级人民检察院和军事检察院等专门人民检察院。

1. 最高人民检察院

最高人民检察院是国家最高检察机关。主要任务是领导地方各级人民检察院和专门人民检察院依法履行法律监督职能，保证国家法律的统一和正确实施。

其主要职责包括：

（1）确定检察工作方针，部署检察工作任务。

（2）依法对贪污案、贿赂案、侵犯公民民主权利案、渎职案以及认为需要自己依法直接受理的其他刑事案件进行侦查。领导地方各级人民检察院和专门人民检察院的侦查工作。

（3）对重大刑事犯罪案件依法审查批捕、提起公诉。领导地方各级人民检察院和专门人民检察院对刑事犯罪案件的审查批捕、起诉工作。

（4）领导地方各级人民检察院和专门人民检察院开展民事、经济审判和行政诉讼活动的法律监督工作。

（5）对地方各级人民检察院和监所派出检察院依法对执行机关执行刑罚的活动和监管活动是否合法实行监督。

（6）对各级人民法院已经发生法律效力、确有错误的判决和裁定，依法向最高人民法院提起抗诉。

（7）对地方各级人民检察院和专门人民检察院在行使检察权作出的决定进行审查，纠正错误决定。

（8）受理公民控告、申诉和检举。

（9）对国家机关工作人员职务犯罪预防工作进行研究并提出职务犯罪的预防对策和检察建议；负责职务犯罪的法制宣传工作；负责全国检察机关对检察环节中其他社会治安综合治理工作的指导；等等。

2. 地方各级人民检察院

（1）各级检察院都是与各级法院相对应而设置的。

（2）派出检察室：近几年，有些基层检察院在辖区内人口较多、辐射功能强的乡镇、社区设置派出机构即派出检察室，负责受理举报、控告、申诉，开展法制宣传和职务犯罪预防，化解矛盾纠纷，参与加强和创新社会管理等工作，实现检察工作重心下移，更好地服务群众，服务社会。

（3）省级人民检察院和县级人民检察院，根据工作需要，提请本级人大常委会批准，可以在工矿区、农垦区、林区等区域设置人民检察院作为派出机构。

（4）跨行政区域检察院：上海人民检察院第三分院、北京市人民检察院第四分院的成立，标志着跨行政区域人民检察院全面启动试点，有助于排除对检察工作的干扰，保障人民检察院依法独立公正行使职权。

3. 专门人民检察院

（1）军事检察院是设立在中国人民解放军的专门法律监督机关，对现役军人的军职犯罪和其他刑事犯罪案件依法行使检察权。

（2）单一的三级设置体系：①中国人民解放军军事检察院；②大军区军事检察院、海军军事检察院、空军军事检察院；③地区军事检察院、空军军一级军事检察院、海军舰队检察院。

（3）军事检察院列入军队建制，实行双重领导体制。中国人民解放军军事检察院在中央军委和最高人民检察院的领导下进行工作。

（4）军事检察院管辖下列案件：①现役军人的犯罪案件；②军队内在编职工的犯罪案件；③军人违反职责罪中共同犯罪的非军人。

（三）人民检察院的工作机构

1. 目前，我国最高人民检察院设有侦查监督厅、公诉厅、反贪污贿赂总局、渎职侵权检察厅、刑事执行检察厅、民事行政检察厅、控告检察厅（最高人民检察院举报中心）、刑事申诉检察厅、铁路运输检察厅、职务犯罪预防厅、死刑复核检察厅、案件管理办公室等业务机构。

2. 地方检察机关一般也设有办公室、反贪污贿赂部门、渎职侵权检察部门、公诉部门、侦查监督部门、刑事执行检察部门、控告（举报）检察部门、刑事申诉检察部门、民事行政检察部门、职务犯罪预防部门等工作机构。

(四) 人民检察院的领导体制

1. 人民检察院的领导体制是双重领导体制。
2. 人民检察院内部实行的是检察长负责制与检察委员会集体领导相结合的领导体制。

★ 检察委员会

1. 检察委员会实行民主集中制，遵循少数服从多数原则，在检察长的主持下，讨论决定重大案件和其他重大问题。

2. 检察委员会委员由检察长、副检察长、检察委员会专职委员以及有关内设机构负责人组成；人数应当是单数，为 7~25 人，一般由同级人大常委会任免。

3. 检察委员会的决定具有法律效力，以本院或者本院检察长的名义发布。

4. 检察委员会会议必须有全体组成人员过半数出席，才能召开；必须有全体组成人员过半数同意，才能作出决定。如果检察长不同意多数人的意见，可以报请同级人大常委会决定

5. 检察委员会的职责包括：

（1）审议、决定在检察工作中贯彻执行国家法律、政策和本级人民代表大会及其常务委员会决议的重大问题；

（2）审议、通过提请本级人民代表大会及其常务委员会审议的工作报告、专题报告和议案；

（3）总结检察工作经验，研究检察工作中的新情况、新问题；

（4）最高人民检察院检察委员会审议、通过检察工作中具体应用法律问题的解释以及有关检察工作的条例、规定、规则、办法等；省级以下人民检察院检察委员会审议、通过本地区检察业务、管理等规范性文件；

（5）审议、决定重大、疑难、复杂案件；

（6）审议、决定下一级人民检察院提请复议的案件或者事项；

（7）决定本级人民检察院检察长、公安机关负责人的回避；

（8）其他需要提请检察委员会审议的案件或者事项。

二、检察官

（一）检察官的任免

我国检察官的任免采取选举和任命相结合的方式：各级检察院的检察长采选举制；其他检察人员采任命制。

	检察长	全国人大选举和罢免
1. 最高检	副检察长、检察委员会委员、检察员	检察长提请全国人大常委会任免
2. 地方各级人民检察院	检察长	本级人大选举和罢免
	副检察长、检察委员会委员、检察员	检察长提请本级人大常委会任免

续表

3. 在省、自治区内按地区设立的和在直辖市内设立的检察院分院	检察长、副检察长、检察委员会委员和检察员	由省级检察院检察长提请省级人大常委会任免；
初任检察官	从通过国家统一司法考试取得资格，并具备检察官条件的人员中择优提出人选。	

> **注意**
>
> 1. 地方各级检察长的任免须报上一级检察院检察长提请该级人大常委会批准。
>
> 2. 助理检察员由本院检察长任免。

(二) 检察官的任期

1. 由选举产生的各级检察长的任期为5年；最高检检察长连续任期不能超过两届；

2. 以任命方式产生的检察官，则没有明确规定其任期。

(三) 检察官免职的情形

1. 丧失中华人民共和国国籍的；

2. 调出本检察院的；

3. 职务变动不需要保留原职务的；

4. 经考核确定为不称职的；

5. 因健康原因长期不能履行职务的；

6. 退休的；

7. 辞职或者被辞退的；

8. 因违纪、违法犯罪不能继续任职的。

(四) 检察官免职的程序

1. 对于不具备法定条件或者违反法定程序被选举为检察长的，上一级检察院检察长有权提请该级人大常委会不批准。

2. 对于违反法定条件任命检察官的，一经发现，做出该项任命的机关应当撤销该项任命；上级人民检察院发现下级检察院检察官的任命有违反法定条件的，应当责令下级检察院依法撤销该项任命，或者要求下级检察院依法提请同级人大常委会撤销该项任命。

3. 最高检察院和省级检察院检察长可以建议本级人大常委会撤换下级检察院检察长、副检察长和检察委员会委员。

(五) 检察官的客观义务

检察官必须站在客观的立场，追求案件的事实真相，不偏不倚地全面收集证据，审查案件和进行诉讼的行为。

客观义务具体包括诚信的义务、真实的义务、中立的义务和全面的义务。如收集、开示有利于被追诉人的证据，避免提起不当诉讼，保护被追诉人的权利、回避义务，拒绝使用采用非法手段取得的证据并追究使用者的责任,为被告利益提起法律救济,公开行使检控酌情权的义务等内容。

检察官的客观义务有利于查明案件事实真相,有利于刑事诉讼模式的改造,有利于强化检察机关的法律监督,有利于正确行使追诉职能。

(六)检察官的考核

1. 考核应当遵循的原则

(1)客观公正原则;

(2)领导和群众路线相结合原则:既要按照首长负责制的要求,坚持以领导考核为主,又要让群众直接参与考核,多层次、多角度地对检察官进行全面评价;

(3)平时考核与定期考核相结合:平时考核主要是对检察官日常工作实绩进行翔实记载,根据需要进行分阶段评定;定期考核即年度考核,是对检察官在过去一年内履行职责情况以及遵纪守法情况的全面考察和评价。

2. 检察官考核的内容

(1)检察工作实绩:考核检察官的重点内容,也是考核评价检察官思想品德、业务水平和工作态度的基础。

(2)思想品德:既要考察检察官遵守职业道德规范的情况,也要考察检察官作为一个普通公民遵纪守法和遵从社会公德的情况。

(3)检察业务和法学理论水平:旨在了解检察官的工作能力,以准确地评价其是否具备必要的检察业务能力和法学理论水平,进而判断其能否胜任本职工作。

(4)工作态度和工作作风。

3. 对检察官进行考核的方法

(1)主要有两种,即领导与群众相结合、平时考核与年度考核相结合。

(2)检察官的年度考核是对其在一年中的德、能、勤、绩的综合考察和评价,考核结果分为优秀、称职和不称职。

(3)考核结果以书面形式通知本人。本人对考核结果如有异议,可以申请复议。

(七)检察官的培训

1. 培训的原则:理论联系实际、按需施教、讲求实效。

2. 管理体制

检察官培训实行两级为主的管理体制。

(1)最高检统一领导全国检察官培训工作;

(2)省级检察院领导本辖区检察官的培训工作。

(3)最高检与省级检察院设立教育培训主管部门,有条件的地市级检察院可以设立专门的教育培训管理机构。最高检与省级检察院根据检察业务需要,还可以设立业务技能实训基地。

3. 培训机构:国家检察官院校和其他检察官培训机构按照有关规定承担培训检察官的任务。

4. 培训的类型:

（1）任职资格培训：包括初任检察官培训和晋升高级检察官培训。

（2）领导素能培训；

（3）专项业务培训；

（4）岗位技能培训。

5. 检察官在培训期间的学习成绩和鉴定，作为其任职、晋升的依据之一。检察官未参加规定的培训或参加培训后未通过考试、考核的，不得任职和晋级。

（八）检察官考评委员会

为加强对检察官的考核与培训，人民检察院设检察官考评委员会。

1. 组成人员为 5~9 人，主任由本院检察长担任。

2. 检察官考评委员会的职责是指导对检察官的培训、考核和评议工作。

（九）检察官的等级

1. 检察官的级别分为 12 级，最高检检察长为首席大检察官；2~12 级检察官分别是大检察官、高级检察官和检察官；

2. 检察官等级的确定，以检察官所任职务、德才表现、业务水平、检查工作实绩和工作年限为依据。

第三节 检察官职业道德

一、检察官职业道德的依据

1. 《检察官法》；

2. 《检察官职业道德基本准则》；

3. 《检察官职业行为基本规范》；

4. 《检察机关文明用语基本规范》；

5. 《最高人民检察院关于加强执法办案活动内部监督防止说情等干扰的若干规定》；

6. 《最高人民检察院机关严肃纪律作风的规定》。

二、检察官职业道德基本内容

1. 忠诚（本质要求）	（1）忠于党	政治义务和政治方向。
	（2）忠于国家	不得散布有损国家声誉的言论，不得参加非法组织，不得参加旨在反对国家的集会、游行、示威等活动，也不得参加罢工。
	（3）忠于人民	牢固树立"人民利益高于一切"和★"立检为公、执法为民"的观念。
	（4）忠于事实和法律	查明并忠实于案件事实真相；准确理解和执行法律。

续表

1. 忠诚 （本质要求）	（5）忠于检察事业	坚持"强化法律监督，维护公平正义"的工作主题，坚持政治性、人民性和法律性的统一，实现法律效果、社会效果和政治效果的三统一； ★初任检察官、检察官晋升时，应当进行宣誓，牢记誓词，践行誓言。
2. 公正 （检察工作的核心目标）	（1）独立履职	恰当处理好内部工作关系，既独立办案，又相互支持；不为人情所动摇，不为权势所屈服；敢于和善于坚持正确的意见；独立于行政机关、企业事业单位、社会团体、其他社会成员个人以及新闻媒体、公众舆论之外行使检察权；★不能非法干预他人办理案件。
	（2）理性履职	以事实作为处理案件的客观基础，以证据作为认定事实的客观依据。
	（3）履职回避	
	（4）重视证据	依法全面客观地收集、审查证据，不伪造、隐瞒、毁损证据；依法搜集能够证实犯罪嫌疑人、被告人有罪、无罪、犯罪情节轻重的各种证据。
	（5）遵循程序 保障人权 尊重律师法官 遵守纪律 提高效率	通过公正的程序来实现实体公正，才是司法公正的最佳状态； ★禁止兼职和从事营利性经营活动；禁止私自接触当事人，限制参加娱乐活动。
		不违反规定过问、干预其他检察官、其他人民检察院或者其他司法机关正在办理的案件；
		不私自探询其他检察官、其他人民检察院或者其他司法机关正在办理的案件情况和有关信息；
		★不泄露案件的办理情况及案件承办人的有关信息；
		不违反规定会见案件当事人、诉讼代理人、辩护人及其他与案件有利害关系的人员。
3. 清廉 （职业本色）		（1）不利用职务便利或者检察官的身份、声誉及影响，为自己、家人或者他人谋取不正当利益； （2）★★不从事、参与经商、办企业、违法违规营利活动； （3）不参加营利性或者可能借检察官影响力营利的社团组织； （4）不收受案件当事人及其亲友、案件利害关系人或者单位及其所委托的人以任何名义馈赠的礼品礼金、有价证券、购物凭证以及干股等；不参加其安排的宴请、娱乐休闲、旅游度假等可能影响公正办案的活动；不接受其提供的各种费用报销，出借的钱款、交通通信工具、贵重物品及其他利益。 ★（5）不兼任律师、法律顾问等职务，不私下为所办案件的当事人介绍辩护人或者诉讼代理人。 （6）★在职务外活动中，不披露或者使用未公开的检察工作信息，以及在履职过程中获得的商业秘密、个人隐私等非公开的信息。 （7）妥善处理个人事务，按照有关规定报告个人有关事项，如实申报收入；保持与合法收入、财产相当的生活水平和健康的生活情趣。 （8）退休检察官应当继续保持良好操守，不再延用原检察官身份、职务，不利用原地位、身份形成的影响和便利条件，过问、干预执法办案活动，为承揽律师业务或者其他请托事宜打招呼、行便利，避免因不当言行给检察机关带来不良影响。

续表

4. 文明 （必然要求）	（1）遵守各项检察礼仪规范，注重职业礼仪约束，仪表庄重、举止大方、态度公允、用语文明，保持良好的职业操守和风范，维护检察官的良好形象。 ★（2）执行公务、参加政务活动时，按照检察人员着装规定穿着检察制服，佩戴检察标识徽章，严格守时，遵守活动纪律。 ★（3）在公共场合及新闻媒体上，不发表有损法律严肃性、权威性，有损检察机关形象的言论。未经批准，不对正在办理的案件发表个人意见或者进行评论。 （4）严禁执法办案期间、工作时间、工作日中午饮酒； （5）★★禁止穿着制服和佩戴检察标识到营业性娱乐场所进行娱乐、休闲活动或者在公共场所饮酒，不参与赌博、色情、封建迷信活动。 （6）本人或者亲属与他人发生矛盾、冲突，应当通过正当合法的途径解决，不应以检察官身份寻求特殊照顾，不要恶化事态酿成事端。 （7）在职务外活动中应当约束言行，避免公众产生合理怀疑。

第四节 检察官职业责任

检察官职业责任，是指检察官违反法律、职业道德规范和检察工作纪律所应当承担的责任，包括检察官执行职务中违纪行为的责任和检察官执行职务中犯罪行为的刑事责任两类。

一、双重责任

检察官违法犯罪受到刑罚处罚和治安管理处罚的，不能免除纪律责任，即承担"双重责任"（没有先后之分，可以先处罚再处分，也可以先处分再处罚）。

（1）被判处3年以上有期徒刑的，给予开除处分。

（2）故意犯罪被判处3年以下有期徒刑或者被判处管制、拘役的，给予开除处分。

（3）过失犯罪被判处3年以下有期徒刑宣告缓刑的，视情节可以不给予开除处分，但应当给予撤职处分。

（4）被免予刑事处罚的，给予降级或者撤职处分。

（5）受到治安管理处罚的，视情节给予纪律处分。

二、纪律处分的种类

1. 警告，6个月；

2. 记过，12个月；

3. 记大过，18个月；

4. 降级、撤职，24个月；

5. 开除。

三、纪律处分的后果

1. 警告		在处分影响期内不得晋升工资档次	1. 受纪律处分者，在处分影响期内不得晋升职务、级别。 2. 对于违纪行为所获得的经济利益，应当收缴或者责令退赔。 3. 对于违纪行为所获得的职务、职称、学历、学位、奖励等其他利益，应当由承办单位或者由上级机关建议有关组织、部门、单位按规定予以纠正。
2. 记过			
3. 记大过			
4. 降级	自处分的下个月起降低一个级别；级别为对应的国家公务员最低级别的，给予记大过处分。		
5. 撤职	➤ 在处分影响期内不得担任领导职务；自处分的下个月起按降低两个以上的职务等级重新确定职务、级别和工资档次。		
	➤ 科员受撤职处分的，按降低一个职务等级处理。		
	➤ 办事员应当给予撤职处分的，给予降级处分。		
	➤ 受撤职处分的，可以同时撤销其行政职务和法律职务，也可以单独撤销其行政职务或者法律职务。对于担任两个以上行政职务的人员给予撤职处分的，其所担任的所有行政职务一并撤销。		
6. 开除	自处分之日起解除其与检察机关的人事行政关系，其行政职务、级别自然撤销，其法律职务依法罢免或者免除，不得再被录用为检察机关工作人员。		

四、违纪行为责任的内容

（一）违反政治纪律的行为

1. 组织、参加反对党的基本理论、基本路线、基本纲领、基本经验或者重大方针政策的集会、游行、示威等活动的	对策划者、组织者和骨干分子，给予开除处分。
	对其他参加人员或者以提供信息、资料、财物、场地等方式支持上述活动者，情节较轻的，给予警告、记过或者记大过处分；情节较重的，给予降级或者撤职处分；情节严重的，给予开除处分。
	对不明真相被裹挟参加，批评教育后确有悔改表现的，可免予处分或不予处分。
2. 坚持资产阶级自由化立场，公开发表反对四项基本原则，或者反对改革开放的文章、演说、宣言、声明等的，给予开除处分。	
3. 公开发表违背四项基本原则、违背改革开放或者其他有严重政治问题的文章、演说、宣言、声明等的，给予批评教育；情节较重的，给予警告、记过或者记大过处分；情节严重的，给予降级、撤职或者开除处分	
4. 组织、领导会道门或者邪教组织的	对策划者、组织者和骨干分子，给予开除处分。
	对其他参加人员，情节较轻的，给予警告、记过或者记大过处分；情节较重的，给予降级或者撤职处分；情节严重的，给予开除处分。
	对不明真相的参加人员，经批评教育后确有悔改表现的，可以免予处分或者不予处分。

续表

5. 传播谣言丑化党和国家形象，情节较重的，警告、记过或者记大过；情节严重的，降级或者撤职处分	
6. 在涉外活动中，其行为在政治上造成恶劣影响，损害党和国家尊严、利益的，给予降级或者撤职处分；情节严重的，给予开除处分	
7. 在国（境）外、外国驻华使（领）馆申请政治避难，或者违纪违法后逃往国（境）外、外国驻华使（领）馆的	给予开除处分；故意为上述行为提供方便条件的，给予撤职或者开除处分。
8. 在国（境）外公开发表反对党和政府的言论的	
9. 违反党和国家的民族、宗教政策	情节较轻的，给予警告、记过或者记大过；情节较重的，给予降级或者撤职处分；情节严重的，给予开除处分
10. 编造谣言丑化党和国家形象	

（二）违反组织、人事纪律的行为

1. 违反民主集中制原则，拒不执行或者擅自改变组织作出的重大决定，或者违反议事规则，个人或者少数人决定重大事项的	给予警告、记过或者记大过处分；情节严重的，给予降级或者撤职处分
2. 在干部、职工的录用、考核、职务晋升、职称评定等工作中，隐瞒、歪曲事实真相或者利用职务上的便利违反规定为本人或者其他人谋取利益的	
3. 拒不执行组织的分配、调动、交流决定的	
4. 以不正当方式谋求本人或者其他人用公款出国（境），情节较轻的，给予警告处分；情节较重的，给予记过或者记大过处分；情节严重的，给予降级或者撤职处分	
5. 临时出国（境）团（组）或者人员，擅自延长在国（境）外期限，或擅自变更路线，造成不良影响或经济损失的，对主要责任者，给予警告、记过或者记大过处分；情节严重的，给予降级或者撤职处分	
6. 在考试、录用工作中，有泄露试题、考场舞弊、涂改考卷等违反有关规定行为的	给予警告、记过或者记大过处分；情节较重的，给予降级或者撤职处分；情节严重的，给予开除处分
7. 在干部选拔任用工作中，违反干部选拔任用规定的	对负主要责任者和其他直接责任人员，给予警告、记过或者记大过处分；情节较重的，给予降级或者撤职处分；情节严重的，给予开除处分
8. 在选举中，进行违反有关法律、法规以及其他有关章程活动的	
9. 用人失察失误造成严重后果的	

（三）违反办案纪律的行为

1. 泄露国家秘密、检察工作秘密，或者为案件当事人及其代理人和亲友打探案情、通风报信的	给予记过或者记大过处分；造成严重后果的，给予降级、撤职或者开除处分；
2. 违法使用警械、警具的	

续表

3. 体罚侮辱犯罪嫌疑人、被告人及其他人员的	给予记过或者记大过处分；造成严重后果或者恶劣影响的，给予降级、撤职或者开除处分
4. 违反规定插手经济纠纷的，对主要责任者和其他直接责任人员	
5. 非法拘禁他人或者以其他方法非法剥夺他人人身自由的	给予记过或者记大过处分；情节较重的，给予降级或者撤职处分；情节严重的，给予开除处分
6. 非法搜查他人身体、住宅，或者非法侵入他人住宅的	
7. 非法扣押、冻结公私财产的	
8. 隐匿、销毁举报、控告、申诉材料，包庇被举报人、被控告人，或者滥用职权，对举报人、控告人、申诉人、批评人报复陷害的	
9. 不依法返还扣押、冻结款物，或者侵吞、挪用、私分、私存、调换、外借、压价收购或者擅自处理扣押、冻结款物及其孳息的，对主要责任者和其他直接责任人员	
10. 私自办理案件或者干预办案的	
11. 私自会见案件当事人或其辩护人、代理人、申诉人、亲友，或者接受上述人员提供的宴请、财物、娱乐活动的	
12. 违法办案或者严重不负责任，造成犯罪嫌疑人、被告人脱逃、自杀、伤残或者证人、被害人自杀、伤残的	
13. 严重不负责任超期羁押犯罪嫌疑人的，对主要责任者和其他直接责任人员	
14. 在执法活动中，具有法定回避情形故意不依法回避，或者拒不服从回避决定，或者对符合回避条件的申请故意不作出回避决定的	
15. 违反监管法规，体罚虐待被监管人员，私自带人会见被监管人员，或者让被监管人员给自己干私活的	
16. 非法讯问犯罪嫌疑人、被告人或者非法传讯他人的	
17. 伪造、隐瞒、涂改、调换、故意损毁证据材料、诉讼文书的，给予开除处分；情节较轻的，给予撤职处分	
18. 故意作出违背案件事实的勘验、检查、鉴定结论的	给予开除处分；情节较轻的，给予降级或者撤职处分
19. 徇私枉法，对明知是无罪的人而使他受追诉，对明知是有罪的人而故意包庇不使他受追诉的	
20. 私放犯罪嫌疑人、被告人的	给予开除处分
21. 刑讯逼供的，给予开除处分；情节较轻的，给予记大过、降级或者撤职处分	

（四）贪污贿赂行为

行为	处分
1. 利用职务上的便利，侵吞、窃取、骗取或者以其他手段非法占有公共财物	情节较轻的，给予记大过处分；情节较重的，给予降级或者撤职处分；情节严重的，给予开除处分
2. 在经济往来中违反规定收受财物或者各种名义的回扣、手续费，归个人所有的，以受贿论	
3. 利用职务上的便利，通过其他国家工作人员职务上的行为，为请托人谋取不正当利益，索取请托人财物，或者非法收受、变相非法收受请托人财物的	
4. 利用职务上的便利，索取他人财物，或者非法收受、变相非法收受他人财物为他人谋取利益	
5. 以单位名义将国有资产集体私分给个人的，对主要责任者和其他直接责任人员	给予记过或者记大过处分；情节较重的，给予降级或者撤职处分；情节严重的，给予开除处分
6. 行贿或者介绍贿赂（行贿人、介绍贿赂人主动交代行贿、介绍贿赂行为的，可以减轻或者不予处分）	
7. 利用职务上的便利，挪用公款归个人使用，进行非法活动，或者进行营利活动，或者超过三个月未还	

（五）违反廉洁从检规定的行为

行为	处分
1. 利用职务上的便利，非法占有非本人经管的国家、集体和个人财物，或者以购买物品时象征性地支付钱款等方式非法占有国家、集体和个人财物，或者无偿、象征性地支付报酬接受服务、使用劳务	情节较轻的，给予记过或者记大过处分；情节较重的，给予降级或者撤职处分；情节严重的，给予开除处分
2. 利用职务上的便利，将本人或者亲属应当由个人支付的费用，由下属单位或者其他单位支付、报销的	
3. 利用职务上的便利，将配偶、子女及其配偶应当由个人支付的出国（境）留学费用，由他人支付、报销的	
4. 违反规定，接受可能影响公正执法的礼品馈赠，不登记交公	情节较轻的，给予警告、记过或者记大过处分；情节较重的，给予降级或者撤职处分；情节严重的，给予开除处分
5. 违反规定兼职或者兼职取酬的	
6. 挥霍浪费公共财产，用公款旅游，或者违反规定参与用公款支付的高消费娱乐、健身活动，或者购买、更换超过规定标准的小轿车以及对所乘坐的小轿车进行豪华装修	
7. 违反规定经商办企业，或者违反规定从事营利活动，或者利用职务上的便利为其亲友的经营活动谋取利益	
8. 利用工作上的便利，私自向发案单位或者案件当事人及其亲友借用住房、财物或者交通、通信工具的，给予警告或者记过处分；情节较重的，给予记大过处分；情节严重的，给予降级或者撤职处分。	
9. 私设"小金库"，乱收费，乱罚款，拉赞助的，对主要责任者和其他直接责任人员，给予记过或者记大过处分；情节较重的，给予降级或者撤职处分；情节严重的，给予开除处分	
10. 利用职务上的便利操办婚丧喜庆事宜，在社会上造成不良影响的，给予警告、记过或者记大过处分；情节严重的，给予降级或者撤职处分。	

（六）违反财经纪律的行为

1. 隐瞒、截留、坐拥应当上缴国家财政的赃款赃物的	对主要责任者和其他直接责任人员，给予警告、记过或者记大过处分；情节较重的，给予降级或者撤职处分；情节严重的，给予开除处分
2. 违反国有资产管理规定，造成国有资产流失的	
3. 违反政府采购和招标、投标法律、法规的	
4. 在财务管理活动中违反会计法律、法规的 **注意▶** 伪造、变造会计凭证、会计账簿，或者编制虚假财务会计报告，或者隐匿、故意销毁依法应当保存的会计凭证、会计账簿、财务会计报告的，对主要责任者和其他直接责任人员，从重或者加重处分。	
5. 违反规定将公款、公物借给他人，或者以个人名义存储公款的，给予警告处分；情节较重的，给予记过或者记大过处分；情节严重的，给予降级或者撤职处分	
6. 违反有关规定擅自开设银行账户的，对主要责任者和其他直接责任人员，给予记过或者记大过处分；情节较重的，给予降级或者撤职处分；情节严重的，给予开除处分	

（七）失职、渎职行为

1. 不正确履行职责或者严重不负责任，致使发生重大责任事故，给国家、集体资财和人民群众生命财产造成较大损失的，对主要责任者和其他直接责任人员	给予记过或者记大过处分；造成重大损失的，给予降级、撤职或者开除处分
2. 不积极履行职责，拖延办案，贻误工作的	给予警告、记过或者记大过处分；情节严重的，给予降级或者撤职处分
3. 丢失案卷、案件材料、档案或者机密文件的	
4. 违反法定诉讼程序，造成错案或者给当事人造成严重损失的	给予记过或者记大过处分；情节严重的，给予降级、撤职或者开除处分。
5. 在执法办案或者管理工作中失职、渎职，造成严重后果或者恶劣影响的	给予降级、撤职或者开除处分；情节较轻的，给予警告、记过或者记大过处分。

（八）违反警械警具和车辆管理规定的行为

1. 违反枪支管理规定，擅自携带枪支、弹药进入公共场所的	给予警告、记过或者记大过处分
2. 私存枪支、弹药的	给予降级、撤职或者开除处分
3. 将枪支、弹药借给他人使用的，给予记过或者记大过处分；造成严重后果的，给予降级、撤职或者开除处分	
4. 违反枪支管理规定，致使枪支丢失、被盗、被骗的	给予记过、记大过或者降级处分；造成严重后果的，给予撤职或者开除处分
5. 违反枪支管理规定，示枪恫吓他人或者随意鸣枪的	给予记过或者记大过处分；造成严重后果或者恶劣影响的，给予降级、撤职或者开除处分
6. 因管理使用不当，造成枪支走火，致人伤残、死亡的	给予记大过以上处分

续表

7. 违反警车、警械、警具管理规定的，给予警告、记过或者记大过处分；造成严重后果或者恶劣影响的，给予降级、撤职或者开除处分	
8. 违反交通管理法规，造成交通事故，情节较重的，给予警告、记过或者记大过处分；致人重伤、死亡或者造成重大经济损失的，给予降级、撤职或者开除处分。	
9. 违反车辆使用管理规定，造成车辆丢失或者严重损坏的	给予记过以上处分

（九）严重违反社会主义道德的行为

1. 遇到国家财产和人民群众生命财产受到严重威胁时，能救而不救	情节较重的，给予警告、记过或者记大过处分；情节严重的，给予降级、撤职或者开除处分
2. 与他人通奸，造成不良影响的 3. 注意▶ 与案件当事人及其亲属发生两性关系的，从重处分	给予警告、记过或者记大过处分；造成严重后果或者恶劣影响的，给予降级、撤职或者开除处分
4. 重婚或者包养情妇（夫）的	给予开除处分
5. 拒不承担抚养教育义务或者赡养义务	情节较重的，给予警告或者记过处分；情节严重的，给予记大过、降级或者撤职处分。
6. 虐待家庭成员情节较重或者遗弃家庭成员的，给予降级或者撤职处分；情节严重的，给予开除处分	
7. 诬告陷害他人的	给予警告、记过或者记大过处分；情节较重的，给予降级或者撤职处分；情节严重的，给予开除处分。
8. 侮辱、诽谤他人的	

（十）妨碍社会管理秩序的行为

1. 进行色情活动的，给予记大过或者降级处分；情节严重的，给予撤职或者开除处分；	
2. 嫖娼、卖淫，或者组织、强迫、介绍、教唆、引诱、容留他人嫖娼、卖淫，或者故意为嫖娼、卖淫提供方便条件的	给予开除处分
3. 走私、贩卖、运输、制造毒品，或者违反有关规定种植毒品原植物的	
4. 以营利为目的聚众赌博的	
5. 参与赌博或者为赌博提供场所的，给予警告、记过或者记大过处分；情节较重的，给予降级或者撤职处分；情节严重的，给予开除处分	
6. 制作、复制、出售、出租、传播淫秽影视书画或者其他淫秽物品	情节较轻的，给予记过或者记大过处分；情节较重的，给予降级或者撤职处分；情节严重的，给予开除处分
7. 观看淫秽影视书画，情节较重的，给予警告、记过或者记大过处分；情节严重的，给予降级或者撤职处分	

续表

8. 观看淫秽表演的	给予降级或者撤职处分；情节严重的，给予开除处分
9. 进行淫乱活动的	
10. 调戏、猥亵妇女的，给予记过或者记大过处分；造成严重后果或者恶劣影响的，给予降级、撤职或者开除处分	
11. 违反有关规定吸食、注射毒品或者其他违禁品的	给予记大过或者降级处分；情节严重的，给予撤职或者开除处分
12. 寻衅滋事，打架斗殴，情节较轻的，给予警告、记过或者记大过处分；情节较重的，给予降级或者撤职处分；情节严重的，给予开除处分	
13. 伪造、变造或者买卖、使用伪造的公文、证件、印章	情节较轻的，给予记过或者记大过处分；情节较重的，给予降级或者撤职处分；情节严重的，给予开除处分
14. 伪造、变造或者买卖、使用伪造的学历、文凭的	
15. 违反人口与计划生育法律、法规超计划生育的	给予记过或者记大过处分；情节较重的，给予降级或者撤职处分；情节严重的，给予开除处分。

五、违纪行为责任的适用

（一）情节显著轻微，经批评教育确已认识错误的，可以免予处分或者不予处分

（二）纪律处分的宣布程序

纪律处分决定作出后，应当在1个月内向受处分人所在单位及其本人宣布，并在处分决定作出后2个月内，由干部人事管理部分按照干部管理权限将处分决定材料归入处分人档案；对于受到降级以上处分的，还应当在1个月内办理职务、工资等相应变更手续。

（三）从轻或减轻处分的情形

1. 主动交代本人应当受到纪律处分的问题的；
2. 主动检举他人应当受到纪律处分的问题，经查证属实的；
3. 主动挽回损失或者有效阻止危害结果发生的；
4. 主动退出违纪违法所得的；
5. 有其他立功表现的。

注意▶ 只有开除处分一个档次的违纪行为，不适用减轻处分。

（四）从重或者加重处分的情形

1. 强迫、唆使他人违纪违法的；
2. 串供或者伪造、销毁、隐匿证据的；
3. 阻止他人揭发检举、提供证据材料的；
4. 包庇同案人员或者打击报复批评人、检举人、控告人、证人及其他人员的；
5. 有其他干扰、妨碍组织审查行为的；

（五）合并处分和共同违纪

1. 一人有两种以上应当受到处分的违纪行为，应当合并处理，按其数种违纪行为中应当受到的最高处分加重一档给予处分；其中一种违纪行为应当受到开除处分的，给予开除处分。

2. 基于一个违纪故意或者过失，其行为触犯两个以上条款，依照处分较重的条款定性处理。

3. 二人以上共同故意违纪的，对为首者，除另有规定的外，从重处分；对其他成员，按照其在共同违纪中所起的作用和应负的责任，分别给予处分。

4. 对于经济方面共同违纪的，按照个人所得数额及其所起作用，分别处分。对违纪集团的首要分子，按照集团违纪的总数额处分；对其他共同违纪的为首者，情节严重的，按照共同违纪的总数额处分。

六、处分的变更和解除

（一）处分的解除

1. 处分影响期满，由受处分人提出申请，经所在单位或部门提出意见后报原处分决定单位作出解除处分的决定。

2. 解除处罚决定应当在1个月内书面通知受处分人，并在有关范围内宣布。解除处罚决定应当在解除处分决定作出后的2个月内，由干部人事管理部门归入受处分人档案。

3. 解除降级、撤职处分，不视为不恢复原职务、级别；但以后晋升职务、级别和工资档次不受原处分影响。

（二）处分的变更

1. 受处分人在处分影响期内获得一等功以上奖励的，可以缩短处分影响期，但缩短后的期限不得少于原处分影响期的1/2；

2. 在处分决定作出后发现受处分人另有应当受到纪律处分的同一性质的错误，或者受处分人在处分影响期内又犯应当受到纪律处分的同一性质的错误，应当根据新犯错误的事实、情节和应受到的处分，决定延长原处分影响期或者重新作出处分决定。

第四章

律师制度与律师职业道德

第一节 律师制度概述

我国律师制度的社会主义性质决定了其应当维护当事人的合法权益,维护法律的正确实施,维护社会公平正义。

一、世界各国的律师管理体制

日本、法国	律师协会行业管理模式
德国	司法行政机关监督、指导下的律师协会行业管理模式
美国、英国	律师协会行业管理与法院监督结合的管理模式

二、我国律师制度的管理体制

司法行政机关行政管理和律师协会行业管理相结合的管理体制。

(一)行政管理

1. 司法行政部门对律师、律所和律协进行监督、指导。
2. 行政管理的主要内容:
(1)颁发律师执业证书;
(2)处罚律师和律师事务所的违法行为;
(3)处罚没有取得律师执业证书而从事律师业务的行为;

(4) 批准律师事务所的设立并颁发律师事务所执业证书；

(5) 审查律师事务所分所的设立和律师事务所名称、住所、章程、合伙人的变更或律师事务所的解散；

（二）行业管理

1. 律师协会是社团法人，是律师的自律性组织：中华全国律师协会（全国，1986年7月成立）和地方律师协会（省级地方必须设立；设区的市根据需要设立）

2. 律师和律所应当加入所在地的地方律协；一旦加入，同时便是全国律协的会员。律师应当按时缴纳会费。

3. 律师协会的职责：维护律师合法权益；总结交流律师工作经验；制定行业规范和惩戒规则；组织律师业务培训和职业道德、纪律教育，对其执业活动进行考核；组织管理申请律师执业人员的实习及考核；对律师、律师事务所实施奖励和惩戒；受理对律师的投诉、举报，调解律师执业过程中发生的纠纷，受理律师的申诉。

4. 律师参加国际性律师组织并成为其会员的，以及以中国律师身份参加境外会议等活动的，应当报律师协会备案。

5. 律师和律所因执业行为成为刑、民事被告，或者受到行政机关调查、处罚的，应当向律师协会书面报告。

第二节 律师

注意▶ 一般认为律师起源于古罗马时期。近代的律师制度发展完善是17、18世纪资产阶级革命的积极产物。律师不同于我国古代的讼师、状师。

一、律师的特征

1. 专业性	受过法律专业训练，具有法律专业知识。
2. 服务性	为当事人提供法律服务，通过自身的专业知识和法律技能获得报酬。
3. 受托性	律师接受委托或指定，为当事人提供法律服务，因此其业务不是基于权力，其不属于国家法律工作人员，而是自由职业者。

二、律师执业的资格条件

1. 正常条件	（1）拥护我国宪法
	（2）通过统一司法考试：具有高等院校本科以上学历；适用前述学历条件确有困难的地区，经国务院司法行政部门审核确定，在一定期限内，可以将学历条件放宽为高等院校法律专业专科学历

续表

1. 正常条件	（3）在律师事务所实习满1年（参加律协组织的集中培训和律所安排的实务训练，实习期满接受律协的考核）；
	（4）品行良好；
2. 特殊条件	具有高等院校本科以上学历，在法律服务人员紧缺领域从事专业工作满十五年，具有高级职称或者同等专业水平并具有相应的专业法律知识的人员，申请专职律师执业的，经国务院司法行政部门考核合格，准予执业。
3. 禁止条件	有下列情形之一的，不予颁发律师执业证书： （1）无民事行为能力或者限制民事行为能力的； （2）受过刑事处罚的，但过失犯罪的除外； （3）被开除公职或者被吊销律师执业证书的。
4. 限制条件	（1）公务员不能兼任执业律师； （2）律师可兼任人大常委会组成人员，但任职期间不得从事诉讼代理或辩护业务； （3）法官（检察官）离任后二年内，不得以律师身份担任诉讼代理人或者辩护人。离任后不得担任原任职单位受理案件的诉讼代理人或者辩护人； （4）律师只能在一个律师事务所执业。

二、申请律师执业证书的程序

▶注意▶

1. 我国实行律师资格与律师执业相分离的制度，即取得律师资格后，只有同时满足其他条件，且本人提出执业申请，经司法行政机关批准并颁发律师执业证书，方可从事律师执业活动；如果取得律师资格后，不从事律师工作的，可以保留律师资格。

2. 没有取得律师执业证书的人员，不得以律师名义从事法律服务业务；除法律另有规定外，不得从事诉讼代理或者辩护业务。

（一）申领证书的条件和程序

1. 申请	受理：向设区的市级或者直辖市的区政府司法行政部门书面申请	
	提交（1）执业申请书；（2）司考合格证书；（3）律协出具的实习考核合格证书；（4）本人身份证明；（5）律所出具的同意接收证明。申请兼职执业的，还应提交；（6）所在单位同意的证明	
	由律师事务所统一报送住所地的司法行政机关	
2. 审查	受理申请的部门应自受理之日起20日内审查；	
	将审查意见和全部申请材料报送省级政府司法行政部门；	
3. 批准发证	省级司法行政部门应自收到报送材料之日起10日内审核；	
	作出是否准予执业的决定	准予执业的，决定之日起10日内颁发律师执业证书；
		不准予执业的，向申请人书面说明理由。

（二）律师执业证

1. 律师执业应当出示律师执业证书。
2. 律师应当妥善保管执业证书，不得变造、涂改、抵押、出借、出租和故意毁损。

三、律师宣誓制度【新增考点】

1. 根据：司法部 2012 年 2 月 3 日《关于建立律师宣誓制度的决定》
2. 对象：经司法行政机关许可，首次取得或者重新申请取得律师执业证书的人员
3. 形式：在获得执业许可之日起 3 个月内，分批集中进行宣誓
4. 组织：设区的市级或直辖市司法行政机关会同律师协会组织进行
5. 宣誓仪式：

（1）会场悬挂中华人民共和国国旗；

（2）由司法行政机关负责人主持，领誓人由律师协会会长或者副会长担任；

（3）设监誓人，由司法行政机关和律师协会各派一名工作人员担任；

（4）宣誓人宣誓时，应着律师职业装（或律师袍），免冠，佩戴中华全国律师协会会徽，成立正姿势，面向国旗，右手握拳上举过肩，随领誓人宣誓；

（5）宣读誓词应当发音清晰、准确，语音铿锵有力。

6. 宣誓程序：

（1）宣誓人面向国旗列队站立，唱国歌；

（2）领誓人逐句领读誓词，宣誓人跟读，领誓人领读完誓词、读毕"宣誓人"后，宣誓人自报姓名；

（3）宣誓人在誓词上签署姓名、宣誓日期。

注意 ▶ 经宣誓律师签署姓名的誓词一式两份，一份由宣誓律师收执，一份存入该律师执业档案。

7. 宣誓誓词：

我志愿成为一名中华人民共和国执业律师，我保证忠实履行中国特色社会主义法律工作者的神圣使命，忠于祖国，忠于人民，拥护中国共产党的领导，拥护社会主义制度，维护宪法和法律尊严，执业为民，勤勉敬业，诚信廉洁，维护当事人合法权益，维护法律正确实施，维护社会公平正义，为中国特色社会主义事业努力奋斗！

四、律师的业务范围

我国实行律师业务的法定化原则。

（一）接受自然人、法人或者其他组织的委托，担任法律顾问；

律师担任法律顾问的，应当按照约定为委托人就有关法律问题提供意见，草拟、审查法律文书，代理参加诉讼、调解或者仲裁活动，办理委托的其他法律事务，维护委托人的合法权益。

（二）接受民事案件、行政案件当事人的委托，担任代理人，参加诉讼；

（三）接受刑事案件犯罪嫌疑人、被告人的委托或者依法接受法律援助机构的指派，担任辩护人，接受自诉案件自诉人、公诉案件被害人或者其近亲属的委托，担任代理人，参加诉讼；

★律师担任辩护人的，应当根据事实和法律，维护犯罪嫌疑人、被告人的诉讼权利和其他合法权益。

（四）接受委托，代理各类诉讼案件的申诉；

（五）接受委托，参加调解、仲裁活动；

（六）接受委托，提供非诉讼法律服务；

★律师担任诉讼法律事务代理人或者非诉讼法律事务代理人的，应当在受委托的权限内，维护委托人的合法权益。

（七）解答有关法律的询问、代写诉讼文书（代书）和有关法律事务的其他文书。

▶注意▶

1. 律师承办业务，必须由律师事务所统一接受委托，与委托人签订书面委托合同，并按照国家规定统一收取费用并如实入账；律师承办业务的依据是委托人与律师事务所签订的委托合同和委托人出具的授权委托书；

2. 除法定情况外，律师执业不受地域限制。

3. 律师代书，是以当事人名义写的，写完后交给当事人凭它去进行法律行为，当事人自己承担由此引起的法律后果。律师除了按当事人需求书写文书之外，并不进行任何法律行为，对其书写的法律文书引起的后果不负责任。所以，律师代写的法律文书应当反映当事人的意志和要求，不能超越、缩小和曲解当事人的要求。但律师代书只能反映委托人的合法意志，对当事人提出的一些无理、非法的要求，律师应予以说服、规劝，甚至拒绝代书。

五、律师的权利

（一）接受辩护委托权、代理委托权

1. 犯罪嫌疑人自被侦查机关第一次讯问或者采取强制措施之日起，有权委托辩护人； 2. 被告人有权随时委托辩护人。 注意▶在侦查期间，只能委托律师作为辩护人。
3. 办案机关在办理案件中应当依法告知当事人有权委托辩护人、诉讼代理人。 （1）侦查机关在第一次讯问犯罪嫌疑人或者对犯罪嫌疑人采取强制措施的时候，应当告知犯罪嫌疑人有权委托辩护人。 （2）人民检察院自收到移送审查起诉的案件材料之日起三日以内，应当告知犯罪嫌疑人有权委托辩护人。 （3）人民法院自受理案件之日起三日以内，应当告知被告人有权委托辩护人。
4. 犯罪嫌疑人、被告人在押期间要求委托辩护人的，人民法院、人民检察院和公安机关应当及时转达其要求。 5. 犯罪嫌疑人、被告人在押的，也可以由其监护人、近亲属代为委托辩护人。 注意▶在押犯罪嫌疑人、被告人可以本人要求委托，也可以由监护人、近亲属代为委托。

续表

6. 对于**符合法律援助条件而没有委托**辩护人或者诉讼代理人的，办案机关应当**及时告知当事人有权申请**法律援助，并按照相关规定向法律援助机构转交申请材料。 7. 办案机关发现犯罪嫌疑人、被告人**属于依法应当提供法律援助的情形**的，应当及时通知法律援助机构指派律师为其提供辩护。
8. **辩护律师接受犯罪嫌疑人、被告人委托或者法律援助机构的指派后，应当告知办案机关**，并可以依法向办案机关了解犯罪嫌疑人、被告人涉嫌或者被指控的罪名及当时已查明的该罪的主要事实，犯罪嫌疑人、被告人被采取、变更、解除强制措施的情况，侦查机关延长侦查羁押期限等情况，**办案机关应当依法及时告知辩护律师**。 **说明**➡️律师受委托或指派后，告知办案机关，这是义务；受托后，是否向办案机关了解相关信息，这是律师的权利，可以了解，也可以不了解；但一旦律师要求了解，对办案机关来说，依法及时告知相关信息就是义务，所以是应当。

（二）知情权

人民法院要不断完善审判流程公开、裁判文书公开、执行信息公开"**三大平台**"建设，方便律师及时获取诉讼信息。

1. 侦查机关应当在案件移送审查起诉后三日以内，人民检察院应当在提起公诉后三日以内，将案件移送情况告知辩护律师。 **说明**➡️**案件移送到下一个办案机关，上一个办案机关应当告诉律师。** **说明**➡️移交决定作出之后，往往是三日内告知。
2. 办案机关作出移送审查起诉、退回补充侦查、提起公诉、延期审理、二审不开庭审理、宣告判决等重大程序性决定的，以及人民检察院将直接受理立案侦查案件报请上一级人民检察院审查决定逮捕的，应当依法及时告知辩护律师。 **说明**➡️重大程序性决定作出后，及时告知律师，这是办案机关的义务。
3. **案件提起公诉后**，人民检察院对案卷所附证据材料有调整或者补充的，应当及时告知辩护律师。
4. **人民法院对诉讼程序、诉权保障、调解和解、裁判文书等重要事项及相关进展情况，应当依法及时告知律师。** **说明**➡️不是所有事项都及时告知律师，只是重要事项及相关进展情况。
5. 律师申请查阅人民法院录制的庭审过程的录音、录像的，人民法院应当准许。 **说明**➡️律师申请看录像，法院"应当"准许，不得拒绝。

（三）会见权

1. 犯罪嫌疑人被侦查机关第一次讯问或者采取强制措施之日起，受委托的律师凭律师执业证书、律师事务所证明和委托书或者法律援助公函，有权会见犯罪嫌疑人、被告人并了解有关案件情况。 **注意**➡️安排会见前只查验三个文件：律师执业证书、律所证明、委托书（或法律援助公函）。其中没有身份证。
2. 辩护律师持律师执业证书、律师事务所证明和委托书或者法律援助公函要求会见在押的犯罪嫌疑人、被告人的，看守所在**查验律师执业证书**、律师事务所证明和委托书或者法律援助公函后，应当及时安排会见，至迟不得超过四十八小时。 （1）能当时安排的，应当当时安排； （2）不能当时安排的，看守所应当向辩护律师说明情况，并保证辩护律师在四十八小时以内会见到在押的犯罪嫌疑人、被告人。 **注意**➡️看守所安排会见不得附加其他条件或者变相要求辩护律师提交法律规定以外的其他文件、材料，不得以未收到办案机关通知为由拒绝安排辩护律师会见。 **说明**➡️原则上应当当时安排；48小时会见到是例外。

续表

3. 看守所应当设立会见预约平台，采取网上预约、电话预约等方式为辩护律师会见提供便利，但不得以未预约会见为由拒绝安排辩护律师会见。
说明➡设立会见预约平台是为了给辩护律师提供便利；但未预约，也可会见，看守所不得拒绝；预约并非会见的必要条件。

4. 辩护律师会见在押的犯罪嫌疑人、被告人时，看守所应当采取必要措施，保障会见顺利和安全进行。
（1）看守所应当保障律师履行辩护职责需要的时间和次数，并与看守所工作安排和办案机关侦查工作相协调。
（2）辩护律师会见犯罪嫌疑人、被告人时不被监听，办案机关不得派员在场。
（3）在律师会见室不足的情况下，看守所经辩护律师书面同意，可以安排在讯问室会见，但应当关闭录音、监听设备。
说明➡原则上应安排在律师会见室会见；会见室不足，可以安排在讯问室会见，但有两个条件：经辩护律师书面同意；关闭录音、监听设备。

5. 犯罪嫌疑人、被告人委托两名律师担任辩护人的，两名辩护律师可以共同会见，也可以单独会见。
6. 辩护律师可以带一名律师助理协助会见。助理人员随同辩护律师参加会见的，应当出示律师事务所证明和律师执业证书或申请律师执业人员实习证。办案机关应当核实律师助理的身份。
说明➡只要是会见，都要核验身份。
注意▶两名辩护律师可以共同会见，也可以单独会见。
说明➡辩护律师最多可以带一名律师助理协助会见。

7. 辩护律师在侦查期间要求会见危害国家安全犯罪、恐怖活动犯罪、特别重大贿赂犯罪案件在押的犯罪嫌疑人的，应当向侦查机关提出申请。
（1）侦查机关应当依法及时审查辩护律师提出的会见申请，在三日以内将是否许可的决定书面答复辩护律师，并明确告知负责与辩护律师联系的部门及工作人员的联系方式。
（2）对许可会见的，应当向辩护律师出具许可决定文书；
（3）因有碍侦查或者可能泄露国家秘密而不许可会见的，应当向辩护律师说明理由。有碍侦查或者可能泄露国家秘密的情形消失后，应当许可会见，并及时通知看守所和辩护律师。
（4）对特别重大贿赂案件在侦查终结前，侦查机关应当许可辩护律师至少会见一次犯罪嫌疑人。
说明➡三类犯罪在侦查阶段的会见，应当申请；既然要申请，侦查机关就应当审查。不论许可不许可，都要书面答复，不许可要说明理由。
说明➡特别重大的贿赂案件，侦查阶段至少见一次。

8. 自案件移送审查起诉之日起，辩护律师会见犯罪嫌疑人、被告人，可以向其核实有关证据。
9. 辩护律师会见在押的犯罪嫌疑人、被告人，可以根据需要制作会见笔录，并要求犯罪嫌疑人、被告人确认无误后在笔录上签名。
说明➡除非涉及向办案机关申请，凡是以律师为主体的，基本都属于权利，是"可以"。

10. 辩护律师会见在押的犯罪嫌疑人、被告人需要翻译人员随同参加的，应当提前向办案机关提出申请，并提交翻译人员身份证明及其所在单位出具的证明。
（1）办案机关应当及时审查并在三日以内作出是否许可的决定。
（2）许可翻译人员参加会见的，应当向辩护律师出具许可决定文书，并通知看守所。
（3）不许可的，应当向辩护律师书面说明理由，并通知其更换。
（4）翻译人员应当持办案机关许可决定文书和本人身份证明，随同辩护律师参加会见。
说明➡只要是涉及向办案机关申请，对律师而言，而不可能是"可以"申请也"可以"不申请，而是"应当"申请。

①看守所为律师提供网上预约会见平台服务，并提示律师如未按期会见必须重新预约方可会见（错误）

②国家安全机关在侦查危害国家安全犯罪期间，多次不批准律师会见申请并且说明理由（正确）

（四）解除委托关系的会见

1. 在押的犯罪嫌疑人、被告人提出解除委托关系的，办案机关应当要求其出具或签署书面文件，并在三日以内转交受委托的律师或者律师事务所。
   注意▶解除委托关系非常重大，必须有书面文件；没有书面文件，办案机关不得转达。

2. 辩护律师可以要求会见在押的犯罪嫌疑人、被告人，当面向其确认解除委托关系，看守所应当安排会见；但犯罪嫌疑人、被告人书面拒绝会见的，看守所应当将有关书面材料转交辩护律师，不予安排会见。
   说明➡辩护律师与犯罪嫌疑人、被告人会见，是其权利，看守所应当安排；但如果嫌疑人、被告人书面拒绝会见，看守所自然不应安排会见。

3. 在押的犯罪嫌疑人、被告人的监护人、近亲属代为解除委托辩护律师关系的：
   （1）经犯罪嫌疑人、被告人同意的，看守所应当允许新代为委托的辩护律师会见，由犯罪嫌疑人、被告人确认新的委托关系；
   （2）犯罪嫌疑人、被告人不同意解除原辩护律师的委托关系的，看守所应当终止新代为委托的辩护律师会见。
   说明➡看守所是否应当允许或终止新代为委托的辩护律师会见，视犯罪嫌疑人、被告人是否同意而定。

（五）通信权

看守所应当及时传递辩护律师同犯罪嫌疑人、被告人的往来信件。看守所可以对信件进行必要的检查，但不得截留、复制、删改信件，不得向办案机关提供信件内容，但信件内容涉及危害国家安全、公共安全、严重危害他人人身安全以及涉嫌串供、毁灭证据等情形的除外。
说明➡可以向办案机关提供信件内容的情况，不包括危害他人财产安全的情况。
说明➡对信件进行检查不是必须进行的，可以检查，也可以不检查。不论是否检查，传递信件都应当及时。

（六）阅卷权

1. 受委托的律师自检察院对案件审查起诉之日起，有权查阅、摘抄和复制本案的诉讼文书和案卷材料。受委托的律师自案件被法院受理之日起，有权查阅、摘抄和复制与案件有关的所有材料。
   注意▶其他辩护人经法院、检察院许可，也可以查阅、摘抄、复制上述材料。
   注意▶诉讼文书和案卷材料的查阅、摘抄和复制是在检察院对案件审查起诉之日起；与本案有关的所有材料的查阅、摘抄和复制是在法院受理案件之日起。
   注意▶人民检察院检察委员会的讨论记录、人民法院合议庭、审判委员会的讨论记录属于工作秘密，不能公开，不得查阅、摘抄、复制。

续表

2. 案件提起公诉后，人民检察院对案卷所附证据材料有调整或者补充的，辩护律师有权查阅、摘抄、复制。
说明➡证据材料有变化，当然应当及时告诉律师做准备。

3. 辩护律师办理申诉、抗诉案件，在人民检察院、人民法院经审查决定立案后，可以持律师执业证书、律师事务所证明和委托书或者法律援助公函到案卷档案管理部门、持有案卷档案的办案部门查阅、摘抄、复制已经审理终结案件的案卷材料。
说明➡已经审结的案子，经申诉、抗诉决定再立案的，律师当然"可以"查阅相应的案卷材料。

4. 辩护律师提出阅卷要求的，人民检察院、人民法院应当当时安排辩护律师阅卷，无法当时安排的，应当向辩护律师说明并安排其在三个工作日以内阅卷，不得限制辩护律师阅卷的次数和时间。
说明➡对律师申请阅卷的，应当在合理时间内安排：原则上应当是当时安排，而不是及时安排。
说明➡案卷材料被其他诉讼主体查阅的，应当协调安排各方阅卷时间。
注意▶阅卷的次数和时间不得限制。

5. 人民检察院、人民法院应当为辩护律师查阅、摘抄、复制案卷材料提供便利，有条件的地方可以推行电子化阅卷，允许刻录、下载材料。有条件的地方可以设立阅卷预约平台。
说明➡鉴于目前条件所限，电子化阅卷（网上卷宗查阅服务）、阅卷预约平台只在有条件的地方推行，不做强制要求。
说明➡纸质化的案件材料可以摘抄、复制，那电子化阅卷自然也应当允许刻录、下载。

6. 人民检察院、人民法院应当为辩护律师阅卷提供场所和便利，配备必要的设备。
（1）因复制材料发生费用的，只收取工本费用。
（2）律师办理法律援助案件复制材料发生的费用，应当予以免收或者减收。
（3）辩护律师可以采用复印、拍照、扫描、电子数据拷贝等方式复制案卷材料；
（4）辩护律师可以根据需要带律师助理协助阅卷。办案机关应当核实律师助理的身份。
说明➡只要依法查阅的，就应当提供场所和设施。
说明➡复制案卷材料不是不收费，而是只收工本费。法律援助案件，"应当"减免费用。
说明➡一个人看不过来，可以在阅卷时带助理协助，但律师助理的身份必须经过核实。

7. 辩护律师查阅、摘抄、复制的案卷材料属于国家秘密的，应当经过人民检察院、人民法院同意并遵守国家保密规定。
8. 律师不得违反规定，披露、散布案件重要信息和案卷材料，或者将其用于本案辩护、代理以外的其他用途。
说明➡专案专用，律师不得将案卷信息用于本案之外的用途。
说明➡应当经法院、检察院同意且遵守国家保密规定才能查阅复制的案卷材料，只包括属于"国家秘密"的，不包括个人隐私、商业秘密的。
注意▶属于国家秘密的材料不是绝对不能看，而是应当经过法院、检察院的同意。

（七）提交材料

1. 辩护律师提交与案件有关材料的，办案机关应当在工作时间和办公场所予以接待，当面了解辩护律师提交材料的目的、材料的来源和主要内容等有关情况并记录在案，与相关材料一并附卷，并出具回执。
说明➡接收律师提交的材料，应当在工作时间和办公场所接待，不得私下接触。
说明➡接收了材料，要给回执。

续表

> 2. 辩护律师应当提交原件，提交原件确有困难的，经办案机关准许，也可以提交复印件，经与原件核对无误后由辩护律师签名确认。
> 　　说明➡律师原则上应当提交材料的原件，不是"可以"提交原件。
> 　　说明➡"可以"提交复印件的条件有三个：提交原件有困难、办案机关准许、与原件核对无误后律师签名确认。

> 3. 辩护律师通过服务平台网上提交相关材料的，办案机关应当在网上出具回执。辩护律师应当及时向办案机关提供原件核对，并签名确认。
> 　　说明➡提交电子材料，只要接收了，也要给回执，但"应当在网上出具回执"：也就是电子来，电子去。
> 　　说明➡电子件提交完了，由于证明力不确定，所以辩护律师"应当及时向办案机关提供原件核对并签名确认"。

（八）申请调取、收集证据

> 1. 律师因客观原因无法自行收集证据的，可以依法向人民法院书面申请调取证据。

> 2. 辩护律师申请人民检察院、人民法院收集、调取证据的，人民检察院、人民法院应当在三日以内作出是否同意的决定，并通知辩护律师。
> 　　说明➡律师申请办案机关收集调取证据，办案机关做决定的时间是"三日以内"。

> 3. 辩护律师书面提出有关申请时，办案机关不许可的，应当书面说明理由；辩护律师口头提出申请的，办案机关可以口头答复。
> 　　说明➡书面对书面，口头对口头。书面申请应当书面回复；口头申请，可以口头答复。

> 4. 在刑事诉讼审查起诉、审理期间，辩护律师书面申请调取公安机关、人民检察院在侦查、审查起诉期间收集但未提交的证明犯罪嫌疑人、被告人无罪或者罪轻的证据材料的，人民检察院、人民法院应当依法及时审查。
> 　（1）经审查，认为辩护律师申请调取的证据材料已收集并且与案件事实有联系的，应当及时调取。相关证据材料提交后，人民检察院、人民法院应当及时通知辩护律师查阅、摘抄、复制。
> 　（2）经审查决定不予调取的，应当书面说明理由。
> 　　说明➡办案机关收集了但不提交的有利证据，律师书面申请调取的，检察院、法院"应当"审查。
> 　　注意▶律师申请调取证据，法院要做合法性判断，判断该证据是否与案件有关，是否符合法律要求；只有符合法定条件，法官才予以准许。

> 5. 辩护律师申请向被害人或者其近亲属、被害人提供的证人收集与本案有关的材料的，人民检察院、人民法院应当在七日以内作出是否许可的决定，并通知辩护律师。
> 　　说明➡申请相对方收集证据的，检察院、法院作出是否许可的决定要在"七日内"。

> 6. 辩护律师申请向正在服刑的罪犯收集与案件有关的材料的，监狱和其他监管机关在查验律师执业证书、律师事务所证明和犯罪嫌疑人、被告人委托书或法律援助公函后，应当及时安排并提供合适的场所和便利。正在服刑的罪犯属于辩护律师所承办案件的被害人或者其近亲属、被害人提供的证人的，应当经人民检察院或者人民法院许可。
> 　　说明➡律师申请向正在服刑的罪犯收集证据，原则上不需要许可，监管机关应当及时安排。如果该罪犯属于对方阵营，则应当经法院、检察院许可。

（九）反映意见

1. 侦查机关在案件侦查终结前，人民检察院、人民法院在审查批准、决定逮捕期间，最高人民法院在复核死刑案件期间，辩护律师提出要求的，办案机关应当听取辩护律师的意见。人民检察院审查起诉、第二审人民法院决定不开庭审理的，应当充分听取辩护律师的意见。
说明➡️律师有意见，办案机关就应当听取。

2. 辩护律师要求当面反映意见或者提交证据材料的，办案机关应当依法办理，并制作笔录附卷。辩护律师提出的书面意见和证据材料，应当附卷。

（十）申请变更或解除强制措施

辩护律师书面申请变更或者解除强制措施的，办案机关应当在三日以内作出处理决定。辩护律师的申请符合法律规定的，办案机关应当及时变更或者解除强制措施；经审查认为不应当变更或者解除强制措施的，应当告知辩护律师，并书面说明理由。

说明➡️书面申请变更或解除强制措施，办案机关处理决定的作出时间是"三日内"。

（十一）举证和非法证据排除

1. 辩护律师在侦查、审查起诉、审判期间发现案件有关证据存在《刑事诉讼法》第五十四条规定的情形的，可以向办案机关申请排除非法证据。
说明➡️申请排除非法证据属于律师的权利，是"可以"。

2. 辩护律师在开庭以前申请排除非法证据，人民法院对证据收集合法性有疑问的，应当召开庭前会议，就非法证据排除问题了解情况，听取意见。庭审过程中发生类似情况，法官应当进行法庭调查。
说明➡️在开庭之前律师申请排除，法院对合法性也有疑问，就"应当"召开庭前会议。
注意▶️即便经审查有疑问，也不应直接排除，先应召开庭前会议或进行法庭调查，再依法决定是否予以排除。

（十二）庭前申请

辩护律师在开庭以前提出召开庭前会议、回避、补充鉴定或者重新鉴定以及证人、鉴定人出庭等申请的，人民法院应当及时审查作出处理决定，并告知辩护律师。

（十三）开庭

1. 人民法院确定案件开庭日期时，应当为律师出庭预留必要的准备时间并书面通知律师。（1）律师因开庭日期冲突等正当理由申请变更开庭日期的，人民法院应当在不影响案件审理期限的情况下，予以考虑（在征询其他当事人意见后）并调整日期，决定调整日期的，应当及时通知律师。
（2）因特殊情况更改开庭日期的，应当提前三日告知律师。
说明➡️开庭日期必须书面通知。
说明➡️留出三日的时间，方便律师提前安排职业活动。
说明➡️开庭日期涉及各方当事人，因此律师虽基于正当理由请求变更，法官也应在征询其他当事人意见之后方可准许。

2. 律师可以根据需要，向人民法院申请带律师助理参加庭审（法院应当准许）。
说明➡️带律师助理参加庭审需要向法院申请。
说明➡️律师助理只能"助理"、"协助"，从事相关辅助工作，不得发表辩护、代理意见。

续表

3. 有条件的人民法院应当建立律师参与诉讼专门通道，律师进入人民法院参与诉讼确需安全检查的，应当与出庭履行职务的检察人员同等对待。有条件的人民法院应当设置专门的律师更衣室、休息室或者休息区域，并配备必要的桌椅、饮水及上网设施等，为律师参与诉讼提供便利。
　　说明➡律师参与诉讼专门通道、专门的更衣室、休息室只有"有条件的"法院应当建立，不是要求所有法院。
　　说明➡控辩平衡，安检也要和检察人员同等对待。

4. 法庭审理过程中，经审判长准许，律师可以向当事人、证人、鉴定人和有专门知识的人发问。
　　说明➡庭审中，律师向相关主体发问，必须"经审判长准许"。

（十四）辩论、辩护权

1. 法庭审理过程中，律师可以就证据的真实性、合法性、关联性，从证明目的、证明效果、证明标准、证明过程等方面，进行法庭质证和相关辩论。法庭审理过程中，律师可以就案件事实、证据和适用法律等问题，进行法庭辩论。
　　说明➡从哪些角度和侧面进行质证和辩论，是律师的权利，所以是"可以"。

2. 法庭审理过程中，法官应合理分配诉讼各方发问、质证、陈述和辩论、辩护的时间，充分听取律师意见，注重诉讼权利平等和控辩平衡。对于律师发问、质证、辩论的内容、方式、时间等，法庭应当依法公正保障，以便律师充分发表意见，查清案件事实。
　　说明➡要为参与诉讼的各方提供平等的机会，不论是陈述方还是辩论辩护方，都要平等对待。

3. 法庭审理过程中，法官可以对律师的发问、辩论进行引导，除发言过于重复、相关问题已在庭前会议达成一致、与案件无关或者侮辱、诽谤、威胁他人、故意扰乱法庭秩序的情况外，法官不得随意打断或者制止律师按程序进行的发言。
　　说明➡法官不得随意打断或制止律师发言，但"可以"引导其发问、辩论。
　　注意➡可以打断的几种情况：发言过于重复；相关问题已经在庭前会议达成一致了；与案件无关；侮辱、诽谤、威胁他人；故意扰乱法庭秩序。

4. 法庭审理过程中，律师可以提出证据材料，申请通知新的证人、有专门知识的人出庭，申请调取新的证据，申请重新鉴定或者勘验、检查。在民事诉讼中，申请有专门知识的人出庭，应当在举证期限届满前向人民法院申请，经法庭许可后才可以出庭。
　　说明➡民事诉讼对举证期限有着特殊的重视。

5. 法庭审理过程中，遇有被告人供述发生重大变化、拒绝辩护等重大情形，经审判长许可，辩护律师可以与被告人进行交流。
　　说明➡庭审中，被告人供述变化重大或拒绝辩护，情况突然且对律师影响甚大，律师当然"可以"与被告人交流，但必须"经审判长许可"。

6. 辩护律师作无罪辩护的，可以当庭就量刑问题发表辩护意见，也可庭后提交量刑辩护意见。
　　说明➡律师进行无罪辩护的话，不要求必须在当庭就量刑问题发表辩护意见。因为无罪辩护，本来就意味着没有必要就量刑问题进行发言。

7. 律师在法庭上发表的代理、辩护意见不受法律追究。但是，发表危害国家安全、恶意诽谤他人、严重扰乱法庭秩序的言论除外。
　　注意➡受法律追究的只有发表危害国家安全、恶意诽谤他人、严重扰乱法庭秩序三类言论，其他的言论并不追究责任。

（十五）休庭

1. 法庭审理过程中，有下列情形之一的，律师可以向法庭申请休庭：
（1）辩护律师因法定情形拒绝为被告人辩护的；
（2）被告人拒绝辩护律师为其辩护的；
（3）需要对新的证据作辩护准备的；
（4）其他严重影响庭审正常进行的情形。
说明➡上述情形出现之后，律师"可以"向法庭申请休庭，由法庭来决定是否休庭。

2. 法庭审理过程中，律师就回避，案件管辖，非法证据排除，申请通知证人、鉴定人、有专门知识的人出庭，申请通知新的证人到庭，调取新的证据，申请重新鉴定、勘验等问题当庭提出申请，或者对法庭审理程序提出异议的，法庭原则上应当休庭进行审查，依照法定程序作出决定。
（1）其他律师有相同异议的，应一并提出，法庭一并休庭审查。
（2）法庭决定驳回申请或者异议的，律师可当庭提出复议。经复议后，律师应当尊重法庭的决定，服从法庭的安排。
说明➡庭审中，律师就重要事项提出申请或异议，法庭原则上应当"休庭"去审查。
说明➡法庭决定驳回申请或异议的，律师有权（可以）当庭提出复议。
说明➡复议后，不论法庭如何决定，律师均"应当"服从安排。

 躲坑大练习

③在庭审中，作无罪辩护的律师请求就被告量刑问题发表辩护意见，合议庭经合议后当庭拒绝律师请求（错误，原则上应当休庭进行审查）

（十六）律师意见的记载

1. 律师不服法庭决定保留意见的内容应当详细记入法庭笔录，可以作为上诉理由，或者向同级或者上一级人民检察院申诉、控告。
说明➡律师不服要详细记录，可以作为上诉理由或据此申诉控告。

2. 人民法院适用普通程序审理案件，应当在裁判文书中写明律师依法提出的辩护、代理意见，以及是否采纳的情况，并说明理由。
说明➡普通程序才要求写明，如果简易程序就不搞这么复杂了。

（十六）律师权益保障

1. 律师因依法执业受到侮辱、诽谤、威胁、报复、人身伤害的，有关机关应当及时制止并依法处理，必要时对律师采取保护措施。
注意➡案件审理过程中出现当事人矛盾激化，可能危及律师人身安全情形的，应当及时采取必要措施。

2. 侦查机关依法对在诉讼活动中涉嫌犯罪的律师采取强制措施后，应当在四十八小时以内通知其所在的律师事务所或者所属的律师协会。
说明➡强制律师应当在48小时内通知律所或律协。

3. 律师认为办案机关及其工作人员明显违反法律规定，阻碍律师依法履行辩护、代理职责，侵犯律师执业权利的，可以向该办案机关或者其上一级机关投诉。
说明➡律师可向办案机关或其上一级机关投诉。

4. 办案机关应当对律师的投诉及时调查，律师要求当面反映情况的，应当当面听取律师的意见。经调查情况属实的，应当依法立即纠正，及时答复律师，做好说明解释工作，并将处理情况通报其所在地司法行政机关或者所属的律师协会。 说明➡要求当面讲，应当当面听。
5. 律师认为办案机关及其工作人员阻碍其依法行使执业权利的，可以向其所执业律师事务所所在地的市级司法行政机关、所属的律师协会申请维护执业权利。情况紧急的，可以向事发地的司法行政机关、律师协会申请维护执业权利。事发地的司法行政机关、律师协会应当给予协助。 说明➡执业权利受到阻碍，律师一般可以向律所所在地的市级司法行政机关、所属律协申请维护权利。 说明➡情况紧急的，在哪里受阻碍，就可以向哪里的司法行政机关、律协申请维护权利。
6. 司法行政机关、律师协会应当建立维护律师执业权利快速处置机制和联动机制，及时安排专人负责协调处理。律师的维权申请合法有据的，司法行政机关、律师协会应当建议有关办案机关依法处理，有关办案机关应当将处理情况及时反馈司法行政机关、律师协会。 说明➡司法行政机关、律协"应当""建议"办案机关处理，而不是代替办案机关做决定。
7. 人民法院、人民检察院、公安机关、国家安全机关、司法行政机关和律师协会应当建立联席会议制度，定期沟通保障律师执业权利工作情况，及时调查处理侵犯律师执业权利的突发事件。

（十七）申诉、控告

1. 在刑事诉讼中，律师认为办案机关及其工作人员的下列行为阻碍律师依法行使诉讼权利的，可以向同级或者上一级人民检察院申诉、控告： （1）未依法向律师履行告知、转达、通知和送达义务的； （2）办案机关认定律师不得担任辩护人、代理人的情形有误的； （3）对律师依法提出的申请，不接收、不答复的； （4）依法应当许可律师提出的申请未许可的； （5）依法应当听取律师的意见未听取的； （6）其他阻碍律师依法行使诉讼权利的行为。 说明➡刑事诉讼中，律师"可以"申诉控告，但只能向办案机关"同级或上一级检察院"。
2. 律师提出申诉、控告的，人民检察院应当在受理后十日以内进行审查，并将处理情况书面答复律师。情况属实的，通知有关机关予以纠正。情况不属实的，做好说明解释工作。 说明➡申诉控告的情况属实，检察院应当"通知"有关机关纠正，而不是自己直接决定纠正。
3. 人民检察院应当依法严格履行保障律师依法执业的法律监督职责，处理律师申诉控告。在办案过程中发现有阻碍律师依法行使诉讼权利行为的，应当依法、及时提出纠正意见。 说明➡检察院提出的只是纠正"意见"，纠正的决定还是需要办案机关来做。
4. 办案机关或者其上一级机关、人民检察院对律师提出的投诉、申诉、控告，经调查核实后要求有关机关予以纠正，有关机关拒不纠正或者累纠累犯的，应当由相关机关的纪检监察部门依照有关规定调查处理，相关责任人构成违纪的，给予纪律处分。

六、执业律师的义务

只能在一个律所执业	◆ 律师变更执业机构的，应当向拟变更的执业机构所在地设区的市级或直辖市的区（县）司法行政机关申请换发律师执业证书。申请时提交下列材料：（1）原执业机构所在地县级司法行政机关出具的申请人无不得变更执业机构情形的证明；（2）与原执业机构解除聘用关系或者合伙关系以及办结业务、档案、财务等交接手续的证明；（3）拟变更的执业机构同意接收申请人的证明；（4）申请人的执业经历证明材料。
	◆ 律师受到停止执业处罚的期间内，不得申请变更执业机构；
	◆ 律所受到停业整顿处罚的期限未满的，其负责人、合伙人和对该处罚负有直接责任的律师不得申请变更执业机构；
	◆ 律所应当终止的，在完成清算、办理注销前，该所负责人、合伙人和对律所被吊销执业许可证负有直接责任的律师不得申请变更执业机构。

◆ 不得私自接受委托，私自向委托人收取费用，收受当事人的财物。

◆ 必须依法纳税。

◆ 不得以诋毁其他律师或者支付介绍费等不正当手段争揽业务。

◆ 必须加入所在地的地方律师协会，并履行律协章程规定的义务。

◆ 必须按照国家规定承担法律援助义务。

◆ 应当保守在执业活动中知悉的国家秘密和当事人的商业秘密，不得泄露当事人的隐私。
注意▶律师对在执业活动中知悉的委托人和其他人不愿泄露的有关情况和信息，应当予以保密。但是，委托人或者其他人准备或者正在实施危害国家安全、公共安全以及严重危害他人人身安全的犯罪事实和信息除外。

◆ 不得在同一案件中，为双方当事人担任代理人；不得代理与本人或其近亲属有利益冲突的法律实务。

◆ 不得利用提供法律服务的便利牟取当事人争议的权益，或者接受对方当事人的财物或其他利益，与对方当事人或第三人恶意串通，侵害委托人的权益。

◆ 律师接受委托后，无正当理由的，不得拒绝辩护或代理；但是，委托事项违法、委托人利用律师提供的服务从事违法活动或者委托人故意隐瞒与案件有关的重要事实的，律师有权拒绝辩护或者代理。

◆ 不得违反规定会见法官、检察官、仲裁员以及其他有关工作人员；不得向法官、检察官、仲裁员以及其他有关工作人员行贿，介绍贿赂或者指使、诱导当事人行贿，或者以其他不正当方式影响有关工作人员依法办案。

◆ 不得故意提供虚假证据，隐瞒事实或者威胁、利诱他人提供虚假证据，隐瞒事实以及妨碍对方当事人合法取得证据。

◆ 不得煽动、教唆当事人采取扰乱公共秩序、危害公共安全等非法手段解决争议。

◆ 不得扰乱法庭、仲裁庭秩序，干扰诉讼、仲裁活动的正常进行。

相关法条　　　　　《律师执业行为规范》

第三十五条　律师应当充分运用专业知识，依照法律和委托协议完成委托事项，维护委托人或者当事人的合法权益。

第二节　禁止虚假承诺

第四十三条　律师根据委托人提供的事实和证据，依据法律规定进行分析，向委托人提出分析性意见。

第四十四条　律师的辩护、代理意见未被采纳，不属于虚假承诺。

第七十八条　有下列情形之一的，属于律师执业不正当竞争行为：

（一）诋毁、诽谤其他律师或者律师事务所信誉、声誉；

（二）无正当理由，以低于同地区同行业收费标准为条件争揽业务，或者采用承诺给予客户、中介人、推荐人回扣、馈赠金钱、财物或者其他利益等方式争揽业务；

（三）故意在委托人与其代理律师之间制造纠纷；

（四）向委托人明示或者暗示自己或者其属的律师事务所与司法机关、政府机关、社会团体及其工作人员具有特殊关系；

（五）就法律服务结果或者诉讼结果作出虚假承诺；

（六）明示或者暗示可以帮助委托人达到不正当目的，或者以不正当的方式、手段达到委托人的目的。

第三节　律师事务所

一、律师事务所的性质：市场中介组织；律师的执业机构

1. 组织律师从事执业活动，规范律师的行为；
2. 律师执业受律师事务所指派，以律师事务所的名义进行；
3. 律师执业产生的法律责任，由律师事务所承担；
4. 司法行政机关和律协通过对律所的管理来实现对律师的管理。

> **注意** ▶ 律师事务所不得从事法律服务以外的经营活动。

二、律师事务所的分类

1. 合伙律所	依法设立的由合伙人依照合伙协议约定，共同出资、共同管理、共同收益、共担风险的律师执业机构。合伙人按照合伙形式对该律师事务所的债务依法承担责任。世界各国广泛采用，符合现阶段国情。
2. 个人律所	由一名律师个人投资设立，财产归其个人所有，开业律师以其个人财产对事务所债务承担无限责任的律师执业机构。
3. 国资律所	由司法行政机关根据国家需要设立，以全部资产对其债务承担责任的律师事务所。

> 💡**注意**▶合作制律所已经在实践中基本消失，律师法未作规定。

三、律所的设立

（一）一般条件

1. 有自己的名称、住所和章程；
2. 有符合《律师法》规定的律师；
3. 设立人应当是具有一定的执业经历，<u>且3年内未受过停止执业处罚</u>的律师；
4. 有符合国务院司法行政部门规定数额的资产。

> 💡**特别注意**▶▶律所的名称

1. 律师事务所只能选择、使用一个名称。

2. 律师事务所名称应当使用符合国家规范的汉字。民族自治地方律师事务所的名称，可以同时使用本民族自治地方通用的民族语言文字。

3. 律师事务所名称应当由"省（自治区、直辖市）行政区划地名、字号、律师事务所"三部分内容依次组成。合伙律师事务所的名称，可以使用设立人的姓名连缀或者姓氏连缀作字号。

4. 律师事务所名称中的字号应当由两个以上汉字组成，并不得含有下列内容和文字：

（1）有损国家利益、社会公共利益或者有损社会主义道德风尚的，不尊重民族、宗教习俗的；

（2）政党名称、党政军机关名称、群众组织名称、社会团体名称及其简称；

（3）国家名称，重大节日名称，县（市辖区）以上行政区划名称或者地名；

（4）外国国家（地区）名称、国际组织名称及其简称；

（5）可能对公众造成欺骗或者误解的；

（6）汉语拼音字母、外文字母、阿拉伯数字、全部由中文数字组成或者带有排序性质的文字；

（7）"中国"、"中华"、"全国"、"国家"、"国际"、"中心"、"集团"、"联盟"等字样；

（8）带有"涉外"、"金融"、"证券"、"专利"、"房地产"等表明特定业务范围的文字或者与其谐音的文字；

（9）与已经核准或者预核准的其他律师事务所名称中的字号相同或者近似的；

（10）字号中包括已经核准或者预核准的其他律师事务所名称中的字号的；

（11）与已经核准在中国内地（大陆）设立代表机构的香港、澳门、台湾地区律师事务所名称中的中文字号相同或者近似的；

（12）与已经核准在中国境内设立代表机构的外国律师事务所名称中的中文译文字号相同或者近似的；

（13）其他不适当的内容和文字。

5. 律师事务所分所名称应当由"总所所在地省（自治区、直辖市）行政区划地名、总所字号、分所所在地的市（含直辖市、设区的市）或者县行政区划地名（地名加括号）、律师事务所"四部分内容依次组成。

6. 设立律师事务所，应当在申请设立许可前，按照本办法的规定办理律师事务所名称预核准。预核准的律师事务所名称，由省、自治区、直辖市司法行政机关在实施律师事务所设立许可时予以核准。

（二）特别条件：除一般条件外，另外还需要具备的条件

合伙律所	合伙人依照合伙协议约定，共同出资、共同管理、共同收益、共担风险	
	普通合伙	有书面合伙协议
		有3名以上合伙人作为设立人
		设立人应当是具有 3年以上执业经历 并能够专职执业的律师
		有人民币30万以上的资产
	特殊的普通合伙	有书面合伙协议
		有20名以上合伙人作为设立人
		设立人应当是具有 3年以上执业经历 并能够专职执业的律师
		有人民币1000万以上的资产
个人律所	设立人应当是具有 5年以上执业经历并能够专职执业 的律师；	
	有10万元以上资产；	
国资律所	县级司法行政机关根据国家需要筹建，申请设立许可前须经县级政府有关部门核拨经费、提供经费保障	
	应当至少有2名符合《律师法》规定并能专职执业的律师	
	律所以其全部资产对其债务承担责任，司法行政机关承担有限责任	

（三）其他事项

名称	符合司法部关于律所名称管理的规定，并在许可前办理名称检索
负责人（申请时一并报请核准）	合伙律所：从合伙人中经全体合伙人选举产生
	个人律所：设立人
	国资律所：本所律师推选，经所在地的县级司法行政机关同意
章程	内容：名称、住所；宗旨；组织形式；设立资产的数额和来源；负责人的职责以及产生、变更程序；决策、管理机构的设置、职责；律师的权利义务；有关执业、收费、财务、分配等主要管理制度；解散的事由、程序及清算办法；章程的解释、修改程序等等。 注意▶合伙律所的章程还应载明合伙人的姓名、出资额及出资方式。
	章程自省级司法行政机关作出准予设立决定之日起生效

续表

合伙协议	应当载明的内容：1. 合伙人，包括姓名、居住地、身份证号、律师执业经历等；2. 合伙人的出资额及出资方式；3. 合伙人的权利、义务；4. 合伙律师事务所负责人的职责以及产生、变更程序；5. 合伙人会议的职责、议事规则等；6. 合伙人收益分配及债务承担方式；7. 合伙人入伙、退伙及除名的条件和程序；8. 合伙人之间争议的解决方法和程序，违反合伙协议承担的责任；9. 合伙协议的解释、修改程序；10. 其他需要载明的事项。
	合伙协议由全体合伙人协商一致并签名，自省、自治区、直辖市司法行政机关作出准予设立律师事务所决定之日起生效。

（四）设立程序

申请设立律所，应当提交的材料	申请人应当如实填报《律师事务所设立申请登记表》，并提供1. 设立申请书；2. 律师事务所的名称、章程；3. 设立人的名单、简历、身份证明、律师执业证书，律师事务所负责人人选；4. 住所证明；5. 资产证明。	
	设立合伙律师事务所，还应当提交合伙协议。	
	设立国家出资设立的律师事务所，应当提交所在地县级人民政府有关部门出具的核拨编制、提供经费保障的批件。	
受理主体	向设区的市级或直辖市的区的政府司法行政部门提出申请	1. 申请材料不齐全或者不符合法定形式的，应当当场或者自收到申请材料之日起五日内一次告知申请人需要补正的全部内容。申请人按要求补正的，予以受理；逾期不告知的，自收到申请材料之日起即为受理；
		2. 申请事项明显不符合法定条件或者申请人拒绝补正、无法补正有关材料的，不予受理，并向申请人书面说明理由；
		3. 申请材料齐全、符合法定形式的，应当受理。
	决定受理之日起20日内完成审查，并将审查意见和申请材料报送省级司法行政机关。	
审核主体	省级司法行政机关	
	应当自收到材料之日起10日内予以审核，作出是否准予设立的决定。	准予的：10日内颁发执业许可证
		不准予的：书面说明理由
开业准备	律师事务所设立申请人应当在领取执业许可证后的六十日内，按照有关规定刻制印章、开立银行账户、办理税务登记，完成律师事务所开业的各项准备工作，并将刻制的律师事务所公章、财务章印模和开立的银行账户报所在地设区的市级或者直辖市的区（县）司法行政机关备案。	
撤销许可	申请人以欺骗、贿赂等不正当手段取得准予设立决定的；	
	对不符合法定条件的申请或者违反法定程序作出准予设立决定的。	

续表

信息变更	变更名称、负责人、章程、合伙协议	经受理申请机关审查后报原审核机关批准
	变更住所、合伙人	自变更之日起15日内经受理申请机关审查后报原审核机关备案 注意▶受到6个月以上停止执业处罚的律师，处罚期满未愈3年的，不得担任合伙人。
	跨县变更住所	备案后由其所在地设区的市级或直辖市司法行政机关将变更情况通知迁入地的县级司法行政机关
	跨省变更住所	应当按照注销原律所、设立新律所的程序办理

特别注意▶▶ 律师事务所执业许可证分为正本和副本。正本用于办公场所悬挂，副本用于接受查验。正本和副本具有同等的法律效力。律师事务所执业许可证应当载明的内容、制作的规格、证号编制办法，由司法部规定。执业许可证由司法部统一制作。

四、律所分所的设立

《律师法》第十九条规定，成立三年以上并具有二十名以上执业律师的合伙律师事务所，可以设立分所。设立分所，须经过拟设立分所所在地的省、自治区、直辖市人民政府司法行政部门审核。

设立主体	成立3年以上并具有20名以上的执业律师的合伙律所	
不得设立	律所及其分所受到停业整顿处罚期限未满的，不得申请设立分所；	
	律所的分所受到吊销执业许可证处罚的，自受到处罚之日起2年内不得申请设立分所	
设立地域	律所所在地的市、县以外的地方设立分所	
	律所设在直辖市、设区的市的，也可在本所所在城区以外的区、县设立分所	
分所应具备的条件	1. 有符合规定的名称；自己的住所	
	2. 有3名以上律师事务所派驻的专职律师	在经济欠发达的市县设立分所的，派驻律师可降至1~2名；资产条件可降至人民币10万元
	3. 有人民币30万元以上的资产	
	4. 分所负责人应当是具有3年以上执业经历并能专职执业，且在担任负责人前3年内未受到过停止执业处罚的律师	
受理与初审	由拟设立分所所在地设区的市级或直辖市区（县）司法行政机关受理并进行初审	
审核主体	拟设立分所所在地的省级政府司法行政部门审核，决定是否准予	
律师组成	由律所派驻律师	由准予设立分所的省级行政机关予以换发执业证书，原证书交回颁证机关
	面向社会聘用律师	

分所信息的变更	负责人变更	经分所所在地市县的司法行政机关报分所设立许可机关批准
	住所变更	自变更之日起15日内，经住所地市县行政机关报设立许可机关备案
	名称变更	自名称获准变更之日起30日内，经住所地市县行政机关向设立许可机关申请变更分所名称

注意▶ 跨省设立分所的，分所所在地的省级司法行政机关应当将分所设立、变更、终止以及年度考核、行政处罚等情况及时抄送设立分所的律所所在地的省级司法行政机关。

五、律师事务所的终止

应当终止的情形	不能保持法定设立条件，经限期整改仍不符合条件的
	执业许可证被依法吊销的
	自行决定解散的
	取得设立许可后，6个月内未开业或无正当理由停止业务活动满1年的，视为自行停办，应当终止
	注意▶ 除上述情形外，律师事务所决定停办分所，也会导致分所终止。
公告	终止事由发生后，律所应当向社会公告，依法清算；拒不公告的，由设区的市级或直辖市的区（县）司法行政机关向社会公告
	因被吊销执业许可证终止的，由处罚机关向社会公告
注销手续	清算结束后15日内向所在地司法行政机关提交注销申请书、清算报告、执业许可证等材料，由其出具审查意见后再报原审核机关审核，办理注销

注意▶

1. 律所在受到停业整顿处罚期限未满前，不得自行决定解散。
2. 自终止事由发生后，不得受理新的业务。

六、律所的管理制度

主任负责制	决策机构：合伙人会议或律师会议
	主任是律所的法定代表人，负责执行决策机构的决议，管理日常事务
	主任由律师民主选举产生；国资律所还采用任命方式；合伙律所的主任一般从合伙人中产生，但也有例外
	任期通常为3年；但对于任职期间有重大失误或明显不称职的主任，决策机构经2/3以上多数同意，可以罢免或向任命机关提出免职的建议

续表

统一收案、收费和依法纳税制度	律所统一接受委托,与委托人签订书面委托合同,统一收取费用并如实入账;再交由律师具体承办。
	律师和律所应当依法纳税。
	委托人所支付的费用应当直接交付律所,律所开具正式的律师收费凭证;律师不得私自接受委托、收取费用,接受委托人的财物或其他利益。 注意▶ 委托人委托律师代交费用的,律师应将代收的费用及时交付律所。
重大、疑难案件的讨论汇报制度	遇到重大、疑难案件,承办律师应及时向主任或主管副主任汇报,由其决定是否召开全体律师或部分律师会议进行讨论,并按多数决的原则确定办案的方案或步骤;承办律师原则上应服从该方案。
	对于专业性很强的重大、疑难案件,还可聘请有关专家进行讨论,所需费用从该案的收费中支付。
业务培训和继续教育制度	已取得律师资格申请执业的,应当参加不少于40课时的岗前培训。 中华全国律协统一制发执业律师继续教育登记册,用以记载、证明执业律师接受继续教育的学习情况,作为年度检验注册应当提交的证件之一。
考核制度	建立律师执业年度考核制度;建立律师执业档案。
	律所应于每年的一季度经所在地县级司法行政机关向设区的市级司法行政机关提交上一年度本所执业情况报告和律师执业考核结果;直辖市的律所向所在地的区县司法行政机关提交,接受年度检查考核。
律所应为聘用的律师和辅助人员办理失业、养老、医疗等社会保险	
律所应当按照规定,建立执业风险、事业发展、社会保障等基金。	
律师违法执业或因过错给当事人造成损失的,由其所在的律所承担赔偿责任。 律所赔偿后,可以向有故意或重大过失的律师追偿。	
责任承担	普通合伙:合伙人对律所的债务承担无限连带责任
	★ 特殊的普通合伙:若干合伙人因故意或重大过失造成律所债务的,应承担无限责任或无限连带责任;其他合伙人以其在律所的财产份额为限承担责任。合伙人在执业活动中非因故意或者重大过失造成的律师事务所债务,由全体合伙人承担无限连带责任。
	个人律所:设立人对律所的债务承担无限责任
	国资律所:律所以其全部资产对其债务承担责任

七、律师收费制度

(一)律师收费原则

1. 律师收费应当向当事人公开收费的依据和标准,并且应当综合考虑相关因素,做到公平合理;

2. 不得欺骗当事人,不得向当事人索取好处费或者其他额外的费用;

3. 律师承办业务,由律所统一接受委托,并且统一收费,律师不得私自向委托人收取任何费用;

4. 律所应当公示收费信息，接受社会监督。

（二）收费方式

1. 律师服务收费实行政府指导价和市场调节价。

2. 根据2014年国家发改委发布的《关于放开部分服务价格意见的通知》，律师事务所和基层法律服务机构（包括乡镇、街道法律服务所）提供律师服务，除下列服务项目收费实行政府指导价外，其他律师服务收费实行市场调节价：（1）担任刑事案件犯罪嫌疑人、被告人的辩护人以及刑事案件自诉人、被害人的代理人；（2）担任公民请求支付劳动报酬、工伤赔偿，请求给付赡养费、抚养费、扶养费，请求发给抚恤金、救济金，请求给予社会保险待遇或最低生活保障待遇的民事诉讼、行政诉讼的代理人，以及担任涉及安全事故、环境污染、征地拆迁赔偿（补偿）等公共利益的群体性诉讼案件代理人；（3）担任公民请求国家赔偿案件的代理人。

3. 政府指导价的基准价和浮动幅度由各省、自治区、直辖市人民政府价格主管部门会同同级司法行政部门制定。政府制定的律师服务收费应当充分考虑当地经济发展水平、社会承受能力和律师业的长远发展，收费标准按照补偿律师服务社会平均成本，加合理利润与法定税金确定。

4. 实行市场调节的律师服务收费，由律师事务所与委托人协商确定。律师事务所与委托人协商律师服务收费应当考虑以下主要因素：（1）耗费的工作时间；（2）法律事务的难易程度；（3）委托人的承受能力；（4）律师可能承担的风险和责任；（5）律师的社会信誉和工作水平等。

5. 律师服务收费可以根据不同的服务内容，采取计件收费、按标的额比例收费和计时收费等方式。其中，计件收费一般适用于不涉及财产关系的法律事务；按标的额比例收费适用于涉及财产关系的法律事务；计时收费可适用于全部法律事务，但律师应当根据委托人的要求提供工作记录清单。

6. 风险代理收费

（1）办理涉及财产关系的民事案件时，委托人被告知政府指导价后仍要求实行风险代理的，律师事务所可以实行风险代理收费；

（2）实行风险代理收费，律师事务所应当与委托人签订风险代理收费合同，约定双方应承担的风险责任、收费方式、收费数额或比例。实行风险代理收费，最高收费金额不得高于收费合同约定标的额的30%。

（3）下列情形禁止适用风险代理收费：

①婚姻、继承案件；

②请求给予社会保险待遇或者最低生活保障待遇的；

③请求给付赡养费、抚养费、扶养费、抚恤金、救济金、工伤赔偿的；

④请求支付劳动报酬的；

⑤刑事诉讼、行政诉讼、国家赔偿案件以及群体性诉讼案件。

（三）律师收费的范围

律师收取的费用可以分为律师费和办案费用。

1. 律师费是指律所因本所执业律师为当事人提供法律服务，而根据国家法律规定或双方的自愿协商，向当事人收取的一定数量的费用。

2. 办案费用是指律师事务所在提供法律服务过程中代委托人支付的诉讼费、仲裁费、鉴定费、公证费和查档费等费用，其不属于律师服务费，由委托人另行支付。主要包括：（1）司法、行政、仲裁、鉴定、公证等部门收取的费用；（2）合理的通讯费、复印费、翻译费、交通费、食宿费等；（3）经委托人同意的专家论证费；（4）委托人同意支付的其他费用。律师需要由委托人负担的律师费以外的费用，应本着节俭的原则合理使用。

（四）律师收费的确定与收取

1. 律师事务所接受委托，应当与委托人签订律师服务收费合同或者在委托代理合同中载明收费条款。收费合同或收费条款应当包括：收费项目、收费标准、收费方式、收费数额、付款和结算方式、争议解决方式等内容。

2. 律师事务所与委托人签订合同后，不得单方变更收费项目或者提高收费数额。确需变更的，律师事务所必须事先征得委托人的书面同意。

3. 律师事务所向委托人收取律师服务费，应当向委托人出具合法票据。

4. 律师事务所需要预收异地办案差旅费的，应当向委托人提供费用概算，经协商一致，由双方签字确认。确需变更费用概算的，律师事务所必须事先征得委托人的书面同意。结算有关费用时，律师事务所应当向委托人提供代其支付的费用和异地办案差旅费清单及有效凭证。不能提供有效凭证的部分，委托人可不予支付。

5. 律师事务所异地设立的分支机构，应当执行分支机构所在地的收费规定。律师事务所异地提供法律服务，可以执行律师事务所所在地或者提供法律服务所在地的收费规定，具体办法由律师事务所与委托人协商确定。

（五）律师收费的减免

1. 律师事务所应当接受指派承办法律援助案件。办理法律援助案件不得向受援人收取任何费用。

2. 对于经济确有困难，但不符合法律援助范围的公民，律师事务所可以酌情减收或免收律师服务费。

（六）律师收费违法行为的监督检查

1. 各级价格主管部门应加强对律师事务所收费的监督检查。律师事务所、律师有价格违法行为的，由政府价格主管部门依照《价格法》和《价格违法行为行政处罚规定》实施行政处罚。

2. 各级司法行政部门应加强对律师事务所、律师法律服务活动的监督检查。律师事务所、律师在收费方面有其他违法行为的，由司法行政部门依照《律师法》以及《律师和律师事务所违法行为处罚办法》实施行政处罚。

3. 公民、法人和其他组织认为律师事务所或律师存在价格违法行为，可以通过函件、电话、来访等形式，向价格主管部门、司法行政部门或者律师协会举报、投诉。

4. 中华全国律师协会、各省、自治区、直辖市律师协会成立律师收费争议调解指导委员会，负责指导律师收费争议调解工作。直辖市律师协会、地市级律师协会设立律师收费争议调解委员会，进行律师收费争议的调解。

第四节 律师职业道德

一、概念与特征

主体	律所与律师（包括了公职律师、实习律师和律师助理）
对象	主要是律师的执业行为，还有与律师的职业形象直接相关的非执业活动

名言：培根："对于主张公道的律师，法官应当表示赞许，而对于歪曲事实真相的律师，则应当给予批驳。"

二、律师职业道德的主要内容

基本准则	遵纪守法；诚实守信；勤勉尽责
	注重职业修养，自觉维护行业声誉
	保守国家秘密、商业秘密，不得泄露当事人隐私；当事人不愿透露的信息，也应保密 【例外】委托人和其他人准备或正在实施的危害国家安全、公共安全以及其他严重危害他人人身安全的犯罪事实和信息除外。
	尊重同行，公平竞争，同业互助
	律协倡导律师关注、支持、积极参加社会公益事业
执业职责	执业期间不得以非律师身份从事法律服务
	不得在同一案件中为双方当事人担任代理人，不得代理与本人或近亲属有利益冲突的法律事务
	律师担任各级人大常委会组成人员的，任职期间不得从事诉讼或辩护业务

第五节 律师执业行为规范

一、律师业务推广行为规范

可以通过发表学术论文、案例分析、专题解答、授课、普及法律等活动宣传自己的专业领域
可以通过举办或者参加各种形式的专题、专业研讨会，宣传自己的专业特长
可以以自己或律所的名义参加各种社会公益活动
禁止：在业务推广中为不正当竞争行为

（一）推广广告

可以依法以广告形式宣传律师和律所，以及自己的业务领域和专业特长。	可以个人名义，也可以律所名义	
	以个人名义发布，应注明律所名称及律师执业证号	
	不得发布律师广告	没有通过年度考核的
		处于停止执业或停业整顿处罚期间的
		受到通报批评、公开谴责未满一年的
	不得以诋毁同行或支付介绍费等不正当手段承揽业务	
	广告不得有损律师形象，不得采用一般商业广告的艺术夸张手段制作	

（二）律师宣传

通过传媒以消息、特写、专访等形式对律师和律所进行报道、介绍
不得进行歪曲法律和事实，或可能使公众对律师产生不合理期望的宣传
可以宣传所从事的某一专业法律服务领域，但不得自我声明或暗示其被公认或证明为某一专业领域的权威或专家
不得进行律师之间或律所之间的比较宣传

二、律师与委托人或当事人关系规范

1. 律师应当谨慎、诚实、客观地告知委托人拟委托事项可能出现的法律风险。

2. 律师和事务所有权选择实现委托人或当事人目的的方案。

3. 律师承办业务，应及时向委托人通报委托实现办理进展情况；需要变更委托事项、权限的，需要征得委托人同意和授权；对于已经出现的和可能出现的不可克服的困难、风险，应及时通知委托人，并向律所报告。

4. 禁止虚假承诺。

注意 ▶ 律师的辩护、代理意见未被采纳，不属于虚假承诺。

5. 禁止非法牟取委托人利益：不得违法与委托人就争议权益产生经济上联系；不得与委托人约定将争议标的物出售给自己；不得委托他人为自己或为自己的近亲属收购、租赁委托人与他人发生争议的标的物。

注意 ▶ 律所可以依法与当事人或委托人签订以回收款项或标的物为前提按照一定比例收取货币或实物作为律师费用的协议。

6. 律所接受委托前，应进行利益冲突审查并作出是否接受委托的决定。律师与委托人存在利益关系或利益冲突的，不得承办该业务并应主动提出回避。

（1）不得建立或维持委托关系的情况：

◇ 在同一案件中为双方当事人担任代理人，或代理与本人或近亲属有利益冲突的法律事务
◇ 其近亲属是对方当事人的法定代表人或代理人的
◇ 曾亲自处理或审理过某一事项或案件的行政、司法、仲裁人员，成为律师后又办理该事项或案件的
◇ 同一律所的不同律师同时担任同一刑事案件的被害人的代理人和犯罪嫌疑人、被告人的辩护人 注意▶但在该县区域内只有一家律所且事先征得当事人同意的除外。
◇ 在民诉、行政诉讼或仲裁案件中，同一律所的不同律师同时担任争议双方当事人的代理人；或者本所或其工作人员为一方当事人，本所其他律师担任对方当事人的代理人的。
◇ 在非诉业务中，除各方当事人共同委托外，同一律所的律师同时担任彼此有利害关系的各方当事人的代理人的。
◇ 在委托关系终止后，同一律所或同一律师在同一案件后续审理或处理中又接受对方当事人委托的。 注意▶在委托关系终止后一年内，与原委托人有利害关系的对方当事人就同一法律事务委托的，律师应当告知委托人并主动提出回避，但委托人同意其代理或继续承办的除外。

（2）律师应当告知委托人并主动提出回避，并由委托人决定是否建立或维持委托关系的情形

▶ 接受民事诉讼、仲裁案件一方当事人的委托，而同所的其他律师是该案件中对方当事人的近亲属的；
▶ 担任刑事案件犯罪嫌疑人、被告人的辩护人，而同所的其他律师是该案件被害人的近亲属的；
▶ 同一律所接受正在代理的诉讼案件或者非诉讼业务当事人的对方当事人所委托的其他法律业务的；
▶ 律师事务所与委托人存在法律服务关系，在某一诉讼或仲裁案件中该委托人未要求该律师事务所律师担任其代理人，而该律师事务所律师担任该委托人对方当事人的代理人的；
▶ 在委托关系终止后一年内，律师又就同一法律事务接受与原委托人有利害关系的对方当事人的委托的；

注意 ▶

1. 律师和律所发现存在上述情形的，应当告知委托人利益冲突的事实和可能产生的后果，由委托人决定是否建立或维持委托关系。委托人决定建立或维持委托关系的，应当签署知情同意书，表明当事人已经知悉存在利益冲突的基本事实和可能产生的法律后果，以及当事人明确

同意与律所及律师建立或维持委托关系。

2. 委托人知情并签署知情同意书以示豁免的，承办律师在办理案件的过程中应对各自委托人的案件信息予以保密，不得将与案件有关的信息披露给相对人的承办律师。

7. 保管委托人的财产：律所可以与委托人签订书面保管协议，妥善保管委托人财产，严格履行保管协议。保管委托人财产时，应当将委托人财产与律所的财产、律师个人财产严格分离。

8. 转委托：

（1）未经委托人同意，律所不得将委托人委托的法律事务转委托其他律所办理。但在紧急情况下，为维护委托人的利益可以转委托，但应当及时告知委托人。

（2）受委托律师遇有突患疾病、工作调动等紧急情况不能履行委托协议时，应当及时报告律所，由律所另行指定其他律师继续承办，并及时告知委托人。

（3）非经委托人的同意，不能因转委托而增加委托人的费用支出。

9. 律所应当终止委托关系的情形

➢ 委托人提出终止委托协议的；
➢ 律师受到吊销执业证书或者停止执业处罚的，经过协商，委托人不同意更换律师的；
➢ 当发现有前述不得建立或维持委托关系的利益冲突情形的；
➢ 受委托律师因健康状况不适合继续履行委托协议的，经过协商，委托人不同意更换律师的；
➢ 继续履行委托协议违反法律、法规、规章或者律师执业行为规范的。

10. 存在下列情形，经提示委托人不纠正的，律所可以解除委托协议：

◇ 委托人利用律师提供的法律服务从事违法犯罪活动的；
◇ 委托人要求律师完成无法实现或者不合理的目标的；
◇ 委托人没有履行委托合同义务的；
◇ 在事先无法预见的前提下，律师向委托人提供法律服务将会给律师带来不合理的费用负担，或给律师造成难以承受的、不合理的困难的；
◇ 其他合法的理由。

▶注意◀

1. 律所与委托人解除委托关系后，应当退还当事人提供的资料原件、物证原物、视听资料底版等证据，并可以保留复印件存档。

2. 律所依法终止代理或者解除委托的，委托人与律师事务所协商解除协议的，委托人单方终止委托代理协议的，律所有权收取已提供服务部分的费用。

三、律师参与诉讼或仲裁规范

➢ 律师不得向司法机关或者仲裁机构提交明知是虚假的证据。
➢ 律师作为证人出庭作证的，不得再接受委托担任该案的辩护人或者代理人出庭。

续表

➢ 律师不得借故延迟开庭；确有正当理由不能按期出庭的，应请求法院在不影响案件审理期限的情况下，另行安排开庭时间，并及时通知当事人及其委托的律师。
➢ 因对事实真假、证据真伪及法律适用是否正确而与诉讼相对方意见不一致的，或者为了向案件承办人提交新证据的，与案件承办人接触和交换意见应当在司法机关内指定场所。
➢ 律师在办案过程中，不得与所承办案件有关的司法、仲裁人员私下接触。
➢ 律师担任辩护人、代理人参加法庭、仲裁庭审理，应当按照规定穿着律师出庭服装，佩戴律师出庭徽章，注重律师职业形象。

四、律师与其他律师的关系规范

每个律师在处理与同行关系时，既要维护自身利益，又要维护行业的整体利益。

（一）尊重与合作

➢ 在庭审或者谈判过程中各方律师应当互相尊重，不得使用挖苦、讽刺或者侮辱性的语言。
➢ 律师或律所不得在公众场合及媒体上发表恶意贬低、诋毁、损害同行声誉的言论。
➢ 律师变更执业机构时应当维护委托人及原律所的利益；律所在接受转入律师时，不得损害原律所的利益。
➢ 律师与委托人发生纠纷的，律所的解决方案应当充分尊重律师本人的意见，律师应当服从律所解决纠纷的决议。

（二）禁止不正当竞争

➢ 诋毁、诽谤其他律师或者律所信誉、声誉；	
➢ 无正当理由，以低于同地区同行业收费标准为条件争揽业务，或者采用承诺给予客户、中介人、推荐人回扣、馈赠金钱、财物或者其他利益等方式争揽业务；	
➢ 故意在委托人与其代理律师之间制造纠纷；	
➢ 向委托人明示或者暗示自己或者其所属的律所与司法机关、政府机关、社会团体及其工作人员具有特殊关系；	
➢ 就法律服务结果或者诉讼结果作出虚假承诺；	
➢ 明示或者暗示可以帮助委托人达到不正当目的，或者以不正当的方式、手段达到委托人的目的。	
➢ 通过与某机关、某部门、某行业对某一类的法律服务事务进行垄断的方式争揽业务；	
➢ 限定委托人接受其指定的律师或者律所提供法律服务，限制其他律师或律所正当的业务竞争；	
➢ 律师和律所在与司法机关及司法人员接触中，不得采用利用律师兼有的其他身份影响所承办业务正常处理和审理的手段进行业务竞争。	
➢ 取得从事特定范围法律服务的律师或律所	• 限制委托人接受经法定机构认可的其他律师或律所提供法律服务；
	• 强制委托人接受其提供的或者由其指定的律师提供的法律服务；
	• 对抵制上述行为的委托人拒绝、中断、拖延、削减必要的法律服务或者滥收费用。

续表

➤ 律师或律所相互之间	◆ 串通抬高或者压低收费；
	◆ 为争揽业务，不正当获取其他律师和律师事务所收费报价或者其他提供法律服务的条件；
	◆ 泄露收费报价或者其他提供法律服务的条件等暂未公开的信息，损害相关律所的合法权益。
➤ 为避免混淆误导委托人，律师或律所不得擅自或者非法使用的社会专有名称或知名度较高的名称以及代表其名称的标志、图形文字、代号	■ 有关政党、司法机关、行政机关、行业协会名称；
	■ 具有较高社会知名度的高等法学院校或者科研机构的名称；
	■ 为社会公众共知、具有较高知名度的非律师公众人物名称；
	■ 知名律师以及律师事务所名称。
➤ 法律服务荣誉称号的使用	◇ 律师和律师事务所不得伪造或者冒用法律服务荣誉称号。
	◇ 使用已获得的律师或者律师事务所法律服务荣誉称号的，应当注明获得时间和期限。
	◇ 律师和律师事务所不得变造已获得的荣誉称号用于广告宣传。
	◇ 律师事务所已撤销的，其原取得的荣誉称号不得继续使用。

第六节 律师职业责任

一、违纪行为（违反执业行为规范）的处分

（一）种类和适用条件

训诫	针对情节显著轻微，没有造成严重后果的行为
	训诫处分作出后 2 年内，再次受到处分时，应考虑已受过训诫处分的情况
通报批评	针对情节轻微的违纪行为
	通报批评处分作出后的任何时候，再次受到处分时，应考虑已受过此处分的情况
公开谴责	针对情节严重，给委托人或律所造成一定损失的行为
	公开谴责处分作出后的任何时候，再次受到处分时，应考虑已受过此处分的情况
取消会员资格	针对情节特别严重的行为

（二）实施机制

处分机构	省级律协及设区的市律协的惩戒委员会
复查申请	会员对处分决定不服的，可以在接到决定书的 30 个工作日内向律协复查机构申请
复查机构	省级律协设立会员处分复查机构，负责受理复查申请和做出复查决定
指导、监督	中华全国律协设立纪律委员会，负责制定处分规则以及指导监督处分工作

注意 ▶ 对于严重违纪以及违法的行为可能导致行政处罚或追究法律责任的，律师协会应作出提交相关机关处罚或追究法律责任的建议。

二、违法行为、犯罪行为的法律责任

（一）行政法律责任

1. 对律师：具体表现为警告、罚款、没收违法所得、停止执业、吊销律师执业证书5种行政处罚。

2. 对律所：具体表现为警告、罚款、没收违法所得、停业整顿、吊销执业证书5种行政处罚。

（二）民事法律责任

（三）刑事法律责任

第七节 法律援助制度

我国的法律援助制度是由政府设立法律援助机构，组织法律援助人员，为某些经济困难的公民或者特殊案件的当事人提供免费的法律帮助，以保障其合法权益得以实现的一项法律制度。

相关规范性法文件包括国务院制定的《法律援助条例》、司法部出台的《办理法律援助案件程序规定》、最高法、最高检、公安部、司法部联合制定的《关于刑事诉讼法律援助工作的规定》等。

一、责任主体的明确性：政府

（一）法律援助体现了政府对公民应尽的义务和责任；对于符合条件的公民而言，获得法律援助是其一项重要权利，而非政府的恩赐。

（二）法律援助制度的具体实施主体是律师等法律服务人员，既有律师、法律援助机构的工作人员和基层法律服务工作者，又有社会团体（如工会、共青团、妇联组织）等社会组织利用自身资源提供法律援助的人员。

二、工作的统一性："四统一"

对公民的法律援助申请和法院指派的法律援助案件，由法律援助机构统一受理（接受）法律援助的申请、统一标准审查申请人是否符合援助条件、统一指派或者安排法律援助人员承办法律援助事案、统一监督检查法律援助案件的办理情况。

注意 ▶ 在法律援助案件办理过程中，如果出现应当终止法律援助情形的，法律援助人员应当向法律援助机构报告。法律援助机构经审查核实，决定终止法律援助的，应当制作终止法律援助决定书，并发送受援人，同时函告法律援助人员所属单位和有关机关、单位。

三、服务的无偿性

符合条件的公民，可以获得法律咨询、代理、刑事辩护等无偿法律服务。

> **注意▶**
> 1. 我国的法律援助不是"缓交费"，也不是"减费"，而是"免费"。
> 2. 法院诉讼费用的缓减免，属于司法救助，不纳入法律援助制度体系。

四、法律援助对象的权利义务

（一）权利

1. 认为自己符合法律规定的法律援助条件的公民，有权向有受理权的法律援助机构提出法律援助申请；
2. 对法律援助机构不予法律援助的决定有异议的，可以向主管该法律援助机构的司法行政机关提出；
3. 有权了解为其提供法律援助的进展情况；
4. 有事实证明法律援助人员未依法履行职责的，可以要求法律援助机构予以更换；
5. 有权要求法律援助人员保护自己的隐私权。

（二）义务

1. 如实提交有关证件、证明材料；
2. 接受法律援助机构的审查；
3. 配合和协助法律援助人员调查案件事实。

五、援助范围的广泛性

刑事案件（既包括进行刑事辩护和代理，也包括提供法律咨询）	申请援助（没有委托辩护人或代理人，本人及其近亲属可以向法律援助机构提出申请）	犯罪嫌疑人在被侦查机关第一次讯问后或者采取强制措施之日起，因经济困难没有聘请律师的；
		公诉案件中的被害人及其法定代理人或者近亲属，自案件移送审查起诉之日起，因经济困难没有委托诉讼代理人的；
		自诉案件的自诉人及其法定代理人，自案件被人民法院受理之日起，因经济困难没有委托诉讼代理人的。
		★★★ 下列四种情形，属于经济困难以外的其他原因，犯罪嫌疑人、被告人具有这四种情形申请法律援助的，法律援助机构无须进行经济状况审查："有证据证明犯罪嫌疑人、被告人属于一级或者二级智力残疾的"；"共同犯罪案件中，其他犯罪嫌疑人、被告人已委托辩护人的"；"人民检察院抗诉的"；"案件具有重大社会影响的"。
		公诉人出庭公诉的案件，被告人因经济困难或者其他原因没有委托辩护人，人民法院为被告人指定辩护时，法律援助机构应当提供法律援助。

续表

刑事案件（既包括进行刑事辩护和代理，也包括提供法律咨询）	指定援助	★ 犯罪嫌疑人、被告人是盲、聋、哑人，未成年人或者是尚未完全丧失辨认或者控制自己行为能力的精神病人，而没有委托辩护人的，法院、检察院和公安机关应当通知法律援助机构指派律师为其提供辩护；
		★ 犯罪嫌疑人、被告人可能被判处无期徒刑、死刑而没有委托辩护人的，法院、检察院和公安机关应当通知法律援助机构指派律师为其提供辩护；
		★ 人民法院审理强制医疗案件，被申请人或被告人没有委托诉讼代理人的，法院应当通知法律援助机构指派律师为其提供辩护；
		★ 刑事案件中外国籍被告人没有委托辩护人，人民法院为其指定律师辩护的，可以获得法律援助。
民事、行政案件（因经济困难没有委托代理人的，可以申请）	依法请求国家赔偿的；	
	请求给予社会保险待遇或者最低生活保障待遇的；	
	请求发给抚恤金、救济金的；	
	请求给付赡养费、抚养费、扶养费的；	
	请求支付劳动报酬的；	
	★ 主张因见义勇为行为产生的民事权益的。	

六、形式的丰富性

1. 法律咨询	★ 法律咨询不需要审查经济条件；通常时间较短；
2. 代理	（1）刑事代理：自诉案件和公诉案件；
	（2）民事代理；
	（3）行政代理：行政诉讼和行政复议；
	（4）非诉讼代理：仲裁代理和调解；
3. 刑事辩护	必须是律师；担任犯罪嫌疑人、被告人的辩护人。

七、实施人员的多样性：以律师为主的法律工作者

法律援助机构的专业人员	
律师	指派的法律援助律师有正当理由无法办理指派的法律援助案件时，应向法律援助机构提出书面材料，经法律援助机构审查批准，免除其承办已指派法律援助案件的义务，此时法律援助机构应另行指派其他律师承办该法律援助案件。
	指派的法律援助律师与受援人有明显的利害冲突，应当回避的，免除被指派律师对所指派案件的法律援助义务。
	律师每年必须无偿办理若干法律援助案件，具体数量由各省级司法厅（局）规定。
	律师在办理无偿的法律援助案件和事项后还应当接受法律援助机构的指派继续承办有偿（实际上是低偿）的法律援助事项。

续表

公证机关的公证员
基层法律服务工作者
在法援机构的指导下，社会团体中的法律工作者和政法院校的师生也可适当开展法援工作

注意 ▶ 法律援助人员不得收取财物或者从事有偿法律服务，但有权领取办案补贴；无正当理由不得拒绝接受、擅自终止法律援助事项。

八、法律援助申请

（一）民事、行政案件的援助申请

1. 请求国家赔偿的，向赔偿义务机关所在地的法律援助机构提出申请；

2. 请求给予社会保险待遇、最低生活保障待遇或者请求发给抚恤金、救济金的，向提供社会保险待遇、最低生活保障待遇或者发给抚恤金、救济金的义务机关所在地的法律援助机构提出申请；

3. 请求给付赡养费、抚养费、扶养费的，向给付赡养费、抚养费、扶养费的义务人住所地的法律援助机构提出申请；

4. 请求支付劳动报酬的，向支付劳动报酬的义务人住所地的法律援助机构提出申请；

5. 主张因见义勇为行为产生的民事权益的，向被请求人住所地的法律援助机构提出申请。

（二）刑事案件法律援助申请

1. 应当向办理案件的人民法院、人民检察院、公安机关所在地的法律援助机构提出申请。

2. 被羁押的犯罪嫌疑人、被告人、服刑人员、强制隔离戒毒人员的申请，可以通过办理案件的法院、检察院、公安机关或者所在监狱、看守所、强制隔离戒毒所转交申请；

3. 申请人为无民事行为能力人或者限制民事行为能力人的，由其法定代理人代为提出申请。无民事行为能力人或者限制民事行为能力人与其法定代理人之间发生诉讼或者因其他利益纠纷需要法律援助的，由与该争议事项无利害关系的其他法定代理人代为提出申请。

（三）申请援助应当提供的材料

1. 申请应当采用书面形式，填写申请表；以书面形式提出申请确有困难的，可以口头申请，由法律援助机构工作人员或者代为转交申请的有关机构工作人员作书面记录。

2. 身份证或者其他有效的身份证明，代理申请人还应当提交有代理权的证明；

3. 经济困难的证明：经济状况证明表应当由法律援助地方性法规、规章规定的有权出具经济困难证明的机关、单位加盖公章。无相关规定的，由申请人住所地或经常居住地的村委会、居委会或所在单位加盖公章。

注意 ▶ 申请人持有下列证件、证明材料的，无须提交法律援助申请人经济状况证明表：

（1）城市居民最低生活保障证或者农村居民最低生活保障证；

（2）农村特困户救助证；

（3）农村"五保"供养证；

（4）人民法院给予申请人司法救助的决定；

（5）在社会福利机构中由政府出资供养或者由慈善机构出资供养的证明材料；

（6）残疾证及申请人住所地或者经常居住地的村民委员会、居民委员会出具的无固定生活来源的证明材料；

（7）依靠政府或者单位给付抚恤金生活的证明材料；

（8）因自然灾害等原因导致生活出现暂时困难，正在接受政府临时救济的证明材料；

（9）法律、法规及省、自治区、直辖市人民政府规定的能够证明法律援助申请人经济困难的其他证件、证明材料。

4. 与所申请法律援助事项有关的案件材料。

（四）法律援助机构受理法律援助申请后，应当向申请人出具收到申请材料的书面凭证，载明收到申请材料的名称、数量、日期。

九、法律援助的审查

1. 法律援助机构收到法律援助申请后，应当进行审查；认为申请人提交的证件、证明材料不齐全的，可以要求申请人作出必要的补充或者说明，申请人未按要求作出补充或者说明的，视为撤销申请；认为申请人提交的证件、证明材料需要查证的，由法律援助机构向有关机关、单位查证。

2. 对符合法律援助条件的，法律援助机构应当及时决定提供法律援助；对不符合法律援助条件的，应当书面告知申请人理由。

3. 申请人对法律援助机构作出的不符合法律援助条件的通知有异议的，可以向主管该法律援助机构的司法行政部门提出；

4. 司法行政部门应当在收到异议之日起5个工作日内进行审查，经审查认为申请人符合法律援助条件的，应当以书面形式责令法律援助机构及时对该申请人提供法律援助。

十、法律援助的实施

（一）指派承办

1. 对于民事、行政法律援助案件，法律援助机构应当自作出给予法律援助决定之日起7个工作日内指派律师事务所、基层法律服务所、其他社会组织安排其所属人员承办，或者安排本机构的工作人员承办。

2. 对于刑事法律援助案件，法律援助机构应当自作出给予法律援助决定或者收到指定辩护通知书之日起3个工作日内指派律师事务所安排律师承办，或者安排本机构的法律援助律师承办。

3. 法律援助机构应当根据本机构、律师事务所、基层法律服务所、其他社会组织的人员数量、资质、专业特长、承办法律援助案件的情况、受援人意愿等因素合理指派或者安排承办机构、人员。

> **注意** ▶ 法律援助机构、律师事务所应当指派或者安排具有一定年限刑事辩护执业经历的律师担任死刑案件的辩护人。

（二）告知受援人

法律援助机构、律师事务所、基层法律服务所或者其他社会组织应当自指派或者安排法律援助人员之日起5个工作日内将法律援助人员姓名和联系方式告知受援人，并与受援人或者其法定代理人、近亲属签订委托代理协议，但因受援人的原因无法按时签订的除外。

（三）实施援助

1. 法律援助人员应当在受委托的权限内，通过和解、调解、申请仲裁和提起诉讼等方式依法最大限度维护受援人合法权益。

2. 法律援助人员代理受援人以和解或者调解方式解决纠纷的，应当征得受援人同意。

3. 法律援助机构对公民申请的法律咨询服务，应当即时解答；复杂疑难的，可以与申请人预约择时办理。在解答法律咨询过程中，认为申请人可能符合代理或者刑事辩护法律援助条件的，应当告知其可以依法提出申请。

4. 对于民事诉讼法律援助案件，法律援助人员应当告知受援人可以向人民法院申请司法救助，并提供协助。

5. 法律援助人员会见受援人，应当制作会见笔录。会见笔录应当经受援人确认无误后签名或者按指印；受援人无阅读能力的，法律援助人员应当向受援人宣读笔录，并在笔录上载明。

> **注意** ▶ 对于指定辩护的案件，法律援助人员应当在首次会见犯罪嫌疑人、被告人时，询问是否同意为其辩护，并记录在案。犯罪嫌疑人、被告人不同意的，应当书面告知人民法院、人民检察院、公安机关和法律援助机构。

6. 法律援助人员承办案件，应当根据需要依法进行调查取证，并可以根据需要请求法律援助机构出具必要的证明文件或者与有关机关、单位进行协调。

> **注意** ▶ 法律援助人员认为需要异地调查取证的，可以向作出指派或者安排的法律援助机构报告。作出指派或者安排的法律援助机构可以请求调查取证事项所在地的法律援助机构协作。法律援助机构请求协作的，应当向被请求的法律援助机构发出协作函件，说明案件基本情况、需要调查取证的事项、办理时限等。被请求的法律援助机构应当予以协作。因客观原因无法协作的，应当向请求协作的法律援助机构书面说明理由。

7. 对于人民法院开庭审理的刑事案件，法律援助人员应当做好开庭前准备；庭审中充分陈述、质证；庭审结束后，法律援助人员应当向人民法院提交刑事辩护或者代理书面意见。对于人民法院决定不开庭审理的指定辩护案件，法律援助人员应当自收到法律援助机构指派函之日起10日内向人民法院提交刑事辩护书面意见。对于其他不开庭审理的刑事案件，法律援助人员应当按照人民法院规定的期限提交刑事辩护或者代理书面意见。

8. 法律援助人员应当向受援人通报案件办理情况，答复受援人询问，并制作通报情况记录。

9. 法律援助人员应当按照法律援助机构要求报告案件承办情况。法律援助案件有下列情形之一的，法律援助人员应当向法律援助机构报告：

（1）主要证据认定、适用法律等方面有重大疑义的；

（2）涉及群体性事件的；

（3）有重大社会影响的；

（4）其他复杂、疑难情形。

（四）更换法律援助人员

1. 受援人有证据证明法律援助人员不依法履行义务的，可以请求法律援助机构更换法律援助人员。

2. 法律援助机构应当自受援人申请更换之日起5个工作日内决定是否更换。决定更换的，应当另行指派或者安排人员承办。

★3. 对应当指定辩护的情形，犯罪嫌疑人、被告人拒绝法律援助机构指派的律师为其辩护的，人民法院、人民检察院、公安机关应当查明拒绝的原因，有正当理由的，应当准许，同时告知犯罪嫌疑人、被告人需另行委托辩护人。犯罪嫌疑人、被告人未另行委托的，法院、检察院、公安机关应当及时通知法律援助机构另行指派律师为其提供辩护。

4. 更换法律援助人员的，原法律援助人员所属单位应当与受援人解除或者变更委托代理协议，原法律援助人员应当与更换后的法律援助人员办理案件材料移交手续。

（五）法律援助的终止

1. 应当终止法律援助的情形：

（1）受援人不再符合法律援助经济困难标准的；

（2）案件依法终止审理或者被撤销的；

（3）受援人自行委托其他代理人或者辩护人的；

（4）受援人要求终止法律援助的；

（5）受援人利用法律援助从事违法活动的；

（6）受援人故意隐瞒与案件有关的重要事实或者提供虚假证据的；

（7）法律、法规规定应当终止的其他情形。

特别注意 ▶▶ 《关于刑事诉讼法律援助工作的规定》：具有下列情形之一的，法律援助机构应当作出终止法律援助决定，制作终止法律援助决定书发送受援人，并自作出决定之日起3日内函告公安机关、人民检察院、人民法院：

（1）受援人的经济收入状况发生变化，不再符合法律援助条件的；

（2）案件终止办理或者已被撤销的；

（3）受援人自行委托辩护人或者代理人的；

（4）受援人要求终止法律援助的，但应当通知辩护的情形除外；

（5）法律、法规规定应当终止的其他情形。公安机关、人民检察院、人民法院在案件办理过程中发现有前款规定情形的，应当及时函告法律援助机构。

2. 出现上述情形的，法律援助人员应当向法律援助机构报告。

3. 法律援助机构经审查核实，决定终止法律援助的，应当制作终止法律援助决定书，并发送受援人，同时函告法律援助人员所属单位和有关机关、单位。

4. 法律援助人员所属单位应当与受援人解除委托代理协议。

（六）法律援助的结案

1. 受指派办理法律援助案件的律师或者接受安排办理法律援助案件的社会组织人员应当自法律援助案件结案之日起 30 日内向法律援助机构提交有关的法律文书副本或者复印件以及结案报告等材料。

2. 法律援助机构收到前款规定的结案材料之日起 30 日内进行审核，将材料装订成册，归档保存，验收合格后，应当向受指派办理法律援助案件的律师或者接受安排办理法律援助案件的社会组织人员支付法律援助办案补贴。

（七）法律援助的救济程序

1. 人民检察院审查批准逮捕时，认为犯罪嫌疑人具有应当通知辩护的情形，公安机关未通知法律援助机构指派律师的，应当通知公安机关予以纠正，公安机关应当将纠正情况通知人民检察院。

2. 犯罪嫌疑人、被告人及其近亲属、法定代理人，强制医疗案件中的被申请人、被告人的法定代理人认为公安机关、人民检察院、人民法院应当告知其可以向法律援助机构申请法律援助而没有告知，或者应当通知法律援助机构指派律师为其提供辩护或者诉讼代理而没有通知的，有权向同级或者上一级人民检察院申诉或者控告。人民检察院应当对申诉或者控告及时进行审查，情况属实的，通知有关机关予以纠正。

3. 申请人对法律援助机构不予援助或者终止援助的决定有异议的，可以向主管该法律援助机构的司法行政机关提出。司法行政机关应当在收到异议之日起 5 个工作日内进行审查，经审查认为申请人符合法律援助条件的，应当以书面形式责令法律援助机构及时对该申请人提供法律援助，同时通知申请人；认为申请人不符合法律援助条件的，应当维持法律援助机构不予援助的决定，并书面告知申请人。

第五章

公证制度与公证员职业道德

第一节 公证制度概述

【相关规范性法文件】

1. 《公证法》（2005 年通过）；
2. 《公证程序规则》（司法部 2006 年发布）；
3. 《公证机构执业管理办法》（司法部 2006 年发布）；
4. 《公证员执业管理办法》（司法部 2006 年发布）；
5. 《遗嘱公证细则》（司法部 2000 年发布）；
6. 《公证机构办理抵押登记办法》；
7. 《公证员职业道德基本准则》（中国公证协会 2011 年修订）。

一、公证制度的概念

1. 公证制度是一种预防性的司法证明制度，是国家司法制度的重要组成部分，属于民事程序法的范畴。

2. 公证是在公证机构执业的公证员依照法定程序证明民事法律行为（如合同、继承、委托、声明、赠与、遗嘱、财产分割、招标投标、拍卖），有法律意义的文书（如毕业证、学位证、结婚证、公司章程）和有法律意义的事实（如婚姻状况、亲属关系、收养关系、出生、生存、死亡）的真实性、合法性，并赋予其法定效力的一种非诉讼司法活动。

> **注意**
> 1. 我国的公证机构是公证处，其以国家名义进行公证证明活动。
> 2. 英美法系国家的公证制度侧重于形式证明，只证明真实性，即证明当事人在公证人面前签署文件的行为属实；大陆法系国家则侧重于证明真实性与合法性。我国属于后一公证体系。
> 3. 公证具有私证不可比拟的权威性：公证机构仅对无争议的事项进行公证；公证只能由公证机构统一行使；公证文书具有证据效力、强制执行效力、法律行为成立的形式要件效力；也具有较强的通用性，特别是发往域外使用的公证文书经过领事认证后，就会受到域外使用国的承认。

二、我国公证制度的特征

（一）公证是一种特殊的证明活动

1. 公证主体的特殊性

公证只能由国家专门设立的司法证明机构——公证处统一行使。公证员是公证机构中负责办理公证事务的法律专业人员，代表公证处进行公证证明活动并出具公证文书。其他机构和人员不能进行公证证明活动。

2. 公证内容和对象的特定性

公证对象是没有争议的民事法律行为、有法律意义的事实和文书；公证的内容是证明公证对象的真实性和合法性。

口诀 有争议，不公证。

3. 公证效力的特定性

经过法定程序公证证明的法律事实和文书，人民法院应当作为认定事实的根据。但是有相反证据足以推翻公证证明的除外。

4. 公证程序的法定性

公证机构、公证员应严格依法定程序进行公证的证明活动。

（二）公证是一种非诉讼司法活动

与民事诉讼相比较，公证是一种事前的预防，在法律依据、程序、效力等方面存在不同。

三、我国公证管理体制

我国实行司法行政机关行政管理与公证协会行业管理相结合的二元管理体制。

（一）司法行政机关的行政管理

司法行政部门依法对公证机构、公证员和公证协会进行监督、指导，其行政管理权限包括：

1. 按照规定程序批准公证机构的设立，颁发公证机构执业证书；
2. 依法对公证机构的执业区域、外部管理体制等进行调整和规范；
3. 对推选产生的公证机构负责人予以核准和备案；
4. 对公证员进行考核、任免；
5. 对公证协会进行监督和指导；
6. 会同有关部门制定公证收费标准；
7. 对公证机构和公证员的执业活动进行监督、指导，并对其违法行为进行处罚。

（二）公证协会的行业管理

1. 全国设立中国公证协会，省、自治区、直辖市设立地方公证协会。中国公证协会和地方公证协会是社会团体法人。中国公证协会章程由会员代表大会制定，报国务院司法行政部门备案。

2. 公证协会是公证业的自律性组织，依据章程开展活动，对公证机构、公证员的执业活动进行监督。

3. 地方公证协会接受中国公证协会的指导。

4. 公证机构和公证员应当加入地方和全国的公证协会。

5. 公证协会依据章程和有关行业规范，对公证机构违反执业规范和执业纪律的行为，视其情节轻重，给予相应的行业处分。在查处过程中，发现有应当给予行政处罚情形的，应当提交有管辖权的司法行政机关处理。

第二节 公证员与公证机构

一、公证机构的概念与性质

公证机构是依法设立，不以营利为目的，依法独立行使公证职能、承担民事责任的证明机构。

1. 公证机构不以营利为目的，并不表明公证机构提供服务不收取任何费用。

2. 公证机构既独立于司法机关又独立于行政机关，公证员只对自己的执业行为负责，对法律负责。主办公证员依法独立办证，不受公证机构内部其他公证员的干涉。

3. 公证机构及其公证员因过错给当事人、公证事项的利害关系人造成损失的，由公证机构承担相应的赔偿责任；公证机构赔偿后，可以向有故意或者重大过失的公证员追偿。

二、公证机构的设立

1. 设立的原则：统筹规划、合理布局的原则，实行总量控制。
2. 设立的审批机关：由所在地司法行政机关组建，逐级报省、自治区、直辖市司法行政机关审批后，颁发公证机构执业证书。

3. 设立的地点：公证机构可以在县、不设区的市、设区的市、直辖市或者市辖区设立；在设区的市、直辖市可以设立一个或者若干个公证机构。公证机构不按行政区划层层设立。

4. 设立条件

（1）有自己的名称；
（2）有固定的场所；
（3）有二名以上公证员；（负责人应当在有三年以上执业经历的公证员中推选产生）
（4）有开展公证业务所必需的资金。

口诀◆有名有钱有房子，两个人里面，有三年以上经历的就成负责人了。

5. 申请设立公证机构，应当提交下列材料：

（1）设立公证机构的申请和组建报告；

（2）拟采用的公证机构名称；

（3）拟任公证员名单、简历、居民身份证复印件和符合担任公证员条件的证明材料；

（4）拟推选的公证机构负责人的情况说明；

（5）开办资金证明；

（6）办公场所证明；

（7）其他需要提交的材料。

6. 审批：省、自治区、直辖市司法行政机关应当自收到申请材料之日起三十日内，完成审核，作出批准设立或者不予批准设立的决定。对准予设立的，颁发公证机构执业证书；对不准予设立的，应当在决定中告知不予批准的理由。批准设立公证机构的决定，应当报司法部备案。

7. 冠名

（1）公证机构统称公证处。

（2）县、不设区的市公证机构的冠名方式：省（自治区、直辖市）名称＋本县、市名称＋公证处。

注意▶县级公证处没有字号。

（3）设区的市或其市辖区公证机构的冠名方式：省（自治区）名称＋本市名称＋字号＋公证处。

（4）在直辖市或其市辖区设立公证机构的冠名方式：直辖市名称＋字号＋公证处。

（5）公证机构的名称，应当使用全国通用的文字。民族自治地方的公证机构的名称，可以同时使用当地通用的民族文字。

（6）公证机构名称中的字号，应当由两个以上文字组成，并不得与所在省、自治区、直辖市内设立的其他公证机构的名称中的字号相同或者近似。

（7）公证机构对经核定的名称享有专用权。

8. 公证机构执业证书是公证机构获准设立和执业的凭证。

（1）公证机构执业证书应当载明下列内容：公证机构名称、负责人、办公场所、执业区域、证书编号、颁证日期、审批机关等。

（2）公证机构执业证书分为正本和副本。正本用于在办公场所悬挂，副本用于接受查验。正本和副本具有同等法律效力。公证机构执业证书由司法部统一制作。证书编号办法由司法部制定。

（3）公证机构执业证书不得涂改、出借、抵押或者转让。公证机构执业证书损毁或者遗失的，由该公证机构报经所在地司法行政机关，逐级向省、自治区、直辖市司法行政机关申请换发或者补发。

9. 负责人

（1）负责人通常称为主任；

（2）应当在有三年以上执业经历的公证员中推选产生，由所在地的司法行政部门核准，报省、自治区、直辖市人民政府司法行政部门备案。

10. 公证机构的执业区域，由省、自治区、直辖市司法行政机关在办理该公证机构设立或者变更审批时予以核定。公证机构应当在省、自治区、直辖市司法行政机关核定的执业区域内受理公证业务，不能跨区域受理公证业务。

三、公证业务范围

证明民事法律行为	合同公证	证明当事人之间签订合同行为的真实性、合法性
	继承公证	确认继承权公证：证明继承行为真实、合法
		放弃继承权公证：证明继承人放弃遗产权的意思表示真实、合法
	★ 遗嘱公证	证明遗嘱人设立遗嘱的行为真实、合法
	财产分割公证	证明当事人之间签订的财产分割协议的真实性、合法性
	委托公证	证明委托人的授权委托行为真实、合法
	声明公证	证明当事人发表的声明的真实性、合法性
	赠与公证	证明赠与人将其财产无偿转让给受赠人的行为真实、合法
	招标投标公证	监督和证明招标投标活动遵循公开、公平、公正和诚实信用原则
	拍卖公证	行政机关、人民法院以拍卖的方式处理依法没收的物品，公证机构监督和证明拍卖活动遵守拍卖规则

续表

证明有法律意义的事实	婚姻状况公证	结婚公证、未婚公证、离婚公证和丧偶公证
	亲属关系公证	证明当事人与关系人之间的亲属关系的真实性
	收养关系公证	确认收养关系公证和解除收养关系公证 注意▶当事人必须亲自办理，不得委托他人代办
	出生公证	证明当事人于何时何地出生这一法律事实的真实性
	生存公证	证明某人现在依然健在并生活于某地这一法律事实的真实性
	死亡公证	对与申请人有亲属、抚养等关系的人已经死亡这一法律事实的真实性予以确认
	身份公证	证明当事人身份的真实性
	经历公证	证明当事人特定经历的真实性
	学历学位公证	证明毕业、肄业、学位证书及学习成绩单的真实性、合法性
	职务职称公证	证明当事人职务、职称的真实性、合法性
	有无犯罪记录公证	证明当事人没有犯罪记录
	保全证据	申请的原因：必须是证据有灭失或难以获得的危险，如证物容易腐烂、变质，证人长期出国等。
		申请保全的对象：包括证人证言、书证、物证、视听资料、现场情况等。
		申请保全证据的目的：为了将来进行诉讼的需要。 注意▶如果进入诉讼程序，当事人认为需保全证据的，应向人民法院提出申请。
		公证机构依法采取一定措施收集、固定并保管，以保持证据的真实性和证明力
证明有法律意义的文书	公司章程公证	对公司章程的法定性、真实性予以证明
	文书的签名、印鉴、日期公证	证明对当事人具有法律意义的文书上的签名、印鉴和日期的真实性、合法性
	文书的副本、影印本与原本相符程度公证	证明对当事人具有法律意义的文书的副本、影印本与原本相符的事实 注意▶副本、影印本经过公证后即产生与原本相同的法律效力
其他业务	法律、行政法规规定由公证机构登记的事务	《公证机构办理抵押登记办法》：对于个人、企事业单位、社会团体和其他组织所有的机械设备、牲畜等生产资料，位于农村的个人私有房产，个人所有的家具、家用电器、金银珠宝及其制品等生活资料用于财产抵押的，由抵押人所在地的公证机构进行登记（抵押登记）
	提存	公证机构是我国法定的提存机关
		提存公证由债务履行地公证机构管辖；以担保为目的的提存公证或在债务履行地申办提存公证有困难的，可由担保人住所地或债务人住所地的公证机构管辖
		公证机构应从提存之日起3日内出具提存公证书

其他业务	★ 保管遗嘱、遗产或者其他与公证事项有关的财产、物品、文书
	当事人办理公证时书写某些文书有困难的，公证员可以根据当事人口述，代为草拟申请公证的文书或与公证业务有关的其他文书
	向社会提供公证法律咨询，解答与公证有关的法律问题，以发挥其宣传法制、普及法律知识的作用。

四、法定公证制度

法定公证，是指法律、行政法规规定应当公证的事项，自然人、法人或者其他组织应当申请办理公证，公证机构应当依法给予公证；经过公证，该事项才能发生法律效力的一项公证制度。目前，法定公证制度在我国还不完善，公证业务基本上由当事人自愿申请办理。

▶注意◀

《民事诉讼法》第二百六十四条："在中国领域内没有住所的外国人、无国籍人、外国企业和组织委托中国律师或者其他人代理诉讼，从中国领域外寄交或者托交的授权委托书，应当经所在国公证机关证明，并经中国驻该国使领馆认证，或者履行中国与该所在国订立的有关条约中规定的证明手续后，才具有效力。"

五、公证执业责任保险

1. 公证责任保险具有强制性，公证机构应当参加公证执业责任保险。投保人是中国公证协会，被保险人是公证机构，保险人是中国人民保险公司。

2. 在某一公证机构及其公证员给当事人、公证事项利害关系人造成损失的，首先由保险公司赔付；如果受损失的一方认为这样仍不足以弥补其损失，还可以向作出错误公证的公证机构索赔。公证机构赔偿后，可以向有重大过错的公证员追偿。

3. 公证保险责任赔偿的发生应当基于以下条件：

（1）公证机构及其公证人员在执业过程（即办理公证事项的过程）中存在过错；

（2）因公证机构及其公证人员的过错给公证申请人或利害关系人造成了损失。

4. 就赔偿的性质而言，公证赔偿应为补偿性赔偿，补偿的范围通常仅限于直接经济损失，对于间接经济损失，公证机构一般不予赔偿。

5. 公证保险人所应承担的赔偿责任，一般包括：

（1）人民法院判定或经保险人同意由公证机构与公证责任赔偿当事人协商确定的因公证责任引起的赔偿金额；

（2）人民法院收取的诉讼费；

（3）其他诉讼费用，如律师费、调查取证费用等；

(4) 法律规定或保险合同约定应由保险人承担的费用。

6. 按照中国公证协会与中国人民保险公司签订的《公证责任保险合同》，公证责任赔偿数额由人民法院以判决书或调解书的方式确定，采用调解书时，赔偿数额要事先征得保险人同意；由被保险人与公证责任索赔人以非诉讼方式确定的赔偿数额，必须事先经保险人书面同意，当保险人和被保险人就调解方案中赔偿数额意见不一致时，保险人具有决定权。

注意▶ 为保障公证机构的稳定发展，还应该建立公证员执业保证金制度和公证赔偿金制度，提高公证员和公证机构抵御风险的能力。

六、公证员的条件

一般条件	1. 公民：外国人、无国籍人均不得担任我国公证员；
	2. 须在25周岁以上65周岁以下；
	3. 公道正派、遵纪守法、品行良好；
	4. 通过国家司法考试；
	5. 在公证机构实习2年以上或者具有3年以上其他法律职业经历并在公证机构实习1年以上，经考核合格。
特殊规定	从事法学教学研究工作，具有高级职称的人员，或者具有本科以上学历，从事审判、检察、法制工作、法律服务满10年的公务员、律师，已经离开原工作岗位，经考核合格的，也可以担任公证员。
消极条件	无民事行为能力或者限制民事行为能力的；
	因故意犯罪或者职务过失犯罪受过刑事处罚的；
	被开除公职的；
	被吊销执业证书的。

七、公证员的任免

（一）公证员的任命

1. 担任公证员，应当由符合公证员条件的人员提出申请，经公证机构推荐，由所在地的司法行政部门报省、自治区、直辖市人民政府司法行政部门审核同意后，报请国务院司法行政部门任命，并由省、自治区、直辖市人民政府司法行政部门颁发公证员执业证书。

2. 省、自治区、直辖市司法行政机关应当自收到报审材料之日起20日内完成审核。对符合规定条件和公证员配备方案的，作出同意申请人担任公证员的审核意见，填写公证员任职报审表，报请司法部任命；对不符合规定条件或者公证员配备方案的，作出不同意申请人担任公证员的决定，并书面通知申请人和所在地司法行政机关。

3. 司法部应当自收到省、自治区、直辖市司法行政机关报请任命公证员的材料之日起20日内，制作并下达公证员任命决定。司法部认为报请任命材料有疑义或者收到相关投诉、举报的，可以要求报请任命机关重新审核。

4. 省、自治区、直辖市司法行政机关应当自收到司法部下达的公证员任命决定之日起10日内，向申请人颁发公证员执业证书，并书面通知其所在地司法行政机关。

5. 公证员变更执业机构，应当经所在公证机构同意和拟任用该公证员的公证机构推荐，报所在地司法行政机关同意后，报省、自治区、直辖市司法行政机关办理变更核准手续。公证员跨省、自治区、直辖市变更执业机构的，经所在的省、自治区、直辖市司法行政机关核准后，由拟任用该公证员的公证机构所在的省、自治区、直辖市司法行政机关办理变更核准手续。

（二）公证员的免职

存在免职情形			
丧失中华人民共和国国籍的；	年满65周岁或者因健康原因不能继续履行职务的；	自愿辞去公证员职务的；	被吊销公证员执业证书的。
由所在地的司法行政部门报省级政府司法行政部门提请司法部予以免职			由省级司法行政机关直接提请司法部予以免职。
司法部应当自收到提请免职材料之日起20日内，制作并下达公证员免职决定。			

（三）公证员执业证书管理

1. 公证员变更执业机构的，经省、自治区、直辖市司法行政机关核准，予以换发公证员执业证书。

2. 公证员受到停止执业处罚的，停止执业期间，应当将其公证员执业证书缴存所在地司法行政机关。

3. 公证员受到吊销公证员执业证书处罚或者因其他法定事由予以免职的，应当收缴其公证员执业证书，由省、自治区、直辖市司法行政机关予以注销。

八、公证员的权利与义务

（一）权利

1. 公证员有权承办所有公证业务；

2. 公证员办理公证事项，应当在公证书上署名；

3. 公证员有权获得劳动报酬，享受保险和福利待遇；有权提出辞职、申诉或者控告；非因法定事由和非经法定程序，不被免职或者处罚。

（二）行为禁止

◆ 同时在两个以上公证机构执业；

◆ 从事有报酬的其他职业；

◆ ★ 为本人及近亲属办理公证或者办理与本人及近亲属有利害关系的公证；

续表

◆ 私自出具公证书；
◆ 为不真实、不合法的事项出具公证书；
◆ 侵占、挪用公证费或者侵占、盗窃公证专用物品；
◆ 毁损、篡改公证文书或者公证档案；
◆ 泄露在执业活动中知悉的国家秘密、商业秘密或者个人隐私；

第三节 公证程序与公证效力

一、申请

（一）申请的提出

1. 公证事项由当事人住所地、经常居住地、行为地或者事实发生地的公证机构受理。涉及不动产的公证事项，由不动产所在地的公证机构受理；涉及不动产的委托、声明、赠与、遗嘱的公证事项，可以向住所地、经常居住地、行为地或事实发生地的公证机构提出。

2. 二个以上当事人共同申办同一公证事项的，可以共同到行为地、事实发生地或者其中一名当事人住所地、经常居住地的公证机构申办。

3. 当事人向二个以上可以受理该公证事项的公证机构提出申请的，由最先受理申请的公证机构办理。

（二）公证代理

1. ★当事人申请办理公证，可以委托他人代理，但申办遗嘱、遗赠扶养协议、赠与、认领亲子、收养关系、解除收养关系、生存状况、委托、声明、保证及其他与自然人人身有密切关系的公证事项，应当由其本人亲自申办。

2. 无民事行为能力人或者限制民事行为能力人申办公证，应当由其监护人代理。法人申办公证，应当由其法定代表人代表。其他组织申办公证，应当由其负责人代表。

3. ★公证员、公证机构的其他工作人员不得代理当事人在本公证机构申办公证。

4. 居住在香港、澳门、台湾地区的当事人，委托他人代理申办涉及继承、财产权益处分、人身关系变更等重要公证事项的，其授权委托书应当经其居住地的公证人（机构）公证，或者经司法部指定的机构、人员证明。居住在国外的当事人，委托他人代理申办前款规定的重要公证事项的，其授权委托书应当经其居住地的公证人（机构）、我国驻外使（领）馆公证。

（三）填写公证申请表

1. 自然人、法人或者其他组织向公证机构申请办理公证，应当填写公证申请表。

2. 公证申请表应当载明下列内容：

（1）申请人及其代理人的基本情况；
（2）申请公证的事项及公证书的用途；
（3）申请公证的文书的名称；
（4）提交证明材料的名称、份数及有关证人的姓名、住址、联系方式；
（5）申请的日期；
（6）其他需要说明的情况。

3. 申请人应当在申请表上签名或者盖章，不能签名、盖章的由本人按指印。

（四）申请公证应当提交的材料及要求

1. 自然人、法人或者其他组织申请办理公证，应当提交下列材料：

（1）自然人的身份证明，法人的资格证明及其法定代表人的身份证明，其他组织的资格证明及其负责人的身份证明；

（2）委托他人代为申请的，代理人须提交当事人的授权委托书，法定代理人或者其他代理人须提交有代理权的证明；

（3）申请公证的文书；

（4）申请公证的事项的证明材料，涉及财产关系的须提交有关财产权利证明；

（5）与申请公证的事项有关的其他材料。

2. 申请人提供的证明材料不完备的，公证机构可以要求补充；申请人应当按照要求补充。

3. 申请人提供的材料不充分，不能补足或者拒绝补充的，公证机构有权不予办理公证。

二、公证的受理

（一）公证处受理申请的条件：

1. 申请人与申请公证的事项有利害关系；
2. 申请人之间对申请公证的事项无争议；
3. 申请公证的事项属于公证处的业务范围；
4. 申请公证的事项符合本公证机构在其执业区域内可以受理公证业务的范围。

（二）受理之后的工作

1. 公证机构受理公证申请后，应当向申请人发送受理通知单。申请人或其代理人应当在回执上签收。

2. 公证机构受理公证申请后，应当告知当事人申请公证事项的法律意义和可能产生的法律后果，告知其在办理公证过程中享有的权利、承担的义务。告知内容、告知方式和时间，应当记录归档。

3. 公证机构受理公证申请后，应当按照规定向当事人收取公证费。公证办结后，经核定的公证费与预收数额不一致的，应当办理退还或者补收手续。对符合法律援助条件的当事人，公证机构应当按照规定减收或者免收公证费。

4. 公证机构受理公证申请后，应当指派承办公证员，并通知当事人。当事人要求该公证员回避，经查属于"为本人及近亲属办理公证或者办理与本人及近亲属有利害关系的公证"的，公证机构应当改派其他公证员承办。

三、公证的审查

（一）审查内容

根据不同公证事项的办证规则，分别审查下列事项：

1. 当事人的身份、申请办理该项公证的资格以及相应的权利；
2. 提供的文书内容是否完备，含义是否清晰，签名、印鉴是否齐全；
3. 提供的证明材料是否真实、合法、充分；
4. 申请公证的事项是否真实、合法。

（二）核实

公证机构对申请公证的事项以及当事人提供的证明材料，按照有关公证规则需要核实或者对其有疑义的，应当进行核实，或者委托异地公证机构代为核实，有关单位或者个人应当依法予以协助。

1. 通过询问当事人、公证事项的利害关系人、证人来核实：

（1）询问时，应当告知被询问人享有的权利、承担的义务及其法律责任。

（2）询问的内容应当制作笔录。询问笔录应当载明：询问日期、地点、询问人、记录人、询问事由、被询问人的基本情况、告知内容、询问谈话内容等。询问笔录应当交由被询问人核对后签名或者盖章、按指印。笔录中修改处应当由被询问人盖章或者按指印认可。

（3）在向当事人、公证事项的利害关系人、证人或者有关单位、个人核实或者收集有关公证事项的证明材料时，需要摘抄、复印（复制）有关资料、证明原件、档案材料或者对实物证据照相并作文字描述记载的，摘抄、复印（复制）的材料或者物证照片及文字描述记载应当与原件或者物证相符，并由资料、原件、物证所有人或者档案保管人对摘抄、复印（复制）的材料或者物证照片及文字描述记载核对后签名或者盖章。

2. 调查：向有关单位或者个人了解相关情况或者核实、收集相关书证、物证、视听资料等证明材料；公证机构派员外出核实的，应当由二人进行，但核实、收集书证的除外。特殊情况下只有一人外出核实的，应当有一名见证人在场。

3. 通过现场勘验核实：应当制作勘验笔录，由核实人员及见证人签名或者盖章。根据需要，可以采用绘图、照相、录像或者录音等方式对勘验情况或者实物证据予以记载。

4. 委托专业机构或者专业人员鉴定、检验检测、翻译：

（1）应当告知当事人由其委托办理，或者征得当事人的同意代为办理。鉴定意见、检验检测结论、翻译材料，应当由相关专业机构及承办鉴定、检验检测、翻译的人员盖章和签名。

（2）委托鉴定、检验检测、翻译所需的费用，由当事人支付。

注意 ▶ 公证机构委托异地公证机构核实公证事项及其有关证明材料的，应当出具委托核实函，对需要核实的事项及内容提出明确的要求。受委托的公证机构收到委托函后，应当在一个月内完成核实。因故不能完成或者无法核实的，应当在上述期限内函告委托核实的公证机构。

四、出具公证书

公证机构经审查，认为申请提供的证明材料真实、合法、充分，申请公证的事项真实、合法的，应当自受理公证申请之日起十五个工作日内向当事人出具公证书。但是，因不可抗力、补充证明材料或者需要核实有关情况的，所需时间不计算在期限内，并应当及时告知当事人。

（一）出具公证书的条件

民事法律行为的公证	1. 当事人具有从事该行为的资格和相应的民事行为能力； 2. 当事人的意思表示真实； 3. 该行为的内容和形式合法，不违背社会公德； 4. 《公证法》规定的其他条件。
有法律意义的事实或者文书的公证	1. 该事实或者文书与当事人有利害关系； 2. 事实或者文书真实无误； 3. 事实或者文书的内容和形式合法，不违背社会公德； 4. 《公证法》规定的其他条件。
文书上的签名、印鉴、日期的公证	1. 其签名、印鉴、日期应当准确、属实； 2. 文书的副本、影印本等文本的公证，其文本内容应当与原本相符。
具有强制执行效力的债权文书的公证	1. 债权文书以给付货币、物品或者有价证券为内容； 2. 债权债务关系明确，债权人和债务人对债权文书有关给付内容无疑议； 3. 债权文书中载明当债务人不履行或者不适当履行义务时，债务人愿意接受强制执行的承诺； 4. 《公证法》规定的其他条件。

（二）公证书的审批

1. 符合规定条件的公证事项，由承办公证员拟制公证书，连同被证明的文书、当事人提供的证明材料及核实情况的材料、公证审查意见，报公证机构的负责人或其指定的公证员审批。但按规定不需要审批的公证事项除外。

2. 任何人不得审批自己承办的公证事项。

3. 审批公证事项及拟出具的公证书，应当审核以下内容：
（1）申请公证的事项及其文书是否真实、合法；
（2）公证事项的证明材料是否真实、合法、充分；
（3）办证程序是否符合有关办证规则的规定；
（4）拟出具的公证书的内容、表述和格式是否符合相关规定。

4. 审批重大、复杂的公证事项，应当在审批前提交公证机构集体讨论。讨论的情况和形成的意见，应当记录归档。

（三）公证书的格式

1. 公证书应当按照国务院司法行政部门规定的格式制作，由公证员签名或者加盖签名章并加盖公证机构印章。

2. 公证书包括以下主要内容：

（1）公证书编号；
（2）当事人及其代理人的基本情况；
（3）公证证词（核心部分）：包括公证对象、证明的内容、法律依据等；公证证词证明的文书是公证书的组成部分。
（4）承办公证员的签名（签名章）、公证机构印章；
（5）出具日期。

3. 公证书应当使用全国通用的文字；在民族自治地方，根据当事人的要求，可以制作当地通用的民族文字文本。两种文字的文本具有同等效力。发往香港、澳门、台湾地区使用的公证书应当使用全国通用的文字。发往国外使用的公证书应当使用全国通用的文字。根据需要和当事人的要求，公证书可以附外文译文。

（四）公证书的发放和生效

1. 公证机构制作的公证书正本，由当事人各方各收执一份，并可以根据当事人的需要制作若干份副本。公证机构留存公证书原本（审批稿、签发稿）和一份正本归档。

注意 ▶ 正本是根据原本制作、发给当事人使用的正式公证书。原本是最原始的公证书，必须附卷归档，不得涂改、遗失、销毁或发给当事人。副本是根据原本或正本制作供各方主体参考的公证文书，一般需加盖副本章。副本也不得随意制作和发放。

2. 公证书出具后，可以由当事人或其代理人到公证机构领取，也可以应当事人的要求由公证机构发送。当事人或其代理人收到公证书应当在回执上签收。公证书需要办理领事认证的，根据有关规定或者当事人的委托，公证机构可以代为办理公证书认证，所需费用由当事人支付。

3. 公证书不得涂改、挖补，必须修改的应加盖公证处校对章。

4. 公证书自出具之日起生效。需要审批的公证事项，审批人的批准日期为公证书的出具日期；不需要审批的公证事项，承办公证员的签发日期为公证书的出具日期；现场监督类公证需要现场宣读公证证词的，宣读日期为公证书的出具日期。

五、不予办理公证和终止公证

1. 公证机构不予办理公证的情形：

（1）无民事行为能力或者限制民事行为能力人没有监护人代理申请办理公证的；
（2）当事人与申请公证的事项没有利害关系的；

续表

(3) 申请公证的事项属专业技术鉴定、评估事项的；
(4) 当事人之间对申请公证的事项有争议的；
(5) 当事人虚构、隐瞒事实，或者提供虚假证明材料的；
(6) 当事人提供的证明材料不充分或者拒绝补充证明材料的；
(7) 申请公证的事项不真实、不合法的；
(8) 申请公证的事项违背社会公德的；
(9) 当事人拒绝按照规定支付公证费的。

注意▶ 不予办理公证的，由承办公证员写出书面报告，报公证机构负责人审批。不予办理公证的决定应当书面通知当事人或其代理人。不予办理公证的，公证机构应当根据不予办理的原因及责任，酌情退还部分或者全部收取的公证费。

2. 公证机构应当终止公证的情形：

(1) 因当事人的原因致使该公证事项在六个月内不能办结的；
(2) 公证书出具前当事人撤回公证申请的；
(3) 因申请公证的自然人死亡、法人或者其他组织终止，不能继续办理公证或者继续办理公证已无意义的；
(4) 当事人阻挠、妨碍公证机构及承办公证员按规定的程序、期限办理公证的；
(5) 其他应当终止的情形。

注意▶ 终止公证的，由承办公证员写出书面报告，报公证机构负责人审批。终止公证的决定应当书面通知当事人或其代理人。终止公证的，公证机构应当根据终止的原因及责任，酌情退还部分收取的公证费。

六、公证书的认证

1. 公证书需要在国外使用，使用国要求先认证的，应当经中华人民共和国外交部或者外交部授权的机构和有关国家驻中华人民共和国使（领）馆认证。

2. 公证书一般由领事机构办理认证，所以这种认证也被称为领事认证，对公证书发挥推介作用。

3. 公证书需要办理领事认证的，根据有关规定或者当事人的委托，公证机构可以代为办理公证书认证，所需费用由当事人支付。

七、公证程序的特别规定

招标投标、拍卖、开奖等现场监督类公证	1. 应当由二人共同办理。 2. 承办公证员应当依照有关规定，通过事前审查、现场监督，对其真实性、合法性予以证明，现场宣读公证证词； 3. 在宣读后七日内将公证书发送当事人。该公证书自宣读公证证词之日起生效。 4. 承办公证员发现当事人有弄虚作假、徇私舞弊、违反活动规则、违反国家法律和有关规定行为的，应当即时要求当事人改正；当事人拒不改正的，应当不予办理公证。
遗嘱公证	1. 应当由二人共同办理。承办公证员应当全程亲自办理。 2. 特殊情况下只能由一名公证员办理时，应当请一名见证人在场，见证人应在询问笔录上签名或者盖章。
公证机构派员外出办理保全证据公证	由二人共同办理，承办公证员应当亲自外出办理。 承办公证员发现当事人是采用法律、法规禁止的方式取得证据的，应当不予办理公证。
债权文书执行证书	债务人不履行或者不适当履行经公证的具有强制执行效力的债权文书的，公证机构可以根据债权人的申请，依照有关规定出具执行证书。执行证书应当在法律规定的执行期限内出具。 执行证书应当载明申请人、被申请执行人、申请执行标的和申请执行的期限。债务人已经履行的部分，应当在申请执行标的中予以扣除。因债务人不履行或者不适当履行而发生的违约金、滞纳金、利息等，可以应债权人的要求列入申请执行标的。
公证调解	经公证的事项在履行过程中发生争议的，出具公证书的公证机构可以应当事人的请求进行调解。经调解后当事人达成新的协议并申请公证的，公证机构可以办理公证；调解不成的，公证机构应当告知当事人就该争议依法向人民法院提起民事诉讼或者向仲裁机构申请仲裁。

八、公证登记和立卷归档

1. 公证登记制度

（1）公证机构办理公证，应当填写公证登记簿，建立分类登记制度。登记事项包括：公证事项类别、当事人姓名（名称）、代理人（代表人）姓名、受理日期、承办人、审批人（签发人）、结案方式、办结日期、公证书编号等。

（2）公证登记簿按年度建档，应当永久保存。

2. 公证立卷归档制度

（1）公证机构受理公证申请后，承办公证员即应当着手立卷的准备工作，开始收集有关的证明材料，整理询问笔录和核实情况的有关材料等。对不能附卷的证明原件或者实物证据，应当按照规定将其原件复印件（复制件）、物证照片及文字描述记载留存附卷。

（2）公证机构在出具公证书后或者作出不予办理公证、终止公证的决定后，应当依照司法部、国家档案局制定的有关公证文书立卷归档和公证档案管理的规定，由承办公证员将公证文书和相关材料，在三个月内完成汇总整理、分类立卷、移交归档。

（3）公证案卷应当根据公证事项的类别、内容，划分为普通卷、密卷，分类归档保存。

公证案卷应当根据公证事项的类别、用途及其证据价值确定保管期限。保管期限分短期、长期、永久三种。涉及国家秘密、遗嘱的公证事项，列为密卷。立遗嘱人死亡后，遗嘱公证案卷转为普通卷保存。

（4）公证机构内部对公证事项的讨论意见和有关请示、批复等材料，应当装订成副卷，与正卷一起保存。

九、公证效力

★ 证据效力	1. 经过法定程序公证证明的法律行为、法律事实和文书，人民法院应当作为认定事实的根据。但有相反证据足以推翻公证证明的除外。 2. 公证书的效力明显优于私证书，其具有比其他单位和个人提供的证明文书更高的证据效力； 3. 在民事诉讼中，物证、档案、鉴定结论、勘验笔录或者经过公证、登记的书证，其证明力一般大于其他书证、视听资料和证人证言。
强制执行效力（最特殊）	1. 对经公证的以给付为内容并载明债务人愿意接受强制执行承诺的债权文书，债务人不履行或履行不适当的，债权人可依法向有管辖权的法院申请执行。人民法院应当执行。 2. 具有强制执行效力的债权文书的公证，应当符合下列条件：（1）债权文书以给付货币、物品或者有价证券为内容；（2）债权债务关系明确，债权人和债务人对债权文书有关给付内容无疑义；（3）债权文书中载明当债务人不履行或者不适当履行义务时，债务人愿意接受强制执行的承诺；（4）《公证法》规定的其他条件。 3. 《公证法》第37条第2款规定，债权文书确有错误的，人民法院裁定不予执行，并将裁定书送达双方当事人和公证机构。
法律行为成立形式要件效力	1. 法律、行政法规规定必须办理公证的事项未经公证的，该事项不具有法律效力。 2. 双方当事人约定必须公证的事项，未经公证的，其法律关系不能形成、变更和消灭。 3. 根据国际管理，我国当事人发往境外使用的某些文书，必须经过公证机构的公证证明，才能在境外发生法律效力。

十、公证的救济

（一）公证书的复查

当事人、公证事项的利害关系人认为公证书有错误的，可以向出具该公证书的公证机构提出复查。公证书的内容违法或者与事实不符的，公证机构应当撤销该公证书并予以公告，该公证书自始无效；公证书有其他错误的，公证机构应当予以更正。

1. 当事人认为公证书有错误的，可以在收到公证书之日起一年内，向出具该公证书的公证机构提出复查。公证事项的利害关系人认为公证书有错误的，可以自知道或者应当知道该项公证之日起一年内向出具该公证书的公证机构提出复查，但能证明自己不知道的除外。提出复查的期限自公证书出具之日起最长不得超过二十年。

> **注意** ▶ 所谓"公证书有错误"包含两方面的内容：其一是公证书证明的内容与实际情况不符或违反法律法规的强制性规定（如申请公证的法律行为是在当事人受胁迫或受欺诈的情况下作出的；赋予强制执行效力的债权文书不以给付为内容等）；其二是公证书的制作不规范，表述不恰当。

2. 复查申请应当以书面形式提出，载明申请人认为公证书存在的错误及其理由，提出撤销或者更正公证书的具体要求，并提供相关证明材料。

3. 公证机构收到复查申请后，应当指派原承办公证员之外的公证员进行复查。复查结论及处理意见，应当报公证机构的负责人审批。

4. 公证机构进行复查，应当对申请人提出的公证书的错误及其理由进行审查、核实，区别不同情况，按照以下规定予以处理：

（1）公证书的内容合法、正确、办理程序无误的，作出维持公证书的处理决定；
（2）公证书的内容合法、正确，仅证词表述或者格式不当的，应当收回公证书，更正后重新发给当事人；不能收回的，另行出具补正公证书；
（3）公证书的基本内容违法或者与事实不符的，应当作出撤销公证书的处理决定；
（4）公证书的部分内容违法或者与事实不符的，可以出具补正公证书，撤销对违法或者与事实不符部分的证明内容；也可以收回公证书，对违法或者与事实不符的部分进行删除、更正后，重新发给当事人；
（5）公证书的内容合法、正确，但在办理过程中有违反程序规定、缺乏必要手续的情形，应当补办缺漏的程序和手续；无法补办或者严重违反公证程序的，应当撤销公证书。

> **注意** ▶ 被撤销的公证书应当收回，并予以公告，该公证书自始无效。公证机构撤销公证书的，应当报地方公证协会备案。

5. 公证机构应当自收到复查申请之日起三十日内完成复查，作出复查处理决定，发给申请人。需要对公证书作撤销或者更正、补正处理的，应当在作出复查处理决定后十日内完成。复查处理决定及处理后的公证书，应当存入原公证案卷。

> **注意** ▶ 公证机构办理复查，因不可抗力、补充证明材料或者需要核实有关情况的，所需时间不计算在前款规定的期限内，但补充证明材料或者需要核实有关情况的，最长不得超过六个月。

6. 公证书被撤销的，所收的公证费按以下规定处理：

（1）因公证机构的过错撤销公证书的，收取的公证费应当全部退还当事人；
（2）因当事人的过错撤销公证书的，收取的公证费不予退还；
（3）因公证机构和当事人双方的过错撤销公证书的，收取的公证费酌情退还。

7. 当事人、公证事项的利害关系人对公证机构作出的撤销或者不予撤销公证书的决定有异议的，可以向地方公证协会投诉。

（二）公证书内容争议的诉讼

当事人、公证事项的利害关系人对公证书涉及当事人之间或者当事人与公证事项的利害关系人之间实体权利义务的内容有争议的，公证机构应当告知其可以就该争议向人民法院提起民事诉讼。

第四节 公证员职业道德

1. 公证最大的特点是公信力。
2. 就适用对象而言，公证员职业道德不仅适用于执业公证员，也包括办理公证的辅助人员和其他工作人员。

忠于法律 尽职履责	自觉遵守法定回避制度，不得为本人及近亲属办理公证或者办理与本人及近亲属有利害关系的公证。
	自觉履行执业保密义务，不得泄露在执业中知悉的国家秘密、商业秘密或个人隐私，更不得利用知悉的秘密为自己或他人谋取利益。
爱岗敬业 规范服务	履行告知义务：告知当事人、代理人和参与人的权利和义务，并就权利和义务的真实意思和可能产生的法律后果做出明确解释，避免形式上的简单告知。
	如果发现已生效的公证文书存在问题或其他公证员有违法、违规行为，应当及时向有关部门反映。
	不得利用媒体或采用其他方式，对正在办理或已办结的公证事项发表不当评论。
加强修养 提高素质	遵守社会公德；具有良好的个人修养和品行；忠于职守；热爱集体，团结协作；不断提高自身的业务能力和职业素养；终身学习，勤勉进取。
廉洁自律 尊重同行	（1）不得从事有报酬的其他职业和与公证员职务、身份不相符的活动；
	（2）不得利用公证员的身份和职务为自己、亲属或他人谋取利益；
	（3）不得索取或接受当事人及其代理人、利害关系人的答谢款待、馈赠财物或其他利益；
	（4）不得以不正当方式或途径对其他公证员正在办理的公证事项干预或施加影响；
	（5）不得利用媒体或其他手段炫耀自己，贬损他人，排斥同行，为自己招揽业务；
	（6）不在名片上印制曾担任过的行政职务、荣誉职务、专业技术职务或者其他头衔；
	（7）★不得以支付介绍费、给予回扣、许诺提供利益等方式承揽业务；
	（8）不得利用与行政机关、社会团体的特殊关系进行业务垄断。

第五节 公证职业责任

公证机构和公证员对当事人等所承担的责任，包括惩戒处分、行政法律责任、民事法律责任和刑事法律责任。公证职业责任的重点是财产责任。

一、公证员执业中违纪行为的处分

公证员执业中违纪行为的处分，又称公证员惩戒，是指公证协会对公证员违反执业纪律和职业道德规范的行为所给予的处分。主要包括六种：警告、严重警告、罚款、记过、暂停会员资格、取消会员资格。

1. 惩戒机构

中国公证员协会和省、自治区、直辖市公证员协会（以下简称省级公证员协会）设立惩戒委员会，惩戒委员会是对公证员实施惩戒的专门机构。

2. 惩戒管辖

惩戒案件一般由省级公证员协会的惩戒委员会受理，中国公证员协会惩戒委员会认为影响较大、案情重大的案件也可以自行受理。

3. 惩戒投诉及处理

投诉人可以直接投诉，也可以委托他人投诉，受理投诉的惩戒委员会有权要求投诉人提出具体的事实和有关证据材料。司法行政机关建议给予惩戒的，惩戒委员会应该受理。

4. 惩戒调查

（1）惩戒委员会受理后，应当在15日内通知投诉人、被投诉人及其所在公证机构负责人，并告知被投诉人及其所在公证机构负责人到惩戒委员会说明情况或者提供书面答辩材料。

（2）投诉人、被投诉人及有关人员应当如实回答调查人员的询问，并协助调查，不得阻挠。调查应当制作笔录，接受调查的人应当在调查笔录上签字或盖章。

（3）调查终结，惩戒委员会应当对调查结果进行审查，根据不同情况，分别作出如下决定：

①举证不足的，终止审理；
②情节显著轻微的，予以批评教育，不作惩戒处理；
③投诉属实的，予以惩戒处理；
④应当由司法行政机关予以行政处罚的，书面建议司法行政机关予以行政处罚。

（4）对可能给予暂停会员资格或者取消会员资格的案件，惩戒委员会应告知当事人本人及其所在公证机构负责人有陈述、申辩的权利，当事人放弃陈述或者申辩权利的，不影响惩戒委员会作出决定。

5. 惩戒决定的作出和送达

（1）惩戒决定由 3 名以上单数惩戒委员会委员共同作出。给予记过以上惩戒的，由 5 名以上单数惩戒委员会委员共同作出。

（2）惩戒案件审理过程应当制作审理记录，参与审理的委员应当在记录上签名。审理记录应当存入惩戒卷宗。

（3）惩戒决定采用惩戒决定书形式作出。惩戒决定书应当加盖惩戒委员会印章。决定书应当载明下列事项：

| ①被惩戒人的姓名、性别、年龄、住所和其所在公证机构； |
| ②有关的事实和证据； |
| ③惩戒决定； |
| ④不服惩戒决定申请复核的途径和期限； |
| ⑤作出惩戒决定的公证员协会惩戒委员会名称和作出决定的日期。 |

（4）惩戒决定书应当在 15 日内送达被惩戒人及其所在的公证机构。除直接送达外，惩戒决定书可以委托被惩戒人所在公证机构或所属司法行政机关送达，也可以邮寄送达。

（5）惩戒决定应当报同级司法行政机关备案，省级公证员协会惩戒委员会作出的惩戒决定应当报中国公证员协会备案。

6. 惩戒决定的复核

（1）被惩戒的公证员对惩戒决定不服的，可以自收到决定书 10 日内，书面向作出惩戒决定的惩戒委员会申请复核。

（2）复核由惩戒委员会主任委员主持，由 5 名以上未参与作出该惩戒决定的委员集体作出复核决定，参与复核的委员人数应当为单数。复核决定应当于收到复核申请后 2 个月内作出。

（3）复核所发生的费用，经复核后，维持惩戒决定的，由申请人承担；撤销或变更惩戒决定的，由作出决定的公证员协会承担。

二、违法行为的法律责任

（一）行政法律责任

1. 对公证员的行政处罚分为警告、罚款、停止执业、没收违法所得、吊销执业证书五种；对公证机构的行政处罚分为警告、罚款、没收违法所得、停业整顿四种。

2. 跨执业区域受理公证业务的，由所在地或设区的市的司法行政机关予以制止，并责令改正。

（二）民事法律责任

公证机构及其公证员因为自己的过错给当事人、公证事项的利害关系人造成了损失，就应当承担相应的民事责任。

1. 公证机构及其公证员因过错给当事人、公证事项的利害关系人造成损失的，由公证机构承担相应的赔偿责任；公证机构赔偿后，可以向有故意或者重大过失的公证员追偿。

★2. 当事人、公证事项的利害关系人提供证据证明公证机构及其公证员在公证活动中具有下列情形之一的，人民法院应当认定公证机构有过错：

（1）为不真实、不合法的事项出具公证书的；
（2）毁损、篡改公证书或者公证档案的；
（3）泄露在执业活动中知悉的商业秘密或者个人隐私的；
（4）违反公证程序、办证规则以及国务院司法行政部门制定的行业规范出具公证书的；
（5）公证机构在公证过程中未尽到充分的审查、核实义务，致使公证书错误或者不真实的；
（6）对存在错误的公证书，经当事人、公证事项的利害关系人申请仍不予纠正或者补正的；
（7）其他违反法律、法规、国务院司法行政部门强制性规定的情形。

★3. 当事人提供虚假证明材料申请公证致使公证书错误造成他人损失的，当事人应当承担赔偿责任。公证机构依法尽到审查、核实义务的，不承担赔偿责任；未依法尽到审查、核实义务的，应当承担与其过错相应的补充赔偿责任；明知公证证明的材料虚假或者与当事人恶意串通的，承担连带赔偿责任。

（三）刑事法律责任

1. 因故意犯罪或者职务过失犯罪受刑事处罚的，应当吊销公证员执业证书。

2. 公证员在履行公证职责过程中，严重不负责任，出具的公证书有重大失实，造成严重后果的，以出具证明文件重大失实罪追究刑事责任。